AS
999
PRIMEIRAS
MULHERES DE
AUSCHWITZ

CB029904

Universo dos Livros Editora Ltda.
Avenida Ordem e Progresso, 157 – 8º andar – Conj. 803
CEP 01141-030 – Barra Funda – São Paulo/SP
Telefone/Fax: (11) 3392-3336
www.universodoslivros.com.br
e-mail: editor@universodoslivros.com.br
Siga-nos no Twitter: @univdoslivros

HEATHER DUNE MACADAM

AS
999
PRIMEIRAS
MULHERES DE
AUSCHWITZ

São Paulo
2020

Grupo Editorial
UNIVERSO DOS LIVROS

Diretor editorial
Luis Matos

Gerente editorial
Marcia Batista

Assistentes editoriais
Letícia Nakamura
Raquel F. Abranches

Tradução
Aline Uchida

Preparação
Ricardo Franzin

Revisão
Marina Constantino

Capa e diagramação
Valdinei Gomes

Dados Internacionais de Catalogação na Publicação (CIP)
Angélica Ilacqua CRB-8/7057

M112n	Macadam, Heather Dune
	As 999 primeiras mulheres de Auschwitz / Heather Dune Macadam ; tradução de Aline Uchida. –– São Paulo : Universo dos Livros, 2020.
	480 p.
	ISBN 978-65-5609-007-8
	Título original: *999: The Extraordinary Young Women of the First Official Transport to Auschwitz*
	1. Auschwitz (Campo de concentração) - História 2. Judias no Holocausto 3. Guerra Mundial, 1939-1945 4. Nazismo I. Título II. Uchida, Aline
20-1890	CDD 940.5318092

para Edith

em memória de Lea & Adela

SUMÁRIO

Prefácio 11

Nota da autora 17

Principais passageiras do primeiro transporte 23

PARTE UM

Um 29

Dois 39

Três 55

Quatro 65

Cinco 71

Seis 79

Sete 91

Oito 95

Nove 115

Dez 123

Onze 135

Doze 143

PARTE DOIS

Treze 157

Quatorze 167

Quinze 173

Dezesseis 181

Dezessete 199

Dezoito 209

Dezenove 213

Vinte 221

Vinte e um 229

Vinte e dois 233

Vinte e três 243

Vinte e quatro 251

Vinte e cinco 257

Vinte e seis 267

Vinte e sete 275

Vinte e oito 281

Vinte e nove 295

Trinta 303

Trinta e um 315

Trinta e dois 323

Trinta e três 329

Trinta e quatro 337

Trinta e cinco 345

Trinta e seis 351

PARTE TRÊS

Trinta e sete 357

Trinta e oito 367

Trinta e nove 389

Retornos 395

Epílogo 405

Uma palavra final 425

Arquivos 427

Notas sobre as fontes 429

Bibliografia 455

Agradecimentos 471

Por muito tempo na história, "Anônimo" era uma mulher.

VIRGINIA WOOLF

*Uma sociedade é medida pela forma como
trata suas mulheres e garotas.*

MICHELLE OBAMA

*A mulher deve se escrever: deve escrever sobre mulheres e
impulsionar mulheres à escrita... A mulher deve se inscrever
dentro do texto: dentro do mundo e dentro da história...*

HÉLÈNE CIXOUS, autora de "O riso da Medusa"

PREFÁCIO

por Caroline Moorehead

NINGUÉM SABE AO CERTO, nem saberá, o número preciso de pessoas que foram transportadas para Auschwitz entre 1941 e 1944, assim como quem morreu lá, ainda que muitos acadêmicos estimem cerca de 1 milhão. Mas Heather Dune Macadam sabe exatamente quantas mulheres da Eslováquia foram colocadas no primeiro comboio que chegou ao campo em 26 de março de 1942. Ela também sabe, após pesquisa meticulosa em arquivos e entrevistas com sobreviventes, que quase mil jovens judias, algumas com não mais do que quinze anos, foram reunidas em toda a Eslováquia na primavera de 1942, sendo informadas de que seriam enviadas para prestar serviços ao governo na recém-ocupada Polônia e ficariam longe de casa por não mais do que alguns meses. Poucas delas retornaram.

Tendo baseado sua pesquisa em listas guardadas no Yad Vashem, em Israel, em testemunhos do Instituto de História Visual e Educação USC Shoah e nos Arquivos Nacionais Eslovenos, localizado as poucas mulheres sobreviventes ainda vivas e conversado com seus familiares e descendentes, Macadam conseguiu recriar não apenas o contexto de onde vieram as mulheres a bordo do primeiro comboio, mas também sua vida diária — e morte — durante seus anos em Auschwitz. Sua tarefa tornou-se mais difícil e suas descobertas, ainda mais impressionantes, devido à perda de registros, aos diferentes nomes e apelidos utilizados, além das variações de grafia, e ao período de tempo transcorrido desde a Segunda Guerra Mundial. Escrever sobre o Holocausto e os campos de extermínio não é, como ela diz com razão, fácil. A maneira como ela escolheu fazê-lo, usando a licença de uma romancista para reimaginar cenas e recriar conversas, confere ainda mais realidade ao seu texto.

FOI APENAS no final do inverno de 1940-1941 que a empresa IG Farben se estabeleceu nas redondezas de Auschwitz, convenientemente perto de uma união de ferrovias e várias minas com fornecimento suficiente de água, para a construção de uma nova fábrica de borracha artificial e gasolina sintética. Auschwitz também tinha como objetivo exercer um papel na "Solução Final para a questão judaica", pois era um lugar onde, além de serem designados ao trabalho, prisioneiros seriam mortos rapidamente, e os corpos, rapidamente descartados. Quando, em setembro, o primeiro experimento utilizando ácido prússico, ou Zyklon B, demonstrou-se efetivo para envenenar e asfixiar 850 prisioneiros, Rudolf Höss, o primeiro comandante do campo de trabalho, viu a resposta ao "problema judeu". Desde que os médicos do campo lhe garantiram que o gás "não derramava sangue", ele concluíra que seu uso pouparia seus homens do trauma de testemunhar visões desagradáveis.

Antes, porém, o campo precisava ser construído. Um arquiteto, Dr. Hans Stosberg, foi convidado a elaborar os planos. Na Conferência de Wannsee, em 20 de janeiro de 1942, o Gabinete Central de Segurança do Reich estimou que a Europa ocupada enviaria um total de pouco menos de 11 milhões de judeus. Conforme disse Reinhard Heydrich, segundo na hierarquia da SS, logo abaixo de Heinrich Himmler, eles deveriam ser "colocados para trabalhar de uma maneira adequada dentro da estrutura da Solução Final". Aqueles muito frágeis, jovens ou velhos demais para trabalhar deveriam ser mortos imediatamente. Os mais fortes trabalhariam e seriam assassinados no devido tempo, já que "essa elite natural, se libertada, deveria ser vista como uma potencial célula germinativa de uma nova ordem judaica".

A Eslováquia foi o primeiro estado satélite a realizar deportações. Depois de ter feito parte do reino da Hungria por mais de mil anos e, após o final da Segunda Guerra Mundial, integrado a Tchecoslováquia, havia se tornado um país independente apenas em 1939, sob proteção alemã, cedendo grande parte de sua autonomia em troca de assistência econômica. Jozef Tiso, sacerdote católico, tornou-se presidente, baniu partidos de oposição, impôs a censura, formou uma guarda nacionalista e espalhou o antissemitismo, que vinha crescendo desde a chegada de ondas de judeus refugiados da Áustria após a *Anschluss*. Um censo estimou o número de judeus em 89 mil, ou 3,4% da população.

A ordem para que mulheres judias solteiras entre 16 e 36 anos se registrassem e levassem seus pertences a um ponto de encontro não fora vista inicialmente como alarmante, embora algumas famílias prescientes tenham feito tentativas desesperadas de esconder suas filhas. De fato, algumas das garotas acharam emocionante a ideia de trabalhar no exterior, principalmente porque foram asseguradas de que logo estariam em casa. Sua inocência tornou o choque da chegada aos portões de Auschwitz mais brutal, e não havia ninguém lá para prepará-las para os horrores que estavam por vir.

Nesse mesmo dia, 999 mulheres alemãs chegaram de Ravensbrück, que já estava abarrotado com 5 mil prisioneiros e não poderia receber ninguém mais. Escolhidas antes de partirem por serem funcionárias de perfil adequado, elas supervisionariam o trabalho das jovens mulheres judias, que consistia em desmantelar edificações, limpar o terreno, cavar e transportar terra e materiais, assim como em realizar atividades de agricultura e pecuária. Deste modo, elas liberariam os homens que já estavam em Auschwitz para trabalhar nas tarefas mais pesadas de expansão do campo. Oriundas de famílias grandes e amorosas, acostumadas a modos gentis e a uma vida confortável, as mulheres eslovacas foram recebidas a gritos, despidas e tiveram a cabeça raspada. No campo, eram submetidas a intermináveis chamadas no amanhecer gelado, forçadas a andar descalças na lama e a lutar por comida, recebiam punições arbitrárias e eram obrigadas a trabalhar até a exaustão – frequentemente, até a morte. Elas tinham fome, estavam doentes e apavoradas. As guardas de Ravensbrück foram mais tarde reconhecidas por Höss por terem "superado, em muito, seus equivalentes masculinos em dureza, sordidez, vingança e depravação". No final de 1942, dois terços das mulheres do primeiro comboio estavam mortas.

E Auschwitz continuou crescendo. Judeus de toda a Europa ocupada, da França e da Bélgica, da Grécia e da Iugoslávia, da Noruega e depois da Hungria, chegavam em grandes quantidades, logo alcançando-se a taxa de três trens a cada dois dias, cada trem consistindo de cinquenta vagões com mais de 80 prisioneiros cada. Em junho de 1943, quatro crematórios estavam em funcionamento, capazes de queimar 4.736 cadáveres por dia. A maioria dos recém-chegados, famílias inteiras com bebês e crianças pequenas, ia direto para as câmaras de gás.

As mulheres eslovacas sobreviventes, agora com corpo e mente mais fortes, desenvolveram estratégias para se manterem vivas, voluntariando-se para os trabalhos mais desagradáveis, encontrando segurança nos serviços de costura e de supervisão da agricultura ou ainda nos escritórios do campo, tornando-se cada vez mais hábeis em escapar do extermínio diário dos mais fracos, daqueles que adoeciam ou que se tornavam muito fracos para realizar algum trabalho útil. Era, conforme observa Macadam, "uma gangorra de sobrevivência". Os mais afortunados encontravam alguma ocupação junto ao "Canadá", termo irônico usado na prisão para designar os bens que os nazistas pilhavam dos judeus que chegavam, os quais haviam sido instruídos a levar com eles entre 30 e 45 quilos de coisas que achavam que poderiam precisar. Cobertores, casacos, óculos, louças, instrumentos médicos, máquinas de costura, sapatos, relógios de pulso e móveis abarrotavam uma extensa rede de armazéns, nos quais equipes dos detentos mais afortunados ou astutos, além de mulheres prisioneiras, trabalhavam em turnos contínuos, preparando remessas para colocar nos trens de volta para a Alemanha. Mais tarde, foi estimado que pelo menos dois baús, pesando mil quilos cada e contendo objetos de valor, eram enviados de volta a Berlim toda semana.

Por um longo período, as famílias dessas mulheres eslovacas não tinham ideia de onde elas estavam. Os poucos cartões-postais que chegavam, com referências confusas a pessoas há muito tempo mortas, eram enigmáticos e frequentemente tão peculiares que muitos pais conseguiam persuadir a si mesmos de que suas filhas estavam a salvo, sendo cuidadas de forma apropriada. Mas, com o passar dos meses, o medo se espalhara, tornando-se ainda pior quando novas deportações passaram a levar famílias inteiras. Um dos momentos mais comoventes do livro de Macadam é a chegada de familiares a Auschwitz, recebidos com horror pelas mulheres sobreviventes, que sabiam o destino que aguardava seus pais e irmãos.

Muito foi escrito sobre a experiência de Auschwitz, a batalha pela sobrevivência, o tifo, os gases, as condições cada vez piores, a fome e a brutalidade, e Macadam não se esquiva do horror. Livros como este são essenciais: lembram os leitores modernos de eventos que nunca devem ser esquecidos.

A obra também aborda de modo rigoroso os antecedentes das deportações eslovacas, a vida nas comunidades judaicas antes da guerra, a crescente perseguição aos judeus e a inocência das famílias que preparavam suas filhas para a deportação. Macadam escreve de forma igualmente comovente sobre a tristeza das poucas sobreviventes que, ao voltar para casa, encontraram seus pais mortos, suas lojas fechadas, suas casas e pertences roubados pelos vizinhos. Setenta mil pessoas – mais de 80% da população judaica eslovaca de antes da guerra – haviam morrido, e o regime de partido único do pós-guerra proibiu qualquer discussão sobre o Holocausto. Aquelas que estavam no primeiro transporte saíram de casa ainda meninas. Três anos e meio depois, voltaram como mulheres, mais velhas do que seus anos diziam, pois tinham visto, sofrido e suportado demais. O próprio fato de terem sobrevivido as tornara suspeitas: o que elas haviam feito? De que concessões morais haviam lançado mão para não terem morrido com suas amigas?

HÁ UM RELATO MARCANTE que permanece na mente por muito tempo. Uma das jovens sobreviventes, Linda, depois de escapar de Auschwitz e das marchas da morte que tiraram a vida de muitos sobreviventes, cruzou países mergulhados no caos e devastados pela guerra, sob risco constante de ser estuprada, finalmente se encontra em um trem rumo à sua casa. Os vagões estão cheios de refugiados, então ela segue para a parte superior e lá, empoleirada em um comboio em movimento lento, olha para uma paisagem que não inclui arame farpado, torres de vigia ou guardas segurando armas. Ela está, percebe agora, livre; é primavera e as folhas das árvores estão ficando verdes.

NOTA DA AUTORA

"AGORA É TARDE DEMAIS", diz Ruzena Gräber Knieža em alemão. Ouço um estralo na ligação telefônica. Meu marido, que está traduzindo para mim, encolhe os ombros. Na época, Ruzena era a única mulher ainda viva que fizera parte do primeiro comboio para Auschwitz e que eu havia encontrado. Era a prisioneira nº 1649. Alguns meses antes, ela estava disposta a ser entrevistada para um documentário que eu queria produzir sobre as primeiras garotas de Auschwitz; no entanto, minha própria saúde me impediu de voar para a Suíça para entrevistá-la. Agora, é ela quem está doente.

Tento explicar que meu principal interesse é falar com ela sobre a Eslováquia e como ela e as outras garotas foram recolhidas e traídas pelo seu próprio governo. Ela suspira e diz: "Não quero pensar em Auschwitz antes de morrer."

Aos 92 anos de idade, podemos culpá-la?

Envio a ela um cartão de agradecimento e localizo seu testemunho no Instituto de História Visual e Educação USC Shoah. Está em alemão. Podemos traduzi-lo, mas o Instituto Shoah não fez as perguntas que eu queria fazer. Perguntas que surgiram em 1992 — há mais de vinte e cinco anos — desde que conheci e trabalhei com Rena Kornreich Gelissen, uma sobrevivente do primeiro transporte. Desde que escrevi *Irmãs em Auschwitz*,* familiares de mulheres que estiveram no primeiro transporte têm entrado em contato comigo com mais histórias sobre suas primas, tias, mães e avós, e, com essas informações, mais questões foram levantadas. Eu filmei e gravei entrevistas com essas pessoas, mas,

---

* Também publicado no Brasil pela editora Universo dos Livros. (N.E.)

sem uma sobrevivente disposta a falar comigo — e sem uma família que me deixasse falar com ela —, essas perguntas nunca seriam respondidas. Eu entendo o desejo de proteger essas senhoras idosas; se você passou três anos no campo de concentração de Auschwitz e sobreviveu até os noventa anos, por que deveria pensar nesse inferno? Não quero machucar ninguém, especialmente essas mulheres incríveis, com perguntas dolorosas que ressuscitam fantasmas do passado.

Um ano após minha conversa com Ruzena, enviei um e-mail para famílias de segunda geração (2G) e perguntei se, no 75º aniversário do primeiro transporte, alguém gostaria de refazer a jornada entre a Eslováquia e Auschwitz que suas mães haviam feito. Muitas pessoas responderam com interesse, mas, no final, havia apenas um pequeno e íntimo grupo de três famílias: os filhos de Erna e Fela Dranger, de Israel (Avi e Akiva), a família de Ida Eigerman Newman, dos Estados Unidos (Tammy e Sharon, e os filhos de Tammy, Daniella e Jonathan) e a filha de Marta F. Gregor (Orna), da Austrália. Então, poucas semanas antes de nos encontrarmos, fiquei sabendo que Edith Friedman Grosman, de 92 anos (nº 1970), seria a convidada de honra da cerimônia dos 75 anos. Alguns dias depois, Edith e eu estávamos conversando pelo FaceTime. Imediatamente nos demos bem, e ela me disse que ficaria feliz em se encontrar comigo e a minha equipe de filmagem na Eslováquia. Duas semanas depois, estava em um quarto de hotel de estilo arquitetônico soviético, com paredes brancas gastas e decoração horrível, fazendo-lhe as perguntas que não soube fazer a Rena Kornreich (nº 1716) vinte e cinco anos antes.

Assim como Rena, Edith é vibrante, perspicaz e esperta. Uma mulher pequena que ilumina o ambiente. Nosso tempo juntas na Eslováquia foi um turbilhão que nos levou ao quartel onde ela e as outras meninas foram mantidas, assim como à estação de trem de onde foram deportadas. Na cerimônia dos 75 anos, conhecemos o presidente e o primeiro-ministro da Eslováquia, o embaixador de Israel no país e filhos de outros sobreviventes. Em uma poderosa homenagem repleta de lágrimas e abraços, o grupo de segunda geração com o qual eu estava viajando criou vínculos com famílias eslovacas de segunda geração. No final da semana, meu marido me disse: "Isso não é apenas um documentário. Você tem que escrever um livro."

Escrever sobre Auschwitz não é fácil. Não é o tipo de projeto que se assume com tranquilidade, mas, com Edith ao meu lado, eu estava disposta a tentar. Este livro não seria um livro de memórias, no entanto. Seria sobre todas elas, ou sobre quantas eu pudesse encontrar e encaixar nessa história complexa. No Canadá, conheci outra sobrevivente, Ella Rutman (nº 1950), e voei para Toronto para reunir as duas sobreviventes. Edith e Ella se lembraram uma da outra, mas mesmo em idade avançada elas ainda pareciam desconfiadas. Enquanto conversavam em eslovaco, Edith lançou um olhar de dor para mim. Aquele não era o vínculo caloroso que eu imaginava — percebi que Edith não gostava de Ella quando estavam em Auschwitz. O encontro transcorria de modo estranho e distante, até que as duas senhoras começaram a olhar atentamente os números nos antebraços esquerdos. "Não consigo mais ver meu número, está tão desbotado...", disse.

As lembranças vão se esvaindo também. Mas a verdade está lá, se você souber onde encontrá-la. Olhando para fotos antigas de Edith um dia, notei o rosto de Ruzena Gräber Knieža.

"Você conheceu Ruzena?", perguntei. "Claro!", Edith respondeu, como se eu tivesse feito a pergunta mais óbvia do mundo. "Éramos da mesma sala na escola, e fomos bons amigos de Ruzena e de seu esposo, Emil Knieža,[1] depois da guerra. Ele era um escritor, como o meu marido. Costumávamos visitá-los na Suíça."

Eu havia completado um círculo.

MUITAS DESSAS MULHERES SE CONHECIAM antes mesmo de Auschwitz: das cidades ou vilas das quais eram naturais, ou das escolas e sinagogas que frequentavam; contudo, nos testemunhos do Arquivo USC Shoah, é raro que alguém mencione o nome de solteira de uma garota. Às vezes, um sobrevivente menciona uma garota pelo apelido ou fornece a descrição física de uma amiga, portanto, pode ser difícil confirmar se os sobreviventes estão falando sobre alguém do primeiro transporte. O testemunho de Margie Becker (nº 1955) é uma das raridades em que os nomes completos das garotas com quem ela e Edith cresceram são quase sempre mencionados — e, por causa da fotografia da turma escolar, Edith conseguiu identificar a maioria dessas garotas. Nunca me ocorreu perguntar a Edith se ela conhecia Ruzena antes de eu vê-las juntas na foto da turma, porque o nome de Ruzena na lista de deportados a situa como originária de uma cidade diferente. Eu não sabia que ela havia morado em Humenné quando jovem. Se ao menos eu tivesse começado essa jornada quando elas ainda estavam todas vivas.

Enquanto eu trabalhava nas correções finais deste livro, um e-mail chegou:

> Minha avó estava no primeiro comboio. Eu lembro das histórias que ela contava para nós. Ela escreveu um relato sobre a deportação, mas acabou jogando tudo fora, dizendo que ninguém acreditaria nela. A primeira página de seu testemunho escrito sobreviveu e eu a tenho aqui comigo. Seu nome era Kornelia (Nicha) Gelbova, da cidade eslovaca de "Humenné". Ela nasceu em 1918.

Segundos depois, abri um arquivo do Excel que criei com o nome de todas as meninas, contendo cidade natal e idade, e o nome de Kornelia Gelbova aparece na minha frente. Ela é o número 232 da lista original arquivada no Yad Vashem, em Jerusalém. Ainda mais extraordinário é que sua irmã é mencionada no testemunho de Ruzena Gräber Knieža. Elas estavam juntas em Ravensbrück. As duas estão na mesma página da lista em que também estão outras três meninas que você está prestes a conhecer muito bem: Edith e Lea Friedman e sua amiga Adela Gross. Nessa mesma página estão duas garotas que alguns de vocês já conhecem: Rena Kornreich e Erna Dranger.

Uma das minhas maiores preocupações ao escrever este livro foi a precisão. Preocupo-me constantemente em acertar as datas e a cronologia, e garantir que as narrativas tenham sido registradas com exatidão. Edith me garante que eu "não vou acertar tudo sempre. Ninguém pode fazer tudo certo. Isto é grande demais. Então, você não tem uma data, mas e daí? Aconteceu. É o suficiente".

Eu só posso esperar que seja mesmo.

Esta história tem múltiplas narrativas. O cerne da narrativa vem de minhas entrevistas com testemunhas, sobreviventes e familiares, e dos depoimentos contidos no Arquivo USC Shoah. Memórias, literatura sobre o Holocausto e documentos históricos foram usados para contextualizar melhor essas histórias pessoais, bem como a atmosfera e a política da época. Meu objetivo é criar uma imagem o mais completa possível das meninas e jovens mulheres do primeiro transporte "oficial" de judeus para Auschwitz. Um dos dispositivos que usei para fazer isso foi a licença dramática. Quando você encontrar um diálogo entre aspas, pode ter certeza de que são citações diretas de entrevistas com sobreviventes ou testemunhas relatando conversas que tiveram ou ouviram. Em outros casos, para ilustrá-las melhor ou completar algumas cenas, usei travessões para indicar diálogos que criei; eu só fiz isso nos casos em que conversas ou discussões foram mencionadas em um testemunho, mas *não* foram detalhadas.

Sou profundamente grata a Edith Grosman e à sua família, bem como às famílias Gross, Gelissen e Brandel, que me aceitaram em seu núcleo e me trataram como um membro honorário. "Você é como uma prima nossa", disse-me Edith em sua festa de aniversário de 94 anos. Ao seu redor estavam o filho, nora, netas, um bisneto e outro bisneto a caminho. É uma grande honra e privilégio fazer parte da história dessas mulheres, como sua defensora e cronista. Elas eram adolescentes quando foram enviadas para Auschwitz. Apenas algumas voltaram para casa. Terem conseguido sobreviver é um tributo às mulheres e meninas de todo o mundo. Esta é a sua história.

PRINCIPAIS PASSAGEIRAS DO PRIMEIRO TRANSPORTE

A quantidade de Ediths e Magdas e de Friedmans e Neumanns no primeiro transporte fez com que eu tivesse que criar nomes diferentes para identificar nossas jovens de uma maneira única. Para isso, geralmente usei alguma versão de seus nomes de nascimento. Nossas personagens principais são chamadas por seus nomes reais ou pelo nome que forneceram à lista de transporte. (Por alguma razão, as meninas costumavam fornecer apelidos em vez dos nomes de batismo — minha primeira opção para nomeá-las é, portanto, o nome indicado na lista.) Para os muitos nomes duplicados, outra versão desse nome pode ser usada (por exemplo, Margaret se torna Peggy). Se um nome for repetido mais de duas vezes, o sobrenome ou alguma alternativa será usada. Foi o que ocorreu com as muitas Magdas e Ediths com as quais tive que lidar. Espero que as famílias compreendam essa necessidade de clareza na narrativa. Não foi por desrespeito que os nomes tiveram de ser alterados, mas pela esperança de que os leitores possam identificar com clareza — e se identificar *com* — essas meninas e mulheres.

Por favor, observe também que, na língua eslovaca, o sufixo "ova" equivale a senhorita ou senhora. Eu optei por não acrescentar o "ova" aos nomes das deportadas, porque alguns deles são de origem polonesa e não seguem essa sintaxe. Além disso, a Fundação USC Shoah não usa o "ova" em seus arquivos.

MULHERES A BORDO DO PRIMEIRO TRANSPORTE DA ESLOVÁQUIA, POR REGIÃO OU CIDADE DE ORIGEM

Humenné

Edith Friedman, nº 1970

Lea Friedman, irmã de Edith, nº 1969

Helena Citron, nº 1971

Irena Fein, nº 1564

Margie (Margita) Becker, nº 1955

Rena Kornreich (originalmente de Tylicz, Polônia), nº 1716

Erna Dranger (originalmente de Tylicz, Polônia), nº 1718

Dina Dranger (originalmente de Tylicz, Polônia), nº 1528

Sara Bleich (originalmente de Krynica, Polônia), nº 1966

Ria Hans, nº 1980

Maya (Magda) Hans, nº desconhecido

Adela Gross, nº desconhecido

Zena Haber, nº desconhecido

Debora Gross, não deportada

Zuzana Sermer, não deportada

Ruzinka Citron Grauber, nº desconhecido

Michalovce

Regina Schwartz (com suas irmãs Celia, Mimi e Helena), nº 1064

Alice Icovic, nº 1221

Região de Poprad

Martha Mangel, nº 1741

Eta Zimmerspitz, nº 1756

Fanny Zimmerspitz, nº 1755

Piri Rand-Slonovic, n.º 1342

Rose (Edith) Grauber, n.º 1371

Prešov

Magda Amster, n.º desconhecido

Magduska (Magda) Hartmann, n.º desconhecido

Nusi (Olga ou Olinka) Hartmann, n.º desconhecido

Ida Eigerman (originalmente de Nowy Sącz, Polônia), n.º 1930

Edie (Edith) Friedman, n.º 1949*

Ella Friedman, n.º 1950*

Elena Zuckermenn, n.º 1735

Kato (Katarina) Danzinger (mencionada nas cartas de Hertzka), n.º 1843

Linda (Libusha) Reich, n.º 1173

Joan Rosner, n.º 1188

Matilda Friedman, n.º 1890*

Marta F. Friedman, n.º 1796*

Região de Stropkov

Peggy (Margaret) Friedman, n.º 1019*

Bertha Berkowitz, n.º 1048

Ruzena Gräber Knieža, n.º 1649

MULHERES A BORDO DO SEGUNDO TRANSPORTE DA ESLOVÁQUIA

Dra. Manci (Manca) Schwalbova, n.º 2675

Madge (Magda) Hellinger, n.º 2318

Danka Kornreich, n.º 2775

---

* Sem relação com Edith e Lea Friedman

PARTE UM

UM

É uma situação triste, talvez até mesmo pior do que as estrelas
com as quais eles um dia nos marcaram...
porque, dessa vez, irá atingir as nossas crianças também.

— **LADISLAV GROSMAN**, *The Bride*

28 DE FEVEREIRO DE 1942

O BOATO COMEÇOU como boatos normalmente começam. Primeiro, apenas como um palpite. Um mal-estar no estômago. Mas era ainda apenas um rumor. O que mais eles poderiam fazer com os judeus? Até o clima parecia estar contra eles. Era o pior inverno já registrado. Montes de neve tão altos que ultrapassavam a altura da cabeça das pessoas. Se o governo tivesse algum sentido prático, teria baixado uma ordem obrigando as pessoas baixas a ficarem dentro de casa, devido ao medo de que pudessem desaparecer em meio à neve. A retirada da neve com pás cobrava um preço das costas de todos. As calçadas tornaram-se parquinhos instantâneos para crianças que não tinham trenós, mas podiam deslizar pelos amontoados de neve usando suas partes traseiras. Deslizar era o novo passatempo nacional — isso e escorregar no gelo.

Cada nevasca era seguida por temperaturas negativas e rajadas de vento das montanhas Tatra. Cortando através de casacos finos e grossos, eram democráticas e impiedosas tanto para ricos como para pobres. O vento podia encontrar seu caminho entre as costuras das roupas mais bem-feitas e machucava a pele com crueldade, como uma navalha. Lábios e mãos estavam secos e rachados. Sobras de gordura de ganso eram aplicadas nas narinas para evitar hemorragias nasais. Enquanto lufadas de ar se esgueiravam por frestas de janelas e portas, pais cansados recebiam vizinhos cansados para juntos se sentarem em banquinhos na frente do fogo e se preocuparem com o boato, embora muitos se sentassem diante de lareiras frias — era difícil até mesmo encontrar lenha. Algumas famílias judias mal tinham comida. Era ruim para todos, mas pior para alguns.

Chamas de dúvida e incerteza eram apagadas pela razão. Se o rumor fosse verdadeiro, dizia o mais razoável, e se realmente o governo levasse as meninas, elas não seriam levadas para longe. E, se fossem, seria apenas por um tempo. Somente até a primavera — quando e se a primavera chegasse. *Se*, isto é, o rumor fosse verdadeiro.

O "se" era tão amedrontador que ninguém se atrevia a dizê-lo, para evitar que a própria palavra os amaldiçoasse com a sua realidade. Simplesmente tinha que ser um boato. Por que alguém iria querer levar meninas adolescentes?

A NEVE COMEÇARA A CAIR enquanto mães judias de toda a Europa Oriental preparavam as velas do Sabá. Na casa dos Friedman, Emmanuel Friedman entrou pela porta da frente batendo palmas e cantando: "*Shabat Shalom! Shabat Shalom! Shalom! Shalom! Shalom!*".[2] Aplaudindo e cantando, as crianças se juntaram ao pai. Então, a família se reuniu ao redor da mesa de Sabá para ver a mãe acender as velas. Depois de circular as mãos sobre as chamas três vezes, ela aproximou a luz do coração — pois é responsabilidade da mulher trazer luz para o lar —, colocou as mãos sobre os olhos e murmurou a bênção do Sabá:

Barukh ata Adonai Eloheinu Melekh ha-olam, asher kid'shanu b'mitzvotav v'tzivanu l'hadlik ner, l'hadlik ner shel Shabat. (Bendito és Tu, ó Senhor, nosso Deus, Rei do Universo, que nos santificou com Seus mandamentos, e nos ordenou acender a vela do santo Sabá.)

Edith e sua irmã Lea assistiam com adoração reverente, enquanto a mãe rezava silenciosamente. Ela então piscou três vezes e depois abriu os olhos. "Bom Shabes!". Suas filhas a abraçaram e ela as abençoou com um beijo cada por ordem de idade, da mais velha à mais nova, mas deu um beijo um pouco mais longo na testa das filhas adolescentes, Lea e Edith. Já houvera antes outros rumores, que nunca foram concretizados, ela disse a si mesma, abraçando as meninas perto de seu coração. Sua oração secreta a Deus naquela noite rogou para que esse rumor também fosse falso.

Lá fora, trovões soavam como grandes tambores no céu. Relâmpagos reluziam. Neve caía aos borbotões. Ninguém conseguia se lembrar de quantos anos se passaram desde que houvera uma tempestade como aquela.

Na manhã do Sabá, a tormenta havia descarregado por volta de trinta centímetros de neve e, perto do meio-dia, os montes já estavam batendo nas coxas. Como sempre, alguns indivíduos leais começaram a retirar a neve com pás, pensando que era melhor fazer o trabalho pela metade e ter que repeti-lo do que esperar e ter que trabalhar em dobro de uma só vez. A tabacaria não só fora parcialmente limpa como estava aberta. O clima nunca seria páreo para um fumante inveterado.

Era incomum para o pregoeiro da cidade fazer anúncios aos sábados, ainda mais raro que trovões em uma tempestade de neve. Normalmente, os comunicados eram feitos no mercado às sextas ou às segundas-feiras. Mas, naquela tarde, em frente a prefeituras de todo o leste da Eslováquia, os tambores começaram a bater e, apesar da nevasca, alguns indivíduos não judeus na rua pararam para ouvir. O vento era forte e a neve estava alta, abafando o som do tambor. Ninguém no bairro judeu, do outro lado do pequeno rio que fazia uma curva ao longo da margem sul da cidade, ouviu. O clima — que, apesar de estar sempre aí, naquele dia estava ligeiramente acentuado — não ajudou.

No meio da multidão reunida em torno do pregoeiro da cidade estava Ladislav Grosman, de 21 anos, que, por razões conhecidas apenas por ele, encontrava-se na praça em vez de na sinagoga ou em casa. De olhos escuros e expressão ingênua, era mais provável que Ladislav motivasse um sorriso do que uma careta, risos ao invés de lágrimas. Tinha alma de poeta, e por isso talvez estivesse dando um passeio depois da refeição em família, apreciando o tapete branco sem rastros do outro lado da praça, estremecendo com a ferroada fria da neve batendo em seu rosto. Ou talvez ele só precisasse de um cigarro. Seja qual fosse o motivo, quando o pregoeiro da cidade começou a tocar seu tambor, Ladislav se apressou junto aos poucos que estavam perambulando pelas ruas para ouvir as últimas notícias.

Normalmente, o pregoeiro esperava juntar uma multidão antes de começar o anúncio. Nesse dia, não. Ele começou imediatamente, para que pudesse abrigar-se logo do clima horrível, que molhava o seu colarinho e congelava o seu pescoço. Os flocos que caíam sem distinção sobre os judeus e os não judeus já estavam grandes e úmidos, um sinal claro de que a tempestade estava terminando.

Para alguns, estava apenas começando.

Sobre os resquícios da tempestade, o pregoeiro da cidade gritou: "Todas as meninas judias de dezesseis anos ou mais. As meninas solteiras [estão] obrigadas a ir ao escritório de registro designado; detalhes da inspeção médica e a finalidade de todo o negócio [a] serem oficialmente informados oportunamente".[3] Não havia quase ninguém ouvindo. Afinal, caía uma nevasca. Apenas alguns fumantes inveterados, mas os homens que ouviram se viraram para seus vizinhos e disseram: eu avisei.

Não havendo mais informações sobre datas, horários ou locais a acrescentar, o pregoeiro da cidade finalizou o anúncio com sua própria assinatura verbal, como uma espécie de despedida do Pernalonga, e um último rufar de seu tambor: "E isso é tudo, toda a informação, os detalhes a que o público deve prestar atenção, ponto-final, fim, acabou, finito, todos vocês para casa, nesse clima amaldiçoado que ninguém nem ao menos colocaria um cachorro para fora…".

Não havia mais "e se", "vai que" ou "mas": o boato era verdadeiro. Na manhã seguinte, mesmo com a neve amontoada contra as portas, todos sabiam disso. O último anúncio caiu sobre a comunidade judaica tão pesadamente quanto pedaços suspensos de gelo caindo dos telhados, mas de maneira muito mais ameaçadora.

QUANDO SE TRATAVA DE MEDIDAS DRACONIANAS contra os judeus, o governo eslovaco parecia querer superar os alemães. Jovens delinquentes,[4] que haviam se juntado à Guarda Hlinka, uma organização fascista eslovaca, intimidavam e espancavam meninos e homens judeus que estivessem usando as braçadeiras obrigatórias, que agora adornavam estrelas amarelas. Lápides eram derrubadas ou danificadas, lojas eram pintadas com frases antissemitas. Nas cidades maiores, entoavam-se canções nacionalistas de congelar o sangue, ritmadas pelo barulho de pedras arremessadas e de vidraças quebrando como batidas nos pratos de uma orquestra. As bancas de jornais distribuíam o *Der Stürmer* (O atacante),[5] o jornal de propaganda nazista que alimentava a ignorância e a ideologia racista, publicando caricaturas difamatórias de judeus estereotipados estuprando virgens eslovacas, cortando gargantas de crianças e coletando seu sangue para preparar o matzá, sentados com as pernas abertas em volta da Terra, como se o globo fosse um cavalo para cavalgar e conquistar, enquanto os heroicos soldados alemães lutavam contra o judeu diabólico — o demônio da humanidade.

Uma mulher no mercado até perguntou a Edith: "Onde estão seus chifres?", e quando Edith mostrou que ela não os tinha, a mulher ficou em choque. Como alguém pode ser tão estúpido a ponto de pensar que os judeus tinham chifres, faziam matzá com sangue de crianças ou que até mesmo mataram Deus? Os judeus inventaram Deus, pelo amor de Deus!

Como alguém poderia realmente acreditar no que os jornais propagandistas diziam?

Em setembro de 1941, o governo eslovaco estabeleceu um código judaico: leis e regulamentos que seriam implementados com frequência crescente ao longo do outono.[6] A certa altura, era como se todos os dias o pregoeiro da cidade fizesse pronunciamentos contra os judeus eslovacos. Um dia, ouviu-se:

> Por meio deste, comunicamos a todos que os judeus devem registrar a si mesmos e a todos os membros de suas famílias no gabinete do prefeito nas próximas 24 horas, com uma lista de todos os seus bens imobiliários.

No dia seguinte:

> Os judeus devem apresentar seus registros bancários, de bancos locais e estrangeiros, e, a partir de agora, estão proibidos de residir em qualquer rua principal, devendo desocupar as residências em ruas principais dentro de sete dias.

Na semana seguinte:

> Os judeus devem usar uma estrela amarela de 24 × 24 centímetros em todas as suas roupas.

> Os judeus não podem sair da região e, para viagens locais, devem ter uma permissão por escrito da Guarda Hlinka, que custa cem coroas. Eles podem obtê-la apenas se a Guarda Hlinka considerar válida a sua solicitação.

Mas que judeu tinha cem coroas[7] e que judeu conhecia um guarda da Hlinka que validaria seu pedido?

Os judeus devem depositar todas as suas joias dentro de 24 horas na sede da Guarda Hlinka.

Os judeus não podem ter animais de estimação — nem mesmo um gato! —, não podem ter rádios nem câmeras, para não se tornarem propagadores de mentiras da BBC.

Os judeus devem depositar seus casacos de peles no posto de comando da Guarda Hlinka.

Os judeus devem entregar suas motos, carros e caminhões.

Os judeus não serão admitidos em nenhum hospital e não serão submetidos a quaisquer cirurgias.

Os judeus não podem mais frequentar nenhum colégio de Ensino Médio, nem exigir comprovantes das várias autoridades estatais.

Edith ainda balança a cabeça negativamente quando se recorda das leis que interromperam sua educação. "Meus irmãos ainda iam à escola, estavam no Ensino Básico, que ia até a quinta série. Mas, quando terminaram, a lei dizia que eles tinham que ir à escola até os quatorze anos". Então, eles tiveram que repetir a quinta série três vezes! Enquanto isso, Edith e Lea caíam na situação difícil de já terem mais de quatorze anos e, apesar do desejo por conhecimento da mente afiada, os judeus não tinham permissão para terminar o ensino médio.

Então, outra lei foi aprovada:

Os judeus não podem entrar em nenhum parque público.

E outra:

Os judeus não podem empregar arianos, nem socializar com nenhum ariano, visitar teatros, ou festividades culturais, nem se reunir em número maior que cinco. Nenhum judeu pode ficar na rua depois das 21 horas.

Ninguém poderia ter previsto a arianização das empresas judaicas, que permitiu que os não judeus assumissem legalmente as empresas judaicas e "todas as práticas comerciais, para assim propiciar a transferência mais rápida possível de todos os negócios para mãos arianas". Nenhuma compensação era paga ao empresário judeu que perdesse seu negócio.

"A única coisa permitida aos judeus era cometer suicídio",[8] disse a mãe de Ivan Rauchwerger.

E, agora, eles queriam suas meninas?

Não fazia o menor sentido. Por que alguém iria querer levar adolescentes para trabalhar? Adolescentes são preguiçosos e briguentos. E as garotas? São as piores! Elas estão rindo em um segundo e começam a chorar no outro. Elas têm cólicas e ficam irritadas. Elas se preocupam mais com seus cabelos e unhas do que com cumprir as tarefas do dia. Basta olhar para o chão da cozinha, que Priska deveria ter varrido! Basta olhar para a louça na pia, com *kugel* ainda grudado, porque a responsável pela lavagem estava olhando pela janela para Jacob, o filho do rabino, em vez de fazer o serviço. Sem as mães para ensiná-las a limpar e a se orgulhar de trabalhar, a maioria das meninas nunca faria o mínimo de esforço! Que adolescente gosta de trabalhar?

E, no entanto, o mundo gira por causa das meninas. Quando são doces e gentis, são as mais doces e gentis das criaturas. Quando elas tomam o seu braço no delas, você se sente a criatura mais amada e valorizada do universo; até as estrelas param de girar nos céus para dizer: "Olhem para isso!". Dependemos das meninas por causa da sua inteligência, da sua paixão, da sua esperança. Da sua inocência.

Por isso era tão difícil acreditar no rumor que circulava pelas cidades e vilarejos da Eslováquia — um boato que estava prestes a se tornar uma lei. Por que alguém iria querer que as adolescentes fizessem serviços para o governo? Por que não levar os meninos? Era uma situação triste, todos disseram.

DOIS

Onde há um eslovaco, há uma canção.
— **DITADO POPULAR ESLOVACO**

EM CASA, OS FRIEDMAN eram como uma família Von Trapp judia em uma versão eslovaca de *A Noviça Rebelde*. Edith e Lea sempre cantavam durante as tarefas da manhã, então os dias eram lindos, independentemente do clima. E quem precisava do rádio com vozes como as delas?

Hanna Friedman ouvia as filhas cantando e se preocupava com o silêncio que iria cair sobre sua casa se as adolescentes fossem mandadas para longe pelo governo. Quem mais poderia reproduzir os tons melodiosos como os de uma cotovia de Edith ou guturais como os de um pardal de Lea? Alheias ao ouvido sentimental de sua mãe, as meninas cantarolavam melodias lavando a louça do café da manhã, varrendo e limpando o chão da cozinha e, finalmente, abrindo a porta da frente para deixar entrar um sopro de ar frio. Na rua, as crianças já podiam ser ouvidas gritando e rindo na neve. A sra. Friedman bateu os edredons, tirando-lhes a poeira e o sono, e depois os dobrou de volta, colocando-os ao pé da cama para que os colchões pudessem tomar ar.

Lá fora, o mundo era uma maravilha esbranquiçada. Arco-íris brilhavam na neve, formados pelas gotas congeladas penduradas nas bordas dos telhados. Galhos negros de árvores estavam cobertos por uma camada de neve que parecia pó de fadas. Um sol pálido resplandecia através das nuvens finas, à medida que o vento sudeste as varria pelo céu ainda mais pálido.

Em um dia típico de mercado, Edith e Lea iam ao centro da cidade carregando uma cesta e faziam compras para Babi, sua avó. Elas encontravam suas amigas e vizinhas, ficavam sabendo das últimas fofocas e liam os anúncios colocados no quadro de avisos e em volta da praça. Em um dia típico de mercado... Mas esse dia seria tudo, menos típico. Primeiro, o mercado provavelmente estaria quase vazio, pois os agricultores ainda estavam arando a terra. Quando eles finalmente chegassem com seus trenós, os poucos produtos oferecidos para venda estariam congelados pela jornada. Mas era assim mesmo no inverno. Então, não era por isso que esse dia seria diferente de outros dias. Nesse dia, todo mundo estava indo ao mercado para saber se o pregoeiro da cidade tinha algum acréscimo a fazer ao anúncio de sábado, que quase ninguém tinha ouvido, mas no qual agora todos eram forçados a acreditar.

As meninas ainda não sabiam de nada. Ainda não. Depois de ficarem em casa por mais de 24 horas por causa da neve, Edith e Lea provavelmente estavam ansiosas para ver suas amigas, pois saíram correndo pela porta à frente de sua mãe, balançando a cesta de Babi entre elas.

Enquanto as meninas abriam passagem em meio à crosta de neve recentemente caída e seguiam em direção à cidade, elas talvez tenham ouvido as portas abrindo e fechando ao longo da rua, à medida que homens e mulheres jovens, ansiosos por sair, atravessavam os montes de neve nas calçadas que mal podiam ser discernidas. Havia apenas uma leve insinuação de sussurros, ouvidos por acaso, e a única maneira de descobrir o que realmente estava acontecendo era investigar a verdade. Para isso, uma das melhores amigas de Lea pode ter chamado seus nomes. Com um chapéu de tricô sobre os cabelos ruivos cor de morango, Anna Herskovic talvez tenha corrido para se juntar às irmãs Friedman neste dia atípico de mercado.

Anna Herskovic era uma garota alegre e comunicativa, com grandes olhos castanhos e pele pálida. Uma garota bonita rodeada de garotas bonitas. Antes de o mundo se voltar contra elas, Anna e Lea adoravam ir ao cinema juntas. Verdadeiras cinéfilas, sempre economizavam dinheiro para assistir ao último lançamento; isto é, até os cinemas serem incluídos na lista de lugares que os judeus estavam proibidos de frequentar.

Ao longo das margens estreitas do rio Laborec, galhos de bétulas haviam sido cortados e adornados com garrafas coloridas de vidro para coletar a seiva das árvores à medida que a temperatura subisse. Com a última onda de frio, as garrafas mal tinham algum líquido transparente no fundo. Mas os dias mais quentes estavam chegando e as garrafas tilintavam ao vento como sinos, balouçando enquanto aguardavam o fluxo do tônico doce que respinga das bétulas na primavera.

Em ambos os lados dos trilhos da ferrovia, fortes de neve talvez tenham sido construídos para que as crianças atirassem bolas de neve umas nas outras, em uma guerra microcósmica que imitava a da Europa, embora os dois lados daqui provavelmente comemorassem logo o armistício ao andarem de trenó juntos. Preparando-se, as meninas pegavam a neve em suas luvas e ameaçavam os rapazes aleatórios que ousavam selecioná-las como alvo. As meninas mais velhas, como Edith e Lea, podiam perambular pela pequena ponte até a cidade sãs e salvas. Virando repentinamente para a esquerda, elas fizeram um rápido desvio para a rua Štefánikova, onde moravam suas amigas Debora e Adela Gross.

A rua Štefánikova era carinhosamente chamada de rua Gross pelos habitantes da cidade porque onze das casas da rua eram ocupadas pelos filhos e netos do rico comerciante madeireiro Chaim Gross.[9] Até Ladislav Grosman e sua família, que não eram parentes dos Gross, moravam na rua Gross.

Se Ladislav e seu irmão, Martin, estivessem tirando a neve das calçadas com pás quando as meninas chegaram, certamente teriam cumprimentado as jovens, embora Ladislav provavelmente prestaria pouca atenção à esbelta adolescente Edith. Durante o fim de semana, a família Gross não perdeu tempo para garantir que Martin e Debora estivessem formalmente noivos. Quando Debora e Adela encontraram as irmãs Friedman e Anna Herskovic, as notícias das núpcias de Debora, que estavam prestes a acontecer, teriam sido as fofocas mais recentes.

Será que aquelas jovens de dezenove anos mergulharam de cabeça no tipo de conversa mantida apenas por garotas que não se falam há vinte e quatro horas? Adicione o casamento de Debora à conversa e podemos imaginar abraços animados e *mazel-tovs*. "Debora seria poupada por causa da família de seu avô e também por causa do Martin", lembra Edith. "Proteção dupla" contra a convocação. Afinal, o governo só queria garotas solteiras. Será que Lea se perguntou se deveria conseguir um marido rapidamente ou a coisa parecia tão ridícula que nem valia a pena se preocupar? Deve ter sido estranho celebrar boas notícias servidas como aperitivo para acompanhar as más.

Edith e Adela não eram amigas tão próximas quanto suas irmãs. Com dezessete anos, Edith não frequentara a mesma classe de Adela na escola, e a diferença de um ano de idade entre elas criava uma divisão que os adolescentes podem achar difícil de ultrapassar. O rosto perfeitamente oval de Adela e seus lábios carnudos destacavam-se, sob a vasta cabeleira de cachos vermelhos espiralados, das feições mais delicadas de Edith. O casamento era algo muito distante para as adolescentes, que ainda tinham que desabrochar em mulheres adultas.

Irena Fein havia trabalhado como assistente no estúdio de fotografia recentemente arianizado da cidade. Uma garota pensativa e amante dos livros, Irena também se dedicou à fotografia enquanto profissão e muito provavelmente aprimorou suas habilidades tirando fotos de suas amigas. Adela parece ter tido a confiança de uma estrela de cinema e teria sido a modelo perfeita, com suas madeixas castanho-avermelhadas e pele de marfim.

Dentro da casa da família Gross, o primo de três anos de Adela, Lou, era um elemento avulso. Irrompendo em meio à neve na direção de suas primas mais velhas, ele implorava para que as meninas brincassem com ele. Elas talvez tenham sorrido e abraçado o garoto, mas seus planos não incluíam servir de babá. Podia não ser um dia típico no mercado, mas era um dia de mercado. Elas tinham planos.

Correndo o risco de ficar com nada além de seu cavalo de balanço para brincar, Lou corria atrás das meninas mais velhas com suas curtas perninhas grossas, chamando as primas por versões mais doces de seus nomes — Adelinka! Dutzi! — e projetando o lábio inferior para fora em um beicinho dramático. Mas em vão.

— *Ljako!*

A babá usou a forma carinhosa da própria família para chamá-lo e levou o garotinho de volta para dentro, embrulhando-o como um marshmallow antes de devolvê-lo para fora.

NEM TODAS AS JOVENS que estavam a caminho do mercado de Humenné naquele dia eram eslovacas.[10] Após a invasão alemã da Polônia em 1939, muitos judeus poloneses haviam enviado suas filhas para a relativa segurança da Eslováquia, onde eles ainda tinham alguns direitos e as meninas judias não enfrentavam ameaças de estupro.

Dina e Erna Dranger eram primas de primeiro grau oriundas do que outrora fora uma vila tranquila na Polônia, chamada Tylicz — que, imediatamente após a invasão, se tornara uma cidade fronteiriça estratégica ocupada pelos soldados alemães. Sua melhor amiga, Rena Kornreich, havia escapado primeiro para a Eslováquia. Os Dranger foram em seguida. Tanto Rena quanto Erna tinham irmãs mais novas que viviam e trabalhavam em Bratislava, capital da Eslováquia. Havia pelo menos uma outra refugiada polonesa em Humenné, Sara Bleich, que cresceu a poucos quilômetros de distância, na cidade de Krynica, onde até hoje você pode "banhar-se nas fontes curativas" e encontrar muitos tipos diferentes de água mineral jorrando das nascentes das montanhas. Todas deviam se conhecer.

Podemos imaginar Erna e Dina andando de braços dados pela rua Štefánikova em direção ao mercado naquele dia, conversando animadamente sobre a boda de sua amiga Rena, prestes a acontecer. Rena precisava comprar uma camisola para a noite de núpcias, o que provavelmente provocava todo tipo de rubores e risadas das jovens. Com o Pessach a poucas semanas dali, elas também estavam ansiosas para enviar frutas secas e castanhas para a casa dos pais, que elas não viam há mais de um ano.

Alguns anos mais velhas do que as irmãs Friedman, as meninas polonesas não teriam feito parte dos mesmos círculos sociais que elas. Acolhidas pela comunidade judaica de Humenné, as garotas Friedman eram de uma família local respeitada, enquanto as refugiadas polonesas trabalhavam como babás para famílias abastadas com crianças pequenas. No entanto, se passassem pela casa da família Gross e vissem as pessoas do lado de fora, as meninas polonesas acenariam ou diriam olá. As sardas e os cachos ruivos de Adela eram tão difíceis de não notar quanto o seu sorriso, e elas se reconheceriam mutuamente por ficarem sentadas no andar de cima da sinagoga, na seção feminina. Embora as irmãs Gross fossem de uma família extremamente rica, nunca trataram os outros como inferiores. Elas se dedicavam a viver em um mundo amável, um mundo moral, um mundo que ajudava os menos afortunados e necessitados.

A PALAVRA "humenné" vem da palavra eslava para "quintal". Nunca uma cidade teve um nome tão apropriado. "Éramos uma grande família", diz Edith sobre a cidade. "Todo mundo se conhecia. Todo mundo!".

Outrora uma cidade importante na rota comercial entre os reinos da Polônia e da Hungria, Humenné havia sido um relevante centro cultural para as artes, conhecida por seu artesanato, feiras e mercado.[11] Os leões esculpidos em mármore contorciam suas caudas de pedra acima do portão de ferro forjado da mansão no final da praça, embora "praça" não seja a palavra certa para a via longa e retangular que servia como centro da cidade. A rua principal não era pavimentada;

rolos compressores feitos de troncos e correntes, puxados por cavalos, nivelavam a terra e o cascalho. Com árvores enfileiradas de um lado e lojas do outro, a praça era o ponto de encontro central para judeus e não judeus. Havia apenas um carro na cidade, com um motorista de táxi.

Ao longo das extremidades da praça, na frente dos imensos montes de neve, alguns vendedores e fazendeiros robustos teriam montado barracas. O vento congelaria as mãos sem luvas de um açougueiro gentio, que enrolava seus últimos gomos de linguiça. Peças de queijo estariam cobertas com morim para protegê-las do frio. Ainda não haveria vegetais verdes, apenas batatas, couve-nabo, algumas pastinagas. A polícia militar eslovaca — a Guarda Hlinka — atravessaria as colinas varridas pelo vento, como se patrulhar montes de neve fizesse parte de seu dever. Com suas botas, cintos e jaquetões abotoados até o pescoço para abrigá-los dos ventos das montanhas Tatra e dos Cárpatos, os jovens guardas da Hlinka tentavam parecer intimidadores. Mas, em seus casacos de lã pretos e calças justas, mal tinham idade suficiente para fazer a barba e não intimidavam Adela ou as outras garotas. Por que elas deveriam ter medo? Eles cresceram juntos. E os meninos sempre gostam de brincar de soldado. Ainda assim, parecia estranho que, quando as meninas dissessem olá, seus antigos colegas de escola escolhessem ignorá-las ou encará-las.

O mundo era pequeno neste lugar. Era impossível não cumprimentar os vizinhos, mas, ao longo do ano anterior, os cumprimentos se tornaram mais breves e mais desconfiados, sussurrados em vez de gritados. Então, "de repente, os não judeus pararam de falar conosco", diz Edith. "Eles nem respondiam quando minha mãe os cumprimentava!". Como vizinhos podiam ser tão rudes uns com os outros? Mas todo mundo estava ficando cada vez mais nervoso.

Em um dia típico, Edith e Lea teriam entrado no mercado em meio ao cenário familiar dos comerciantes que vendiam mercadorias e à melodia animada dos compradores pechinchando sem se importar com o mundo. No entanto, este foi tudo, menos um dia típico no mercado. As garotas Friedman e suas amigas talvez tenham rido despreocupadamente ao ar livre, mas estavam totalmente alheias aos olhares melancólicos, à solitária lágrima perdida e capturada pelo vento e ao velho policial que as observara com ternura por um momento, confuso por seu próprio sentimento.

Assim que o mercado vespertino estivesse aberto para os judeus, a mãe de Edith teria chegado com a mãe de Irena Fein e a cunhada da sra. Fein, a doula local, que havia feito o parto de Edith, Lea e, provavelmente, de toda a descendência dos Gross neste mundo. Elas teriam visto a sra. Becker com sua filha adolescente, Margie. Margie tinha um humor afiado e atuou em várias peças teatrais de Beth Jacob com Edith e Lea. A família de Margie também era dona da loja na esquina, perto da casa dos Friedman.

Apesar de morarem próximos, virando a esquina após a casa da família Becker e sua loja, os Friedman não eram seus amigos íntimos porque, quando jovens, Emmanuel Friedman e Kalman Becker haviam disputado o amor da mesma mulher. "Minha mãe não era apenas muito bonita", diz Edith, "ela era a mulher mais inteligente da cidade". Emmanuel Friedman conquistou seu coração e eles se casaram. Depois, o pai de Margie se recusou a falar com o pai de Edith, exceto "quando iam à sinagoga para o Kol Nidre. Então, eles desejavam tudo de bom um ao outro, um bom ano, um ano saudável, um ano feliz, um ano de riqueza. No restante do ano, eles não se falavam". Edith ri.

Esta era uma comunidade real. As pessoas se desentendiam e faziam as pazes, algumas tinham princípios religiosos severos, outras eram mais tranquilas. Isso não importava. No mercado, todo mundo conhecia todo mundo. A sra. Friedman teria cumprimentado a sra. Rifka Citron — uma sionista rigorosa e dedicada —, enquanto escolhiam dentre uma lamentável seleção de batatas de final de temporada. Os Citron eram pobres e tinham uma família numerosa. Tinham filhos tanto na casa dos trinta como na adolescência. Seu elegante filho Aron e a linda filha Helena poderiam ter sido estrelas de cinema de Hollywood, especialmente se você os ouvisse cantar. A irmã de Helena, Ruzinka, havia retornado recentemente da Palestina com sua filha Aviva. Correndo atrás de sua tia, a sobrinha de quatro anos de Helena fazia brotar sorrisos tanto nos judeus quanto nos não judeus. Uma pequena cabeça loira com uma grande quantidade de cachos, Aviva tinha a pele mais clara que a maioria dos arianos.

"Hitler não saberia o que fazer com ela", brincou a mãe de Edith.

"Alguém deve ter pulado a cerca com uma *shiksa*",* era outra piada que os judeus costumavam fazer.[12]

A sra. Friedman sorriu para Helena, que possuía um verdadeiro talento dramático e costumava se apresentar com Margie Becker, Edith e Lea nas produções teatrais anuais organizadas pela escola Beth Jacob, antes que o código judaico mudasse tudo.

Apesar de tudo, os jovens guardas da Hlinka observavam as meninas quando elas atravessavam a praça. Ao contrário de sua sobrinha, Helena tinha cabelos grossos escuros e bochechas arredondadas. Em plena efervescência de sua feminilidade, ela não precisava flertar com os meninos para torturá-los. Tudo o que ela precisava fazer era simplesmente existir. A outra beldade local, Adela Gross, era mais propensa a sorrir timidamente e a olhar para o chão quando um garoto chamasse a sua atenção.

Em dado lugar entre o carrinho que vendia pão e o açougueiro kosher, Edith pode ter visto uma de suas ex-colegas de classe, Zena Haber, com Margie Becker. Era bom falar com as amigas, mas a conversa deve ter sido interrompida quando notaram os pôsteres sendo colados nas laterais dos prédios e o pregoeiro da cidade se dirigindo para o coreto. O tambor do pregoeiro vibrou no ar, acalmando a agitação do mercado judaico. Lojistas e clientes pararam de barganhar. Haveria mais explicações sobre

---

* Shiksa é um termo pejorativo usado para falar sobre mulheres não judias. (N.T.)

o comunicado veiculado às escondidas durante a tempestade de neve? Com uma multidão agora atenta à sua voz, o pregoeiro da cidade leu o último anúncio, fixado com uma camada de cola para protegê-lo do vento frio e impresso em preto e branco para que todos pudessem ver. Claro, para quem não sabia ler, ele leu em voz alta. Duas vezes.

Apupos estridentes, em choque, foram ouvidos. Quem não tinha conseguido acreditar nas notícias antes agora vinha correndo, enquanto a ária do pregoeiro da cidade ressoava pela multidão, em meio aos protetores de ouvido e toucas, anunciando mais uma vez que todas as meninas solteiras, entre 16 e 36 anos, tinham que se registrar no colégio para um exame de saúde a ser realizado no dia 20 de março e se comprometer com três meses de serviço governamental. Ah! E cada garota não deveria levar mais do que quarenta quilos de pertences.[13]

Isso seria em menos de duas semanas.[14]

Vozes irromperam. Todos — o rabino, o padre, o vendedor da tabacaria, os agricultores, os clientes, as meninas solteiras — começaram a falar de uma vez, questionando o pregoeiro, a polícia, os guardas e uns aos outros.

— Que tipo de trabalho? E se elas se casarem nas próximas duas semanas? Para onde serão levadas? Como elas devem se vestir? O que devem levar?

Era uma cacofonia de especulação confusa misturada com indignação e preocupação. Essa ordem não tinha nada a ver com animais de estimação, joias ou compras. Não fazia sentido. Por que o governo quer as garotas? Lea passou o braço em volta de Edith. Margie Becker olhou para Zena Haber e deu de ombros. O que mais podiam fazer? Helena Citron parou de brincar com Aviva e olhou para sua irmã mais velha, Ruzinka. Adela e Debora Gross se deram as mãos.

A MAIOR E MAIS RICA CIDADE do leste da Eslováquia é Prešov.[15] Situa-se a apenas 70 quilômetros a oeste de onde estavam as garotas Friedman e suas amigas, surpreendidas pelo anúncio que mudaria a vida tão jovem delas. Com a maior população judaica da região desde o início dos anos 1600, Prešov abrigava a Grande Sinagoga, perto do centro da cidade. O edifício era ilusoriamente austero por fora, mas equiparava-se em tamanho à catedral gótica da cidade, a igreja católica romana de St. Michuláša.

Em meio a abetos prateados e pinheiros europeus negros, as torres da catedral perfuravam o céu acima da praça, ao lado de uma fonte que comemorava o dia em que os judeus foram autorizados a viver dentro dos muros da cidade, mais de cem anos antes. Presente de Marcus Holländer, o primeiro judeu a se instalar no interior dos portões da cidade, a Fonte de Netuno recebeu um lugar de honra e tornou-se um local de encontro popular para jovens judeus e não judeus. Não mais. Houve um tempo em que Magda Amster, de 16 anos, adorava sentar-se e ficar sonhando acordada em frente às águas da fonte, onde podia se encontrar com sua melhor amiga, Sara Shpira. Agora, o parque e até o centro da cidade estavam fechados para os judeus, e a melhor amiga de Magda havia se mudado para a Palestina.

HOJE, NO FINAL da rua Hlavná, que ainda é a via principal que leva à praça da cidade, há um cruzamento movimentado de quatro faixas e uma série complicada de semáforos. Na década de 1940, abrigava o mercado, onde cavalos puxando trenós e carroças para os vendedores passavam em meio a judeus e não judeus. Tentando encontrar algo remanescente do passado, a filha de Marta F. aponta para a rua movimentada. Agora há uma faixa de pedestres no lugar da casa onde sua mãe vivera com sua grande família.

Caminhar hoje pelas ruas da antiga parte judaica de Prešov é confuso. Uma parede em ruínas, com desenhos feitos por grafiteiros eslovacos, tem quatro fileiras de arame farpado presas a postes de metal enferrujado ao longo da borda superior. No interior da área cercada, há basicamente edifícios abandonados, com a pintura descascada e janelas presas com arames. É difícil imaginar que esse complexo um dia já tenha acolhido três sinagogas, uma escola infantil, um "campo de jogo para crianças", um açougue kosher e uma casa de banhos. Enquanto as filhas de Marta F. e Ida Eigerman vagam pelo pátio, encontramos a casa do zelador da sinagoga e batemos à porta. Um homem robusto, de rosto gentil, atende a porta. Peter Chudý tem olhos tristes e fala muito pouco de inglês. Orna explica em eslovaco rudimentar que suas mães eram de Prešov e estiveram a bordo do primeiro transporte.

"Assim como a minha", ele deixa escapar. Momentos depois, estamos em sua casa e vemos uma foto de Klara Lustbader, com o cabelo trançado, vestindo uniforme escolar. A imagem mostra a turma da classe que frequentava com Magda Amster.

Momentos depois, Chudý nos concedeu acesso privado à Grande Sinagoga — prova inegável de que uma comunidade judaica vibrante e devota já vivera em Prešov. O interior desse grande edifício de dois andares, com suas duas torres, é incrivelmente bonito. Sob o teto azul pastel em formato arqueado, com a borda pintada em detalhes com desenhos mouros geométricos e abstratos, um elaborado candelabro de bronze está pendurado. Estrelas ornamentadas e estrelas judaicas douradas pairam sobre as fiéis sentadas na seção das mulheres. No andar principal, os homens oravam diante de um elegante *Aron Hakodesh* (ou Arca Sagrada da Torá) de dois andares.

Esse é o museu judaico mais antigo do país. Os turistas que visitam a Grande Sinagoga podem encontrar exposições da Coleção Bárkány de artefatos da diáspora judaica medieval no andar superior, na seção feminina. Foi aqui que Giora Shpira posicionou-se na bimá (mesa sacral) e leu a Torá para o seu Bar Mitzvá; é aqui que a mãe de Orna Tuckman, Marta, pode ter feito suas preces, na seção feminina, ao lado de Ida Eigerman, Gizzy Glattstein, Joan Rosner, Magda Amster e cerca de 225 outras jovens prestes a serem deportadas de Prešov.[16]

Há também um livro que lista os nomes das famílias de Prešov que não sobreviveram ao Holocausto. Enquanto examina suas páginas, o rosto de Orna Tuckman é refletido no armário de vidro que se encontra abaixo da estrela judaica. "Isso torna tudo tão real", ela diz quando encontra o nome dos avós e tenta conter as lágrimas. "Eles existiram."

POR SER DE UMA FAMÍLIA DE CLASSE ALTA, Magda Amster não era o tipo de garota que tinha que comprar comida nos dias de mercado. Porém, o dia do mercado ainda era uma ocasião social importante, e, após a nevasca, todos estariam meio empolgados e ansiosos para sair. Incrivelmente feliz, com suas delicadas bochechas palidamente rosadas devido ao frio e seu esbelto pescoço envolto em um cachecol tricotado à mão, Magda Amster desceu a colina onde ficava sua casa para se encontrar com Klara Lustbader e algumas outras garotas que conhecera na escola.

Agora que nenhum judeu com mais de quatorze anos podia frequentar a escola, o dia do mercado era uma das poucas ocasiões em que meninos e meninas podiam se encontrar sem que os adultos vigiassem suas conversas. Giora Shpira, o irmão de quatorze anos da melhor amiga de Magda, Sara, era um rapaz estudioso que gostava da companhia de Magda porque ela o tratava como um irmão mais novo. Os óculos de aro preto de Giora circundavam seus olhos brilhantes e inteligentes, mas, agora sem a estrutura de uma educação formal, Giora e seu irmão mais novo, Schmuel, passavam grande parte do tempo estudando em casa ou fazendo trabalhos ocasionais, tentando evitar as travessuras. Os meninos sabiam o quão inteligente cada garota era e em quais estudos cada uma se destacava. Eles conheciam suas famílias e irmãos, e haviam crescido brincando de pega-pega com essas meninas, que agora rapidamente chegavam à idade adulta.

Na praça judaica ao lado da Grande Sinagoga, os neólogos (ou judeus progressistas) e os ortodoxos, além dos judeus chassídicos, que deveriam estar caminhando lentamente pelos paralelepípedos congelados para iniciar o Minchá (as orações vespertinas), conversavam sobre o rumor. Ainda não havia sido feito um anúncio formal em Prešov. E, embora as notícias viajassem rapidamente, elas não viajavam tão rápido a ponto de uma cidade saber o que estava acontecendo em outra no mesmo dia. No leste da Eslováquia, a disseminação das notícias dependia dos pregoeiros de cada cidade.

Não muito longe do centro, a parte judaica de Prešov ficava em um pequeno vale protegido do vento da montanha. Alguns membros juniores da Grande Sinagoga já haviam se dirigido à prefeitura para verificar se havia algum anúncio. Giora e Schmuel tiveram a mesma ideia e passaram pelos homens que seguiam apressados em direção à praça.

Era difícil acreditar que, apenas alguns meses antes, Giora havia feito seu Bar Mitzvá no grande edifício de dois andares e comemorado sua maioridade na casa de Magda Amster com quarenta de seus melhores amigos e colegas de escola — meninas e meninos. A família Amster sempre fora generosa, e o vínculo entre os pais de Giora e os de Magda era ainda mais afetuoso por causa da amizade íntima de suas filhas. Agora, essas mesmas garotas estavam sendo ameaçadas pelo rumor dos serviços para o governo. Giora sentia-se tão cuidadoso quanto alarmado enquanto ele e seu irmão corriam para a rua Hlavná, passando pela loja de espartilhos de Gizzy Glattstein,[17] onde uma refugiada polonesa, Ida Eigermann, havia encontrado emprego.

Tendo fugido da Polônia em 1940, Ida havia deixado sua família na cidade de Nowy Sącz, onde existia agora um gueto. Ida se escondera primeiramente perto da fronteira com a Polônia, em Bardejov. Lá, ela morou com o tio e trabalhou em seu açougue kosher. Na rua Kláštorská, em frente ao açougue, ficava a sinagoga Bikur Cholim. Na seção feminina, no andar de cima, Ida provavelmente sentava-se perto de Rena Kornreich, que estava escondida na casa de seu próprio tio, que ficava logo virando a esquina. As duas refugiadas polonesas certamente se conheceram antes de Rena se mudar para Humenné. Ida Eigermann tinha as maçãs do rosto proeminentes e cabelos pretos lisos que ela enrolava para tirar da testa. Passava os dias tomando as medidas das mulheres judias de classe média e alta de Prešov, que buscavam espartilhos e outras roupas íntimas.

Depois da loja de espartilhos, descendo a colina em direção à catedral onde ficava a estátua de Netuno, Magda Amster talvez pensasse sobre sua ainda jovem vida nos limites da praça da cidade — onde os judeus não eram mais permitidos. Ela sentia falta de ir à escola, de ter um gato. Acima de tudo, sentia falta da irmã de Giora Shpira, Sara. Sara estava tão determinada a ir para a Palestina que entrou em greve de fome quando seu pai se recusou a deixá-la ir. Magda não teve *chutzpah** suficiente para passar fome ou desafiar os desejos de seu próprio pai e acabou deixada para trás. A irmã e o irmão mais velhos de Magda já haviam ido para a Palestina e Magda entendeu que seu pai queria que pelo menos uma filha ficasse em casa — como era a mais nova, ela compreendeu que esse era seu dever. Ainda assim, ela ansiava pela companhia de sua melhor amiga e irmãos. Em alguns anos, quando ela fosse mais velha, seu pai havia prometido que ela poderia visitar a Palestina. Mas alguns anos são como uma vida inteira para uma adolescente. O vento açoitou seu rosto e fez seus olhos lacrimejarem. A única razão para sorrir foi ver seus amigos Giora e Schmuel descendo a colina rapidamente em direção a ela, balançando uma carta. O vento tentou carregar as finas folhas de papel quando eles passaram a missiva para as mãos enluvadas de Magda, mas ela segurou firmemente a última carta de Sara:[18]

> Viver é simplesmente lindo. O mundo é tão perfeito. Quieto em sua própria felicidade, na qual se deleita e que o enriquece tanto. Eu obtenho satisfação em meu trabalho e cada parte de mim parece cantar. Depois de poucos dias de chuva, os céus estão alegres novamente, azuis e penetrantes, acima das casas cinza. De repente, há plantas,

---

* Palavra em ídiche que expressa "audácia". (N.T.)

flores de todas as cores e avencas de folhagem longa aparecem em meio às pedras. Tudo se refresca, se satisfaz, parece primavera, e eu também estou feliz e amo estar viva!

Foi um momento de divagação, abalado pelas batidas do pregoeiro de Prešov, que anunciou as mesmas notícias que Edith e suas amigas ouviram em Humenné. Os membros da comunidade judaica de Prešov correram de volta à sinagoga para avisar os anciãos, enquanto os adolescentes se empurravam em meio à multidão para ler o aviso que estava sendo colado com pressa na prefeitura. Por toda a Eslováquia, os mesmos avisos eram colocados e anunciados simultaneamente por pregoeiros tocando sinos de latão ou tambores. A única coisa que mudava era o local para onde as meninas deveriam ir: quartel de bombeiros, escola, gabinete do prefeito, ponto de ônibus. O resto era igual:

> Todas as garotas solteiras entre 16 e 36 anos devem se registrar... em 20 de março, para um exame médico, a fim de submeterem-se a três meses de serviço governamental. Cada garota não deve levar mais de quarenta quilos de pertences no dia do registro.

"Por que levar garotas?", Giora Shpira se perguntou.
Ele se faria essa pergunta pelo resto de sua vida.

TRÊS

*Por que Heródoto começa sua grande descrição do mundo com
o que é, de acordo com os sábios persas, um assunto trivial de
sequestros de garotas jovens pagos na mesma moeda?*
— RYSZARD KAPUŚCIŃSKI

SEXTA-FEIRA, 13 DE MARÇO DE 1942

O AUSTERO PRÉDIO CINZA E COM COLUNAS do Departamento de Finanças ficava na esquina oposta a um dos mais belos edifícios de Bratislava. Construído em 1890, esse edifício *art nouveau*, projetado pelo arquiteto austríaco Josef Rittner, abrigou o Ministério do Interior durante a presidência de Jozef Tiso, na década de 1940. Originalmente concebido para servir ao exército do Império Austro-Húngaro, era ali que as engrenagens do governo do Partido Nacional Eslovaco funcionavam. Com vista para o Danúbio, decorado com elmos romanos nos quatro cantos de suas muitas cúpulas e arcos, era um tributo ao passado rico e opulento do império. Já o Departamento de Finanças estava alojado em um prédio mais minimalista, que remetia à estética dos anos 1920. Entre essas duas estruturas incongruentes, a ponte Franz Joseph se estendia sobre o Danúbio.

Hoje, ainda é possível ver os pescadores sentados ao longo das margens, ao lado de pequenas fogueiras que crepitam lentamente sob o nevoeiro do rio, enquanto os bondinhos passam balançando nas ruas acima. Algumas coisas mudaram. O Departamento de Finanças é agora o Ministério do Interior. Há um shopping na mesma rua e uma avenida de quatro faixas. Mas a mesma escadaria leva até portas de madeira de dez metros de altura, com maçanetas de bronze que se encaixariam nas mãos de um gigante. Lá dentro, à direita do saguão de mármore, um elevador *paternoster* move-se com sua correia transportadora contínua, cuja eficiência burocrática permanece desde que foi instalado na década de 1940. Esse elevador sem porta nunca interrompe seu ciclo incessante de cabines em movimento. Como na oração do "Pai Nosso", da qual empresta seu nome, ele se move tão perfeitamente quanto o rosário na mão dos devotos. Não que orar antes de embarcar ajude. Vidas já foram perdidas nessas cabines movediças, membros já foram decepados, mas era o que havia na época. E esse *paternoster* é um dos poucos remanescentes na Europa.

O ministro dos transportes e chefe do Departamento Judaico,[19] Dr. Gejza Konka, já teria dominado a técnica de entrar na cabine que vinha subindo por estar acostumado ao som de madeira rangendo e a distribuir seu peso conforme o elevador o carregava para cima, onde o ministro das Finanças estava ocupado calculando os custos de realocar judeus.

Como chefe do Departamento Judaico, que ele ajudou a criar com o ministro fascista do Interior Alexander Mach, no verão de 1941, Konka foi responsável não apenas pela elaboração do plano que deportaria as garotas, mas também pela organização do seu transporte ferroviário. Como o financiamento e o cálculo dos custos não eram seu departamento, e como havia custos a se considerar (alimentação, alojamento, guardas, combustível), ele teria feito visitas frequentes ao ministro das Finanças. O governo eslovaco estava pagando aos nazistas 500 *Reichsmark* (o equivalente a 200 dólares americanos hoje) para "realocar" seus judeus na Polônia.[20] O eufemismo para "realocar", definido na Conferência de Wannsee, era "evacuar". O significado dos dois termos era o mesmo. De fato, em um pedido de Zyklon B (o gás usado para executar judeus e outros "indesejáveis"), a terminologia real usada para a solicitação de cinco toneladas do gás era "materiais para restabelecimento judaico".[21]

Em 1941, depois que os eslovacos concordaram com a exigência alemã de enviar 20 mil trabalhadores eslovacos, Izidor Koso, chefe das chancelarias do presidente Tiso e do ministro do Interior Mach, sugeriu que os alemães aceitassem judeus no lugar.[22] O esquema para convocar 20 mil "indivíduos" saudáveis entre 18 e 36 anos para construir habitações para judeus que seriam "permanentemente reinstalados" na Polônia começou originalmente em 1941. No entanto, sabendo que não poderia providenciar para os alemães a quantidade exigida, Koso reduziu a idade para dezesseis.[23] Que os primeiros 5 mil desses indivíduos saudáveis fossem mulheres jovens nunca foi estipulado em nenhuma documentação. Foi na Conferência de Wannsee,[24] realizada em 20 de janeiro de 1942, que "uma tarefa organizacional ímpar na história" foi claramente delineada pelo *Protektor* e representante em exercício do Reich, o integrante da SS Reinhard Heydrich, e seu então assistente, Adolf Eichmann. Em uma dramatização das conversas ocorridas, e parcialmente transcritas, durante a Conferência de Wannsee, homens e políticos da *Schutzstaffel* (SS) sentam-se ao redor de uma grande mesa de carvalho e discutem a destruição dos judeus europeus, descrevendo a Solução Final com uma desconcertante frieza. Entre os eufemismos mencionados estava a "oportunidade" que os judeus teriam de "trabalhar" — ou seja, serem enganados — até a morte. Era para essa "oportunidade" que Edith e suas amigas estavam prestes a se registrar.

As reuniões que levaram à fatídica decisão de deportar meninas judias solteiras provavelmente foram realizadas a portas fechadas, sem a presença de estenógrafos. Quem teve a ideia? Adolf Hitler e Hermann Göring? Ou Heinrich Himmler? Apenas podemos ter certeza de que entre os responsáveis por levar o plano adiante na Eslováquia estariam o capitão da SS, Dieter Wisliceny; Alexander Mach, ex-comandante da Guarda Hlinka e agora ministro do Interior;[25] o primeiro-ministro Vojtech Tuka; Izidor Koso e outros. Não encontramos o Dr. Gejza Konka no meio desse eminente grupo de fascistas. Konka, um homem careca, de feições frias como o aço e olhos severos, não parece estar em nenhuma das fotografias tiradas durante esse período, nem mesmo é alguém sobre quem se escreve regularmente. Mas seu nome entra e sai de registros históricos e aparece em número suficiente de documentos para torná-lo um ponto de interrogação importante.

Todos os participantes dessas reuniões realizadas a portas fechadas concordariam que a arianização da Eslováquia era de suma importância, mas havia alguns obstáculos no caminho do Partido Nacional Eslovaco: a lei e o Vaticano.

Em primeiro lugar, era ilegal deportar cidadãos judeus, porque eles ainda eram considerados cidadãos. A assembleia eslovaca precisava elaborar leis que tornassem esse ato lícito, mas nenhuma proposta nesse sentido havia sido posta em debate por ora. A convocação exigia que as meninas se apresentassem para o dever. Elas não estavam sendo deportadas; elas estavam apenas tendo a "oportunidade" de trabalhar para o governo. Evidentemente, nenhum dos homens que inventou esse plano secreto estava muito preocupado com o Estado de Direito. Para Alexander Mach, o voto era uma mera formalidade. Quando a medida foi finalmente aprovada, mais de 5 mil meninas e alguns milhares de jovens já estavam em Auschwitz. Havia uma razão para o governo eslovaco ser chamado de "Estado fantoche" do Terceiro Reich alemão.

Embora mudar a lei fosse um obstáculo,[26] a objeção do Vaticano à deportação de judeus era muito mais problemática. Para grande consternação dos governos eslovaco e alemão, o plano de enviar judeus para os campos de trabalho havia sido vazado em novembro de 1941. Em resposta, o papa Pio XII imediatamente enviou um emissário, Luigi Maglione, para se reunir com ministros eslovacos e entregar a mensagem da Santa Sé de que os cidadãos judeus da Eslováquia não deveriam ser forçados a trabalhar nos campos de trabalho, porque isso "não é cristão".

Contrariar a Santa Sé era algo realmente sério. Muitos dos ministros eram católicos devotos. No entanto, o Vaticano não havia se manifestado fervorosamente contra o código judaico, portanto, os cérebros por trás da realocação de judeus não estavam muito preocupados. Além disso, o presidente da Eslováquia era padre, mas também fascista. Quão preocupado estaria de fato o Vaticano se nem o presidente Tiso havia sido repreendido publicamente?

O primeiro-ministro Tuka manteve uma expressão de preocupação por trás dos óculos de armação redonda, que lhe davam uma aparência de perpetuamente surpreso (ou de alguém que sofresse de gases intestinais), enquanto o diabolicamente charmoso Alexander Mach fervilhava de raiva. Como o Vaticano ousava desafiá-los! A ética cristã não interessava ao Partido Popular da Eslováquia. O seu presidente era um mediador entre os homens e Deus, não entre os judeus e Deus. O presidente-sacerdote do país não gostava de judeus. Protocolos dificultavam a eficiência.

Mas o Vaticano bateu o pé e insistiu que se incluíssem exceções aos judeus que se convertessem e fossem batizados. Aqueles que prestassem algum trabalho importante ao Estado da Eslováquia, como proprietários de fábricas, agricultores e mecânicos, também deveriam poupados do "restabelecimento". A tão conhecida caridade cristã não incluía os judeus pobres.

Enviar os judeus para os campos de trabalho supostamente faria com que o governo eslovaco economizasse dinheiro, uma teoria baseada na faca de dois gumes da propaganda, já que o governo alegava que sua pobreza fazia dos judeus um fardo para o Estado — ainda que se insistisse na ideia de que os judeus estavam ficando ricos às custas dos pobres não judeus. O paradoxo foi ignorado. Economistas não ligados ao governo, que já haviam refutado essa teoria da economia de custos, também foram desconsiderados. Alexander Mach tinha seu próprio economista, Augustín Morávek, presidente do Escritório Central de Economia, para manipular os números, convenientemente ignorando uma análise de custos completa, que deveria incluir não apenas a coleta e o transporte dos judeus para os campos de trabalho, mas também os cuidados com os trabalhadores. E se os trabalhadores adoecessem? E eles também teriam de ser alimentados, não? Pelo menos as meninas não comem muito.

OBVIAMENTE, A TRAIÇÃO ECONÔMICA FINAL foi Mach e seus asseclas terem consultado o RSHA (Gabinete Central de Segurança do Reich) sobre a tomada de judeus eslovacos, em junho de 1941.[27] Então, em março de 1942, o primeiro-ministro Tuka disse à Assembleia Eslovaca que "representantes do governo alemão declararam estar dispostos a levar todos os judeus".[28] O custo do "restabelecimento" seria de 500 *Reichsmark* por judeu. Os alemães não pagariam pelo trabalho escravo, mas os eslovacos, sim, pagariam os alemães para que levassem a mão de obra escrava formada por judeus. Alguém se perguntou se o valor pago por judeu foi um item incluído no orçamento total?

O Departamento de Transportes, liderado pelo Dr. Gejza Konka, deve ter se preocupado com todos os detalhes, até mesmo com o tipo de vagão que poderia transportar mil "indivíduos" pelos terrenos difíceis e de curvas fechadas nas montanhas. Os vagões de gado seriam os mais econômicos; os alemães já os haviam medido e estimavam que poderiam transportar duas vezes mais pessoas do que cavalos ou vacas. Para mover mil pessoas, seriam necessários pelo menos vinte vagões interligados. Ou seja, não seria apenas um trem — seria, *de fato*, um comboio.

Era uma tarefa hercúlea. Não só as ferrovias teriam que comportar os vagões de gado como seria necessário providenciar ônibus para transportar os "indivíduos" de vilas longínquas para centros de detenção, que deveriam ser grandes o suficiente para abrigar os trabalhadores até que uma quantidade suficiente fosse acumulada. Só assim o transporte para os campos de trabalho seria rentável. Uma estação de trem na qual pudessem ser estacionados pelo menos vinte vagões de carga fora da linha ativa também teria de ser providenciada. No leste da Eslováquia, essa estação era a de Poprad, uma pequena cidade onde as linhas de trem vindas do sudeste e do nordeste poderiam ser alternadas sem que fosse necessário suspender os serviços ferroviários regulares. Konka também precisava de um lugar para manter as pessoas. Poprad tinha um quartel militar de dois andares cercado com segurança. Problema resolvido.

HOJE, HÁ TRILHOS FERROVIÁRIOS VELHOS, abandonados e cobertos de grama que despontam em meio à vegetação logo ao lado dos trilhos ativos de Poprad. A menos de meio metro do quartel onde as meninas foram mantidas, essa linha desativada leva a uma área de armazenamento, onde carros enferrujados são mantidos fora da linha principal. Ao longe, os picos brancos das montanhas Tatra irrompem no céu.

Certificar-se de que os primeiros transportes viessem de uma área rural provavelmente foi algo planejado. Primeiro porque atrairia menos atenção caso houvesse erros. Segundo porque, se ocorressem protestos ou tumultos, a Guarda Hlinka poderia lidar com a resistência de maneira discreta. O governo não queria alarmar ninguém. Como a assembleia eslovaca ainda não havia aprovado uma lei que permitisse a deportação de judeus, tudo tinha que parecer o mais normal possível. Claro, oficialmente eles não estavam deportando ninguém. Documentos do governo se referiam às meninas como trabalhadoras "contratadas".[29]

ENTÃO, QUANDO FOI QUE MULHERES JOVENS E SOLTEIRAS se tornaram a população-alvo? Quem sugeriu isso? Aparentemente, não há um homem para culpar, mas certamente foram homens que tomaram a decisão. Será que eles riram quando inventaram o motivo oficial do primeiro transporte: providenciar força de trabalho para a "construção de moradias" para mais trabalhadores judeus? Quem leva 999 meninas para trabalhar em um canteiro de obras? Em algum momento, vazou-se a notícia de que as meninas estavam indo trabalhar em uma "fábrica de calçados". Naquela época, a Eslováquia era um dos maiores fabricantes de calçados do mundo e a fábrica de sapatos T. & A. Bat'a,[30] um grande empregador no país. De fato, haveria uma fábrica de calçados associada a

Auschwitz-Birkenau, que embora nenhuma das 999 tenha trabalhado lá (que eu saiba), evidentemente era de propriedade de Jan Antonín Bat'a. A ideia de que suas filhas iriam trabalhar em uma fábrica de calçados tranquilizou muitos dos grupos preocupados. Mas foi um estratagema ardiloso, e o governo estava jogando com precisão.

A implementação foi a próxima fase do inevitável. Os alemães já haviam percebido que, para deportar centenas de pessoas de uma vez, o melhor a fazer era acomodá-las em vagões originalmente destinados ao transporte de animais. Konka e seus colegas concordavam. Será que algum deles considerou o frio pelo qual passariam aquelas mulheres jovens, usando vestidos e saias nos vagões de transporte de gado, especialmente quando atravessassem as montanhas Tatra e os Cárpatos, em pleno mês de março? Quem teve a ideia de registrar as meninas no Sabá? Ou de destinar apenas dois baldes a cada vagão, um com água potável e o outro vazio, para ser usado como latrina? Será que algum desses homens considerou que diversas dessas meninas poderiam estar menstruadas? Claro que não! Era uma guerra psicológica, que logo se transformaria em genocídio. A logística envolvida no transporte era enorme, mas quando se tratava de sua real implementação e aprovação, algum dos homens pensava em suas próprias filhas? Irmãs? Primas? Algum deles parou e refletiu: *Isto não está saindo como eu pensava. Isso é mais feio. Mais bagunçado. "Isto" são meninas.*

NÃO HAVIA *PATERNOSTERS* no Ministério do Interior; o prédio era velho demais para ter elevadores, então o Dr. Gejza Konka tinha que subir as escadas para chegar ao escritório. Em uma sala com painéis de carvalho, ele teria chamado a secretária para trazer os documentos mais recentes que exigiam sua assinatura. Recém-datilografados em finíssimas folhas de papel de seda, entre camadas de folhas de papel-carbono para as cópias em três vias, os pedidos chegaram à sua mesa para a aprovação final.

Ignorando o fato de que os "indivíduos" a serem deportados eram na verdade mulheres jovens e solteiras, ele verificou os documentos, buscando erros tipográficos:[31]

Bratislava-Patrónka, estação ferroviária de Lemec, com capacidade para 1.000 indivíduos

Sered': campo de trabalho de Sered' para judeus, estação ferroviária de Sered' no rio Váh, com capacidade para 3.000 indivíduos

Nováky: campo de judeus, estação ferroviária de Nováky, com capacidade para 4.000 indivíduos

Poprad: estação ferroviária de Poprad, para 1.500 indivíduos

Žilina: estação ferroviária de Žilina, para 2.500 indivíduos

Originalmente, os eslovacos planejavam remover 5 mil garotas judias em apenas cinco dias — uma tarefa monumental que nem mesmo os nazistas já haviam realizado. O documento que Konka estava prestes a assinar era ainda mais ousado, confirmando a deportação ilegal de 12 mil "indivíduos". Enquanto se preparava para assinar, será que ele se preocupou com a opinião do Vaticano? Ele já teria se inteirado da questão judaica alguns meses antes, mas, agora que era o nome *dele* no documento, será que algum questionamento moral surgiu em sua consciência? Se ele não se importava com a visão do papa sobre o assunto, ele se importava com a de Deus?

O Departamento 14 — o Departamento Judaico — tinha apenas duas semanas para concluir os detalhes finais e começar a maior deportação de seres humanos da história. Mas, até aí, o Todo-Poderoso havia criado os céus e a Terra em sete dias. Sendo assim, nada era impossível.

Do lado de fora da janela do escritório, uma névoa pairava sobre o Danúbio congelado. Ao erguer a caneta sobre o papel que estava prestes a assinar, Konka provavelmente acreditava que sua carreira estava indo no rumo certo. Pressionando a ponta da caneta-tinteiro no papel, ele escreveu: *Em nome do ministro Dr. Konka* — e selou o destino de milhares de jovens.

Embora apenas essa assinatura garantisse seu lugar nos anais da infâmia, em poucas semanas Konka praticamente desapareceria dos registros históricos, tendo sido substituído como chefe do Departamento Judaico por seu segundo imediato, o notório Anton Vašek.[32] Um burocrata arrogante, gordo e corrupto que viria a ser conhecido como "rei dos judeus", Vašek se comprazia em aceitar subornos, vendendo exceções para os maiores compradores e negando-as aos judeus eslovacos que não lhe dessem dinheiro suficiente. Enquanto isso, exceto por sua assinatura, Konka praticamente desapareceria algumas semanas após o primeiro transporte entrar para a História, assim como milhares das adolescentes que ele deportou.

QUATRO

O que poderiam possivelmente querer com elas?
Eram não mais do que crianças, em sua grande maioria.
— **LADISLAV GROSMAN,** *The Bride*

EMMANUEL FRIEDMAN TINHA ORGULHO da inteligência de suas filhas e queria que elas se formassem — Lea, advogada; Edith, médica — para que pudessem assumir o controle de sua própria vida. Os homens com quem ele costumava orar seguiam as antigas instruções do Talmude de que as mulheres deveriam ficar em casa e trabalhar como mães, e o repreendiam por ele querer educar suas filhas. Emmanuel, um defensor apaixonado do direito dado por Deus às mulheres quanto à sua própria educação, prontamente deixou aquela sinagoga e encontrou um local mais liberal. Foi o código judaico contra a educação que forçou Edith e Lea a desistirem de seus sonhos de seguir carreiras profissionais. Outra jovem, Manci Schwalbova, havia estudado durante anos para se tornar médica e só tinha que prestar mais um exame antes de se formar. Então, veio o código. Manci não obteve permissão para prestar o exame final.

Emmanuel e Hanna Friedman estavam preocupados porque suas filhas não poderiam nem terminar o ensino médio. Como elas conseguiriam alcançar sucesso se não tivessem sequer o diploma do ensino médio? E agora elas teriam de trabalhar para o mesmo governo que havia negado seu direito à educação?

A ÚNICA BOA NOTÍCIA era que se prometia isenções para famílias cujos negócios fossem economicamente essenciais para o governo e para a guerra, e os Friedman supostamente eram uma dessas famílias. Havia algumas outras igualmente afortunadas. As netas de Chaim Gross, Adela e Debora, também deveriam ser isentas. Quando a família Gross decidiu que Debora já tinha idade suficiente para se casar com Martin Grosman, esperava-se que houvesse uma dupla exceção para ela, tanto por causa de seu marido quanto por causa do seu avô. Aos 18 anos, Adela não tinha essa dupla segurança.

Apesar de sua beleza, Helena Citron ainda não era casada e sua família não era rica. Não haveria exceção para os Citron. A menos que Helena se casasse imediatamente, ela teria que trabalhar para o governo. Sua irmã mais velha, Ruzinka Grauber, era casada e tinha um filho. Ruzinka estaria segura.

Hanna Friedman apertou seu avental e franziu a testa. As exceções eram um alívio muito bem-vindo para famílias importantes para o governo, mas os vizinhos de Hanna também tinham filhas. E as amigas de Edith e Lea? Zena Haber, Margie Becker e Anna Herskovic, de cabelos cor de morango, uma garota delicada que não fora feita para fábricas ou trabalhos agrícolas. E quanto a Annou Moskovic, de rosto doce e carinhoso, que sempre achava uma desculpa para passar na casa dos Friedman no dia em que assavam pães? Annou amava o pão da sra. Friedman. Será que Irena Fein seria isenta, por trabalhar na loja de material fotográfico e ajudar sua família com essa renda extra? Por que todas não podiam ficar e trabalhar em casa para o governo? Hanna sentia-se aflita e preocupada enquanto suas filhas recolhiam a louça do jantar. Ela teria que preparar um pouco mais de massa, para poder fazer um pão trançado extra para Annou.

Sentado ao lado da lareira na "sala branca", Emmanuel olhava para o rosto preocupado de sua esposa. Não havia dúvida de que suas filhas estavam "maduras para ir" para o trabalho.

"Lea já tem os documentos para viajar para a Hungria", Hanna lembrou seu marido. "Deixe-as ficar lá, onde as coisas estão um pouco mais tranquilas. Assim que Lea chegar, Edith pode atravessar a fronteira e se juntar a ela. É melhor elas irem embora do que serem mandadas para o serviço."

Emmanuel não gostava da ideia de evadirem-se dos mandatos legais impostos pelo governo. "É lei", disse ele à esposa.

"Uma lei ruim."

"Mas é lei." E, para um judeu, infringir a lei simplesmente não é a mesma coisa que para um não judeu. Ele temia as consequências.

O debate entre os Friedman era um exemplo dos dilemas que as famílias judias enfrentaram por toda a Eslováquia. A neve, outrora branca e imaculada, tornara-se cinza e suja. Os pinheiros, agora pesados por causa de gelo, dobravam-se e seus galhos partiam-se com o vento implacável. Sulcos profundos marcavam a paisagem nevada, serpenteando pelo chão congelado. Nuvens carregadas atravessavam o céu noturno até a fronteira húngara, em direção à frente oriental.

Nenhum judeu dormiu bem naquela semana.

EM PREŠOV, ADOLF AMSTER tinha certeza de que, por ser um importante empresário, receberia isenções para sua família — assim, sua filha caçula, Magda, estaria a salvo.[33] Os Hartmann, que administravam uma fazenda essencial de gado leiteiro, também seriam isentos. A julgar pelo que diziam algumas pessoas, parecia que todos teriam direito a uma exceção. Proprietários de fábricas, comerciantes qualificados, agricultores — qualquer família que tivesse um negócio economicamente viável e importante para o governo eslovaco teria permissão para manter suas filhas em casa.

Os documentos que autorizavam as isenções não eram poucos, e as secretárias do ministério em Bratislava devem ter datilografado diligentemente muitos deles. Mas o processo era tudo menos simples, e a burocracia do governo, já não muito eficiente, tornara-se agora ainda mais modorrenta. Quando as notícias sobre o serviço obrigatório chegaram a Roma, o Vaticano enviou outro representante, naquele mesmo mês de março, para interceder em nome dos judeus.[34] Para combater a pressão do Vaticano,[35] Eichmann enviou para Bratislava seu braço direito e "especialista consultor em assuntos judaicos",[36] o membro ligeiramente gordinho da SS Dieter Wisliceny. Sua missão era ajudar a garantir que o primeiro transporte "oficial"[37] de judeus fosse executado sem problemas. Wisliceny consultou Konka sobre as difíceis questões envolvidas na deportação das primeiras mil garotas, mas Konka tinha certeza de que seu plano "grandioso" de transportar 5 mil meninas em cinco dias era possível.[38]

Sem saber do caos político causado pelas exceções, os pais judeus esperavam que o governo entregasse a papelada prometida antes que suas filhas tivessem que se apresentar para o serviço. Todos os dias, Hanna Friedman esperava ansiosamente pela chegada do correio. Segurando suas filhas e abraçando-as espontaneamente, ela acariciava os cabelos de Lea, fazia carinho na bochecha de Edith e cantava canções junto com elas enquanto faziam suas tarefas. Chaim Gross fazia sua equipe contatar o Ministério do Interior por telefone. O casamento de Debora foi adiantado. Como ela também sofria de artrite reumatoide juvenil, certamente seria dispensada do trabalho. Mas e a outra neta, Adela?

O prefeito de Humenné tranquilizava as famílias judias consideradas essenciais, mas, sem a documentação oficial do ministério, suas palavras não tinham significado algum. Emmanuel Friedman conhecia há anos os homens que trabalhavam no governo regional, mas eles estavam tão perdidos como ele em relação às exceções. Ninguém sabia quando elas chegariam. A única coisa concreta era o aviso severo repetido por toda a cidade: se o nome de uma garota estiver na lista e ela não aparecer para se registrar, será presa.

Havia uma lista de nomes?

De fato, havia.

QUANDO A ALEMANHA ANEXOU a Eslováquia, conselhos judaicos foram convocados, com a aparente intenção de defender as comunidades.[39] Na realidade, esses conselhos não tinham nenhum poder ou responsabilidade, apenas coletavam informações sobre a população judaica local. Inicialmente, esses censos pareceram uma tarefa burocrática inofensiva, mas os dados estavam sendo coletados por razões muito mais repreensíveis e, no fim das contas, permitiriam à Guarda Hlinka se mobilizar contra os judeus eslovacos. Foi como um golpe cibernético, em plena década de 1940, implementado pelo governo. As listas regionais eram feitas em ordem alfabética e incluíam datas de nascimento e endereços. Tudo o que a polícia precisava fazer era aparecer em uma casa ou apartamento da lista e prender a garota que não se apresentara — a menos que seu nome tivesse sido formalmente riscado da lista.

Na manhã de 20 de março de 1942, Brody Sloboda saiu de seu apartamento ao mesmo tempo que um vizinho, um funcionário público não judeu.[40]

"É um dia ruim para ser judeu", disse o homem a Brody.

"Por quê?", Brody perguntou.

"Veja isso." Ele mostrou a Brody uma lista de nomes de meninas. "Eles estão levando meninas judias para campos de trabalho hoje."

No topo da lista estava o nome de uma prima de Brody, Judita Hassova.

"Faça-me um favor", disse Brody. "Pode riscar esse nome?".

O homem pegou o lápis e traçou uma linha sobre o nome dela.

Setenta e cinco anos depois, o filho de Judita, Ivan Sloboda, ainda se pergunta se sua mãe é a razão de ter havido 999 meninas. "Talvez minha mãe fosse a número 1.000?".

Mas a razão para a configuração numérica de 999 pode ter sido muito mais sinistra.

CINCO

A letra Tet:
9: representa beneficência escondida, invertida.

OBCECADOS PELO MISTICISMO E PELO OCULTISMO, os líderes do Terceiro Reich não se furtavam de usar quaisquer práticas para garantir a vitória. Himmler era um ávido seguidor da astrologia, Goebbels era fascinado por Nostradamus e compartilhava sua interpretação das previsões com Hitler, que se mostrava "muito interessado".[41] Na década de 1940, o Reich incluía astrólogos "científicos", especialistas em paranormalidade e praticamente uma divisão inteira dedicada a Nostradamus, que, ao interpretar as profecias, previa a queda da França e de toda a Europa. "Cuidado! Não mostre Nostradamus a ninguém", alertava Goebbels a seus confidentes. É interessante notar que Nostradamus usa o número 999: "Em um julgamento, 999 podem condenar um homem, mas ele será inocentado se apenas um interceder por ele." Mas não haveria ninguém para interceder por nossas 999 meninas.

O uso da mitologia pagã por parte de Hitler para manipular as massas está bem documentado, e quanto mais os "cosmobiólogos" apoiavam a ideologia nazista,[42] mais convencidos os líderes ficavam de que "quem entrasse em contato com ela começava a fazer mágica". Himmler considerava a astrologia "cientificamente sustentada e completamente confiável",[43] portanto, não é de se admirar que ele tivesse seu próprio astrólogo pessoal, Wilhelm Wulff, de quem se tornou tão dependente que, em 1944, consultava as estrelas para traçar decisões e estratégias militares. Nos últimos dias do Reich, o chefe da inteligência estrangeira da SS recorria a Wulff "para descobrir o que Himmler — na época, a segunda pessoa mais poderosa do Reich — poderia fazer a seguir".[44]

A prática da numerologia remonta aos gregos antigos e ao matemático Pitágoras, e até mesmo à Babilônia e seu Sistema Caldeu.[45] Os astrólogos costumam usar a numerologia e, dado o amálgama de Nostradamus, mitologia pagã e astrologia usado pelos nazistas, devemos nos perguntar se alguma ou todas essas práticas influenciaram a escolha do número 999, porque o primeiro transporte de mulheres para Auschwitz foi pessoalmente encomendado pelo próprio Himmler.

Em 3 de março de 1942, Himmler visitou Ravensbrück a fim de discutir a nova diretiva adotada na Conferência de Wannsee — a criação de campos de extermínio para judeus — com Max Koegel, comandante de Ravensbrück. Por que envolver Koegel nessa conversa? Ravensbrück era o único campo de concentração alemão para mulheres e, embora não tenhamos provas concretas de que a ordem era atingir primeiro as mulheres jovens, Himmler já sabia, decidira sozinho, que os primeiros transportes da Eslováquia seriam compostos por mulheres jovens. O problema é que Ravensbrück já tinha cerca de 5 mil prisioneiras e não era grande o suficiente para abrigar mais. Um novo campo para mulheres precisava ser criado. Em Auschwitz.

Aprovado o plano de Himmler, o comandante de Auschwitz, Rudolph Höss, ordenou que os blocos de 5 a 10 fossem esvaziados de prisioneiros do sexo masculino. Esses blocos haviam sido usados para abrigar mais de 20 mil prisioneiros de guerra russos, mas, em março de 1942, a maioria morrera ou havia sido executada. Os novecentos prisioneiros de guerra russos que ainda sobreviviam foram transferidos para os antigos estábulos da cavalaria polonesa, a cinco quilômetros de distância. Faltava agora construir uma cerca divisória entre os campos de homens e mulheres e encontrar uma supervisora.

Johanna Langefeld, uma mulher da SS de 42 anos, era a escolha perfeita.[46] Trabalhando em Ravensbrück desde 1939, Langefeld tinha um relacionamento profissional de longa data com Himmler, e ele sabia que podia confiar nas habilidades organizacionais dela para administrar o novo campo de mulheres. Ela acreditava que a recuperação dos presos incluía abuso físico, do tipo que hoje poderia ser classificado como tortura, mas era uma forte defensora das prisioneiras que trabalhavam sob seu comando — que dizer, quando gostava delas. As novas políticas implementadas pela Conferência de Wannsee e por Himmler não eram segredo entre os membros da SS; como superintendente do novo campo de mulheres na Polônia, Langefeld tinha que estar ciente de que as prisioneiras judias sob seu controle seriam usadas para trabalho escravo até que não estivessem mais aptas a trabalhar, o que significava que, nesse ponto, seriam mortas. Embora essa política fosse contrária às suas crenças religiosas, ela não era uma amante de judeus, e a transferência para Auschwitz foi uma promoção bem-vinda. Frequentemente em desacordo com Max Koegel, o comandante de Ravensbrück, ela finalmente seria responsável por um campo inteiro de mulheres e poderia provar a Himmler o seu valor. Pelo menos, era o que ela esperava.

Parece haver apenas uma fotografia conhecida de Langefeld. Ela está caminhando atrás de Himmler e de três outros oficiais da Gestapo, perto da cerca de arame farpado do que provavelmente é Ravensbrück. Himmler caminha à frente dos outros, carregando as luvas nas mãos. Há neve no chão e, atrás dos gigantes da Gestapo, Langefeld parece muito pequena. Ela usa uma boina apertada; seus cabelos grisalhos estão penteados para trás e presos em um coque. Seu sobretudo é liso, sem listras visíveis, e está abotoado até a gola. Sua papada de meia-idade abaixo do queixo termina em uma boca severa e um rosto austero, que lhe dão a aparência de uma matrona azeda e envelhecida.

Auschwitz estava prestes a envelhecê-la ainda mais. Faltando apenas três semanas para o campo receber o primeiro transporte oficial de judeus, ainda havia muito trabalho a fazer. Himmler ordenou que ela selecionasse mulheres da SS, bem como 999 prisioneiras de Ravensbrück, para trabalhar como *Kapos*.[47]

Por que não levar mil mulheres? O número 999 era uma coincidência? Himmler fazia alguma coisa por acidente?

Tradicionalmente, acredita-se que a numerologia e a astrologia sejam "ferramentas de sabedoria" que ajudam a estabelecer a ordem em um universo caótico.[48] Cada número possui significado e poder específicos, mas, quando ele é triplicado, a intenção desse número deve aumentar três vezes seu poder. Portanto, a criação de uma tríade numérica pode servir a um propósito intencional.

No sistema pitagórico, os números representam ciclos.[49] O número 1 é o número de iniciação. O número 9 é o ponto de culminância. De completude. Colocar três 9 juntos indica um ponto-final decisivo, enquanto os números 10 e 1.000, que seguem 9 e 999, respectivamente, representam um novo ponto de partida — um milênio. Se o 9 é um número das sombras,* um numerólogo poderia examinar a intenção por trás do seu uso. No caso do Holocausto, três 9 indicariam um desejo claro de se terminar algo. O 9 também tem sua própria matemática mística, porque números que são divisíveis por 9 sempre se reduzem a ou culminam em seu número de origem: 9.

$9 + 9 + 9 = 27; 2 + 7 = 9.$

Usando datas, numerólogos pitagóricos dividem os dígitos que indicam o mês, o dia e o ano em dígitos únicos e, em seguida, fazem a soma para chegar a um número único. Usando esse sistema, a data 26 de março de 1942 também se iguala igual a nove: $2 + 6 + 0 + 3 + 1 + 9 + 4 + 2 = 27 = 2 + 7 = 9.$

Além disso, de acordo com o sistema pitagórico, toda letra tem um valor numérico. Heinrich dá como resultado 9, assim como Luitpold e Himmler. Sua data de nascimento, 7 de outubro de 1900,

---

* A designação "número das sombras" sugere que este possui conotações negativas, conforme explica a astróloga e numeróloga Molly McCord.

também resulta em 9. Será que Himmler estava usando a sequência de números de seu nome e data de nascimento para determinar o início oficial da Solução Final, na tentativa de ganhar algum tipo de vantagem contra os judeus? Na mente de Himmler, o poder do uso dos números e os mapas astrológicos para esses eventos garantiriam o sucesso da Solução Final. E a questão judaica seria decidida. Completamente.

É difícil saber no que Himmler pode ter acreditado, e não há provas concretas em seus diários, mas o fato é que o número de meninas que chegou a Auschwitz no primeiro transporte não foi equivalente aos 1.500 "indivíduos" originalmente documentados no memorando que Konka assinara em 13 de março de 1942. Em vez disso, foram 999 — exatamente o mesmo número que Himmler havia encomendado dez dias antes em Ravensbrück.

Agora devemos examinar as circunstâncias astrológicas por trás da data em que as garotas chegaram. Um devoto dedicado da astrologia, Himmler requisitava mapas astrológicos desde 1928. Seu próprio mapa é considerado astrologicamente "extraordinário",[50] diz Molly McCord, astróloga e numeróloga. Eu não havia dito a ela a identidade de quem eu havia pedido que ela fizesse um mapa, então, inicialmente, ela não fazia ideia de que a data de nascimento era de um dos oficiais mais notórios da SS de Hitler. "Aspectos raros revelam um indivíduo de mente afiada, que fará grandes coisas no mundo, exercerá grande poder e será um grande líder", explica ela. Suponho que, para os nazistas, ele tenha feito grandes coisas. À medida que ascendia nos escalões da SS, o desejo implacável de Himmler pelo poder fazia dele um adversário político cada vez mais implacável. Ele se destacava por sua habilidade em jogos mentais e de manipulação, sempre procurando o movimento do xeque-mate enquanto planejava nos bastidores uma forma de melhorar sua posição e de usar o poder a seu favor.

Os quatro elementos que regem um mapa astral são ar (intelecto), fogo (energia), terra (solidez) e água (emoção). "Este mapa carece de emoção", continua McCord. "Com escorpião a zero grau, não há compaixão, e há pouca empatia pela humanidade."[51]

Obviamente, é possível que as implicações do número 999 tenham servido às particularidades das crenças pessoais de Himmler. Isso não é tão absurdo quanto parece. Goebbels era conhecido por interpretar Nostradamus de modo a favorecer seus próprios objetivos.[52] Se há algum significado numerológico por trás do 999, esse tipo de raciocínio frio é indicativo do jogo que Himmler fazia no tabuleiro de xadrez da Solução Final. As mulheres eram seus peões. Se convocar as 999 *Kapos* de Ravensbrück foi seu primeiro passo, as 999 garotas judias seriam o segundo? E será que ele fez os movimentos propositalmente nas datas em que lhe disseram que as estrelas estavam mais bem alinhadas com o mapa para o sucesso final?[53]

De acordo com o astrólogo histórico Robert Wilkinson, a data e a hora do transporte incluíam vários fatores que indicavam tratar-se de uma "bifurcação na estrada do destino". "Na astrologia", ele me explica, "a série septil representa pontos em que decisões que devem ser tomadas determinam o futuro 'destino' do que quer que esteja acontecendo, um 'destino irrevogável e absoluto'".[54] No entanto, Himmler manipulou os sinais ou pediu que fossem interpretados, pois é improvável que ele tenha escolhido as datas de 20 e 26 de março ao acaso, e é ainda mais improvável que ele tenha decidido escolher apenas 999 prisioneiras de Ravensbrück em vez de mil. Ele era muito controlador para fazer isso e, como outros membros do escalão superior do Reich, ele provavelmente desejava a vantagem que acreditava que a astrologia poderia lhe dar.

Na noite em que o trem deixou a estação em Poprad, os planetas estavam alinhados em um trígono complicado envolvendo a data da visita de Himmler a Ravensbrück e a data em que Göring "pediu a completa aniquilação da população judaica da Europa, em julho de 1941".[55] Foi a demanda de Göring que pôs em marcha a Conferência de Wannsee para formular a Solução Final, e a sua rápida implementação, algumas semanas mais tarde, resultaria na deportação de nossas meninas.

Datas e horários são elementos cruciais em mapas astrais. Sabemos que o trem deixou a estação às 20h20, algo que, Wilkinson observa, alinha-se com a visita original de Himmler a Ravensbrück. Na manhã seguinte, quando ambos os transportes de mulheres — *Kapos* e nossas meninas judias — chegaram a Auschwitz, Marte estava em Gêmeos, o que correspondia ao eclipse lunar de 3 de março de 1942 — a data em que Himmler estivera em Ravensbrück para selecionar as 999 *Kapos* que trabalhariam em Auschwitz. Esse eclipse lunar teve o que é conhecido como uma Quadratura em T mutável, aspecto astrológico considerado bastante poderoso, que cria um "conflito focado". Conduzida por Marte, essa Quadratura em T mutável criou uma Grande Cruz mutável, que constitui uma "fratura severa". Essa atração em "direções contrárias pode ser muito destrutiva". E seria, de fato.

Finalmente, há uma correlação com os anúncios dos pregoeiros das cidades algumas semanas antes. Em 20 de março, exatamente às oito horas da manhã, quando as garotas tiveram que se registrar para o serviço e fazer seu exame médico, o Sol estava no signo lunar de Himmler, que é Áries. Primeiro signo do zodíaco, Áries — o deus da guerra e da agressão — é conhecido por poder e iniciação. Isso significa que aquele era um excelente momento para Himmler iniciar um plano de ação. Havia uma guerra em curso, e, com as estrelas ao seu lado, Himmler atacou — ele atacou jovens judias.

SEIS

Não foi culpa dos meus pais, eles não sabiam
que era meu destino.
— ROSE, nº 1371 (EDITH GOLDMAN)

FOI O CHEFE do Departamento Judaico, Gejza Konka, quem teve a ideia de fazer com que as ordens individuais de deportação fossem entregues em cima da hora, assim ninguém teria tempo suficiente para escapar ou se esconder.[56] Obviamente, o anúncio dos primeiros transportes havia sido publicado com duas semanas de antecedência, portanto, Konka deve ter decidido alterar essa política quando as cotas pretendidas não foram alcançadas. No mandato de seu sucessor, as deportações às vezes eram executadas dentro de poucas horas. As famílias que viviam em vilarejos com menos de vinte pessoas não tinham ideia do que estava acontecendo nas cidades. As notícias das ordens para as jovens ainda não haviam chegado às comunidades mais rurais. Ninguém nesses pequenos povoados sabia sobre os pedidos de isenção — não que essas pessoas fossem ricas o bastante para comprar uma ou suficientemente importantes para serem consideradas.

Apesar das garantias do prefeito de Humenné de que as exceções para as meninas dos Friedman e de outras famílias locais supostamente importantes logo seriam providenciadas, a papelada não havia chegado. Para cidadãos que sempre cumpriram a lei, infringi-la nunca é uma decisão fácil, por isso, na manhã de 20 de março, a maioria das famílias levou suas filhas aos centros de registro, conforme ordenado. As garotas

Friedman estavam entre as que cumpriram as ordens. Elas podiam levar consigo uma bagagem de até quarenta quilos, mas "não tínhamos quarenta quilos para levar conosco", diz Edith. Ela e a irmã dobraram suas melhores roupas — um suéter, uma saia, algumas calças *legging* quentes — porque é isso que você coloca na mala quando precisa ir a algum lugar, suas melhores roupas. A mãe embrulhou o pão caseiro em um pano e o acondicionou na mala de Lea. Esforçando-se para transparecer tranquilidade, elas se convenceram de que estavam cumprindo um dever pelo país. Lea beijou a mãe primeiro, depois foi a vez de Edith. Quando saíram de casa, não tinham dúvida de que voltariam em algumas horas.

A ideia de deixar os pais e a família por três meses era assustadora para muitas daquelas jovens criadas em casas religiosas e protetoras. Giora Shpira se lembra de sua mãe e da mãe de Magda lavando o cabelo das respectivas filhas com água da chuva, para que as madeixas compridas das meninas ficassem macias e limpas. Eram garotas muito amadas, que não fariam nada de errado. Seus pais fariam qualquer coisa por elas.

Algumas garotas pensaram que estavam embarcando em uma aventura.[57] Margie Becker confessa que deixar sua família para "trabalhar na fábrica de calçados" foi a primeira vez em que ela desobedeceu seriamente à mãe. "Minha mãe disse: 'Você não precisa ir'. Eu queria ir com minhas amigas. Os amigos são muito importantes nessa idade. Então, eu não queria ser deixada para trás." O mesmo aconteceu com Adela e sua amiga Gizzy.[58] Elas não tinham medo do trabalho e pensavam nele como uma chance de provar aos eslovacos e aos alemães o quanto estavam errados sobre os judeus. Elas iriam lhes mostrar quão fortes as judias eslovacas realmente eram.

Piri, Eta, Rena, Fanny, Olga, Marta, Ida e centenas de outras jovens de toda a Eslováquia, diante do espelho, escovavam os cabelos e garantiam a si mesmas: *Tudo vai ficar bem, você voltará para casa em alguns meses, e então você se casará, terminará o ensino médio e começará sua vida...*

Por que alguém deveria duvidar do que lhes havia sido dito?

"REGISTRAR-SE" ERA a apresentação oficial para o serviço, mas não necessariamente seu início imediato. Sendo assim, as meninas se apresentaram acreditando que voltariam para casa para o Sabá. Essa era a armadilha que Konka cuidadosamente preparara — o fator surpresa era primordial.

As lembranças sobre o momento do registro variam de comunidade para comunidade. A única memória constante é de que a atmosfera nos prédios onde as meninas se registravam era surreal e estranha. Em Humenné, o prédio usado era uma escola; em Prešov, o quartel dos bombeiros; em Bardejov, a prefeitura. Sem saber o que esperar, mas confiantes de que estavam fazendo a coisa certa, alguns pais nem sequer acompanharam suas filhas aos centros de registro. Se o fizessem, seriam forçados a esperar do lado de fora, sob a garoa de março,[59] que derretia os últimos resquícios das tempestades de neve de fevereiro.

As meninas das vilas vizinhas chegaram a pé ou em carroças puxadas por cavalos, com as botas cobertas de neve e lama. Acompanhadas de irmãos ou dos pais, elas saíram de manhã cedo para chegar à cidade a tempo. Como as garotas da cidade, elas estavam vestindo suas melhores roupas para o Sabá. Nem todas essas meninas das comunidades periféricas eram desconhecidas; muitas tinham parentes na região. Diversas famílias rurais entregaram suas filhas de bom grado, gratas pela oportunidade que as meninas tinham recebido de apoiar financeiramente suas famílias empobrecidas.

As garotas da cidade, que haviam demorado para se arrumar em casa, agora corriam para o local de registro. Mães por todos os lados das ruas de Humenné acenavam para suas filhas, dentre elas Klary Atles (a filha do rabino abastado), a desajeitada Zena Haber, a linda Helena Citron, a impetuosa Margie Becker, a escultural Ria Hans e sua irmã mais nova, Maya, de cabelos crespos, e as amigas de Lea, Anna Herskovic e Annou

Moskovic, com sua fatia extra de pão feito pela sra. Friedman. Junto a Edith e Lea, garotas que se conheciam pela vida inteira atravessaram os trilhos do trem e subiram a rua até o prédio da velha escola.

Um policial estava parado na porta, instruindo os pais a ficar do lado de fora e esperar. As garotas se organizaram em uma única fila e entraram na escola em que não tinham permissão para estudar havia mais de um ano. O policial conhecia a maioria das meninas desde que eram crianças presas à saia de sua mãe. Afinal, todo mundo conhecia todo mundo em Humenné. Ele sabia de alguma coisa? Se sabia, não deixou transparecer. As persianas das janelas foram fechadas para que ninguém pudesse ver nada.

Podemos imaginá-las entrando obedientemente no prédio: Anna Herskovic, com cabelos de um loiro-avermelhado ao lado de Helena Citron, de cabelos negros, seguida da ruiva Adela Gross. Tinham cabelos escovados e lustrosos, com os cachos caindo sob os chapéus de inverno. Adela parecia um pouco perdida sem a irmã mais velha. Edith olhou em volta cautelosamente, mas ficou perto da própria irmã. Edith só estivera longe de casa antes para visitar seu tio em Stropkov, e a ideia de sair de casa por alguns meses já a enchia de ansiedade. Pelo menos ela estaria com a irmã e as amigas.

"Somos fortes e jovens. Isso não será nada",[60] vangloriou-se uma das amigas de Adela, seu entusiasmo juvenil incentivando as outras a serem otimistas.

As meninas sussurravam entre si enquanto a fila avançava até duas mesas longas, onde nomes eram fornecidos e desculpas bem preparadas eram ditas. As meninas mais ricas falavam com propriedade — haviam lhes prometido exceções e por isso deveriam ser dispensadas do serviço. A qualquer momento, seus pais viriam correndo pela rua, agitando os papéis que as excluiriam do trabalho obrigatório. Confiantes de que seriam tratadas com respeito por causa da posição de suas famílias na comunidade, essas meninas mais ricas escondiam quaisquer dúvidas e preocupações sob um semblante audaz. As meninas mais pobres se curvavam ao destino ou suplicavam por libertação, entregando aos funcionários um pedaço de papel que reconhecia sua condição como responsáveis pelo ganha-pão de suas famílias. Nenhuma das autoridades civis respondeu a esses difíceis apelos ou prestou atenção à posição social dos pais das meninas ricas.

Se alguém era confiante o suficiente para dizer algo sobre as isenções, esse alguém era a garota da família judia mais rica de Humenné. Orgulhosamente, Adela Gross olhou de cima a baixo para os homens intimidadores, suas sobrancelhas arqueadas no formato de uma pergunta silenciosa, e, em seguida, os informou de que seu avô era Chaim Gross, o tão reconhecido magnata do setor madeireiro. Uma exceção lhe havia sido prometida pelo próprio presidente Tiso. Eles a miraram com desdém.

— Próxima!

Existe um olhar que os homens dão quando não querem ser incomodados por uma mulher, um olhar tão desdenhoso que ela se sente ao mesmo tempo desconsiderada e invisível. Esse era o olhar que as meninas recebiam. Para muitas, foi a primeira vez que elas haviam enfrentado tamanha desumanização.

Edith notou que, na grande mesa ao lado das autoridades civis, havia vários guardas da Hlinka e um homem da SS. Isso a surpreendeu. O que a SS tinha a ver com eles?

Era uma boa pergunta. Se soubessem a resposta, seus pais, vizinhos e toda a comunidade poderiam ter oferecido mais resistência. Mas não sabiam, e, embora garotas inteligentes como Edith tenham notado a situação e se questionado a respeito, elas sabiam que, nesses casos, era melhor nem questionar. Ninguém teria respondido, de qualquer maneira. Quem responde às perguntas de garotas?

Enquanto seus nomes iam sendo riscados na lista, elas foram questionadas sobre sua profissão: costureira, ajudante doméstica, chapeleira, operária. As adolescentes que ainda moravam com os pais eram listadas como "domésticas".[61] Nenhuma foi considerada como apenas uma "criança". Com mais de cem meninas agora no prédio, elas foram instruídas a tirar as roupas para que um médico pudesse fazer um exame físico. As meninas congelaram com essa ordem. Nenhuma delas jamais havia se despido na frente de um homem. As autoridades pareciam encantadas com o terror absoluto nos olhos das meninas. Os homens deram ordem para que se despissem. Relutantemente, lentamente, Edith e suas amigas começaram a desabotoar e abrir os zíperes de suas blusas e saias.

Margie Becker usava dois casacos, um cinza mais claro e seu melhor casaco bege por baixo, para mantê-la aquecida. Ela parecia muito elegante, mas não menos do que as outras garotas ricas de Humenné. Dobrando seu lindo vestido azul com cuidado, ela hesitou ao pensar em colocá-lo no chão, que estava sujo da lama trazida de fora. Outras garotas também hesitaram e procuraram uma maneira de pendurar suas roupas adequadamente nos ganchos da parede.

— Este é um exame físico! Tirem tudo! — um dos funcionários berrou.

De pé, de calcinha e sutiã, elas envolveram os braços estreitos em volta das cinturas e seios e tremeram.

"Tínhamos muita vergonha de estar ali na frente de homens sem nossas roupas", lembra Edith. Um médico não judeu subia e descia as fileiras examinando seus corpos em desenvolvimento.

"Abra!", ele gritava, espiando dentro de uma boca. "Coloque sua língua pra fora." Ele examinava a língua delas.

Edith zomba de suas memórias. "Não era um exame físico."

"A convocação era uma chance para diversão barata e obscena, com garotas sendo despidas por decreto oficial", escreveu Ladislav Grosman anos depois.

"Se eles queriam ver os seios de uma garota, eles a faziam remover o sutiã", confirma Edith. "Eles não estavam interessados nos meus."

Atrás do médico, um funcionário folheava as páginas de sua lista, buscando Citron em uma página. Gross em outra. Checado. Ele deveria fazer anotações relativas à saúde das garotas, mas "todo o exame era uma mentira". Se elas eram saudáveis ou não, não importava. Os oficiais precisavam apenas parecer se importar; na realidade, eles não precisavam se importar.

"Como você está se sentindo?", o funcionário perguntou a Edith.

"Sinto tonturas com frequência."

"Todo mês?", ele sorriu desdenhosamente.

Ela se sentia mais um animal de fazenda do que um ser humano. Amontoadas como um rebanho de ovelhas perdidas, as meninas estremeciam sob os olhares dos homens. Por que não havia governantas, como na escola, para protegê-las dos olhares de luxúria dos funcionários? Por que os seus pais não estavam lá? O único conforto que elas tinham era que faltava pouco para o Sabá, em poucas horas tudo terminaria e elas seriam liberadas para abraçar sua mãe sob a luz de velas e bênçãos. Tudo que Edith queria era ouvir o pai cantar *Shabat Shalom* e sentir seu abraço forte e reconfortante.

Do lado de fora, na calçada, os pais sacudiam as pernas para impedir a dormência nos dedos dos pés. Algumas horas já haviam se passado e todos os judeus da cidade, bem como metade dos não judeus, circulavam nos arredores da escola sentindo-se confusos e angustiados. O que antes havia sido fofoca agora era realidade, e ainda havia perguntas a serem feitas. O que eles estavam fazendo com as meninas? Por que estava demorando tanto? Elas nem sequer almoçaram!

Vozes impacientes surgiram do lado de fora da escola:

— O que está acontecendo com nossas garotas?

— Elas estão indo trabalhar.

— Que tipo de trabalho?

— Ouvi dizer que era uma fábrica de sapatos.

— Não pode ser apenas uma fábrica.

— Por quanto tempo?

— Três meses.

— Onde fica essa fábrica?

Ninguém sabia as respostas.

LÁ DENTRO, AS IRMÃS FRIEDMAN ESTAVAM junto de garotas que conheciam pela vida toda. Algumas eram amigas de Lea, outras, de Edith. Todo mundo se conhecia do mercado, da sinagoga, de mergulhar no rio em um dia quente. Havia também mais de cem meninas que elas não conheciam muito bem, que tinham vindo das províncias. Sob o olhar lascivo dos homens, as meninas passaram a compartilhar um novo tipo de afinidade silenciosa. Centenas de rostos pálidos e ansiosos se espelhavam uns nos outros. Classes sociais não as dividiam mais. Elas eram iguais em seu medo.

Rena, uma das refugiadas polonesas, havia deixado sua mala na casa onde trabalhava como babá. "Alguém a levará para buscá-la", disse o policial. A prima de Erna, Dina, havia decidido se esconder, mas em algum momento da tarde entrou tropeçando na escola, escoltada pela Guarda Hlinka; o rosto dela estava vermelho de humilhação, o cabelo despenteado. Ela foi encontrada e presa.

O tempo passava devagar e as adolescentes ficavam cada vez mais impacientes e irritadiças. Então, as engrenagens do governo começaram a se mexer. Novas ordens foram dadas. Vestir-se. Mover-se. As autoridades — homens em sua totalidade — estavam gritando.

— Peguem suas coisas!

— Entrem na fila!

— Mexam-se!

Assustadas não apenas pelas instruções, mas pela dureza das ordens, as garotas trombavam umas nas outras enquanto se vestiam e se dirigiam a uma porta aberta. Cercadas por guardas armados, elas saíram sob o crepúsculo.

Na frente da escola, alguém gritou que as meninas estavam saindo pela saída de emergência nos fundos. A multidão correu pela rua lateral. Alguns pais voltaram apressados para casa a fim de preparar o jantar das filhas, certos de que elas estariam famintas e logo chegariam. Outros correram até a fila de garotas e chamavam seus nomes. Perguntas surgiam entre as pessoas: para onde elas estavam sendo levadas? Quando elas voltariam?

Margie Becker conhecia um dos guardas da Hlinka e perguntou a ele se podia ir à sua casa para se despedir de sua mãe. Ele a retirou da fila e desceu a rua com ela. Parada ao lado de um de seus vizinhos, "do qual também era parente", a mãe de Margie segurava a cortina da janela, apertando-a com as mãos. Ela não queria chorar na frente do guarda, embora o conhecesse desde que ele era menino. Por que ele, de todas as pessoas, estava levando a filha dela, sua amiga de infância, embora? Lágrimas escorreram por seu rosto enquanto ela sussurrava para a filha que "não lhe daria a satisfação de vê-la chorar...". Após entregar a Margie um pouco da comida que preparara para o Sabá — "chalá fresco e alguns hambúrgueres" —, ela lhe deu um beijo de despedida. Seria a última refeição kosher que Margie faria pelos próximos três anos. Foi também a última vez que ela viu sua mãe.

De volta à fila de garotas, Margie arrastava sua bagagem junto com as amigas. Primeiro pela rua principal. Depois pela rua Gross. Malas chocavam-se contra canelas e tornozelos arranhados, suas alças praticamente enterradas nas palmas das mãos das meninas. A mala de Edith pesava quase tanto quanto ela. Seus irmãos sempre brincavam que, se viesse um vento forte, poderia soprá-la para longe. A mão de sua irmã agarrou a alça para com ela compartilhar o fardo. Lágrimas ardiam nos olhos de Edith. Algo estava errado. Ela podia sentir isso em seus ossos, mas era tarde demais para correr ou se esconder. Procurando pela a segurança dos adultos na multidão, ela encontrou apenas pesar.

A notícia de que as meninas estavam sendo levadas diretamente para a estação ferroviária se espalhou pela cidade instantaneamente, e toda a população de Humenné correu pela rua Ševčenkova para chegar à estação de trem de estuque amarelo e vermelho antes que fosse tarde demais.

Cercadas pelos guardas da Hlinka, com suas feições severas, uniformes pretos e armas, as mais jovens começaram a chorar. Os guardas afastaram para trás as mães que tentavam se aproximar para abraçar suas filhas. Edith procurou freneticamente por seus pais em meio à crescente multidão. Ela os viu. Chorou mais. Vozes ansiosas chamavam. Irmãos para irmãs. Mães e pais. Tias e tios. Primos, avós, amigos. Nomes surgiam no ar frio, misturados com orações. Quantas garotas estavam lá? Mais de duzentas. Quantas lágrimas? Lágrimas demais para contar.

"Estávamos com tanto medo do que poderia acontecer que não conseguíamos pensar", lembra Edith. "À nossa volta, todas as meninas choravam."

Lamentações. Lágrimas e acenos. Acenos e lágrimas. O forte vento de março soprava das montanhas. Lea agarrou a mão de sua irmã para que Edith não fosse levada junto com as folhas secas e pela tristeza.

Na estação, um trem de passageiros aguardava. Forçadas a dirigir-se à plataforma, as meninas carregavam suas bagagens pelas escadas de metal dos vagões e subiam a bordo. Aglomerando-se nas janelas, elas se despediram de seus pais e familiares. Lou Gross era pequeno demais para se lembrar de ter ido à estação de trem despedir-se de Adela, mas sua irmã e o resto da família acenavam uns para os outros.

"Quando você me vir da próxima vez, serei uma mulher casada", Debora gritou. "Sentirei sua falta, Adela! Lea! Anna!".

Nas janelas abertas do trem, as meninas se inclinavam e gritavam de volta para suas famílias:

— Não se preocupem! Eu estarei em casa em breve! Eu te amo!

Pairando sobre a cabeça de seus vizinhos e parentes e de toda a Humenné, Edith ouviu a voz da mãe: "Com Lea, não estou tão preocupada, ela é forte. Mas Edith... ela não é".

O apito do trem soou. Os vagões se moveram. Enquanto Humenné desaparecia à distância, Margie Becker tentava aliviar a tensão e outras se juntaram a ela. Klary Atles, que era mais velha, fez um discurso motivacional. Ela lembrou às garotas mais velhas que deveriam ajudar as mais jovens, porque todas precisavam ser adultas agora. Então, Gizzy Ziegler provocou Adela. Alguém começou a cantar. Helena, que tinha uma linda voz de soprano, juntou-se à canção. Com a resiliência do otimismo juvenil, as meninas reavivaram seu senso de aventura. Elas estavam desbravando o mundo. Elas estavam juntas. Elas estavam prestes a fazer algo pelo seu governo. Elas eram adultas agora. Logo, todas começaram a se sentir mais animadas e positivas em relação ao desconhecido. Até a ideia de viajar no Sabá, algo contrário à tradição judaica, contribuiu para o seu senso de maturidade. No espírito do dia sagrado, Margie e outras compartilharam a comida que a mãe delas lhes haviam entregado com garotas que não tinham nada e não haviam comido o dia inteiro.

Enquanto o trem fazia uma curva na ferrovia, os picos mais altos a leste da cordilheira apareceram no horizonte. Magníficos penhascos brancos brilhavam sob o sol poente. As garotas se inclinaram para fora das janelas e gritaram que podiam ver o pico de Gerlachov!

Algumas das meninas camponesas nunca tinham visto as montanhas Trata antes. Tomadas de idealismo patriótico e senso de propósito, começaram a entoar o hino nacional eslovaco.[62] As vozes de Edith e Lea destacavam-se sobre o barulho do motor.

Há relâmpagos sobre as Tatra
Troveja furiosamente
Vamos detê-los, irmãos
Por tudo isso, eles desaparecerão

Os eslovacos reviverão
Nossa Eslováquia dormia profundamente
Mas o raio e o trovão
Encorajaram a terra a despertar.

A noite já se anunciava quando o trem parou na estação de Poprad. Desembarcando com suas malas e alegria contagiante, as meninas foram recebidas por membros da Guarda Hlinka, que vestiam casacos pretos e empunhavam chibatas de equitação. Não eram mais os meninos que elas conheciam desde crianças. Estes eram homens violentos e de rosto duro, que gritavam para que marchassem e chicoteavam suas costas e traseiros. Os mesmos picos irregulares das montanhas Tatra, que encheram seus corações de música e patriotismo, agora pareciam frios e ameaçadores. Tudo que era estranho ficou ainda mais estranho. Um quartel vazio de dois andares esperava por elas.[63] Desamparada e cansada, Edith pensou que, agora, pelo menos seriam informadas do que estava acontecendo e saberiam o que esperar. Mas não havia comitê de boas-vindas, ninguém para cuidar delas ou qualquer organização. As meninas perambulavam pelo prédio enorme, confusas sobre onde deveriam dormir. Como ninguém lhes dizia o que fazer, muitas deram um jeito de pendurar redes improvisadas nas pilastras. Quando a noite caiu, o prédio vazio ecoava o som de garotas tentando dormir enquanto soluçavam de tanto chorar.

SETE

As mulheres são portadoras da vida e da luz
para o mundo.

— A CABALA

SE NÃO NO SABÁ, QUANDO MAIS, meninas judias jovens, solteiras e bem-criadas certamente estariam em casa? Realizar os registros no dia anterior ao Sabá garantia às autoridades que, se qualquer uma tentasse se esconder e evitar a convocação do governo para o trabalho, ela poderia facilmente ser capturada pela manhã na casa de seus pais.

Esconder-se envolvia suas próprias incertezas, mas não havia muitas outras opções, especialmente para adolescentes. Para livrá-las do status de solteiras, que as tornava imediatamente vulneráveis, algumas famílias passaram as semanas após o anúncio inicial tentando casar suas filhas. Outras enviaram suas meninas para casas de parentes na vizinha Hungria. As famílias às quais foram prometidas exceções governamentais não achavam que tais ações drásticas fossem necessárias. Porém, quando as exceções não chegaram, elas tiveram apenas duas opções: obedecer a lei e entregar suas filhas ou infringi-la e escondê--las. As famílias Gross e Friedman obedeceram; os Amster, não.

Nas primeiras horas do dia 21 de março, a polícia local apareceu no vilarejo onde morava Adolf Amster com os guardas da Hlinka. Uma batida na porta naquele início de manhã significava apenas uma coisa. A mãe de Magda correu para o quarto da filha e a mandou para "o esconderijo sob o telhado" de sua grande casa. Esfregando os olhos de sono, o sr. Amster atendeu a porta o mais inocentemente possível. O modo como o receberam não foi agradável.

Giora Shpira se lembra de ter visto seus ex-colegas de escola, agora guardas da Hlinka, capturando suas amigas — colegas de classe prendendo colegas de classe. Portanto, é provável que Adolf Amster tenha aberto a porta naquela manhã e se deparado com os mesmos jovens que outrora haviam sido meninos espinhentos que conheciam sua filha. Porém, agora, eles lhe apontavam armas. Ele disse aos guardas que o governo havia se comprometido a conceder exceções à família Amster, portanto, não havia com que se preocuparem. Enfatuados com o poder que lhes conferiam seus uniformes negros, os meninos o arrastaram para a rua, ergueram seus cassetetes e o espancaram.

Teria sido porque o sr. Amster era um judeu rico que eles optaram por atacá-lo e degradá-lo publicamente? Os vizinhos saíram e assistiram à cena horrorizados. Ensanguentado e machucado, Amster pediu aos jovens que parassem. Ele não era tão rico e importante assim que não pudesse implorar.

Os rapazes gritavam com ele:

— Que tipo de filha deixa seu pai ser espancado até a morte? Se Magda realmente se importasse com o pai, ela o salvaria! Como é possível ela deixá-lo sofrer tanto?

A armadilha fora lançada e o amor era a isca. Ouvir o pai sendo violentamente atacado era mais do que Magda podia suportar. A garota gentil de cabelos cacheados apareceu na rua. Seu pai a abraçou e implorou aos guardas que a deixassem ficar. Ele não tinha outra filha. Eles precisavam dela em casa. E quanto aos seus próprios serviços para o governo?

Os guardas riam e zombavam dos Amster. Empurrando a delicada Magda para longe, forçaram-na a descer a rua cheia de neve para se juntar às outras garotas que pensaram que poderiam se esconder. Meninas bondosas eram muito fáceis de encontrar!

A ALGUNS QUILÔMETROS de distância, em uma comunidade nos arredores de Prešov, a Guarda Hlinka chegou à casa da família Rosner e deu à sua filha, Joan, duas horas para fazer as malas. Ela e outras 23 meninas de Šarišské Lúky foram "espremidas como sardinhas em uma caminhonete", levadas para o centro da cidade e largadas no quartel de bombeiros, onde seus nomes foram conferidos. Eram cerca de dez horas da manhã e mais de duzentas jovens estavam sendo examinadas no quartel.

Embora fosse cedo, Giora Shpira e seu irmão ouviram falar do incidente na casa dos Amster e esperaram do lado de fora do quartel para ver o que aconteceria a seguir. Quando as garotas subitamente saíram e começaram a marchar na direção da estrada, os meninos foram correndo atrás delas, chamando os nomes de Magda e Klara enquanto tropeçavam pelas ruas. Como era a manhã do Sabá, alguns membros da comunidade judaica ainda não sabiam que as meninas estavam sendo tratadas como criminosos comuns, e, sem nem uma última carícia ou beijo de suas famílias, agora marchavam para a estação de trem. A imagem das jovens perdidas e confusas ainda assombra Giora. "O pior momento de todos foi quando pegaram as meninas e as reuniram... Era o ensaio de todo o mal que viria a seguir."[64]

Ver suas filhas embarcando em um trem de passageiros reforçou a ilusão de que a convocação realmente tinha a ver com um trabalho para o governo, e isso pode ter aliviado a ansiedade que os pais judeus sentiram quando as meninas foram levadas. À luz da manhã, as meninas abriram as janelas e se inclinaram para mandar beijos para seus familiares e apanhar no ar os que eles enviavam de volta. Elas gritavam para os seus pais, se eles estivessem lá. Orações foram feitas. Poucas foram atendidas.

Ida Eigerman não teve a quem acenar, além de sua tia. Ela se perguntava como estariam seus pais na Polônia; se soubesse, talvez tivesse fugido da estação. De fato, em poucos dias, em sua cidade natal, Nowy Sącz, judeus idosos, juntamente com empresários judeus e não judeus, seriam levados ao cemitério judaico e mortos a tiros. Entre os assassinados estavam, provavelmente, os pais de Ida e os pais de Rena Kornreich, de Tylicz.

A futura mãe de Orna Tuckman, Marta F., tinha uma família numerosa acenando para ela. A seu lado, no mesmo vagão, estavam suas boas amigas: Minka, Margita e outra Marta. Aos vinte e poucos anos, eram mulheres jovens que encaravam aquela situação diferentemente das adolescentes, que estavam sendo separadas de seus pais pela primeira vez. Elas já tinham empregos fixos e vidas que se estendiam além de suas famílias próximas. Sair de casa para trabalhar durante três meses para o governo tornaria a vida de suas famílias mais difícil, mas porque elas trabalhavam e obtinham uma renda necessária para seus lares. Ademais, apesar de ainda jovens, elas se preocupavam com o futuro. Como poderiam se apaixonar e se casar se tinham o serviço governamental para cumprir pelos próximos três meses? Que homem esperaria por uma jovem indisponível para longas caminhadas e doces carinhos? Será que também haveria homens judeus trabalhando na fábrica de sapatos?

OITO

Sexismo é como racismo. É muito desumanizador.
— **WILMA MANKILLER**, chefe da nação Cherokee, Western Band

NO QUARTEL DE POPRAD, Edith e Lea acordaram em um mundo transformado. Não havia café da manhã, nem cantoria, nem mãe. As pálpebras de Edith estavam pesadas devido ao tumulto, às lágrimas e à insônia. Para piorar, ela havia menstruado. Enquanto ela e Lea passeavam pelos corredores, podiam ouvir vozes de meninas nas salas vazias e passos ecoando dentro do vasto quartel.

O choque impediu que muitas das sobreviventes guardassem detalhes sobre seu tempo no quartel de Poprad. Margie Becker lembra-se de trabalhar na cozinha descascando batatas e de roubar comida para uma de suas amigas, mas "se sentia muito mal por lhe dar comida que não fosse kosher". Obrigadas a preparar repolho cozido para a refeição da tarde, as meninas da cozinha também eram instruídas a cortar precisamente 150 gramas de pão — mais ou menos o tamanho de um punho fechado — para cada garota.

Outras foram obrigadas a limpar o quartel. Edith e Lea seguravam as lágrimas enquanto trabalhavam usando suas mãos, ajoelhadas, esfregando pisos e paredes. "Ninguém nos disse o que estávamos fazendo lá", diz Edith. "Eles nos deram trapos e esfregões e nos mandaram limpar o quartel. Então, nós limpamos. Nós nos perguntamos: é isso? Era esse o trabalho que deveríamos fazer? Isso não é tão ruim, mas parecia estranho trazer algumas centenas de meninas para limpar quartéis. Por que tantas? Nós não sabíamos de nada."

Então, 224 meninas de Prešov chegaram ao quartel. Setenta e quatro delas eram adolescentes, incluindo Magda Amster.

"Você sabe", diz Edith, "os sentimentos são muito difíceis de explicar, porque uma garota de dezessete anos, se não é completamente estúpida, é muito mais otimista em relação ao futuro do que uma pessoa mais velha. Apesar do medo e da insegurança, nosso otimismo estava lá". Ela e as outras meninas olhavam para o que estavam sendo instruídas a fazer e pensavam: "Talvez seja mesmo apenas um trabalho. Talvez para algo específico. Talvez não seja nada tão difícil ou horrível. Nós não sabíamos. Como poderíamos saber? Ninguém sabia sobre Auschwitz até então. Ainda não existia!".

Entre o grupo de jovens de Prešov, havia duas mulheres de meia-idade. Fanny Grossmann e Etela Wildfeur tinham 45 anos e, embora não tenhamos certeza, parece que se apresentaram junto a Ruzena Grossmann, de 18 anos, e a Marta Wildfeur, de 19, que talvez fossem suas filhas adolescentes.

O governo tinha sido claro em sua instrução de que apenas mulheres jovens e solteiras deveriam se registrar para trabalhar. Então, o que Fanny e Etela — e, ao final da semana, 27 outras mulheres de meia-idade — estavam fazendo no primeiro transporte? Elas não vinham de uma única comunidade. Sete dessas mulheres eram de Prešov, quatro eram da cidade natal de Edith, Humenné, três vieram de Levoča e uma chegou no ônibus de Stropkov.

Talvez algumas dessas mulheres tivessem planejado ir juntas, mas não há como saber se elas se organizaram antecipadamente como um ato de resistência — ir no lugar de suas filhas ou sobrinhas — ou de solidariedade, recusando-se a deixar as meninas sozinhas e desprotegidas. Talvez as mulheres de meia-idade não fossem casadas e não tivessem relação de parentesco com as mulheres e meninas mais jovens. Nós simplesmente não sabemos. O que chama a atenção nessas mulheres mais velhas é que elas estão lá. Elas estão listadas e contabilizadas, e podem representar um pequeno ato de rebelião que poderia ter sido praticado apenas por mulheres. Os homens não podiam se voluntariar para substituir suas filhas ou irmãs. Apenas as mulheres. E quando essas mulheres apareceram nas estações de trem e nas rodoviárias com suas malas, elas não foram recusadas.

A pergunta que deve ser feita é: se não estavam na lista original, elas se registraram com o nome das filhas ou das parentes que queriam substituir? Ou será que elas deram seus próprios nomes e simplesmente se ofereceram para substituir as garotas mais jovens? Seja como for, quando a lista foi datilografada e o total de mulheres, computado, nenhuma ficou para trás.

Então, essas mulheres religiosas, tementes a Deus, apresentaram-se aos membros da Guarda Hlinka... e informaram seus nomes e idade para o registro: Eta Galatin, 40 anos;[65] Margita Gluck, 45 anos; Lenka Neumann, 42 anos; Fanny, Paula, Ilona, Rezi... Aos 58 anos, Etela Jager era a mais velha e parecia verdadeiramente sozinha — a única mulher no transporte com esse sobrenome e a única natural de um vilarejo que hoje nem aparece mais no mapa.[66] O que ela fazia lá? Talvez estivesse substituindo uma neta.

Se elas estavam desafiando as ordens do governo ou se solidarizando com suas filhas, não podemos saber. A sua coragem silenciosa fala ao espírito das mulheres, e esse é um feito que nunca foi reconhecido. Nenhuma dessas mulheres sobreviveu.

O primeiro transporte incitou outro ato de resistência, mais bem documentado. Na cidade fronteiriça de Bardejov,[67] trezentas meninas deveriam se apresentar em 20 de março e passar a noite na escola judaica da cidade. No entanto, em 19 de março, o rabino Levi foi ao encontro do dr. Grosswirth e do dr. Moshe Atlas com uma ideia arriscada. Ele pediu aos médicos para injetar em algumas das garotas uma dose dupla da vacina contra o tifo, para que pela manhã elas acordassem com febre. Os médicos concordaram e, pela manhã, declararam que havia uma epidemia de tifo. As autoridades locais colocaram toda a seção judaica de Bardejov em quarentena, e qualquer garota que morasse dentro do perímetro da cidade foi imediatamente excluída dos relatórios de "trabalho". Elas nem sequer foram autorizadas a entrar na escola.

Na manhã de sábado, depois de passarem a noite na escola, cerca de duzentas meninas da região foram levadas de trem para Poprad. Mas nenhuma era de Bardejov.

Konka ainda tinha uma cota de meninas para entregar. A meta era de 5 mil e ele teria que alcançá-la em uma semana, o que pode explicar por que os pregoeiros repentinamente começaram a fazer anúncios em cidades menores. "Os pregoeiros da cidade nem sempre eram rápidos", diz Edith. "Eles iam aos vilarejos e tocavam seus tambores, mas havia muitos para ir, então a notícia demorou para chegar em alguns." Duas semanas haviam se passado desde o primeiro anúncio. Como Bardejov não enviara garotas, Konka e seus companheiros teriam que procurar em outros lugares por mulheres jovens e solteiras para serem deportadas.

DOMINGO, 22 DE MARÇO DE 1942

Enquanto as famílias das cidades maiores, como Humenné e Prešov, tiveram tempo de se preparar ou talvez escapar, as garotas das cidades menores não tiveram praticamente nenhum aviso — um procedimento que se provaria altamente eficaz. Mais da metade da população da cidade de Stropkov era judia. Havia uma sinagoga e uma yeshivá e, embora a pobreza fosse abundante nas comunidades rurais, Stropkov tinha um mercado ativo e seu próprio rabino. Nos vales da região, pequenas aldeias eram frequentemente constituídas por apenas uma ou duas famílias judias.

Peggy conhecia literalmente todos os habitantes de Kolbovce, o vilarejo onde crescera — afinal, era parente de todos eles. Seus protetores irmãos mais velhos voltaram tristes do trabalho naquela tarde de domingo para informar à família que o pregoeiro estava batendo seu tambor e que

Peggy deveria se apresentar ao governo no dia seguinte. A boa notícia era que o trabalho executado por ela beneficiaria a família, asseguraram seus irmãos. Se a família pudesse receber um salário pelos serviços dela, seria bem-vindo. Os tempos eram difíceis, e ainda mais difíceis para as famílias judias, que precisavam de toda a ajuda possível.

Naquela noite, depois que Peggy arrumou suas coisas, será que ela parou para analisar seu rosto no espelho e pensar em como parecia adulta de repente? Será que tentou alisar os cabelos pretos e grossos com meias para parecer mais sofisticada? Ela nunca tinha ficado sozinha antes, mas a ideia de ajudar no sustento de sua família parecia algo muito adulto e responsável. Como a maioria dos adolescentes, ela achava que ficar mais velha era emocionante, algo pelo qual ansiava muito. Suspirando devido à ansiedade, Peggy imaginava que teria uma aventura própria. Ela mal podia esperar.

NAQUELE MESMO DOMINGO, em outra pequena vila nos arredores de Stropkov, as irmãs Berkowitz já estavam escondidas quando um policial local apareceu com uma lista nas mãos. A mãe de Bertha alegou que as meninas tinham saído para visitar parentes, mas ele já ouvira essa desculpa antes e ameaçou prender o sr. Berkowitz se pelo menos uma das meninas não fosse com ele.

A mãe e o pai de Bertha perguntaram para onde as meninas seriam levadas. Eles queriam saber o que elas iriam fazer — que pais não fariam essas perguntas?

Quando o policial disse "uma fábrica de sapatos", eles acharam que não parecia tão ruim.

A sra. Berkowitz chamou a filha de 16 anos, Bertha, que saiu de seu esconderijo. Sua filha mais nova, Fany, permaneceu escondida.

"Não se preocupe", garantiu a mãe a Bertha, "vou com você ao local do registro".

Juntas, elas guardaram alguns pertences de Bertha em uma bolsa, enquanto os policiais esperavam. Quando Bertha apareceu na sala, o pai, com um gesto, pediu para ela se sentar em um banquinho. Lágrimas escorreram pelo seu rosto quando ele repousou as mãos na cabeça dela e orou: "Deus irá ajudá-la. Você estará em casa em breve." Era a primeira vez que ela via o pai chorar. Foram as últimas palavras que ele lhe dirigiu.

Quando estavam saindo, a mãe de Bertha disse aos filhos: "Não se esqueçam de tirar a roupa do varal". Congelando no varal, as camisas e meias tremiam ao vento, acenando um estranho adeus.

A sra. Berkowitz e o policial escoltaram Bertha e sua melhor amiga, Peshy Steiner, até Kapišová, uma cidade maior, onde foram obrigadas a passar a noite. Um ônibus viria buscar as meninas de manhã. Bertha e Peshy passaram a noite na casa de uma amiga, junto a outras meninas que vieram de vilas vizinhas acompanhadas de suas mães ou pais. As adolescentes dormiram no chão, e vozes tensas e cheias de pavor povoaram seus sonhos. "Não dormi muito bem", diz Bertha. "Minha mãe nem dormiu. Ela envelheceu dez anos em uma noite."

NA SEGUNDA-FEIRA DE MANHÃ, um policial apareceu na casa de Peggy. Sua mãe havia embalado sanduíches e doces para a caminhada de duas horas até a cidade, e Peggy abraçou e se despediu dos irmãos e dos pais. Agasalhada, com um cachecol em volta do pescoço e dos ombros, ela acenou e partiu para sua aventura.

Para sair do vale, era preciso pegar uma estrada de terra que corria entre as montanhas. A neve decorava as colinas ao redor, o chão estava duro e congelado. Um sol cor de limão-siciliano se formava nas montanhas, enquanto as sombras da manhã se estendiam na direção dos bosques.

Na próxima vila, Brusnica, Anna Judova, de 21 anos, juntou-se a Peggy. As meninas haviam crescido na zona rural da Eslováquia entre vizinhos não judeus e com pouquíssimas preocupações ou inquietações relacionadas ao mundo em geral. O rosto ansioso de Peggy exibia um sorriso largo enquanto elas desciam a estrada, seus cabelos escuros presos sob o chapéu para manter os ouvidos quentes. Uma hora depois, a escolta policial parou para pegar Ruzena Kleinman.[68] As três garotas balançavam suas malas e conversavam animadamente no ar fresco da manhã.

Quarenta outras jovens já esperavam no ponto de ônibus em Stropkov quando Peggy, Ruzena e Anna chegaram. Em meio ao alarido de jovens vozes, as garotas conversavam sobre o mistério de seus empregos no governo. Assim como Bertha, algumas disseram que iriam trabalhar em uma fábrica de sapatos; outras foram informadas de que trabalhariam em fazendas. O motorista do ônibus parecia amigável e sorriu para as garotas, mas ele só sabia que elas seriam levadas para Poprad. Como faltava apenas uma semana para o Pessach, as meninas imediatamente começaram a se perguntar se poderiam voltar para o Sêder. Afinal, Poprad ficava a poucas horas de distância.

Peshy Steiner era como uma filha para a sra. Berkowitz. Enquanto as outras embarcavam no ônibus, a mãe de Bertha olhou para o rosto bonito de Peshy e pegou a sua mão. As outras garotas que a acompanhavam permaneceram ao seu lado. "Prometam-me que vocês vão cuidar umas das outras", disse-lhes. "E lembrem-se de que Bertha é a mais nova entre vocês. Cuidem dela como fariam com uma de suas irmãzinhas."[69]

Em um instante, elas foram conectadas por sua promessa e formaram uma irmandade entre si. Quando Bertha deu um beijo de despedida na mãe, sentiu como se algo mudasse profundamente dentro de si. Sobre aquele momento, ela diz: "Eu me tornei adulta."

O motor do ônibus engasgou e depois finalmente pegou. O cheiro de diesel queimado ardeu no nariz das meninas, enquanto a fumaça negra soprava do escapamento enferrujado. Havia muita conversa e emoção; a maioria das meninas estava tudo, menos triste. "Ninguém achava que essa era a última vez que veríamos nossos pais. Ficaríamos distantes por um tempo, mas voltaríamos em breve", lembra Bertha.

"Estávamos rindo e cantando", diz Peggy. "Foi uma aventura. O motorista do ônibus era muito simpático e tínhamos os sanduíches que nossas mães haviam embalado para nós. Foi como um piquenique."[70] Até o motorista do ônibus brincava com elas.

Após cerca de duas horas de viagem, o cenário do lado de fora começou a mudar. As montanhas Tatra apareceram, com seus picos em formato de dentes de dragão enfeitados com o branco do inverno, majestosos contra um céu azul-gelo. Como as meninas de Humenné antes delas, essas jovens foram tomadas de tal orgulho patriótico ao ver as Tatra que, quando o ônibus fez uma curva na estrada e revelou o que elas pensavam ser seu destino, elas começaram a cantar.[71]

No quartel de Poprad, o motorista abriu a porta do ônibus e as garotas entusiasmadas saíram. Olhando interrogativamente ao redor dos prédios, elas sorriram para os homens de uniforme preto que caminhavam em sua direção, com chicotes nas mãos.

"No momento em que saímos do ônibus, tudo mudou", lembra Peggy. "Havia guardas gritando conosco. Chicoteando-nos." Empurradas e arrastadas por homens rudes e estúpidos, as meninas se voltaram para o motorista, pedindo ajuda. O que era isso? O que estava acontecendo?

O motorista parecia tão chocado quanto suas passageiras.

A confusão das meninas foi agravada pela incongruência da situação. Seu estado de espírito alegre, esperançoso e obediente entrou em colapso.

Do lado de fora das janelas do quartel, o dia tornara-se noite. Os sanduíches que comeram no ônibus haviam desaparecido. Suas mães não tinham embalado mais do que o bastante para almoço, pensando que suas filhas seriam alimentadas no jantar. Dentro do quartel, não havia refeição preparada para as recém-chegadas. Edith e as outras já haviam comido suas porções de segunda-feira, 150 gramas de batata[72] cada. As garotas robustas de Stropkov encontraram as mulheres de olhar vazio que já estavam no quartel há dois dias, seus rostos distorcidos pelo choque e pela fome. Desde que as meninas de Humenné haviam chegado, na sexta-feira, foram alimentadas com não mais de 150 gramas de painço,[73] repolho, legumes ou cereais todos os dias, juntamente com a sua porção de um pedaço de pão. Era difícil acreditar que, alguns dias antes, essas mesmas garotas também estavam cantando canções patrióticas a caminho de Poprad. Ninguém queria cantar agora.

IVAN RAUCHWERGER, DE 16 ANOS, chegou acompanhado de dois amigos para examinar as meninas vindas de sua cidade, Spišská Nová Ves, localizada a cerca de 24 quilômetros de Poprad. Ivan tinha ficado surpreso com o anúncio de que a garota por quem estava apaixonado fora selecionada para o trabalho governamental, junto a muitas outras com quem ele estudara. Por que não chamar jovens judeus, que eram mais fortes e mais aptos para o serviço? Por que ele não fora chamado?

Como todos na comunidade judaica, a família de Ivan ficou consternada com a abrupta requisição do governo. "O país não ignorou totalmente o que estava acontecendo", lembra ele. "Muitos empresários não judeus entraram em contato com os bispos em Bratislava e pediram a eles que intercedessem junto ao presidente Tiso em nome de suas amigas judias, pois essa deportação de jovens solteiras contrastava com tudo o que a religião cristã ensina, especialmente 'ame ao próximo'."

Naquela segunda-feira, a mãe de Ivan, Eugenie, insistiu que ele fosse averiguar as vizinhas que haviam sido levadas. Um dos amigos de Ivan pegou emprestado o carro do tio e, junto a alguns outros amigos, eles se dirigiram para o quartel em Poprad. A menos de meio quarteirão de distância da linha férrea, o edifício de dois andares teria sido fácil de localizar da estrada principal. Apesar da cerca ao redor do terreno e dos guardas na entrada, Ivan e seus amigos conseguiram convencê-los a permitir que entrassem. Imediatamente, eles foram cercados por meninas em pânico e assustadas. "Suas bochechas estavam borradas de rímel e elas imploraram a meus amigos e a mim que trouxéssemos comida e remédios. Era horrível vê-las tão perturbadas. Eles estavam desesperadas."

"Ficamos chorando o tempo todo", diz Edith. "O que vai acontecer conosco? O que estamos fazendo aqui? Os guardas não nos diziam nada."

No dia seguinte, quando mais homens chegaram para averiguar suas irmãs e primas, os guardas passaram a impedir que qualquer pessoa entrasse no prédio. O irmão de Joan Rosner, Luddy, tentou e tentou entrar para vê-la, mas sem sucesso. Emil Knieža conseguiu tomar emprestado o uniforme do exército de um amigo não judeu e recebeu permissão para visitar sua jovem esposa, Ruzena Gräber, que Edith conhecia da escola. Ruzena havia tentado argumentar em favor de sua liberdade, pois, como mulher casada, deveria ter sido dispensada, mas as autoridades não se preocupavam com detalhes. Entrelaçando os dedos pela cerca de arame, Ruzena e Emil tiveram uma conversa desesperada.

— Eles estão levando vocês para a Polônia — ele avisou.

Nenhuma delas sabia o que aquilo significava.

As meninas no quartel fervilhavam de inquietação e impaciência. Parecia que algo as esperava. Mas o quê? Enquanto isso, ônibus de outras cidades distantes continuavam a chegar.

A FAZENDA HARTMANN era administrada por dois primos tão próximos que mais pareciam irmãos. Tendo alugado a espaçosa casa de fazenda e as terras anexas de uma húngara aristocrática, Bela e Dula Hartmann compartilhavam tudo. A casa tinha duas alas; portanto, cada família tinha sua própria cozinha e quartos, unidos por uma sala comum, onde as crianças se reuniam à noite para cantar, brincar ou ler em silêncio à luz de velas. Não havia eletricidade ou encanamento interno, mas isso não era incomum nem considerado uma adversidade.[74]

Seis crianças enchiam os andares da casa dos Hartmann. A filha de Bela, Magduska, era uma criança fechada e de cabelos escuros, com um sorriso de Mona Lisa. A esposa de Bela havia desenvolvido esclerose múltipla quando os filhos eram pequenos. No pré-guerra, antes da implementação do código judaico, mulheres não judias cuidaram dela, mas quando se tornou ilegal que não judeus trabalhassem para judeus, Magduska se tornou a principal cuidadora de sua mãe. Era um trabalho difícil. A obrigação de limpar e dar banho na mãe, de ajudá-la a comer e a usar o banheiro, fizera de Magduska uma adolescente excessivamente responsável, o que pode explicar a maneira sombria que ela tinha de olhar para as pessoas com seus penetrantes olhos castanhos. Eugene, irmão de Magduska, era um rapaz de 15 anos igualmente responsável que trabalhava nos campos com o pai.

A prima Olga tinha um fardo mais leve para carregar em sua parte da casa, mas, como a filha mais velha de Dula, ela tinha de cuidar dos irmãos mais novos, Bianca, Valerie e Andrew (Bundi), o bebê da família, que sempre fugia para os pomares para subir nas árvores e colher cerejas. Uma menina alegre de 16 anos, Nusi (era assim que todos na família a chamavam) amava cegamente sua prima mais velha, Magduska. As bochechas redondas como panquecas de Nusi e o seu sorriso expansivo contrastavam com a pele mais escura e o rosto mais melancólico de sua prima. Nusi parecia sempre ter uma piada para contar; Magduska, um segredo. No entanto, apesar das suas diferenças, as meninas eram próximas como irmãs. Eles usaram fraldas juntas e ajudavam na fazenda da família desde que tinham idade suficiente para recolher os ovos das galinhas.

Roškoviany, uma comunidade agrícola, contava apenas três famílias judias em meio a seus seiscentos residentes. Não havia antissemitismo visível entre os agricultores, que dependiam do apoio uns dos outros na colheita e nos tempos difíceis. Eugene e Andrew brincavam com crianças judias e não judias e eram bons amigos de todas elas.

A importante fazenda dos irmãos Hartmann empregava moradores locais tanto para o trabalho com laticínios quanto nos campos, onde eram cultivados trigo, milho, aveia e feno. Eles tinham rebanhos de ovelhas que eram ordenhados para a produção de queijo, além de pomares com pereiras, macieiras e cerejeiras.

A cidade mais próxima, Lipany, ficava a cerca de três quilômetros de distância e contava com uma pequena sinagoga, que os Hartmann frequentavam. Como havia poucas notícias nas aldeias rurais, os Hartmann tinham apenas uma vaga ideia sobre a nova ordem de serviço do governo. A irmã mais nova de Nusi, Bianca, tinha quase quinze anos, então, por precaução, Dula a enviou à casa de um amigo não judeu para uma festa do pijama. Assim como a família Friedman, os Hartmann não queriam infringir a lei. Nusi estava em casa quando o policial local veio buscar as meninas.

Andrew diz que, ao observar sua irmã fazendo as malas, era "como se ela estivesse indo para um acampamento de verão". Ela separou um cantil de água, um copo dobrável que ela podia guardar no bolso, sua escova de dentes e dentifrício, um lápis e papel, para que pudesse escrever para casa. Sapatos adequados para o trabalho. Seu melhor casaco. Luvas. Cachecol. Chapéu. Pijamas. Uma muda de roupa.

Magduska sequer fez sua mala. O policial, que conhecia bem a família e sabia que ela era a cuidadora da mãe, disse: "Oh, vamos apenas levá-la até a cidade. Tenho certeza de que eles vão liberá-la." Bela só teria que explicar a situação da família.

"Então é isso que faremos." Bela pegou o casaco. Magduska beijou a mãe, bagunçou os cabelos do irmão e disse: "Até mais."

Foi "tudo tranquilo", diz Eugene. "Ela apenas iria até a cidade." Ninguém ficou preocupado. Ela voltaria em pouco tempo.

Acompanhando o policial com sua filha e sobrinha, Bela descobriu que dezessete outras meninas também haviam sido selecionadas. Todas se conheciam, mas Ellie e Kornelia Mandel eram boas amigas.

Bela ficou aliviado por Nusi conhecer algumas das outras adolescentes, principalmente porque Magduska não se juntaria a elas. Quando Nusi foi falar com as irmãs Mandel, ele pegou Magduska pela mão, marchou direto para o oficial que cuidava da lista de nomes e explicou as tarefas importantes que sua filha desempenhava como cuidadora da mãe.

UM BUROCRATA ENCARREGADO DE TODA A PAPELADA lançou ao sr. Hartmann um olhar incrédulo. "Nós não estamos levando a mãe. Estamos levando a filha."

"Vocês não podem fazer isso", Bela explicou. "Nós administramos uma fazenda importante para alimentar as tropas e meu filho trabalha nos campos. A mãe dela está acamada."

"Isso não é problema nosso."

"Por favor. Magduska é uma parte necessária da nossa fazenda. Eu não posso cuidar do leite e da minha esposa ao mesmo tempo. Como podemos ordenhar vacas e ovelhas, plantar aveia e trigo, e ao mesmo tempo cuidar de uma pessoa inválida? Dependemos de Magduska."

"Você terá que encontrar outra pessoa de quem possa depender. Esta aqui deve se apresentar para o serviço do governo, que durará três meses."

A conduta calma de Magduska despedaçou-se. Seus profundos olhos escuros se encheram de lágrimas. O que eles fariam sem ela? Ela nem ao menos se despediu.

Nusi e as irmãs Mandel tentaram confortá-la. Bela passou seus braços fortes em volta de sua única filha e a puxou para um abraço. Ele disse às meninas que escrevessem o mais rápido possível para que a família soubesse que estavam seguras. Assim que tivesse o endereço delas, ele prometeu enviar algumas roupas e dinheiro, para que pudessem comprar o que precisassem assim que chegassem à fábrica. Ele pediu a Ellie e Kornelia que mantivessem contato também.

Ele lhes disse que cuidassem umas das outras e que se lembrassem de que Deus estava com elas. O tempo passaria tão rapidamente que, antes que percebessem, todos estariam comemorando o Rosh Hashaná juntos.

Sorrisos surgiram ante sua certeza e encorajamento. Ao abençoar os olhos e a testa de sua filha com beijos, será que ele pensou consigo mesmo que, na próxima vez que a visse, ela já teria 17 anos?

Desta vez, não haveria ônibus para embarcar. Este era o último grupo de meninas a serem recolhidas, e quase quarenta jovens foram colocadas na traseira de um caminhão junto com suas bagagens. Bela ajudou a filha e a sobrinha a embarcarem e deu um beijo de despedida em ambas. Seriam pouco mais de cem quilômetros até Poprad. As meninas se agacharam na caçamba do caminhão para evitar o vento.

Entre as que tremiam no caminhão estava Linda Reich, de 18 anos, que estava "sentada confortavelmente em casa com minha família quando a Guarda Hlinka bateu na porta, logo após o jantar".

Perplexos com a interrupção do que teria sido uma noite tranquila, nem Linda nem seus pais entenderam o que estava acontecendo, "mas a Guarda Hlinka nos disse: 'Vamos levá-la para trabalhar na Alemanha, assim ela poderá ajudar no sustento da família'".

Ela era jovem e disse: "Oh, isso seria maravilhoso, porque nossa situação já era horrível."

A família Reich não tinha dinheiro para comer nem combustível para aquecer a casa. Os irmãos de Linda trabalhavam como lavradores, mas havia muito pouca comida para os judeus, e o inverno havia sido rigoroso. Como a maioria das outras garotas na caçamba do caminhão, Linda pensou que o mínimo que podia fazer era ajudar sua família.

"Podemos enviar dinheiro para casa e ajudá-los", disse ela às outras.

Magduska e Nusi ficaram em silêncio — dinheiro e comida não eram coisas que faltavam às suas famílias. No escuro, as meninas balançavam e batiam umas contra as outras na caçamba do caminhão velho, enquanto ele passava por buracos na estrada não pavimentada, abrindo caminho em direção a Poprad. Já passava da meia-noite quando chegaram.

QUARTA-FEIRA, 24 DE MARÇO DE 1942

Neste ponto de nossa história, temos que imaginar o que aconteceu a seguir, porque a única prova que temos do incidente está no papel — uma lista dos nomes de todas as garotas no transporte datada de 24 de março de 1942. O documento em questão se encontra nos arquivos do Yad Vashem, em Jerusalém. Amareladas pelo tempo, com os cantos carcomidos pelos anos, as folhas são tão delicadas que é preciso usar luvas brancas de algodão para manuseá-las. Aqui estão os seus nomes. Filhos e filhas de sobreviventes podem encontrar o nome de sua mãe; famílias de não sobreviventes podem encontrar o nome de tias, irmãs e primas perdidas.

Memórias sobre o quartel e o "Campo" de Poprad são, na melhor das hipóteses, turvas. Algumas meninas nem se lembram de ter estado lá. O choque de terem sido levadas à força de suas casas, obrigadas a dormir no chão ou em redes, alimentadas com porções ínfimas de comida e observadas pela polícia militar simplesmente não foi registrado em face do catálogo de horrores que estava por vir. A sua permanência no quartel é um período perdido, um dos incidentes menos lembrados nos depoimentos, e o momento da inscrição de seus nomes caiu na névoa desse esquecimento. Nenhuma sobrevivente com quem falei se lembra disso.

Talvez a lista tenha sido organizada antes de as meninas serem servidas de uma refeição composta por feijões, talvez tenha sido no início de um dia em que as meninas foram obrigadas a se organizar em filas, algo que estava rapidamente se transformando em um exercício militar. Talvez tenha sido compilada a partir de listas batidas à máquina em Prešov, Bardejov e Humenné ou manuscritas em Stropkov. Não sabemos ao certo. A lista é um item de vital importância, afinal, sem ela, não saberíamos os nomes das garotas a bordo do primeiro transporte e elas teriam, de fato, desaparecido da história para sempre. Seja como for, tenham elas se apresentado em Poprad diante de uma mesa e informado seus nomes ou tenha a lista sido compilada a partir de listagens feitas quando as garotas se registraram pela primeira vez em suas cidades de origem, o fato é que as informações foram reunidas e batidas à máquina em um documento de 34 páginas de 24 de março de 1942. Pode ser que ele tenha sido preparado só após a chegada do último grupo de meninas, no qual estavam Magduska, Nusi Hartmann e Linda Reich.

Imagine uma mesa com uma máquina de escrever preta feita de metal, modelo Erika ou talvez Mercedes. O datilógrafo está sentado com as costas eretas, atento, com uma pilha de folhas de papel em branco à sua esquerda e outra de páginas já datilografadas, com os versos voltados para cima, à sua direita. Com um primeiro toque nas teclas, o datilógrafo enumera a primeira página, *1*, depois escreve *Soznam darujúcich zmlúv*.

Aqui, devemos fazer uma pausa e considerar esta frase, que se traduz como "Lista de contratos de doação". Os eslovacos não queriam que ninguém soubesse que usariam trabalho escravo, então a narrativa oficial seria de que as garotas eram voluntárias contratadas que estavam "doando" seu tempo para trabalhar para o governo. Dessa maneira, o governo eslovaco conseguiu contornar a ilegalidade envolvida na deportação de seus judeus.

Abaixo dessa frase, lê-se *Tábor Poprad* [75] — isto é, "Campo Poprad".

Ao definir as tabulações na prensa da máquina de escrever, o datilógrafo marcou as colunas na parte superior da página e, em seguida, sublinhou os cabeçalhos com uma série de traços que apresentam pequenos espaços entre si. É tudo muito eficiente e organizado.

"Número da pessoa." ESPAÇO.

"Sobrenome, nome." ESPAÇO.

"Ano de nascimento." ESPAÇO.

"Cidade." ESPAÇO.

Agora, o datilógrafo está pronto.

No início, parece haver algum tipo de padrão organizacional. A primeira garota, Zlata Kaufmannova, é de Malcov, sendo seguida por duas irmãs da cidade de Beloveža, a poucos quilômetros de distância. A maioria das meninas da primeira página é de cidades que se localizam a vinte ou trinta quilômetros umas da outras, não muito longe da fronteira polonesa; são cidades próximas de Bardejov e de sua farsa da epidemia de tifo. Nas páginas seguintes, as incongruências começam a aparecer. Às vezes, amigas e primas estão próximas umas das outras na lista; às vezes, não. Há páginas inteiras de meninas das cidades de Humenné e Prešov, e então uma garota perdida de um vilarejo a horas de distância aparece no meio dessa mistura. Linda Reich, que acabara de chegar, é o número 582, bem no meio da lista. Portanto, sabemos que elas não foram numeradas por ordem de recolhimento. Há uma ordem implícita, mas ela não foi rigorosamente respeitada, o que explica por que Dina Dranger não está próxima de sua prima, Erna. No entanto, Adela está próxima de Edith e Lea.

Lá pela página 8, o datilógrafo já havia gravado mais de duzentos nomes.

É uma página em que as letras aparecem ligeiramente distorcidas. Talvez os carbonos tenham saído do lugar, enquanto o datilógrafo apressadamente inseria o papel no rolo, datilografava o número da página, batia na tecla de retorno, adicionava alguns recuos e pressionava as teclas: T-á-b-o-r-espaço-espaço-P-O-P-R-A-D, volta e sublinhado: _ _ _ _

_ _ _ _ _ _ _ _ _ _ _ _ _

Perto do topo da página, vemos a número 211, que é a amiga de Lea, Anna Herskovic, a menina com cachos loiro-acobreados macios e olhos preocupados. Depois dela, temos duas de nossas refugiadas polonesas, e podemos imaginar uma cena mais ou menos assim:

— Sobrenome?

— D-r-a-n-g-e-r-o-v-a.

— Nome?

— E-t-e-l-a.

Por que Erna disse Etela? Suas amigas a chamavam de Erna. Ela estava confusa ou usou um pseudônimo? Nós não sabemos.

— Ano? Em que ano você nasceu?

— 1-9-2-0.

— Cidade? — O datilógrafo aciona a tecla de tabulação.

— Humenné.

O datilógrafo pressiona a tecla Shift e bate o número 2 para criar um acento, mas a tecla trava e, em vez do acento, o número 2 aparece. Ele não parece se importar.

— Próxima!

Erna Dranger se afasta.

Rena se aproxima e imita sua melhor amiga, dando seu apelido:

— Rifka Kornreich.

Desta vez, o datilógrafo consegue fazer a tecla Shift funcionar e, quando Rena diz que veio de Humenné, aparecem acentos nítidos antes de o rolo girar o papel e este descer mais uma linha.

Próxima linha. Próximo número.

A página desce.

Próxima linha. Próximo número.

Quando chega a vez de Lea ir à mesa, recebe o número 236. Edith, o 237. Adela Gross é a número 238.

O datilógrafo puxa a página finalizada da máquina de escrever com um floreio e coloca as folhas em duas pilhas bem organizadas: uma de originais e outra de cópias em carbono. Ele pega duas folhas novas, prende o carbono entre elas, posiciona a borda do papel contra o rolo, gira o botão para que o papel fique alinhado e reto, depois pressiona a tecla de retorno e digita o número da página: *9*.

Então, escreve novamente.

T-á-b-o-r-espaço-espaço-P-O-P-R-A-D. Empurra o rolo de volta para a esquerda para sublinhar cuidadosamente o cabeçalho: _ _ _ _ _ _ _ _
_ _ _ _ _ _ _ _

2-3-9 -.- espaço-B-e-r-k-o-v-i-c-o-v-a-espaço-J-o-l-a-n-a-espaço-espaço-1-9-2-5...

Deve ter levado horas.

O conteúdo de todas as páginas é quase idêntico, mas o título, "Campo Poprad", às vezes está centralizado, às vezes aparece tabulado muito à direita, o que denota a pressão de terem sido datilografadas rapidamente, com as garotas da fila se aproximando e anunciando seus nomes, anos de nascimento, cidades... Se a lista tivesse sido datilografada em um escritório silencioso, a formatação provavelmente seria mais consistente, menos erros teriam sido cometidos e as correções desses erros provavelmente não teriam sido feitas manualmente.

Em algum momento, a fita de tinta deve ter sido substituída, porque as impressões começam a ficar mais finas e mais claras e, de repente, tornam-se pretas e nítidas novamente. Também é possível que uma segunda máquina de escrever e outros datilógrafos tenham sido usados. Em algumas páginas falta o título e os toques das teclas são ligeiramente mais imprecisos do que em outras.

Os erros tornam-se mais frequentes à medida que a lista vai crescendo e a fadiga entra em cena. Os números 377 e 595 estão completamente ausentes, o que significa que havia, na verdade, 997 meninas no transporte, e não 999. Nas páginas 16 e 17, uma caneta foi usada para se corrigir um nome escrito errado (trocou-se *hp* por *ph*) e o nome de uma cidade foi apagado e substituído por aspas, para indicar que se deveria repetir o nome da linha acima. Com os olhos embaçados e os dedos doloridos, na página 26 o datilógrafo erra quase todos os números, passando de 754 para 765. Após ele tirar a folha da máquina e digitar 790 na parte superior da página seguinte, alguém deve ter notado o erro. Uma caneta preta risca os números, corrigindo-os: *755, 756, 757*, até o final. Um 8 é digitado sobre o 9 na parte superior da página seguinte. A fila humana começa a se mover novamente: 780. 781. 782. Na página 30, as primas Hartmann, Magduska e Nusi (que se chama Olga), estão juntas, as únicas representantes de sua pequena vila de Rožkovany. Alguns nomes depois, as irmãs Guttmanova se confundem com as irmãs Birnova, e o datilógrafo precisa voltar, riscar o sobrenome e reescrever "Birnova". Será que a ordem era tão importante que as meninas não podiam trocar de lugar na fila?

Finalmente, a última página é enrolada na máquina de escrever e as duas últimas garotas fornecem seus dados: Hermina Neuwirth, de 19 anos, e sua irmã, Giza, de 25 anos, de Stropkov. Já devia ser final de tarde quando o derradeiro número foi datilografado, incorretamente: *9-9-9*.

NOVE

A história tem falhado com quase todos aqueles que são banais.

— MIN JIN LEE

POPRAD, QUINTA-FEIRA, 25 DE MARÇO DE 1942

O TELEGRAMA DO ESCRITÓRIO DE KONKA[76] que tratava da questão da "libertação preliminar do trabalho" para os judeus, de acordo com a emenda nº 255,[77] foi enviado "a todos os governadores de distrito, policiais e diretores de Bratislava e Prešov, entregue a suas próprias mãos" e marcado como "Confidencial e urgente". Entre as meninas que a emenda poderia ter salvado estavam Edith e Lea, Adela Gross, Magda Amster, Magduska e Olga Hartmann.

É provável que as judias que pediram uma exceção de acordo com a cláusula *foram autorizadas a* trabalhar [grifo nosso] e foram incluídas nas listas.

Os governadores estão cientes desses casos, pois esses pedidos foram enviados pelos escritórios ou pelo escritório do presidente para serem examinados.

Peço aos oficiais (presidentes) que não convoquem essas judias e que as removam das listas como pessoas adicionadas às listas por erro.

Em guarda!

Em nome do ministro:

Dr. Konka

Não podemos deixar de notar o eufemismo presente em "foram autorizadas a trabalhar". Também está claro no telegrama que o presidente Tiso ainda não havia aprovado as isenções de trabalho para ninguém. As listas regionais de trabalhadores importantes, conforme definido no nº 255, podem ter sido apresentadas por prefeitos e governadores das várias regiões do país. Elas talvez tenham sido enviadas ao governo em Bratislava, mas então o processo se tornara mais moroso, enquanto o presidente Tiso decidia quem "poderia trabalhar". Então, o prefeito de Humenné, que havia dito ao sr. Friedman que suas filhas tinham que se apresentar para o serviço porque era isso que a lei dizia, agora recebia ordens para fazer exatamente o oposto: elas deveriam ser removidas das listas.

Mas a lista já havia sido feita. As meninas estavam prestes a ser deportadas.

No início, houve apenas uma resposta ao telegrama de Konka. A Filial do Distrito do Centro Judaico na cidade de Levoča enviou um telegrama a Konka solicitando que três de suas residentes fossem libertadas. Eram garotas que Ivan Rauchwerger conhecia.

A data no telegrama está manchada,[78] quase ilegível após 75 anos. Tiras de fita adesiva foram coladas à folha de papel retangular, que se tornou quebradiça com o tempo. Os selos estão rasgados.

dept. 14 [sic]

Levoča

Magdalena Braunova, nascida em 28 de março de 1926, foi levada a Poprad para cumprir seu dever de trabalho após completar 16 anos

Hermina Jakubovicova, nascida em 14 de agosto de 1921, foi, durante a apresentação feminina em 26 de fevereiro de 1942, reconhecida como incapaz de trabalhar; apesar disso, ela foi levada para o campo de Poprad em 23.3.1942

Lenka Szenesova (sobrenome de batismo Singerova), como pessoa casada, também foi levada para Poprad e as três pessoas mencionadas foram levadas por engano para cumprir seu dever de trabalho, portanto, pedimos que você faça uma correção e as envie para casa.

Filial do Distrito do Centro Judaico Levoča

Então, uma enxurrada de telegramas de judeus desesperados começou a chegar ao ministério.

Em Poprad, preparativos muito diferentes eram feitos. No jantar daquela quinta-feira, as meninas de Levoča (Magdalena, de 15 anos, Hermina, incapacitada, e Lenka, casada) estavam na fila para sua porção de algo chamado de "goulash", embora mais parecesse lixo. A refeição continha, de acordo com as instruções alimentares, a quantidade total de carne da semana: cem gramas — menos do que se tem em uma lata de comida de gato. Essa seria a última refeição real que elas consumiriam pelos próximos três anos. Isso se elas sobrevivessem aos próximos três anos.

À tarde, os guardas gritaram para que todas reunissem suas coisas e fizessem fila do lado de fora. Havia uma estranha sensação de alívio. Após o estresse constante causado pelo desconhecido, a sensação de que um destino horrível as esperava e os dias aguardando no quartel, as meninas enfim estavam indo para algum lugar. Impacientes, elas juntaram suas poucas coisas e conversaram entre si, adivinhando, sempre adivinhando: será que elas estavam indo para a fábrica agora? Iam começar a trabalhar em breve? Será que seriam mais bem alimentadas na fábrica?

Organizar mil pessoas para fazer qualquer coisa raramente é uma tarefa fácil. Houve gritos entre as garotas. Irmãs e primas apressavam umas às outras. Caos.

Ninguém havia trazido tanta coisa assim. A maioria das jovens ainda usava o que tinham vestido no dia em que saíram de casa. Casacos de lã, sapatos práticos, *leggings* de lã, talvez meias-calças para as meninas da cidade. As meninas vindas dos vilarejos usavam saias mais longas e blusas tricotadas à mão. Todo tipo de adorno, de chapéus da moda a lenços ao estilo *babushka*, cobria a cabeça das meninas.

NO INÍCIO DO DIA, pelo menos dois médicos judeus haviam se apresentado em Poprad após receberem ordens para acompanhar um comboio de garotas. Devia haver sete médicos judeus no transporte. Quando o dr. Weiszlovits chegou, ele foi informado de que seus serviços não eram mais necessários e dispensado. As autoridades lhe disseram que havia médicos suficientes para o transporte, mas, de fato, havia apenas um, o dr. Izak Kaufmann.[79] Evidentemente, um médico era suficiente para 999 mulheres jovens.

Há alguma confusão sobre a presença do dr. Kaufmann no transporte. Alguns acreditam que o dr. Kaufmann substituiu a última garota da lista, Giza Neuwirth, de 25 anos, mas isso não coincide com os registros do Yad Vashem. A sua presença no quartel não teria como ser encoberta; ninguém se esqueceria da presença de um homem entre as garotas, muito menos de um médico, mas nenhuma sobrevivente menciona um médico no quartel. Certamente, Edith nunca o viu. E, quando nossa jovem testemunha, Ivan Rauchwerger, foi a Poprad para ver sua namorada, pediram-lhe que levasse alguns remédios usados pelas garotas. Se houvesse um médico no quartel, por que as meninas teriam pedido medicamentos?

O dr. Kaufmann foi recrutado como parte do estratagema das autoridades e, assim como o dr. Weiszlovits, deve ter chegado no dia da partida. O nome dele não se encontra em nenhum lugar da lista com os 999 nomes de meninas, datilografada em 24 de março de 1942. Ele só é encontrado no rodapé de uma lista separada, juntamente aos nomes de 99 das meninas. Ao lado de seu nome, lê-se que ele era o único médico para mil "pessoas".

QUANTO TEMPO É NECESSÁRIO para se encher um trem de carga com quase mil mulheres? Será que ainda era luz do dia quando a última delas saiu para respirar o ar fresco da montanha e enviar uma oração a Deus, agradecendo por estar livre do horrível quartel?

Aquele momento de trégua desapareceu quando os guardas ordenaram que elas marchassem para a linha do trem.

Era a fila mais longa de vagões que Edith já tinha visto. Até os trens usados no mercado de gado eram menores. O tamanho fez com as meninas tremessem. "Não achamos que aqueles vagões eram para nós", diz Linda Reich. Então, a Guarda Hlinka abriu as portas dos vagões para gado e ordenou que as meninas entrassem.

Quem, em sã consciência, embarcaria de bom grado em um trem de carga como aquele? Não havia rampas. As rampas eram usadas para o gado embarcar, mas não para seres humanos. Como elas poderiam entrar? Os vagões eram muito altos em relação ao solo para que pudessem ser alcançados por garotas que trajavam saias e carregavam bagagem. Nenhuma delas sabia como subir a bordo e nenhuma delas queria. Elas travaram diante da ideia.

Os guardas começaram a xingar e gritar. "Vamos, vadias judias. Vamos."[80]

A caçula de três irmãs, Regina Schwartz, perguntou ingenuamente: "Para onde vocês vão nos levar?".

"Para a frente de batalha, para que os soldados alemães possam se divertir com vocês", disseram os guardas, rindo.

Eram homens frios, que não se importariam quando as meninas começassem a chorar. Chicotes seriam utilizados caso houvesse lágrimas.

"Como um animal", Margie Becker diz sobre o modo como um homem da SS a encarou. "Ainda me lembro dos olhos azuis dele, penetrantes olhos azuis. Ele colocou a língua para fora...". E, ofegando para ela, disse em alemão: "Agora suas línguas também vão ficar para fora". Era uma intimidação e uma ameaça; logo elas sentiriam fome e sede. "Foi muito horrível."

Embora o primeiro transporte tenha partido secretamente à noite, uma semana depois, quando já estava partindo de Poprad o terceiro transporte, vários pais haviam alugado carros "para ficar com as filhas, desesperados por terem de se separar de suas crianças. As meninas eram transportadas em vagões para gado — cada um com uma placa que dizia 'oito cavalos' ou 'quarenta pessoas'. Essa era a última visão que seus pais, desesperados, tinham delas", lembra Ivan Rauchwerger. "As meninas estavam confusas, inquietas, e muitas choravam." É improvável que as garotas do terceiro transporte tenham apanhado e sido forçadas a entrar nos vagões, como as do primeiro transporte, porque agora havia testemunhas: muitas pessoas, tanto judeus como não judeus, vieram a Poprad ver as meninas sendo levadas embora.

"Tentávamos manter nossa feminilidade, mas não havia como entrar no trem com as saias e os vestidos",[81] diz Edith. Para evitar os golpes nas costas, elas tiveram que ajudar umas às outras a subir nos vagões e a carregar suas bagagens, sem ajuda dos homens. As moças mais velhas lutavam para manter a compostura e a dignidade. As adolescentes choravam histericamente. Eram boas meninas. Meninas cujos pais pagavam impostos e cumpriam a lei. Meninas que se registraram obedientemente para trabalhar porque seu governo lhes havia dito que deveriam fazer isso, mesmo que muitas nunca tivessem ficado longe de casa nem por um dia em suas vidas. O que aquelas boas meninas faziam em vagões usados para transportar o gado para abate, vagões que ainda cheiravam a esterco, urina e medo?

Edith e sua irmã se abraçaram, mas Edith pouco se lembra da viagem de trem. O cérebro só pode processar as coisas até certo limite. Depois de tantas atrocidades, a mente daquelas jovens simplesmente deixou de processar o horror. A realidade havia se tornado um pesadelo do qual elas não conseguiam acordar.

APESAR DE TER SIDO DISPENSADO, o dr. Weiszlovits não deixou a estação Poprad imediatamente. Em vez disso, ele viu horrorizado aquelas jovens carregando suas bagagens e sendo empurradas para dentro dos vagões de gado. Depois, ele correu para casa e disse à esposa que a Eslováquia "não era lugar para uma criança". Eles cuidaram para que seu filho de 12 anos, Yehuda, fugisse antes que fosse tarde demais. Ele foi levado para a Hungria, onde se escondeu pelo resto da guerra. Yehuda sobreviveu ao Holocausto. Seu pai e sua mãe, não.[82]

QUANDO CAIU A NOITE e a última das meninas subiu a bordo, os guardas caminharam ao lado do trem, verificando se as barras de metal das portas estavam aferrolhadas com segurança. Do lado de dentro escutavam-se vozes agudas lamentando e suplicando. Os guardas batiam nas portas e seguiam em frente, acenando quando cada vagão era liberado para partir. O condutor tocou o apito. A luz do sinal mudou de vermelho para verde. O motor acelerou-se. O chefe da estação acionou o desvio e o transporte avançou para a pista principal. Conforme os vagões balançavam para a esquerda e para a direita, pois o peso da carga era insignificante demais para manter o transporte equilibrado e rijo, o chefe anotou no registro da estação: *Horário de partida: 20:20.*

DEZ

Elas vieram — quase ainda crianças — dos braços de suas mães, em um estado de ingenuidade e ignorância sobre seu destino futuro.[83]

— DR. MANCI SCHWALBOVA

JUNTO DO TELEGRAMA DE KONKA, algumas das exceções prometidas chegaram a Prešov na tarde de 25 de março de 1942. Assim que Adolf Amster soube da notícia, pediu ao seu motorista que buscasse o carro e corresse ao escritório do governador para buscar o documento que libertaria sua amada filha. Eles partiriam para Poprad imediatamente. Se tudo corresse conforme o planejado, Magda estaria na segurança de sua casa em algumas horas.

Hoje, a distância entre Prešov e Poprad pode ser percorrida tranquilamente em uma hora, viajando-se por rodovias asfaltadas de quatro faixas. Até mesmo a estrada antiga, estreita e de duas faixas, foi asfaltada, embora ainda se possam ver burros e, às vezes, pessoas puxando carroças ao longo do canteiro central. Em 1942, a estrada ainda tinha apenas uma faixa e partes dela eram de cascalho ou macadame. O inverno mais rigoroso já registrado também causara prejuízos, e havia quilômetros de trechos alagadiços e buracos perigosos.

Adolf Amster não era o único pai que corria contra o destino. Os primos Hartmann também receberam a exceção de sua família e pegaram emprestado o caminhão de um amigo para ir até Poprad e resgatar Magduska e Nusi. Provavelmente havia outros homens da indústria e do comércio, de todos os setores, desde serrarias a bancos e fazendas, que também haviam recebido exceções e estavam indo resgatar suas filhas.

Outras famílias não receberam a documentação necessária por mais algumas semanas, como os Friedman e os Gross. O prefeito de Humenné havia assegurado ao pai de Edith que as exceções estavam a caminho, mas elas não chegaram a tempo. Isso era o governo sendo o mais ineficiente possível.

O sol se punha sobre as montanhas Tatra enquanto o carro de Amster se apressava em direção a Poprad. As mãos impacientes de Adolf Amster traziam o documento oficial com o selo do governo. Não ver o rosto doce da filha na mesa do café nos últimos dias ou ouvir suas conversas espirituosas com a mãe, não sentir seu beijo carinhoso em sua bochecha, tudo isso o deixara aflito. Sua mãe passeava pela casa, inquieta, perto das cortinas da janela, olhando para um mundo enlouquecido. Quando um dia veio a chuva, ela chorou, porque queria lavar os cabelos de Magda com a água da chuva. Tudo o que ela queria era escovar o cabelo da filha em frente ao fogo, até ficar macio.

Um empresário confiante e bem-sucedido, Adolf Amster não tinha dúvidas de que poderia garantir a libertação de Magda. Quando o fizesse, ele a recompensaria, permitindo que fosse à Palestina para se juntar à irmã mais velha, ao irmão e à sua melhor amiga, Sara Shpira.

O céu alternava-se de tons escarlates e laranja acima dos picos gelados da cordilheira que marcava a fronteira norte da Eslováquia. Amster pediu a seu motorista que pisasse fundo. Em minutos, a paisagem ficou mais sombria, transformando-se em um crepúsculo cinza. O carro seguia rápido entre os tufos de grama da estrada. Uma raposa perseguia uma lebre nos campos ao redor.

NO VAGÃO FÉTIDO, as garotas procuravam umas pelas outras no escuro. Através das ripas de madeira, elas podiam ver a luz mudar de cor: de amarelo pálido para rosa suave, depois de lavanda para cinza e, enfim, preto. O trem virou abruptamente. Sua carga era muito mais leve do que o gado que normalmente levava ao matadouro, então os vagões balançavam de um lado a outro. As garotas que ficavam enjoadas devido ao movimento vomitavam em baldes até não restar nada em seus estômagos além de bile. Depois de cinco dias passando fome, não havia restado muito, na verdade. À medida que o trem aumentava sua velocidade, o ar frio da noite assobiava através das rachaduras. Elas tremiam no escuro. Dentes batiam. O choro era tão comum quanto o terror.

"E ainda não sabíamos para onde estávamos indo." A voz de Edith ainda exprime incômodo e indignação, 75 anos depois.

JÁ ESTAVA ESCURO quando Adolf Amster chegou ao quartel de Poprad e encontrou o prédio esvaziado. Os guardas deixados para trás, provavelmente garotos da região, viram o caos ocorrido durante a partida das meninas e disseram que elas haviam sido levadas para Žilina. Amster correu de volta para o carro e eles seguiram rumo ao oeste, para a última grande estação de transferência entre as fronteiras eslovaca, tcheca e polonesa.

A via férrea oriental contornava um vasto planalto antes de se dividir em diferentes direções. Não havia cancelas no planalto nem avisos de onde a ferrovia atravessava a estrada. O brilho verde de olhos flutuava na noite escura, quando veados erguiam suas cabeças ao pastar. As luzes do carro abriam buracos na escuridão, deixando para trás os campos agrícolas e começando uma longa subida lenta através de florestas de pinheiros, rastros na neve e gelo negro. A estrada para Žilina acompanhava e atravessava os trilhos, de forma que, às vezes, o trem estava do lado do motorista, às vezes, do passageiro; às vezes, acima, às vezes, abaixo do carro. Se, na noite escura, ele estivesse perto o suficiente, Adolf Amster poderia ter visto a luz do vagão traseiro abraçando as margens rochosas do rio Váh.

A névoa se elevava do desfiladeiro abaixo. Movendo-se devagar através do sopé das montanhas e das florestas virgens, o trem desacelerava em curvas acentuadas e subia e descia lentamente pela montanha, até que, logo após a cidade de Vrútky, os trilhos e a estrada subiram juntos as passagens traiçoeiras das montanhas Malá Fatra. Então, o trem ganhou terreno ao mergulhar para dentro da montanha, e a luz do vagão traseiro foi engolida pelo túnel. O tempo conspirava contra Adolf Amster e os outros motoristas, que agora trafegavam pelas curvas fechadas. O túnel abreviava a viagem em pelo menos meia hora e deixou o trem a vinte minutos do principal entroncamento ferroviário de Žilina — bem à frente dos pais desesperados.

Um trem de passageiros normal faria a viagem em bem menos tempo do que os carros, mas a velocidade do trem de gado era notavelmente mais lenta, o que dava uma chance aos pais. No entanto, o trem não precisava parar para pegar passageiros. Então, simplesmente diminuiu a velocidade quando passou pelas estações de Štrba, de Liptovský svätý Mikuláš e de Vrútky, movendo-se pesadamente pelas passagens de nível até chegar a Žilina. E então parou.

SENDO UMA GRANDE ESTAÇÃO DE BALDEAÇÃO, ocorria em Žilina — e ainda ocorre — o cruzamento de linhas que seguiam para o leste (na direção de Poprad), para o oeste (na direção da República Tcheca e da Alemanha), para o sul (Bratislava e Budapeste) e para o norte (Polônia). Aqui, trens de carga e de passageiros podiam ter seus vagões conectados ou separados. Também podiam ser direcionados das linhas locais para as linhas principais e vice-versa, indo ou voltando.

Quando a Solução Final estivesse no auge, Žilina ficaria muito mais movimentada — seria o centro de trânsito de todas as deportações eslovacas (e, mais tarde, húngaras). Era por aqui que todos os transportes passariam antes de o desvio ser acionado para que os trens fossem direcionados para o norte.

A troca de linha não é um processo rápido, especialmente para trens de carga longos e pesados. O trem executa uma dança de desvio entre os trilhos, movendo-se lentamente para trás em uma linha e, em seguida, aguardando o acionamento do desvio antes de avançar para a nova linha, que segue em uma direção diferente. Dependendo do número de trilhos pelos quais o trem deve se movimentar antes de alcançar a linha pretendida, ele repete essa dança em zigue-zague.

Do lado de dentro dos vagões, as meninas espiavam entre as ripas de madeira e viam o trem bater e balançar lateralmente enquanto passava através dos trilhos de troca em formato de diamante — rumo ao destino desconhecido.

SEM AS FERROVIAS ALEMÃS e polonesas,[84] o Holocausto jamais poderia ter sido tão mortífero. Foram necessários apenas 2 mil trens para que se liquidassem dois terços dos judeus da Europa. Em 1944, apenas 147 trens transportariam 450 mil judeus húngaros. A estação ferroviária da cidade de Oświęcim e do campo de extermínio de Auschwitz se tornaria uma das mais movimentadas, com 619 trens trabalhando nas rotas de deportação pela Europa. Nenhum burocrata do sistema ferroviário alemão se recusou a autorizar um único transporte. De fato, a SS era obrigada a pagar à *Deutsche Reichsbahn* (a Ferrovia Alemã) por cada judeu deportado, e se cobravam também taxas extras pela limpeza dos vagões depois de esvaziados. O custo para adultos e crianças acima de dez anos era de quatro *Pfennig* (centavos) por quilômetro; crianças menores de quatro anos não pagavam. Entre a fronteira da Eslováquia, em Čadca, e Oświęcim, na Polônia, a viagem era de aproximadamente 106 quilômetros. Ou seja, o custo do transporte, por pessoa, era de cerca de 4,24 dólares após a passagem pela fronteira.

Em poucas semanas, quando mais trens da Eslováquia e da França começassem a preencher os trilhos, os judeus passariam a ser considerados a última prioridade em termos de transporte. Eles vinham depois dos trens de transporte de tropas, dos trens de suprimentos, dos trens hospitalares e dos trens contratados por clientes pagantes. Até trens vazios teriam prioridade sobre o "frete" judaico. É provavelmente por isso que o trem que levava Edith e as outras não tinha saído de Poprad antes das 20:20. A noite era o melhor período para transportar mercadorias, e a escuridão fornecia um manto adicional de sigilo.

As garotas já estavam sofrendo traumas significativos por terem sido tiradas de seus lares, tratadas como criminosas e deixadas sem comida. Os dias no quartel em Poprad haviam sido o primeiro passo de um processo psicológico de "aculturação". Mas serem trancadas em vagões de gado e tratadas como carga envolvia mais do que identidade cultural. Envolvia o lugar a que elas tinham direito na humanidade. Ninguém sabia mais no que acreditar. Todas as suas expectativas estavam sendo esmagadas sob as rodas do transporte.

CORRENDO ATÉ A PLATAFORMA DA ESTAÇÃO em Žilina, Adolf Amster gritou para Deus. O transporte já havia ido embora da estação. Consumido pela raiva e pela angústia, ele permaneceu na plataforma vazia, incapaz de ser o pai que deveria ser — um homem que protegesse sua filha e que poderia resgatá-la. O que ele faria sem sua pequena Magda?

QUARENTA MINUTOS APÓS TER PARTIDO de Žilina, o trem parou outra vez. Acordada abruptamente por ríspidas vozes alemãs do lado de fora, Linda Reich espiou pelas frestas do vagão e viu as luzes da passagem da fronteira. Ela pesava pouco mais de 45 quilos, então sugeriu que as garotas mais altas a erguessem até a janela de ventilação para que ela pudesse espiar melhor. Do lado de fora, ela viu a Guarda Hlinka entregar a papelada para a SS. Ela leu as placas em polonês para as meninas abaixo, e todas tentavam entender para qual direção o trem seguia. Rena Kornreich fazia o mesmo pelas meninas em seu vagão.

"Talvez viajemos da Polônia para a Alemanha para trabalharmos lá", Linda sugeriu.

O que ela não sabia era que os eslovacos haviam acabado de entregar todo o transporte para os alemães. O portão da fronteira se abriu e o trem avançou. Quando a cancela atrás delas foi baixada, o seu destino foi selado.

O TREM AVANÇAVA em meio à noite sem fim, levando consigo o que restava do moral das garotas. Não havia rota direta para o destino ao qual se dirigiam. Ainda hoje, um trem de passageiros regular pode levar até seis horas para fazer a viagem entre Poprad e Oświęcim. Enquanto as meninas dormiam, o trem passava por paisagens diferentes. As montanhas tornaram-se planícies varridas pelo vento e devastadas pela guerra e pela pobreza. Era um vento estrangeiro que agora resfriava ainda mais os corpos das meninas, que já tremiam. Aninhadas junto a suas amigas, irmãs e primas, buscando calor e conforto, elas olhavam para a tinta preta do vagão. O trem diminuía a velocidade quando passava por pequenas cidades das quais nunca tinham ouvido falar — Zwardoń, Żywiec, Bielsko-Biała, Czechowice-Dziedzice —, movendo-se ainda mais devagar ao passar por florestas de bétulas brancas, pinheiros e com neve na altura da coxa. Quando o amanhecer chegou, sua luz tênue mal podia tocar o rosto pálido das meninas.

À semelhança dos africanos presos nas entranhas dos navios negreiros que se dirigiam para as Américas, nossas meninas faziam parte de um novo comércio de escravos. Todos os principais países da Europa proibiram a posse de seres humanos e erradicaram o comércio transatlântico de escravos no início do século XIX. Agora, mais de cem anos depois, a Alemanha estava violando suas próprias leis antiescravidão e os direitos humanos dessas meninas. É claro que, assim como os africanos, os judeus também eram considerados menos que humanos — preocupações humanitárias podiam ser ignoradas. No final da guerra, apenas em Auschwitz, esse comércio diabólico de escravos geraria cerca de 60 milhões de *Reichsmark*[85] (o equivalente a 125 milhões de dólares hoje) para a economia alemã. No entanto, como não possuíam valor intrínseco, ninguém se preocuparia em comprar e vender prisioneiros judeus.

POR VOLTA DAS ONZE DA MANHÃ, o trem parou em outra cidade da qual apenas algumas das meninas já tinham ouvido falar, a polonesa Oświęcim. Localizada às margens do sinuoso rio Soła, sob um pitoresco castelo medieval, Oświęcim era uma cidade bonita, que havia permitido que sua Grande Sinagoga e a Catedral do Santuário da Santíssima Virgem Maria fossem construídas lado a lado, com vista para o rio. Cercada por edifícios brancos, a praça da cidade não tinha esculturas ou uma fonte no centro, mas contava com uma segunda catedral e pelo menos mais uma sinagoga — locais de adoração certamente não estavam em falta. Os habitantes não judeus e judeus da cidade trabalhavam juntos na comunidade e atos de resistência eram comuns. Alguns moradores já estavam detidos no campo de prisioneiros, enquanto outros haviam sido forçados pela força alemã ocupante a trabalhar no local.

A poucos quilômetros da cidade, grandes lotes de terra eram usados para a agricultura e a pecuária. Esta não era uma comunidade pobre. Havia indústrias e um quartel para o exército polonês. Após a invasão alemã, prisioneiros políticos e de guerra precisavam ser encarcerados, e os alemães decidiram que o antigo quartel do exército de Oświęcim, a alguns quilômetros da cidade, seria o campo de detenção perfeito. Em 1942, para abrir espaço para a expansão do campo de prisioneiros, os moradores das vilas vizinhas foram forçados a se mudar. Suas casas estavam prestes a ser demolidas.

O TREM PAROU no que parecia ser o meio do nada. Não havia o famoso Portão da Morte. O símbolo infame ainda não fora projetado, muito menos erigido. Birkenau não passava de estábulos e pântanos.

Quando as portas dos vagões se abriram, um panorama composto de céu cinzento e terra plana e bege descortinou-se. Uma faixa de neve se estendia pelo horizonte. Listras de um cinza-escuro. Cinza-claro. Marrom-acinzentado. Cinza-chumbo. Vistas tão abstratas quanto as da arte de Mark Rothko. Edith e as garotas vislumbraram uma versão real de suas pinturas e foram engolidas pela paisagem. Um nada além da imaginação.

As pupilas dos olhos das meninas se contraíram. Dor e luz. Luz e dor. "Não havia nada", diz Edith. "Nada!"

Existe uma pedra semipreciosa polonesa criada por uma pressão tão extrema que endurece os cristais de calcário comuns naquele país até que se tornem invisíveis aos olhos humanos. Sob essa forte compressão, as pedras de quartzo formam minúsculas paisagens abstratas — faixas cinzas e esbranquiçadas — que, uma vez polidas em cabochões, tornam-se parecidas com minúsculas obras de arte expressionistas. Os espiritualistas dizem que essas pedras curam as pessoas assombradas pelo passado, mas Edith e as outras meninas tinha que sobreviver primeiro. Elas estavam prestes a se verem comprimidas e endurecidas pelo trabalho forçado, cujo intuito era pulverizá-las em pedra.

A SS ordenou que prisioneiros do sexo masculino retirassem as meninas dos vagões. Homens gritavam. Cães latiam. Chicotes estalavam.

"Raus! Raus!".

Homens de olhos vazios, vestindo uniformes listrados como pijamas, averiguaram o interior dos vagões. Eram prisioneiros poloneses presos por crimes tão insignificantes quanto distribuir panfletos ou tão sérios quanto sabotagem. Nenhum deles tinha visto uma mulher desde seu encarceramento — há quase dois anos para alguns. Agora, centenas de meninas olhavam para eles, todas bem-vestidas e com os cabelos menos penteados, mas, ainda assim, apresentáveis. As meninas se entreolhavam dentro dos vagões. Balançando as malas, sem saber o que fazer a seguir, elas permaneciam nas portas, imóveis.

A reação inicial dos internos em choque foi estender as mãos para ajudá-las, mas a SS batia nos homens que se mexiam muito devagar ou que agiam com muita gentileza. O trem era muito alto em relação ao solo, e havia uma vala sob os trilhos. Vestidas com saias ou vestidos justos, as meninas não sabiam se desciam devagar ou se pulavam. Elas permaneciam na borda dos vagões. Os gritos da SS aumentaram. Enfim, uma garota e depois uma segunda jogaram suas malas e relutantemente saltaram do trem. Como cordeiros, as demais as seguiram. Esforçando-se para não cair, elas pulavam e então ajeitavam seus vestidos e saias. As garotas mais velhas examinavam suas meias para verificar se não estavam rasgadas. Logo, o campo estava cheio de garotas falando em eslovaco com os homens, que sussurravam avisos urgentes em polonês. As poucas meninas polonesas tiveram a vantagem imediata da linguagem.

Ordens em alemão caíram sobre todas elas sem distinção.

EM MEIO A ESSE CAOS, o dr. Izak Kaufmann saltou do trem e exigiu respostas do oficial da SS responsável.[86] Onde eles estavam? Por que não havia cobertores no trem para as meninas? Ou comida? Ou água? Perguntas que se espera que qualquer médico faça.

Quando o homem da SS riu em sua cara, ele ficou mais irritado.

Linda Reich observava o médico perturbado ir e vir, tentando impedir que a SS batesse nas meninas e gritando para os guardas que as condições eram horríveis. Ele queria saber quem era o responsável e como o presidente Tiso poderia ter aprovado tal farsa.

A SS primeiro o provocou, depois chicoteou-o nas costas, pernas e rosto. Ele tentou se defender. Não havia como. Alquebrado por um golpe, o médico caiu no chão, onde a SS o espancou até a morte.[87] O dr. Kaufmann nunca foi registrado no campo. Seu nome não aparece nos registros históricos de Auschwitz, mas ele parece ter sido a primeira vítima do primeiro transporte judeu. Ou teria sido o segundo?

"SABEMOS QUE uma das mulheres morreu durante a viagem", diz o principal historiador do primeiro transporte, o professor Pavol Mešťan.

Estamos em seu escritório no Museu da Cultura Judaica de Bratislava, depois de passarmos o fim de semana participando de eventos em homenagem às jovens do primeiro transporte. Desde 2001, o Dr. Mešťan dedica grande parte de seu tempo a preservar a sua história. Foi graças aos seus esforços que o governo eslovaco pendurou placas na estação ferroviária de Poprad, em reconhecimento às jovens do primeiro transporte, e no antigo quartel (agora uma escola) onde elas foram mantidas. Na mesa à nossa frente, há documentos raros que ele encontrou ao longo dos anos: o protocolo de alimentação, a conta da SS direcionada ao governo eslovaco pela deportação de seus judeus... Documentos que ele encontrou em velhas caixas depositadas nos Arquivos Nacionais Eslovacos. Com a ajuda de seu assistente e meu intérprete, Dr. Stanislava Šikulová, pergunto se sabemos o nome da garota que morreu.

Ele balança a cabeça negativamente.

Havia rumores de que uma garota tinha pulado do trem quando ele passou pela Hungria (o que teria sido possível, porque as fronteiras eram bem diferentes na época). Contudo, ela seguramente não o fez depois de Poprad, já no caminho para Auschwitz. Edith está certa disso, assim como eu. As mesmas garotas que deixaram Poprad em 25 de março chegaram a Auschwitz em 26 de março — há duas listas que confirmam isso: uma lista eslovaca e uma lista alemã.

Nos arquivos do Yad Vashem,[88] há um documento eslovaco que menciona uma morte no transporte, mas nenhum nome é dado. Há um comentário no final de uma lista de apenas 99 meninas, naturais de várias cidades diferentes. Três meninas são da Polônia (uma da Cracóvia!) e duas de Budapeste, embora na lista original elas tenham sido registradas como eslovacas. Todas as meninas relacionadas nesse documento obscuro estavam no primeiro transporte — seus nomes constam na lista original de 24 de março de 1942. Essa lista mais curta parece datada de 25 de março de 1942, mas acontece que ela foi compilada muito mais tarde por "um historiador amador, que ajudou a organizar os primeiros eventos comemorativos em Poprad", em 2003. Jozef Šebesta "trabalhou para a Sociedade Tcheca na Eslováquia e passou muito tempo arquivando e conversando com os sobreviventes"[89] para obter informações sobre o transporte, explicam o Dr. Šikulová e o Dr. Mešťan. Então, essa é uma lista de sobreviventes que Šebesta localizou após a guerra ou Šebesta estava tentando criar uma relação das meninas deportadas antes que a lista original fosse descoberta nos arquivos alemães? Eles me asseguram que "não há razão para duvidar de que uma mulher tenha morrido durante o transporte, pois isso foi mencionado muitas vezes pelas sobreviventes, e Šebesta também deve ter [ouvido] isso de alguém".

Embora muitos dos registros de óbito das mulheres pareçam ter desaparecido, há um nome nos *Sterbebücher* — os "Livros da Morte" de Auschwitz — que se destaca. Jolana Sara Grünwald nasceu em 14 de junho de 1917 e há um atestado de óbito com seu nome datado de 27 de março de 1942, um dia após as meninas chegarem ao campo. Ela tinha 25 anos.

No final da lista de seis páginas que Jozef Šebesta compilou, ele escreve:

> Mil mulheres foram deportadas de Poprad. Mas apenas 999 chegaram a Auschwitz. Uma morreu no caminho. No campo, as mulheres receberam os números de 1000 a 1998. Inscrito sob o número 1000, o único médico deportado, dr. Izak Kaufmann, nascido em 4 de fevereiro de 1892 em Beloveza...
>
> Assinado, Jozef Šebesta[90]

Há outra disparidade: 997 meninas deixaram a estação de Poprad. Em uma segunda lista, compilada pelos alemães em 28 de março de 1942 e que relaciona os nomes em ordem alfabética, constam as mesmas 997 meninas. Será que eles teriam incluído na lista das garotas que chegaram a Auschwitz o nome de uma que estivesse morta?

ONZE

Quando o perigo é grandioso, Deus é mais misericordioso.
— **ETA ZIMMERSPITZ (PAI DA nº 1756)**

NA EXTENSÃO VAZIA das estepes polonesas, as meninas foram forçadas a marchar através da neblina e do mau tempo em direção ao que Linda Reich descreveu como "luzes e caixas tremeluzentes". Ao se aproximarem, elas viram o quartel de dois andares cercado por arame farpado. Estava muito frio. Um vendaval açoitava a planície, criando montes de neve finamente esculpidos. A temperatura estava próxima de zero grau Celsius. Edith estremeceu e ficou perto de sua irmã. Se seus pais soubessem... Se seus pais soubessem...

Ao longo de uma estrada de terra, as meninas perambulavam por aquele apocalipse. Alheias a seus corpos e mentes, elas caminhavam penosamente pelo solo congelado de um país estrangeiro. Acima de suas formas frágeis, ergue-se um portão de entrada, com listras vermelhas e brancas, e elas avançaram com dificuldade sob a mentira em ferro fundido que pairava sobre todos os prisioneiros que entravam em Auschwitz: *Arbeit macht frei* — "O trabalho liberta". Nenhuma das meninas notou o "b" de cabeça para baixo que os prisioneiros poloneses haviam fundido na placa em 1940 — um dos primeiros atos de resistência no local que logo engoliria suas vidas.

Ao avistar um grande prédio de tijolos com uma enorme chaminé, Linda sussurrou para uma amiga: "Essa deve ser a fábrica onde vamos trabalhar". Na realidade, era uma câmara de gás que ainda não estava funcionando.

As quatro irmãs Zimmerspitz e três de suas primas entraram incertas no complexo. Frida, a mais velha das irmãs, murmurou para o resto: "Nós não vamos ficar".

NEM TODAS AS 997 MENINAS eram estrangeiras. Ironicamente, as meninas que fugiram da Polônia para obter segurança na Eslováquia agora estavam de volta como prisioneiras involuntárias. Quando as meninas polonesas passaram por seus compatriotas poloneses, acharam que os homens que as encaravam pareciam loucos saídos de um hospício. Na verdade, esses homens faziam parte da primeira linha de combatentes da resistência polonesa, capturados logo após a queda do país, em 1939. Muitos deles fariam tudo o que pudessem para ajudar as novas prisioneiras, especialmente as polonesas. Ainda não havia homens eslovacos no campo.

Marchando pela *Lagerstrasse*, a principal via do campo, entre fileiras de alojamentos de dois andares, as meninas chegaram a outro portão — este, preso a uma parede de tijolos com arame farpado no topo. Quando o portão se abriu e as meninas passaram por um posto de guarda menor, elas avistaram outras mulheres. Para Regina Schwartz e suas irmãs, que foram informadas de que estavam sendo enviadas à linha de frente para serem violadas por soldados alemães, ver outras mulheres deve ter trazido algum sentimento de alívio. Pelo menos elas não estavam na frente de batalha para servir como escravas sexuais.

Essas mulheres não lhes ofereceriam muito conforto, porém. Elas mesmas haviam chegado apenas algumas horas antes das meninas judias. Tratava-se das primeiras 999, selecionadas por Himmler na prisão feminina mais notória da Alemanha, Ravensbrück. Formavam uma mistura eclética de assassinas, golpistas, prisioneiras políticas (comunistas ou antinazistas), "crentes radicais"[91] (muitas eram Testemunhas de Jeová), prostitutas e "associais" (lésbicas — na verdade, chamadas de "mamães sapatas"[92] pelos prisioneiros). Pode parecer estapafúrdio hoje em dia que algumas dessas atividades fossem consideradas criminosas, mas, sob as leis alemãs da época, as pessoas eram rigorosamente processadas — e condenadas — se nelas incorressem. Nossas meninas judias, então, eram culpadas apenas por terem nascido.

Uma das prisioneiras políticas transferidas de Ravensbrück, Bertel Teege, esperava que cumprir sua sentença em Auschwitz fosse mais fácil e que as condições também fossem melhores. Ela ficaria muito decepcionada. Seu rosto possuía uma estranha assimetria, e seus olhos e até sua boca pareciam levemente desnivelados. Mas era um rosto transparente — austero e, ao mesmo tempo, perdido, um rosto que não podia esconder as coisas que já tinha visto e que estava prestes a ver, coisas que a maioria das pessoas nunca conseguiria compreender.

Sua amiga mais próxima e confidente era a comunista Luise Mauer. Aos 36 anos, Mauer tinha lábios finos, sorridentes, e um olhar que parecia buscar a verdade. Quase nada a amedrontava, mesmo depois de cinco anos em Ravensbrück.

Ao chegar a Auschwitz, Teege sentiu uma ponta de esperança ao ver "seis casas de pedra com capacidade para mil pessoas cada". Haveria muito espaço para as prisioneiras, aparentemente. Poucas horas depois, ela ficaria chocada ao ver centenas de jovens judias, "todas bem-vestidas, com malas cheias de roupas caras, dinheiro e joias, diamantes e comida. Elas foram informadas de que ficaram aqui por três meses, portanto, trouxeram consigo tudo de que necessitariam para sobreviver. Elas estavam, deste modo, bem equipadas, pois acreditaram nas mentiras dos nazistas".[93]

Olhar para essas jovens bem-educadas, bem alimentadas e saudáveis, apesar das bochechas manchadas de lágrimas, enchia algumas das novas guardas de Ravensbrück de pena e outras de ódio sádico. Prisioneiras de olhos vidrados observavam as meninas como raposas perseguindo cordeiros. Ignorantes de sua situação, nossas garotas não tinham ideia do que as esperava. As detentas de Ravensbrück sabiam. Agora, elas podiam ser artífices da crueldade, em vez de vítimas dela. Profanar a inocência é prazeroso para quem tem uma personalidade perversa, e isso não era incomum entre as mulheres de Ravensbrück. Elas estavam prestes a receber carta branca para punir, repreender, espancar e matar aquelas jovens mulheres judias. Certamente não tinham sido levadas a Auschwitz para trabalhar no escritório.

Sobre as novas recrutas, o comandante Rudolph Höss escreveu: "Acredito que Ravensbrück foi vasculhada cuidadosamente para que se encontrassem as 'melhores' para Auschwitz. Elas superavam com folga os seus equivalentes do sexo masculino em termos de resiliência, sordidez, vingança e depravação. Eram, na maioria, prostitutas com muitas condenações, e algumas eram criaturas verdadeiramente repulsivas. Desnecessário dizer que essas mulheres terríveis usaram as prisioneiras abaixo delas para dar vazão total a seus desejos perversos. Elas não tinham alma nem quaisquer sentimentos". Obviamente, Höss nunca escreveu sobre sua própria falta de alma. Ou sobre a da SS.

ANTES DA DÉCADA DE 1990, o transporte das 999 mulheres judias era tido, por ex-prisioneiros e eslovacos, como o "primeiro transporte" para Auschwitz. Então, em uma reviravolta irônica, os historiadores repensaram essa classificação e removeram as meninas de sua categoria, substituindo-as por um trem de vagão único com quarenta homens judeus que haviam sido presos por crimes menores pela Gestapo e foram experimentalmente "mortos com Zyklon B" em 15 de fevereiro de 1942. Também foi negado às meninas o reconhecimento histórico de terem feito parte do "primeiro transporte de mulheres para Auschwitz" porque essa nomenclatura foi dada ao trem que transportou as 999 *Reichsdeutsche*, as prisioneiras de etnia alemã de Ravensbrück. Por que às guardas alemãs, que muitas vezes foram também as assassinas de nossas meninas, foi concedido o status de terem composto o "primeiro transporte de mulheres para Auschwitz"?

Embora a definição comum do substantivo "transporte" pressuponha o movimento de mercadorias ou pessoas por intermédio de um sistema de trânsito, na Alemanha nazista o termo significava muito mais. Significava a Solução Final. Foi nessa data, 26 de março de 1942, que o termo "transporte" deve ter assumido essa nova definição. "Bens" agora significava judeus; "transporte" significava morte. No entanto, poucos são os livros sobre a história do Holocausto — e pouquíssimos os sites sobre o assunto — que incluem as garotas ou o primeiro transporte em suas cronologias do Holocausto. Nossas 999 meninas raramente fazem parte de uma nota de rodapé.

Na Eslováquia, as meninas mantêm seu lugar na história, sendo reconhecidas e reverenciadas por terem composto o primeiro transporte para Auschwitz. Os próprios historiadores de Auschwitz se referem à chegada das meninas como o "primeiro transporte judeu em massa registrado". Em 1942, o IVB4 — o Departamento de Assuntos de Evacuação Judaica — identificou as meninas como presentes no primeiro transporte judeu "oficial" da Solução Final de Eichmann.[94] Sem debate, é assim que as meninas devem ser lembradas.

CONFORME MARCHAVAM pela estrada do campo para um complexo afastado de onde ficavam os homens, separado por um portão, um muro de tijolos e arame farpado, as meninas se perguntavam por que havia tantas medidas de segurança. O arame estava lá para protegê-las dos residentes insanos do outro lado do muro?[95] Nunca lhes ocorreu que tudo aquilo servia para impedir sua própria fuga. Elas estavam apenas indo trabalhar por alguns meses, afinal de contas.

Do outro lado do portão, as meninas foram instruídas a depositar suas bagagens em uma pilha. O protocolo em Ravensbrück era confiscar os pertences das prisioneiras, revistá-los e depois devolvê-los. Por isso, até mesmo as novas guardas de Ravensbrück ficaram confusas. Como as meninas judias encontrariam suas coisas naquela pilha enorme que estava sendo juntada? Algumas das meninas judias fizeram a mesma pergunta, só conseguindo ameaças como resposta. Aquelas que ainda tinham alguma comida consigo foram forçadas a abandoná-la também. Isso foi especialmente cruel, pois elas não tinham sido alimentadas desde o dia anterior e havia pouca preocupação em alimentá-las agora. Mas elas eram garotas cumpridoras da lei, boas meninas, e obedientemente fizeram o que lhes fora ordenado, colocando a comida de lado junto com suas bagagens.

Em um mundo normal, depois de uma longa e suja viagem de trem, você esperaria que houvesse um banheiro, uma troca de roupas, uma tigela quente de sopa, um chuveiro. Em vez disso, nossas meninas foram forçadas a ficar ao relento, sob frio e neve por horas, enquanto a nova comandante do campo de mulheres, Johanna Langefeld, e suas subalternas da SS tentavam entender a situação. Ninguém parecia saber o que estava fazendo, e a ineficácia provavelmente era agravada pelo fato de a lista de meninas ter sido numerada incorretamente. Elas eram contadas repetidamente e o resultado era sempre o mesmo: 997. Não 999. Elas não conseguiam explicar os números discrepantes. Alguma garota tinha escapado? Em algum momento, alguém deve ter notado os erros nas páginas e rabiscou na capa da lista de Poprad, em lápis vermelho: *wäre zu nummerieren und alph. zuordnen* ("numerar e organizar em ordem alfabética"). Essa lista foi datilografada em 28 de março e confirma que o número exato de mulheres que embarcaram no trem em Poprad chegou a Auschwitz no dia seguinte. Agora, havia 997 mulheres judias no campo, e não 999.

Quando as meninas foram finalmente liberadas, as *Kapos* — é assim que as novas guardas de Ravensbrück seriam chamadas a partir de agora — abriram as portas do Bloco 5 e a SS ordenou que as garotas entrassem. Morrendo de frio e desesperadas, elas correram para as portas, amontoando-se umas sobre as outras enquanto as *Kapos* batiam nelas para que se separassem.

"Todo mundo empurrou todo mundo. Todo mundo gritou. Estava muito frio", lembra Linda. Empurrando amigas e estranhas, elas pisavam nos pés umas das outras enquanto entravam no prédio. "Estávamos com sede. Tínhamos que ir ao banheiro." Todas queriam ficar onde estava quente, mas lá dentro não havia luz, camas ou calor. Uma palha imunda estava espalhada no chão. Havia dez privadas para mais de novecentas meninas. Descobriram que a única água disponível era a que pingava de um cano no porão, então as meninas tinham que lamber as gotas do cano sujo. Desidratadas e exaustas, eles estavam no limite.

Irena Fein e sua amiga Gizzy Grummer se sentarem em um dos poucos bancos disponíveis, enquanto outras meninas se sentaram nas mesas. Todas estavam cansadas e queriam descansar, mas "as *Kapos* nos fizeram deitar no chão sujo de palha". Logo que elas se deitaram na palha coberta de sangue, "milhões de pulgas nos cobriram dos pés à cabeça. E aquilo por si só já poderia nos deixar loucas. Estávamos todas cansadas e tudo o que queríamos era descansar".[96]

Percevejos subiam em suas pernas. As meninas que haviam se deitado no chão pulavam e se levantam de novo, gritando e dando tapas em si mesmas enquanto insetos sugadores de sangue picavam e se espalhavam por suas pernas e rosto. Era como se todas as pragas que Deus enviara sobre os faraós do Egito estivessem sendo lançadas sobre elas — "dez pragas em um dia",[97] diz Helena Citron.

Uma garota ficou tão histérica que correu para um homem da SS que estava parado à porta, observando o tumulto com indiferença. "Eu não quero viver nem mais um minuto", ela gritou na cara dele. "Eu já sei o que vai acontecer conosco!".[98] Quando o homem da SS olhou para a jovem, os gritos de terror das outras diminuíram. Até as garotas mais desesperadas se afastaram da garota que gritara com o guarda da SS. Ele fez um gesto, indicando que ela deveria segui-lo. Ela recuou.

Ele então apontou para a porta, que agora estava aberta.

"Qualquer um que tivesse cérebro sabia para onde a levariam", diz Helena Citron. "Para um lugar melhor, definitivamente não. Ela foi a primeira a ser levada." Pode ter sido Jolana Grünwald ou Marta Korn, as únicas prisioneiras registradas nos Livros da Morte em março de 1942. Quem quer que fosse, ela nunca mais foi vista.

Elas estavam com muito medo para que conseguissem dormir. "Tínhamos medo de que as *Kapos* e os homens viessem nos matar", diz Edith. "Ninguém dizia o que iria acontecer conosco." Não saber levava todas à beira da insanidade.[99]

A única coisa de que Edith se lembra claramente é de ter escondido seus absorventes de tecido em um tijolo em cima do fogão, para recuperá-los mais tarde. Fora isso, sua mente jovem apagou aquela noite, como alguém que se desvia de uma poça de lama para evitar sujar suas roupas ou, no caso de Edith, sua mente. Chorando muito, elas demoraram a dormir.

DOZE

Nunca devemos dizer que todos são iguais. Não, eu acho que sempre há uma exceção. Em toda miséria há alguma bondade. Tem que haver. De todo inferno, alguém tem que voltar.

— MARTHA MANGEL, nº 1741

ÀS QUATRO DA MANHÃ, batidas secas levaram os sonhos das garotas para longe e as *Kapos* entraram no bloco, golpeando qualquer uma que ainda estivesse dormindo no chão. "*Zählappell! Zählappell!* Chamada! Chamada! *Raus! Raus!*". Foi uma corrida caótica do lado de fora da *Lagerstrasse*. Lá, elas foram obrigadas a formar fileiras de cinco, em um ritual que estava prestes a definir sua única forma de existência: contagens. Levaria horas. De pé na neblina, antes do amanhecer, Edith sentiu os dentes baterem de medo, o corpo estremecer de exaustão. Finalmente, ao alvorecer, cinquenta das meninas nas filas da frente foram instruídas a marchar para dentro de um prédio. O resto formou uma fila do lado de fora e esperou.

Lá dentro, o processamento começou. Primeiro, elas foram instruídas a tirar a roupa. Toda a roupa. Até suas peças íntimas e seus sutiãs foram depositados em uma pilha. Então, elas iam a uma mesa, onde suas joias eram coletadas.

Uma das guardas disse: "Tirem seus brincos, relógios, pingentes e anéis. Vocês não precisarão mais deles".[100]

As meninas os colocavam sobre a mesa. "Ainda achamos isso divertido",[101] lembra Laura Ritterova. "E daí? Ganharemos algum dinheiro e compraremos novas joias. O mundo nos pertencia. Dissemos umas às outras: 'E daí? Podemos trabalhar.'"

A diversão logo cessou quando algumas das meninas, cujas orelhas tinham sido furadas quando pequenas, não conseguiram tirar seus brincos. Edith era uma delas. Uma das *Kapos* se aproximou, agarrou as orelhas de Edith e arrancou os brincos, rasgando-lhe a carne. Sangue escorreu por seu pescoço. Lea se lançou para proteger a irmã, mas que poder tem uma adolescente nua contra adultas armadas? Mal houve tempo para confortar sua irmãzinha antes que elas ouvissem uma garota gritando.

"E então o pesadelo começou", diz Edith.

Para jovens virgens criadas em lares judeus conservadores ou ortodoxos, ficar nua na frente de outras mulheres era chocante por si só. E agora na frente de homens — pela segunda vez naquela semana para muitas delas? Nunca ocorrera tal coisa. Ficaria ainda pior, todavia. O processamento típico das prisioneiras feito pelas guardas de Ravensbrück incluía mais do que uma revista. As primeiras duzentas meninas agora eram submetidas a exames ginecológicos grosseiros, conduzidos com a sensibilidade de um açougueiro estripando uma galinha. Bertha Berkowitz, de dezesseis anos, foi a número 48. Quando ela fala desse momento, é com um encolher de ombros triste — nada mais é dito. Outras dentre as primeiras evitam mencionar o abuso.

"Eu nunca falei sobre isso porque ficava muito envergonhada", confidencia Joan Rosner (nº 1188), mais de cinquenta anos depois. "Quando fomos examinadas internamente e a SS colocava a mão em nossas partes íntimas, era como se nos estuprassem." Ela faz uma pausa. "Sangrávamos, e eles fizeram isso às cem daquela manhã e às cem que vieram antes, e depois pararam porque estavam procurando joias. Como não encontraram nenhuma joia, pararam." Como a maioria das mulheres, Joan manteve a experiência em segredo. "Eu me sentia muito envergonhada. Agora que sou uma senhora de idade, eu me dou conta: por que devo me envergonhar? Foram *eles* que fizeram. Estávamos sangrando e eles haviam arrancado de nós os anéis que agora tinham nos dedos."

Os relatos a respeito do episódio variam. Havia um médico enfiando as mãos nas vaginas das meninas para verificar se elas escondiam objetos de valor ou isso ficou a cargo das guardas de Ravensbrück? As duas coisas, talvez. O sangue escorria pelas coxas das meninas violadas. Os exames ginecológicos foram interrompidos depois que o suposto médico riu: "Por que se preocupar? São todas virgens!".

Gargalhadas irromperam entre as guardas de Ravensbrück. As meninas defloradas agora mancavam na fila, enquanto se dirigiam para a próxima fase do processamento.

Elas estavam todas chorando. "Nós choramos com elas", diz Irena Fein.

Como se o fato de serem maltratadas por guardas do sexo feminino não fosse horror suficiente, as meninas agora eram forçadas a ficar nuas na frente dos prisioneiros homens que foram designados para atuar como barbeiros. Os detentos poloneses também estavam horrorizados, mas, acostumados a serem espancados até a submissão, fizeram o que lhes fora ordenado: primeiro cortar os cabelos, depois os pelos das axilas, os pubianos e os das pernas. Forçadas a subir em banquinhos para que os homens pudessem depilá-las com mais facilidade, as meninas eram alvos fáceis dos repugnantes olhares de cobiça dos guardas da SS, que riam lascivamente das jovens vulneráveis. Enquanto isso, os prisioneiros encaravam o púbis de cada garota.[102]

Quando Adela Gross entrou na sala, as cabeças se viraram. Seus lindos cabelos ruivos cacheados desciam espiralados por suas bochechas. Margie Becker se lembra: "Uma amiga minha, uma irmã, na verdade, também tinha cabelos ruivos muito bonitos, e eles procuraram por lâminas, facas ou coisas assim no cabelo dela". Quando o homem da SS enfiou um pente grosso nas madeixas de Adela, ela manteve o queixo erguido, apesar da humilhação. Quando terminou, ele dirigiu um olhar brutal para os ruivos pelos pubianos da garota.

Ele ordenou que ela subisse em um banquinho, de modo que sua virilha ficasse ao nível dos olhos do homem que iria depilá-la. Em instantes, Adela foi desprovida de sua força e de sua beleza única. Careca, parecia-se com todas as outras adolescentes ao seu redor. Não restara nada de seu cabelo vermelho marcante. Apenas as sardas permaneciam.

As meninas agora foram empurradas para fora do prédio de processamento e forçadas a esperar nuas na neve, que batia em seus joelhos, para a desinfecção. Tremendo à mercê dos ventos de março, elas abraçaram seus seios nus. A pele irritada pela depilação tornara-se avermelhada. Sem roupas íntimas ou absorventes, não havia como esconder os fluxos menstruais. "Todas as meninas pareciam ter menstruado", diz Edith. "Havia sangue na neve sob nossos pés." As que estavam na frente pisotearam a neve rosada com os pés descalços, enquanto a fila avançava lentamente para um imenso tonel de desinfetante.

As meninas perguntaram por que tinham de ser desinfetadas.

"Vocês, judias, trouxeram piolhos para o campo", respondeu um homem da SS.

"Nós nunca tivemos piolhos!", Irena Fein se indigna. "Como poderíamos? Tínhamos acabado de chegar." Mas tentar argumentar seria inútil. Considerar que judeus eram "sujos" era o único estereótipo que a SS levava em conta.

Quanto tempo elas ficaram na neve? Tempo demais. O calor de seus pés descalços derreteu a neve em que pisavam, que então se transformou em gelo. Quando receberam ordens de entrar no tonel de água gelada, iam cinquenta por vez, sangrando ou não. O desinfetante queimava sua carne recém-raspada. Depois que as cem primeiras foram banhadas, a água já estava imunda. E nunca foi trocada.

Ao saírem do tonel, as meninas corriam na neve até o prédio derradeiro, onde uniformes russos haviam sido empilhados para serem usados. A lã tinha endurecido por causa das fezes e do sangue secos, e havia buracos de bala em muitos deles. Não havia roupas íntimas para proteger a pele delicada das meninas. As insígnias russas dos soldados mortos ainda eram visíveis nas roupas. Linda recebeu uma blusa masculina que "era tão grande que se arrastava no chão" e um par de calças de equitação que subiam até sua cabeça. Não havia "nada para ajustá-las". Apenas as últimas trinta meninas receberam roupas diferentes. Edith, Lea, Helena e Adela receberam vestidos listrados. Os vestidos não eram quentes e não havia *leggings*, tampouco meias de lã, para cobrir as pernas ou roupas íntimas.

Uma pilha de calçados as esperava agora. Algumas prisioneiras se referem a eles como tamancos, mas é um termo educado para os "badalos": pedaços de madeira com tiras de couro pregadas nas laterais. Imagine sandálias, mas sem formato anatômico nem fivelas de ajuste, muito menos pares correspondentes. Os sapatos haviam sido feitos por prisioneiros, que provavelmente não tinham ideia de que seriam usados por mulheres jovens e, por isso, não pensaram em fazer algo que acomodasse pés menores e mais delicados. Sendo assim, apenas as meninas do início da fila tiveram sorte. Elas vasculharam a pilha até encontrar pares que se ajustassem. As do final ficaram com o que havia sobrado.

Finalmente, retângulos brancos de tecido com números e estrelas amarelas foram entregues a cada garota para serem costurados em seus uniformes mais tarde. A primeira tira de tecido branco tinha os números 1-0-0-0 impressos. A garota seguinte recebeu 1-0-0-1, a próxima, 1-0-0-2 — e assim por diante. Um escrevente anotava os números de registro ao lado dos nomes das meninas. Testemunhas acreditam que as irmãs Frida e Helena Benovicova, de Modra nad Cirochou, cidade não muito distante de Humenné, estavam entre as primeiras garotas. Peggy, que havia caminhado duas horas para chegar ao ponto de ônibus em Stropkov, recebeu o número o 1-0-1-9 e Bertha Berkowitz, de 16 anos, 1-0-4-8. O primeiro trabalho delas foi costurar os números na frente dos uniformes para que fotos pudessem ser tiradas.

Finalmente registradas e vestidas para o "trabalho", cada garota recebeu uma tigela vermelha e uma colher de sopa, sendo em seguida dispensada para o exterior frio, onde lhes disseram para ficar em fila e aguardar. Filas de cinco. Cinco em fila. Separadas da rotina desordenada da vida civil, as meninas estavam rapidamente se tornando manequins uniformizados.

Ao saírem do último prédio, as meninas que estavam na frente da fila agora podiam ver suas amigas ainda do lado de fora dos edifícios de processamento, vestidas com suas melhores roupas, botas, casacos, luvas, chapéus. Elas avisaram aos gritos:

"Joguem fora suas joias!"[103]

Aquelas cujos cabelos ainda não haviam sido cortados não reconheceram as pobres miseráveis de cabelos raspados, em uniformes de soldados mortos e calçando sandálias de dedo abertas, que, na neve, gritavam para elas. Ninguém se reconhecia mais. Nomes foram lançados ao ar, até que as meninas que ainda aguardavam o processamento compreenderam que logo elas seriam também pobres miseráveis de cabelos raspados.

Rena Kornreich tirou o relógio e pisoteou-o na lama, prometendo a si mesma não permitir que os nazistas confiscassem qualquer outra coisa que ela possuía.

A maior parte das meninas vindas de Humenné estava no final da fila: Sara Bleich, 1-9-6-6, ficou separada por apenas três meninas de Lea e Edith: 1-9-6-9 e 1-9-7-0. Helena Citron recebeu os números 1-9-7-1. Quando as últimas trinta garotas saíram da *Lagerstrasse*, já anoitecia. E elas ainda tinham que ser contadas. Seria a única vez em que sua formação seguiria a ordem numérica. E também a última em que todas estavam vivas.

Quando a noite caiu, elas foram direcionadas para o Bloco 10, no final do campo feminino. As meninas tropeçaram umas nas outras para entrar no relativo calor do edifício e sair do frio. Enquanto se empurravam para entrar, a decência humana já começava a se dissolver. A educação era coisa do passado, ou reservada apenas para amigos e familiares. "Tenho bons cotovelos", diz Linda Reich (nº 1173) repetidas vezes em seu testemunho.

Dentro do bloco, longe dos guardas e dos cães, as meninas se entreolharam e gritaram o nome de suas amigas:

— Adela! Magda! Lea! Edith! Gizzy!

Cabeças raspadas. Uniformes masculinos. Ninguém mais tinha a aparência de antes. "Não nos reconhecemos", diz Helena Citron. "E, então, em vez de chorar, começamos a rir. Nós rimos histericamente, porque não havia mais nada que pudéssemos fazer. Nós rimos porque as lágrimas não eram suficientes."

HORAS MAIS TARDE, após a humilhação do processamento, Edith voltou furtivamente ao Bloco 5 para recuperar os absorventes que havia escondido nos tijolos do grande forno no centro do bloco. Alguém havia roubado seus absorventes. "Não que eu fosse precisar. Não menstruei mais até o fim da guerra."

Isso aconteceu com todas as meninas. É preciso que haja uma certa quantidade de gordura corporal para a mulher menstruar, e, com uma dieta de menos de mil calorias por dia, não resta gordura para sustentar o corpo feminino. Adicione à equação uma dose considerável de chá com sedativos todas as manhãs, administrada para tornar as meninas mais influenciáveis e confusas. "Você se sente como um zumbi. Eles nos davam brometo, para que o cérebro não funcionasse. Não precisávamos pensar", diz Edie (nº 1949). O brometo também ajudava a conter o desejo sexual e a inibir a menstruação.

Determinadas mulheres já na casa dos vinte anos continuaram menstruando por alguns meses, mas a única maneira de conseguir um absorvente era ir ao hospital e mostrar ao médico que você estava sangrando. Rena Kornreich evitou essa humilhação usando pedaços de jornal que encontrou no campo. Eles não eram higiênicos, mas permitiram que ela mantivesse seu segredo. Roubadas daquele rito de passagem no qual se tornariam mulheres — a menstruação —, algumas garotas mais jovens começaram a questionar suas própria identidade. O que elas eram agora se nem mulheres eram mais? Ainda eram seres humanos? "Do ponto de vista da higiene, foi bom não ter [nossas menstruações]", admite Edith. "Não havia condições de higiene em Auschwitz, e, sem a possibilidade de manter-se limpa e de se lavar todos os dias, ninguém quer menstruar. Mas sentíamos que não éramos mulheres sem a menstruação." Claro, a última coisa que a SS queria era que elas se sentissem mulheres. Provavelmente foi por isso que as vestiram com uniformes de prisioneiros de guerra russos falecidos.

O PRÉDIO DE TIJOLOS DE DOIS ANDARES do Bloco 10 dava para um pátio com um muro também de tijolos ao final. Do outro lado do pátio ficava o Bloco 11, conhecido pelos prisioneiros como Bloco *Smierci* — o Bloco da Morte. Era aqui que presos políticos, prisioneiros de guerra, combatentes da resistência e espiões eram mantidos em confinamento solitário e torturados; eles eram levados para serem fuzilados no pátio. Não era fácil testemunhar essas execuções. Rena (nº 1716) dormia ao lado das janelas cerradas que davam para aquele lado do bloco. Ela costumava espiar pelas aberturas à noite, e viu prisioneiros de guerra russos serem executados. Um dos detentos homens informou-a mais tarde de que as meninas estavam usando os uniformes desses prisioneiros russos executados.

Na frente do andar superior do Bloco 10 havia janelas que as meninas usavam para conversar com os prisioneiros poloneses no segundo andar do bloco masculino do outro lado da parede.[104] Chamando pelas recém-chegadas, ansiosos por notícias do mundo exterior e pelas vozes mais suaves das mulheres, os não judeus poloneses ajudaram prontamente as mulheres do campo. Saudosos de um idioma compartilhado e de relações humanas, os homens poloneses — alguns dos quais estavam no campo desde 1940 — jogavam às meninas polonesas porções de pão, cordas para amarrarem as calças largas e cartas de amor. As meninas eslovacas, porém, não recebiam o mesmo tipo de atenção.

ÀS QUATRO DA MANHÃ do segundo dia, serviram chá às meninas. Algumas sobreviventes dizem que era café. O sabor era tão ruim que ninguém podia ter certeza. Esse desjejum líquido era a única "refeição" que as meninas recebiam pela manhã. Pouco tempo depois, Edith e Lea descobriram que podiam usar o chá para escovar os dentes. Não havia como cuspir o líquido "muito, muito valioso", apesar de seu gosto horrível. "A fome dói demais, muito mesmo, [mas] a falta de água é ainda pior. A sede era insuportável", diz Edith. Apesar disso, ela e Lea "usavam um pouco para lavar as mãos e o rosto". Depois de alguns minutos para o chá e o banheiro, as meninas se organizavam em fileiras de cinco. Em pé. Em pé. Sem se mexerem. O ritual logo estaria consolidado em seus cérebros.

A luz do alvorecer banhava os telhados, as cercas de arame farpado e as torres de vigia ao redor, enquanto a SS e as *Kapos* faziam a contagem. Após a chamada, as 996 meninas receberam ordens de limpar o quartel e algumas das mulheres mais velhas foram escolhidas para cargos de supervisão. Por serem judias, elas ainda eram subalternas, mas as mulheres alçadas àquelas primeiras posições de poder imediatamente subiram na hierarquia: de escória, tornaram-se algo um pouco mais importante. Imbuídas da tarefa de manter a ordem, elas acordavam o bloco de manhã, serviam a comida e decidiam quem ficava para a limpeza, quem saía para trabalhar e quem ganhava mais pão. A primeira guardiã judia do Bloco 10 foi uma jovem chamada Elza. Ninguém parece se lembrar de seu sobrenome. Ela era rigorosa e, em poucos dias, tornou-se conhecida por bater nas garotas que se atrasavam para a chamada ou que ficavam em seu caminho. Quando lhe disseram que deveria arrumar uma assistente, ela escolheu a irmã. Podemos culpá-la? Quem mais ela escolheria?

HOJE, O BLOCO 10 não é aberto ao público, mas uma permissão especial de visita é concedida a sobreviventes, filhos de sobreviventes e pesquisadores, que entram por sua porta lateral com passos reverentes.

O primeiro andar é de cimento e tem um corredor com quartos de cada lado, em cujos beliches as meninas dormiam. Na parte dianteira do bloco, em um lado do corredor há algumas privadas imundas quebradas e, no outro, um aposento com um longo cano para o asseio, embora não houvesse sabão para as prisioneiras. No centro do prédio há uma chaminé, que era usada para os fogões a lenha nos dois andares.

Subindo pelo patamar vemos uma escada larga. No topo da escada, há dois quartos pequenos, onde as supervisoras dos blocos e suas assistentes dormiam. Além disso, não há mais nada, apenas uma parede dividindo o espaço aberto. Em 1942, estava cheio de beliches com colchões de palha finos e cobertores de lã ainda mais finos.

As meninas escolheram dormir perto de suas amigas e formaram pequenos grupos de apoio. Quase todo mundo conhecia ou reconhecia garotas de sua respectiva província. À noite, de seus beliches, algumas meninas conversavam sobre comida, sua casa e seus pais. Outras não falavam de nada. A maioria simplesmente chorava até dormir.

A recém-casada Ruzena Gräber Knieža (nº 1649) estava chorando amargamente em seu beliche quando Annie Binder, uma das *Kapos*, se aproximou e lhe disse em tcheco: "Não chore. Minha criança, você não deve chorar. Você deve ser forte. Você deve tentar sobreviver."[105] As presas de Ravensbrück têm uma reputação terrível, mas Ruzena afirma: "Dentre elas havia mulheres maravilhosas." Annie Binder era uma delas. Além dela, outras duas *Kapos* — uma prostituta, Emma, e uma comunista chamada Orli Reichert, que mais tarde seria conhecida como "o anjo de Auschwitz" — aparecem em vários testemunhos como responsáveis por salvar muitas e muitas vidas.

Como as novas *Kapos* eram detentas também, entendiam a vida carcerária sob o regime nazista e algumas tentavam auxiliar as meninas. "Muitas *Kapos* alemãs nos ajudaram por meio de uma campanha indireta de sussurros [e avisos]: se não trabalhássemos, não seríamos mantidas." Ninguém entendia o que estava em jogo ou o que significava não ser "mantida."[106] Algumas acharam que isso significava que voltariam para casa mais cedo se não trabalhassem. Nesse ponto, elas ainda não entendiam que o verdadeiro objetivo de Auschwitz era destruí-las. Apesar das condições e do tratamento terríveis, elas ainda acreditavam que seriam mandadas para casa em alguns meses.

O rosto de Edith assume uma expressão solene. "E, então, as meninas começaram a morrer."

PARTE DOIS

TREZE

28 de março de 1942

Quartel-general; Dr. Konka, Bratislava

Liptovský svätý Mikuláš

> Solicito cancelar temporariamente a ordem endereçada à contadora--chefe da fábrica de licores em Liptovský svätý Mikuláš, Alzbeta Sterno-va. Ela tem permissão para trabalhar em nossa empresa devido ao fato de não haver força de trabalho ariana para substituí-la.[107]

ASSIM COMO OCORRERA COM o telegrama que deveria ter liberado Magdalena Braunova, o telegrama para liberar Alzbeta Sternova chegou tarde demais para salvá-la. Agora em Auschwitz, Magdalena Braunova deveria estar comemorando seu décimo sexto aniversário com a família; em vez disso, observava Alzbeta e mais 768 adolescentes e mulheres jovens chegarem a Auschwitz no segundo transporte.[108]

Como as meninas do primeiro transporte, as do segundo foram primeiro mantidas em um local de detenção, onde também sofreram sistematicamente de fome, de acordo com o regime alimentar planejado pelo governo. Quando o transporte parou em Žilina, foram adicionados ao comboio mais dois vagões de transporte de gado, que levavam cem jovens mulheres da região leste. Dentre elas estavam Manci Schwalbova (nº 2675) e Madge Hellinger (nº 2318).

Manci Schwalbova era uma mulher bondosa e franca. Estava noiva e esperava que, por isso, seria dispensada. Felizmente para Edith e muitos outras, ela não foi. Manci é a jovem que não teve permissão para prestar o último exame e para tornar-se médica licenciada, mas Auschwitz não exigia diploma para que alguém pudesse exercer sua profissão. Ela foi quase imediatamente autorizada a trabalhar e ficou conhecida por todos como dra. Manci Schwalbova.

Madge Hellinger era professora do jardim de infância e também deveria ter sido dispensada. Quando ela se recusou a ceder aos avanços sexuais de um policial local, ele vendeu a sua exceção para outro judeu, embolsou o dinheiro e a enviou para Auschwitz. Uma jovem resoluta, Madge seria mais tarde promovida a supervisora de bloco e, mediante essa posição de poder, faria o possível para tratar todas as garotas de maneira justa.

A irmã de Rena Kornreich, Danka (nº 2779), também estava nesse transporte, assim como muitas primas e irmãs das demais meninas que haviam chegado primeiro. Não era o tipo de reunião de família que alguém gostaria de celebrar. Garotas como Rena esperaram aterrorizadas pelo dia que suas irmãs e primas chegariam. No entanto, quando as recém-chegadas entraram no campo, acharam que as jovens de cabelos raspados e olhares enlouquecidos faziam parte de um manicômio. Ninguém se reconheceu de imediato. "Pensamos: 'talvez nosso trabalho seja cuidar dessas doentes'", diz Madge Hellinger.

Depois de passarem pela chamada de recepção, as meninas e mulheres jovens do segundo transporte foram jogadas no Bloco 5, com seu chão de palha manchado de sangue, parte de um procedimento que parece ter sido a "orientação" para o campo feminino. As meninas entraram em pânico e choravam histericamente enquanto tentavam eliminar as pulgas, percevejos e piolhos que picavam sua carne tenra. Como se isso não bastasse, as *Kapos* de Ravensbrück decidiram se "divertir" às custas das novas prisioneiras, dizendo a elas que a sopa e o chá que seriam servidos a elas as "matariam caso fossem ingeridos".

Talvez por ser professora e mais velha do que a maioria das jovens à sua volta, Madge Hellinger decidiu provar a comida. "Era horrível, mas eu recomendei a todas que comessem um pouco, especialmente às mais jovens entre nós, que estavam desidratadas e precisavam de líquidos para sobreviver." Infelizmente, o único líquido além do chá com brometo era uma sopa feita de "vegetais podres", colhidos em campos ainda soterrados sob a neve, e de carne de cavalos mortos na frente de batalha oriental.

"A sopa era tão ruim que ninguém conseguia comer", confirma Edith.

Muitas das meninas ortodoxas recusavam-se a comer a sopa, que não era kosher. Margie Becker (nº 1955) "não conseguia engolir". As meninas tentaram ajudá-la, tapando o seu nariz para que ela não vomitasse ao forçar o caldo morno e fedorento pela garganta, mas não obtiveram sucesso. "Eu sentia tanta inveja por elas conseguirem [tomar a sopa] e eu não." Ela era sensível demais ao cheiro e, durante aquelas primeiras semanas, por mais faminta que estivesse, acabava por ceder sua sopa para outra pessoa.

Havia outra razão para se evitar a sopa, no entanto. Todas ficavam com o estômago revirado e com diarreia após tomá-la. A única coisa que ajudava a acalmar o estômago era o pão, mas não havia o suficiente para todas. Depois de quase cinco dias passando fome em Poprad, as meninas começavam a esmaecer.

Quando as recém-chegadas olharam para as janelas do Bloco 5, viram garotas loucas acenando para elas e gritando: "Se vocês trouxeram lenços ou meias, escondam-nos para nós!".[109]

"Elas disseram que encontrariam nossas coisas quando viessem limpar o quartel." Lenços? Meias? "Nós pensamos que elas eram loucas." Por que elas precisavam esconder suas próprias roupas? Era um pensamento ridículo — até o dia seguinte, quando as meninas do segundo transporte tiveram todos os seus pertences confiscados e agora também ansiavam por meias para manter os pés quentes e lenços para proteger do frio suas cabeças recém-raspadas.

Só depois de terem sido despidas, depiladas e desinfetadas as meninas do segundo transporte puderam se juntar à população prisional. Foi só então que elas descobriram suas irmãs e primas entre aquelas que há pouco consideravam loucas; só então elas adentraram o que a dra. Manci Schwalbova chamou de "maldito mundo mutilado"[110] de Auschwitz.

EXISTE UMA DIFERENÇA SIGNIFICATIVA entre o primeiro e o segundo transporte? Edith é taxativa e diz que sim, pois "nós não sabíamos o que aconteceria. As garotas dos outros transportes já nos tinham. Nós podíamos falar com elas. Mas nós não tínhamos coisa alguma. Nós chegamos ao nada. As garotas que vieram depois podiam conversar conosco. Mostramos a elas o que aprendemos para que não precisassem ter tanto medo quanto nós tivemos. Por isso, embora tenha sido assustador para elas também, não foi tão assustador quanto havia sido para nós. Nós não sabíamos de nada. Apenas o horror de uma coisa após a outra. E agora, poucos dias depois, éramos as veteranas". Porém, ela acrescenta que 'ajudar' é uma palavra engraçada, porque não havia muito jeito de ajudar naquela situação. O que poderíamos fazer senão recomendar às novas garotas que tivessem cuidado, abaixassem a cabeça, não fizessem isso ou aquilo? Tampouco havia como aproveitarmos algum tempo livre para nos reunir e dar conselhos. Não tínhamos como ficar de conversa. Isso nunca aconteceu. Nós estávamos sempre trabalhando, trabalhando. Cansadas, cansadas. Não conversávamos sobre música, literatura ou nossos estudos. Falávamos sobre o que achávamos que aconteceria conosco. Como tal coisa pode nos ajudar? O que podemos fazer para roubar um pouco de pão? Será que conseguimos roubar um cobertor? Éramos meninas gentis de boas famílias tentando aprender a roubar de outras meninas gentis de boas famílias. Isso não era humano. Eles nos desumanizaram. Eles nos fizeram virar contra nosso próprio povo pela sobrevivência".[111]

POR TEREM SIDO CRIADOS *b'tzelem Elohim* (à imagem de Deus), os judeus tradicionalmente evitam marcar o corpo de modo permanente, porque o corpo não é de propriedade de uma pessoa — pertence a Deus. Em Auschwitz, essa derradeira distinção de pertencer ao

Todo-Poderoso e aos pais, que escolheram seus nomes, foi roubada dos prisioneiros sem cerimônia.

Auschwitz foi o único campo a tatuar seus prisioneiros. Esse sistema singular e permanente de numeração equivalia a um registro, e foi uma das razões para os historiadores modernos terem começado a se referir ao primeiro transporte oficial de judeus como o "primeiro transporte em massa de judeus *registrados*". As tatuagens não foram feitas no dia em que as meninas chegaram, mas os relatos sobre quando de fato isso ocorreu variam. Algumas garotas dizem que foi no dia seguinte ao processamento, outras dizem que foi depois que o segundo transporte chegou. Rose (nº 1371) se lembra de que um amigo eslovaco do seu pai a tatuou, o que significaria que elas foram tatuadas semanas depois. Só sabemos que, depois que elas costuravam seu número no uniforme, esse número se tornava seu nome, e seria o mesmo a ser tatuado nelas. Se o número do uniforme de uma pessoa não fosse o mesmo do da tatuagem no braço, ela era executada a tiros.

Após adentrarem uma sala cheia de mesas, as meninas eram empurradas para cadeiras e, então, tinham o braço esquerdo esticado e imobilizado por homens fortes. A SS gritava: "Depressa!". Não havia tempo para vaidade. Borrados e tortos, não eram números bonitos ou executados com floreios artísticos. O número 1 se parecia com o 7. Números errados eram riscados e refeitos logo abaixo. As tatuagens eram feitas imediatamente abaixo da dobra do cotovelo, no antebraço. A dor da agulha do tatuador perfurando a pele delicada repetidamente arrancava lágrimas até das mais corajosas. Cada picada com tinta queimava, enquanto a palavra de Deus era profanada.

Embora ser tatuado fosse uma experiência verdadeiramente desumanizante, havia um significado mais amplo do que qualquer prisioneiro podia conceber — a tatuagem significava prisão perpétua. A vida pode ser passageira, mas ainda era vida.

Se você puder chamar trabalho escravo de uma vida.

CERTA MANHÃ, POUCO depois da chegada do segundo transporte, uma jovem pulou na frente das equipes de trabalho e gritou: "Não trabalhem para os nazistas. Nós seremos mortas de qualquer maneira. Deixem que eles atirem em nós!".

Um tiro perpassou as fileiras de mulheres. A menina caiu no chão.

Transportada para a enfermaria improvisada do hospital, onde a dra. Manci Schwalbova já estava trabalhando, a menina foi acomodada em uma mesa. "A bala atravessou os pulmões e o abdômen", escreve Manci. O médico da SS negou à menina qualquer cuidado paliativo. Manci foi forçada a vê-la sangrar até a morte. Ela nunca soube seu nome.

As primeiras tentativas de resistir assumiram várias formas, mas nunca foram eficazes. Uma menina do segundo transporte chamada Lia decidiu entrar em greve de fome para protestar contra as condições e a falta de comida.[112] Em circunstâncias normais, esse ato talvez fosse notado, mas em Auschwitz era simples conveniência. As meninas já eram submetidas a uma dieta de fome. Além disso, os judeus deveriam morrer de qualquer maneira; para seus captores, não importava a forma como aquelas meninas pereceriam. Esses atos raramente são encontrados nos registros históricos, mas permaneceram na consciência de testemunhas que presenciaram o "protesto pessoal de meninas que, entregues à desesperança, não se importavam mais com esta vida e deixaram de acreditar em uma nova".[113] Havia muito pouco em que se pudesse acreditar.

A morte de Lia, assim como a de Jolana Grünwald e a de Marta Korn, não está formalmente registrada na *Crônica de Auschwitz*, que relaciona, dia a dia, as mortes, assassinatos, execuções por gás e outros acontecimentos em Auschwitz, desde a sua abertura até o dia em que o campo foi fechado. De fato, nenhuma morte de prisioneiras mulheres foi anotada pela SS nos registros históricos anteriores a 12 de maio de 1942, quando uma prisioneira foi encontrada pendurada na cerca elétrica — um suicídio. Um mês depois, em 17 de junho, outra mulher foi encontrada nos fios elétricos da cerca. Se fossem homens, seus números e nomes teriam sido registrados. Por serem mulheres, elas permaneceram anônimas.

Não sabemos quase nada sobre a morte de mulheres antes de agosto de 1942, exceto o que é relatado por testemunhas e sobreviventes. E, enquanto as mortes de homens eram calculadas todos os dias e contabilizadas no final do mês, as mortes de mulheres não eram anotadas nem registradas — pelo menos, não na documentação ainda existente após a guerra. De março a agosto de 1942, sabemos exatamente qual era a população de homens presos e quantos deles morriam por mês. Sobre as mulheres, há apenas o número de pessoas registradas no campo e a garantia dos sobreviventes de que, independentemente de as mortes terem sido registradas ou não, meninas definitivamente estavam morrendo.

A morte de Marta Korn é notável, não apenas porque ela foi a primeira mulher registrada como morta em Auschwitz, mas porque ela também foi a única jovem daqueles primeiros meses cuja morte foi registrada. Teria sido ela a garota que Helena Citron afirma ter ficado histérica e que foi removida pela SS naquela primeira noite? Ou ela morreu de alguma outra maneira? Talvez nunca saibamos.

Os pesquisadores acreditam que os registros de mortes de mulheres tenham sido perdidos durante a destruição de documentos em janeiro de 1945, quando a frente russa se aproximava do campo. No entanto, como o campo das mulheres em Auschwitz estava sob a jurisdição de Ravensbrück, o número de mortes deveria ter sido registrado em seus escritórios administrativos. O fato é que registros completos sobre as mulheres em Auschwitz (lá presentes desde o início de 1942) também nunca foram encontrados em Ravensbrück. Tudo que temos são os nomes de Jolana Grünwald e de Marta Korn listados no *Sterbebücher* — o banco de dados dos "Livros da Morte".[114] Elas estavam no primeiro transporte e suas mortes, ocorridas nas primeiras semanas após a chegada, são as únicas daquele período que foram registradas; não sabemos, porém, a causa de nenhuma delas. Nos vastos arquivos do genocídio, Jolana Grünwald, 25, e Marta Korn, 21, podem ser meras estatísticas, mas também foram as primeiras vítimas femininas de Auschwitz.

A DESTRUIÇÃO DOS documentos do campo feminino é uma evidência adicional, porque não resta dúvida de que mulheres morreram.[115] No final de fevereiro de 1942, antes da chegada de qualquer prisioneira, 11.472 homens foram listados como ocupantes do campo; naquele mês, 1.515 morreram. Em março, 2.740 homens foram adicionados à população carcerária, além de 1.767 mulheres. Entretanto, embora um total de 4.507 prisioneiros tenha sido adicionado, o nível de ocupação no campo masculino caiu para 10.629; 2.977 prisioneiros morreram em março.[116] Antes da chegada das 999 meninas, o número de mortes de homens em Auschwitz variava entre 1.500 e quase 1.800 por mês. Naquele março, esse número quase dobrou. Esse aumento pode ser atribuído a mortes ocorridas entre as nossas meninas?

Em abril, a população total do campo chegou a 14.642 prisioneiros — 5.640 dos quais eram mulheres —, mas o número de mortes voltou à sua taxa média.[117] Em meio ao caos pela chegada das mulheres ao campo, será que as mortes entre elas foram adicionadas às dos homens e depois, a partir de abril, removidas dos cálculos mensais de mortes em abril e daí em diante?

"Faltam dados sobre as prisioneiras", escreve Danuta Czech, historiadora e especialista em Auschwitz. Porém, de maneira brilhante, ela nos fornece uma pista ao examinar os registros de homens que *foram* mantidos.

Em 17 de abril de 1942, o sexto transporte eslovaco incluiu 973 judeus, a maioria homens jovens. Czech faz uma série de anotações no rodapé: "Em 15 de agosto de 1942, apenas 88 desses deportados ainda estão vivos; ou seja, em dezessete semanas, 885 pessoas morrem."[118] Dois dias depois, o sétimo transporte eslovaco chegou, carregando 464 homens jovens e 536 mulheres jovens. Czech anota: "Em 15 de agosto de 1942, restam apenas dez desses homens ainda vivos."

Repetidas vezes, Czech reitera que não há registro de mortes de mulheres judias no início de 1942. Porém, se a sua taxa de sobrevivência fosse semelhante à dos homens judeus, elas estavam morrendo em massa. É importante lembrar que todas as mortes nesse momento eram causadas por doenças, inanição ou assassinato puro e simples — ainda não havia execuções em massa de prisioneiros por gás. Os cálculos de Czech sobre as mortes de homens judeus durante a primavera e o verão de 1942 são a única coisa de que podemos nos valer para revelar a história, envolta em incerteza, das primeiras mulheres que chegaram ao campo.

QUATORZE

[A narrativa do Êxodo] ensinou a grande lição de solidariedade humana de que não podemos desfrutar dos frutos da riqueza enquanto outros comem o pão da opressão.
— **JONATHAN SACKS,** **autor de** *The Jonathan Sacks Haggada*

NA QUINTA-FEIRA, 2 DE ABRIL, o terceiro transporte chegou a Auschwitz, carregando 965 jovens judias solteiras. Assim como as meninas do primeiro transporte, as desse grupo haviam sido reunidas na parte oriental da Eslováquia e mantidas em Poprad. Muitas eram parentes ou amigas das meninas do primeiro transporte. Entre elas estava a futura melhor amiga de Edith, Elsa Rosenthal, de 16 anos.

Enquanto o sol se punha no horizonte e as torres de vigilância tornavam-se mais sombrias e ameaçadoras, o Bloco 5 era novamente tomado de garotas sendo atacadas por pulgas e percevejos. Era o aniversário de uma semana do primeiro transporte e a primeira noite do Pessach. Em homenagem ao feriado, a SS enviou todas para trabalhar em um "buraco alagadiço como nunca tínhamos visto antes", diz Margie Becker. O serviço envolvia limpar resíduos acumulados nas lagoas e cursos d'água ao redor do complexo. Em pouco tempo, isso se tornaria uma tarefa imposta como punição, mas, no Pessach, era mais uma tática de aculturação. "Havia uma garota, Ruzena Gross... Ela estava ensopada. Chegamos ao bloco e nos deitamos, mas não havia cobertor, não havia nada. Nós tremíamos terrivelmente".[119]

Encharcada, Klary Atles, de 26 anos, filha de um dos rabinos de Humenné, saltou do beliche e falou emocionadamente às meninas que tremiam e choravam: "Em casa, todo mundo pegaria pneumonia", ela disse, tentando animar o espírito das demais, exatamente como fizera no dia em que o trem as levara de casa. "Vocês verão que Deus nos ajudará. Ninguém ficará doente".[120] Discursando tão apaixonadamente como seu pai, ela contou como Deus as libertaria, assim como libertara os judeus do Egito. Deus os havia protegido das pragas e Ele as protegeria agora. Deus matou aqueles que haviam escravizado seus ancestrais e mataria agora quem as estava escravizando. Tudo o que elas tinham de fazer era convidar Elias para adentrar seus corações. Se elas pelo menos tivessem à mão copos suficientes para deixar um para o profeta. Se ao menos pudessem abrir a porta sem serem mortas. A convicção de Klary se espalhou pelo bloco, e logo algumas das meninas começaram a celebrar pequenas versões do Sêder em seus beliches. Outras simplesmente caíram no sono.

De alguma maneira, Bertha Berkowitz (nº 1048) conseguiu arrumar um livro de orações hebraicas. Não havia vinho kosher para beber nem as típicas ervas amargas para comer — o gosto azedo da escravidão já era forte o bastante. Bertha sussurrou o texto do Hagadá para Peshy Steiner e algumas de suas amigas, que haviam se reunido nos beliches. Sem pais ou irmãos para conduzir a cerimônia, as meninas tiveram que tomar a dianteira e dizer as bênçãos do Kadish, memorizadas em seus corações após tanto tempo honrando a tradição. No escuro, algumas delas ergueram suas tigelas vermelhas vazias sobre a cabeça e sussurraram: *"Bivhilu yatzanu mimitzrayim, halahma anya b'nei horin*. Apressadamente saímos do Egito [com nosso] pão da aflição, [agora somos] pessoas livres".

— Por que esta noite é diferente de todas as outras noites?

É difícil imaginar como elas poderiam responder. Suas lágrimas se derramaram na escuridão.

Sem matzá para partir, sem matzá para comer, o Pessach seria incompleto, mas meninas devotas como Bertha evitaram comer o pão fermentado a semana inteira. "Fiz isso por respeito aos meus pais. Este foi o meu desafio — a única coisa que pude fazer por eles." Ela cedeu e comeu a sopa horrível e não kosher de carne de cavalo, mas rezou para que Deus a perdoasse.

Uma parte do ritual do Pessach envolve a realização de perguntas cujas respostas ensinam as leis, a ética e a história do povo judeu. As perguntas são feitas a quatro filhos de Israel. Mas havia apenas filhas de Israel naquele bloco em Auschwitz, então a primeira pergunta — "Quais são os testemunhos, os decretos e as leis que o Eterno, nosso Deus, ordenou-lhes?" — teve que ser feita à filha sábia em vez de ao filho sábio. Então, à filha ímpia se deveria perguntar "O que este serviço significa para vocês?". Mas aqui fazemos uma pausa, porque nesta saga não há garotas malvadas — ainda. Isso estava por vir. Essa pergunta lembrou Bertha, Peshy e suas amigas da importância de não se afastarem daquelas que amavam, de não agir com desapego e falta de compaixão e de não se isolarem umas das outras. Para merecer a liberdade, é preciso participar da comunidade e ajudar os outros. O cumprimento desses estatutos as ajudaria a sobreviver em Auschwitz.

As duas últimas perguntas lembram os participantes de que a alguns falta inteligência, e eles precisam de ajuda para encontrar as respostas, por meio de Deus e da família, que os libertarão da escravidão. Se ao menos isso ainda fosse assim tão simples...

Em 1942, o Holocausto judeu ainda não havia se estabelecido. Foi somente depois do fim da Segunda Guerra Mundial que a tradição judaica adicionou ao Sêder um quinto filho, para representar todas as crianças judias que não sobreviveram, e uma quinta pergunta.

Às vésperas do Holocausto, muitas das meninas que participavam dos rituais secretos do Sêder com Bertha e em outros lugares dos blocos estavam prestes a se tornar aquele quinto filho... E já estavam fazendo a pergunta sem resposta.

"Por quê?"

EXAUSTAS APÓS TEREM LIMPADO TERRENOS ALAGADIÇOS, demolido prédios, tirado neve, carregado esterco e cavado valas, muitas das 997 meninas adormeceram bem antes de terminarem as orações do Pessach. Isso não é incomum no Sêder. As crianças sempre adormecem em suas cadeiras; até os adultos ocasionalmente cochilam. Algumas vozes suaves recitaram as dez pragas, mergulhando os dedos em um pouco da água de suas tigelas vermelhas ou simplesmente imaginando o derramamento de água, uma gota ritual para cada praga e para aqueles que ainda sofrem no mundo. Será que alguém estava sofrendo mais do que elas naquele momento? A afirmação de Helena Citron de que "Auschwitz foi como dez pragas em um dia" ressoou no escuro, enquanto algumas vozes cansadas cantavam *"Dayenu"* sem entusiasmo ou alegria. O significado da palavra — "teria sido suficiente" ou "suficiente" — não aliviava as feridas espirituais das recém-escravizadas.

No Sêder tradicional, os participantes estão com tanta fome (e, às vezes, tão bêbados) que, quando as orações terminam, todo mundo ataca a comida posta na mesa com gosto. Em Auschwitz, as orações foram recebidas com mais fome e uma esperança vazia por suas famílias. "Estávamos prontas a dar a vida para ver nossos pais mais uma vez", diz Bertha.

Não havia porta para abrir e convidar Elias a entrar em suas vidas. Que profeta entraria em Auschwitz, afinal? Com a pouca energia consciente que lhes restava, algumas podem ter meditado sobre a futura chegada do messias, mas a maioria caiu em um sono profundo e exausto. Lembrando as bênçãos de seu pai, a voz suave de Bertha sussurrou os salmos sobre aquelas que dormiam ao seu redor:

Eu amo o Senhor, porque ele ouviu a minha voz;
Ele ouviu meu clamor por misericórdia.
Porque ele virou seu ouvido para mim,
Eu o chamarei enquanto viver.

Os cordéis da morte me prenderam,
a angústia da sepultura tomou conta de mim;
Fui superada pela angústia e tristeza.
Então invoquei o nome do Senhor:
"Senhor, salve-me!" [121]

O silêncio solene do Bloco 10 foi quebrado por tiros durante a noi-te: onze prisioneiros poloneses foram fuzilados na parede de execução do lado de fora. Na manhã seguinte — Sexta-feira Santa —, o quarto transporte com 997 meninas e moças judias solteiras chegou ao campo. "No domingo de Páscoa, 89 detentos e 31 prisioneiros de guerra russos" morreram.[122] Não sabemos quantos desses 89 detentos eram do sexo fe-minino, mas estava ficando claro que os nazistas não tinham escrúpulos de profanar tanto a religião cristã quanto a judaica.

QUINZE

Eu quero ser a última garota do mundo com uma história como a minha.

— **NADIA MURAD**, *Que eu seja a última*

NAS CASAS DAS MENINAS DEPORTADAS, pais e mães ficavam cada vez mais preocupados. Não apenas não tiveram notícias de suas filhas como, alguns dias depois que o primeiro trem partiu de Poprad rumo ao desconhecido, um funcionário da linha férrea local apareceu com um recado de uma das garotas, escrito em um pedaço de papelão. Como ela conseguiu entregar o bilhete para o engenheiro, ninguém sabe. Mas ele certamente sabia quem ela era, e se importava o suficiente para ter arriscado a vida para entregar o recado à família da garota:

O que quer que façam, não sejam pegos e deportados.
Aqui estamos sendo mortas.

A assinatura dela estava abaixo do aviso.

Chocados com a notícia, alguns não judeus imediatamente tomaram medidas para ajudar seus vizinhos. Em Poprad, Valika Ernejová, de 19 anos, foi levada para a casa da família de um amigo, e um documento de identificação falso foi feito para ela. Jan Kadlecik e sua família esconderam com sucesso "Stefánia Gregusová, nascida em 24 de março de 1923",[123] pelo resto da guerra.

À medida que as notícias do bilhete contrabandeado irradiavam de Poprad para as comunidades vizinhas, outras famílias tomaram providências para esconder suas meninas ou enviá-las para a Hungria. Para aquelas fora do alcance das notícias, a sensação de que havia algo errado espreitava. Tudo o que podiam fazer era esperar que suas filhas estivessem trabalhando em segurança na fábrica de calçados.

Então, os cartões-postais começaram a chegar.

Era Sabá quando as meninas foram forçadas a escrever para casa pela primeira vez. Bertha Berkowitz se recusou a escrever para seus pais por causa disso. Uma amiga escreveu as mentiras para ela. Os textos continham informações falsas e já vinham prontos, tendo sido concebidos para amenizar receios e garantir às futuras vítimas, as famílias das meninas, que estava tudo bem, que havia muito para comer. *Espero vê-los em breve...*

A essa altura, todas as meninas já sabiam o que significava essa última linha — suas famílias também seriam levadas para Auschwitz. Era a última coisa que qualquer uma delas queria. Nas margens, muitas das garotas adicionaram às escondidas advertências em eslovaco, polonês, húngaro ou ídiche — qualquer coisa que alertasse suas famílias sobre as deportações e que não pudesse ser decifrada pelos alemães.

Nem toda família recebeu cartões-postais. A *Kapo* Bertel Teege foi instruída a jogar fora centenas de cartões depois de coletá-los.[124] Entre os que ela destruiu, talvez estivessem os de Magduska e Nusi — os Hartmann nunca receberam notícias de suas filhas.

Algumas semanas depois, as meninas foram forçadas a escrever novamente. Desta vez, elas receberam vários cartões para preencher de uma só vez e ordens de atribuir-lhes datas que só ocorreriam dali três meses, seis meses, nove meses. Era um truque para garantir que as famílias na Eslováquia continuassem recebendo cartas em casa e pensassem que as meninas estavam vivas e bem. Se ouvissem algo que contrariasse isso, diriam: "Como é possível? Acabamos de receber notícias dela!".

Os pais que recebiam cartões se perguntavam sobre os carimbos. Como suas filhas acabaram na Polônia? Por que elas não pareciam calorosas como de hábito? Onde ficava Oświęcim, afinal?

Apesar das garantias redigidas no papel, muitas mães devem ter começado a sentir uma profunda sensação de desconforto, angústia e desespero. Há evidências científicas de que o cérebro da mãe carrega o DNA do bebê após o nascimento.[125] Que pessoa não passou pela experiência de estar em perigo, chateada ou fazendo algo imprudente, e sua mãe de algum modo ficar sabendo? Momentos depois de você receber más notícias, sofrer um acidente ou terminar um relacionamento, sua mãe envia uma mensagem ou telefona: *Eu estava pensando em você. Está tudo bem?*

Isso pode muitas vezes parecer uma coincidência, mas, à medida que a ciência descobre cada vez mais sobre o cérebro e o DNA, é de se questionar se esse elo consciente e invisível poderá algum dia ser explicado. Tomemos o bambu como exemplo. O bambu floresce raramente, talvez a cada sessenta ou cem anos, mas quando as plantas genitoras florescem, sua prole — não importa em que lugar do mundo esteja — também floresce.[126] Talvez a intuição de uma mãe seja como o bambu. Não importa onde você esteja, ela ainda está conectada a você.

Enquanto mães na Eslováquia rezavam por suas filhas naquele primeiro Sabá após a partida, será que essas orações chegaram de alguma forma às filhas por meio das células microquiméricas do cérebro e, como o bambu, fizeram florescer força e coragem?

As meninas precisavam de toda a coragem e determinação que pudessem adquirir, porque as provações reais da vida no campo — o trabalho — estavam prestes a começar. Era um trabalho destinado a destruir corpo, mente e espírito. As meninas não sabiam disso no começo. Reunidas para serem informadas sobre os detalhes do trabalho, foi-lhes dito que poderiam trabalhar com agricultura, culinária, construção ou limpeza. Madge Hellinger (nº 2318) achou que trabalhar no serviço agrícola seria agradável e apressou-se a voluntariar-se, mas uma das *Kapos* alemãs, que se interessara por ela, impediu-a de se juntar ao serviço e, com um tapa firme em seu rosto, disse: "Eu preciso que esta fique por aqui."

Chocada com o tapa, Madge imediatamente desconfiou da *Kapo*, que prontamente promoveu-a ao posto de ajudante, para limpar os blocos e servir o chá e o pão. Somente quando as meninas voltaram de seu primeiro dia de trabalho é que Madge percebeu a sorte que teve.

Linda Reich (nº 1173) qualifica o serviço agrícola como nojento, degradante e exaustivo. Forçadas a espalhar esterco com as próprias mãos, as meninas carregavam excremento de vaca nos próprios braços pelos campos congelados e cobertos de neve, calçando nada além de seus "tamancos". Edith e Lea encontraram pedaços de jornal no campo, com os quais envolveram os pés, na esperança de que o papel ajudasse a manter os seus dedos quentes, mas "estava nevando",[127] e as folhas molhadas se desintegraram rapidamente. Era um trabalho repugnante. Era impossível limpar-se depois de finalizado.

O setor principal em que as meninas foram forçadas a trabalhar foi o da "construção". Seu trabalho? Demolir casas usando nada além de suas próprias mãos. Literalmente.

As casas em questão haviam sido confiscadas dos poloneses da região para a expansão do complexo de Auschwitz. "Fomos as máquinas que tiveram de destruir as residências até os alicerces", explica Helena Citron (nº 1971).

Depois que os prisioneiros do sexo masculino enfraqueciam as estruturas com explosivos, as jovens "tinham que derrubar o que sobrasse [das casas bombardeadas] batendo nas paredes com barras de ferro longas e muito pesadas", confirma Bertel Teege. Eram necessárias cinquenta meninas para empunhar essas barras de ferro muito longas e muito pesadas, às quais círculos de metal haviam sido soldados para servirem de alças.[128] Empunhando essas "alças", as meninas "golpeavam a parede", diz Helena Citron. "No momento em que o muro desabava, as garotas da frente eram esmagadas, soterradas, e morriam."

Às vezes, as meninas eram divididas em dois grupos: aquelas que subiam ao segundo andar das casas deterioradas para jogar telhas e tijolos ao solo e as que permaneciam no térreo para recolher os escombros, enquanto tentavam desviar dos tijolos que caíam. "Se você tomasse muito cuidado ao jogar os tijolos lá para baixo [e tentasse não machucar as meninas lá embaixo], a *Kapo* provavelmente a mudaria de lugar, então você trabalharia sob a chuva de tijolos vinda do andar superior".[129]

Transportar os tijolos também fazia parte do trabalho. Após carregá-los em vagões improvisados, as meninas tinham que empurrar a pesada carga até um terreno a alguns quilômetros de distância, onde uns poucos prisioneiros russos que ainda sobreviviam eram mantidos em barracões de madeira. As mulheres não sabiam que os tijolos que elas descarregavam naquele local estavam sendo usados para construir novos blocos para mulheres em uma clareira próxima à floresta de bétulas — Birkenau.

O trabalho dessas equipes de demolição deveria ser feito por homens fortes e resistentes, não por mulheres e meninas — muitas das quais pesando menos de 45 quilos e medindo 1,50 metro de altura. À noite, as meninas da demolição retornavam aos blocos machucadas e sangrando devido aos cortes. Aquelas que se posicionavam à frente na chamada matutina eram as mais propensas a serem escolhidas para o serviço de demolição. "Todas as manhãs, empurrávamos nossas melhores amigas para a frente", Helena admite, "já que queríamos sobreviver. Nós rapidamente nos transformamos em animais. Todas cuidavam só de si mesmas. Era muito triste".

As outras opções de trabalho não eram muito melhores.

Bertha Berkowitz (nº 1048) se lembra de marchar cinco quilômetros para uma área onde as meninas tinham que cavar valas. "Eu não tenho ideia do uso que faziam delas, mas esse era o nosso trabalho, dia após dia." A pior parte era que elas não faziam sequer um intervalo mínimo, pois as supervisoras se recusavam de maneira absoluta a permitir. Até mesmo levantar-se para endireitar as costas depois de cavar a argila pesada que compunha o solo polonês era motivo para uma chicotada da

SS — ou algo pior. A oficial da SS Juana Bormann adorava soltar seu pastor-alemão sobre as garotas que paravam por um momento. "Era um trabalho duro. Cavávamos sem parar", diz Linda Reich.

Ainda havia tanta neve nas estradas que a SS designou algumas meninas para removê-la. Depois de trabalharem nos campos, Edith e Lea acabaram alocadas para esse serviço. "Nada de vassouras. Nem pás. Tudo era feito com as mãos", lembra Edith. "Usávamos nossas mãos nuas para amontoar neve sobre pedaços de papelão e jornais velhos e depois os puxávamos para as laterais da estrada." À noite, ela e a irmã caíam nos colchões de palha derrotadas, "tão congeladas e tão cansadas que não queríamos levantar nem para buscar o pão". Mais forte que Edith, Lea fazia sua irmãzinha levantar-se e ficar na fila para conseguir sua porção. Sem comida, elas nunca sobreviveriam, e Edith já era franzina. Lea tinha que fazer com que a irmã pegasse o pão, ainda que estivesse sempre seco, não tivesse gosto e fosse feito, como desconfiavam muitas prisioneiras, de serragem e farinha.

Parte básica da dieta no campo, o pedaço de pão não era maior do que a palma da mão de uma mulher pequena, tendo menos que dez centímetros de largura. Como apenas uma porção diária era distribuída para as mulheres — os homens recebiam duas porções —, algumas meninas criaram uma maneira de fazer com que durasse mais: comiam metade à noite e o resto de manhã. Ter algo sólido no estômago antes de tomar o chá e sair para trabalhar ajudava a tornar mais duradouros o efeito das poucas refeições.

Trabalhar na remoção de neve permitiu que Edith e sua irmã tivessem acesso a um pequeno prazer: elas coletavam bitucas de cigarro descartadas pela SS, apanhavam folhas de jornal e enrolavam novamente os restos de tabaco no papel. À noite, acendiam esses cigarros improvisados no fogo dos fogões a lenha. Fumar não era um luxo, tinha um propósito prático. "Ajudou a disfarçar a fome."

A corpulenta Joan Rosner (nº 1188) foi enviada para trabalhar na cozinha. De início, ela se sentiu algo satisfeita com a oportunidade, e esperava que seria fácil furtar um pouco de comida extra. Não era. Os guardas da SS observavam as meninas com cuidado e espancavam qualquer uma que fosse pega mordiscando até mesmo uma casca de cenoura. A carga horária era igualmente brutal. As responsáveis pela cozinha tinham que acordar à uma da manhã para fazer o chá. Os caldeirões nos quais a sopa e o chá eram feitos eram gigantescos. Duas ou três meninas tinham que subir em escadas para alcançar os tonéis e, nessas posições precárias, uma menina enchia a enorme chaleira enquanto as outras duas a seguravam firmemente. Manter as chaleiras de ferro fundido firmes nas plataformas de madeira era difícil. Além disso, conchas gigantescas eram usadas para preenchê-las — e, ao manusear essas conchas, as meninas se queimavam repetidamente no metal quente. Quando as chaleiras se enchiam, as garotas tinham que fazer a operação inversa, isto é, descer com as chaleiras cheias de volta pelas escadas até o chão. Era uma tarefa hercúlea, e não demorou muito tempo para ocorrer uma catástrofe. Uma das garotas no topo da escada perdeu o equilíbrio ao ser queimada por uma chaleira. O caldeirão tombou e o líquido derramado atingiu uma garota que estava embaixo. Os urros da jovem escaldada até a morte devem ter sido perturbadores até para os guardas da SS de plantão, porque imediatamente decidiu-se que o trabalho era pesado demais para as meninas. Então, "os meninos começaram a trabalhar lá".

No canteiro de obras, mais acidentes aconteciam. De pé, no alto de uma das casas demolidas, uma das meninas polonesas, Sara Bleich (nº 1966), escorregou em um tijolo solto e caiu dois andares até o térreo. Prostrada sobre o entulho de tijolos e cimento, ela olhou para os céus e se perguntou se era o fim. Ela não conseguia se mexer. E tinha quebrado a mão direita. Ela sabia que não adiantava gemer ou chorar e esperou pelo golpe de misericórdia de um dos SS ou pelo cachorro que viria dilacerá-la. Felizmente, uma das *Kapos* mais gentis ordenou que Sara fosse levada ao recém-criado *Revier*, ou bloco hospitalar. Lá, a dra. Manci Schwalbova engessou o braço dela e tratou das suas costas com quinze minutos de gelo, seguidos por quinze minutos de compressas quentes. Sara precisaria de seis semanas para conseguir andar novamente. A essa altura, milhares de meninas e mulheres judias estariam em Auschwitz, e jovens judeus também teriam começado a chegar. Apesar dos ferimentos, Sarah foi reenviada para as tarefas de demolição e construção. Era uma "tarefa pesada, destinada a homens. Para uma jovem como eu, era [desumano]".

Dentro de algumas semanas, porém, as meninas que caíam das casas em demolição não receberiam mais tratamento. Enquanto os homens da SS gritavam para elas trabalharem mais rapidamente, outras duas garotas escorregaram e caíram do telhado. Os corpos retorcidos se contraíam de dor, então um SS caminhou resolutamente até elas e ergueu sua arma.

"Teremos férias por ter atirado nelas",[130] disse ele. Ele atirou em uma. Seu colega atirou na outra.

DEZESSEIS

A escravidão prolongada das mulheres é a página mais sombria da história da humanidade.
— ELIZABETH CADY STANTON

AS CARTAS CHEGAVAM EM PAPÉIS REFINADOS e muitas vezes timbrados, tanto manuscritas como datilografadas. Algumas incluíam referências de parceiros de negócios, vizinhos e clérigos não judeus. Os rabinos escreveram para declarar que certos membros da comunidade judaica eram vitais para o bem-estar econômico da Eslováquia, depois tiveram que solicitar suas próprias isenções ao governo. Desde o anúncio da convocação de jovens judias solteiras para o trabalho durante a nevasca no final de fevereiro, o Ministério do Interior fora inundado com pedidos de famílias judias que buscavam exceções do governo, as chamadas *výnimka*. Essas exceções forneceram a famílias inteiras isenções do "trabalho" e da "realocação".

À medida que a realidade da partida de milhares de meninas judias era assimilada e os jovens começavam a ser chamados para trabalhar também, aumentavam os rumores de que famílias inteiras seriam realocadas. E, quanto mais esse novo rumor se espalhava, mais e mais pedidos de exceções chegavam ao Ministério do Interior. Até funcionários do governo eram citados como referências agora. O ministro da Educação e Cultura Nacional, J. Sivak, ficou conhecido por ajudar seus amigos e colegas judeus. O Arquivo Nacional da Eslováquia possui caixas de arquivos cheias desses pedidos. Milhares deles. Pedidos de reconhecimento e justiça, mas principalmente pedidos de misericórdia por sua vida.

Havia um preço a pagar pela liberdade — quer dizer, se você tivesse a sorte de ser recomendado para uma exceção.[131] A ironia de que judeus tiveram que pagar para não serem escravizados não pode ser ignorada. Havia uma nova economia, e os homens que recolhiam as recompensas eram os mesmos fascistas que deportavam judeus e confiscavam empresas e propriedades judaicas.

O primeiro transporte não ocorreu de acordo com o plano de Konka.[132] Nem o segundo, nem o terceiro, nem o quarto. Reunir milhares de meninas era mais difícil do que ele pensava, especialmente nas comunidades rurais. Alexander Mach ficou furioso quando Konka não conseguiu entregar 5 mil judeus em cinco dias. Ele nem sequer enviou 5 mil em cinco transportes. O que os alemães pensariam deles? Konka foi demitido.

O novo chefe do Departamento 14, Anton Vašek, foi logo apelidado de "rei dos judeus" eslovaco. Um burocrata gorducho, de olhar suspeito, com desejo de dinheiro e poder, ele estava prestes a se refestelar em ambos. Com pilhas de pedidos de exceções chegando todos os dias, sua decisão era uma mercadoria pela qual valia a pena pagar. O processamento dos pedidos de exceções não era mais realizado por ordem de chegada ou de acordo com a urgência de governadores e prefeitos regionais. Agora, dependia de quem pagasse mais dinheiro mais rápido. Vašek estava acumulando uma pequena fortuna vendendo isenções — mas muitas vezes evitava fornecer a documentação necessária para proteger a família que lhe pagara.

Embora fossem de vital importância para as famílias judias, os pedidos não eram uma prioridade para os ministros do governo de Tiso. O processo não era rápido e, sem o estímulo financeiro, levava ainda mais tempo. Teria sido por isso que a riquíssima família Amster recebeu sua exceção antes dos Friedman? Não que isso tenha feito diferença no final das contas; nenhuma das duas recebeu os documentos a tempo de impedir a partida de suas filhas para o trabalho.

Emmanuel Friedman parecia não perceber que molhar a mão de figuras importantes era uma opção ou que a segurança de suas filhas estava à venda. Pode ser que, no início de março, subornar funcionários do governo ainda não fosse obrigatório. Em maio, já sob Vašek, o custo para se obter uma exceção tornara-se realidade.

Os documentos tinham uma aparência estranha. Inúmeros traços, como em código Morse, preenchiam os espaços da página para evitar alterações. Na parte superior, em letras maiúsculas, havia dizeres assegurando tratar-se de um documento legítimo do Ministro do Interior, o distrito e a cidade e, finalmente, um número de departamento. Quatorze era o Departamento Judaico. A seguir, listavam-se os nomes dos chefes de família, sua profissão, local de residência e data de nascimento, seguidos por uma referência ao estatuto §22, que legalmente permitia que o portador do documento permanecesse na Eslováquia. Então, incluíam-se a data e a versão eslovaca da saudação *Heil Hitler*, uma referência hiperbólica ao regime, ancorado na Guarda Hlinka, que era usada para todas as saudações oficiais na época — *"Na stráž!"* (Em guarda!). Por fim, procedia-se à autenticação, com o carimbo do gabinete do ministro do Interior e a sua assinatura logo a seguir. Na maior parte desses documentos, o nome de Anton Vašek aparece nessa linha. O de Gejza Konka consta daqueles emitidos no início de março.

A próxima parte crucial do documento era a lista de membros da família que seriam cobertos pela exceção, o seu grau de parentesco com o chefe da casa e as respectivas datas de nascimento. Depois dessa lista, mais um número de referência e outra saudação *Na straz!* Depois que essa seção era validada mais uma vez por um representante do ministro do Interior, a papelada era enviada a um representante regional, ao prefeito ou ao governador do distrito, que tinha que aprovar a coisa toda. Portanto, existem três datas importantes em todos os documentos: a data na parte superior, junto ao nome do ministro do Interior, é a data em que o documento estava em Bratislava. Na parte inferior do documento, junto ao nome do prefeito (ou governador) do distrito, há outra data. Sobre o timbre do governo, uma declaração legal era então carimbada, com uma data final, assinatura e o selo da região.

Uma *výnimka* levava pelo menos uma semana para ser processada em julho de 1942, mas o procedimento só era iniciado após um pedido formal ter sido aprovado e referências de não judeus terem sido coletadas para confirmar a posição e a importância da família judaica para o Estado.[133] Em março de 1942, os atrasos eram mais corriqueiros, porque o processo ainda não havia sido testado, o que pode explicar por que o prefeito de Humenné disse a Emmanuel Friedman para não se preocupar, pois as exceções de sua família estavam a caminho.

Causa mais surpresa o intervalo de tempo entre a data próxima à assinatura do prefeito e a data do selo regional, etapas que provavelmente eram providenciadas no mesmo prédio do governo, talvez na mesma sala. Também é um mistério o motivo pelo qual as famílias Amster e Hartmann receberam suas exceções apenas alguns dias depois que as meninas foram levadas de suas casas, horas antes de o transporte deixar Poprad, e as famílias Friedman e Gross só as receberam duas ou três semanas mais tarde. Dos muitos judeus de Humenné, cerca de quatrocentos seriam supostamente protegidos pelas exceções presidenciais em decorrência de sua importância econômica ou por terem se convertido ao catolicismo antes de 1941.[134]

A vidraçaria de Emmanuel Friedman, assim como ocorrera com os negócios de outros profissionais judeus, foi arianizada. Agora, era dirigida por um não judeu chamado sr. Baldovsky, que, no entanto, não sabia como executar as tarefas de um vidraceiro certificado. Por isso, os governos alemão e eslovaco ainda precisavam de Emmanuel Friedman. Seu trabalho agora era ultrassecreto, o que pode parecer estranho. Que negócio poderia ser tão importante, a ponto de exigir que Emmanuel Friedman fosse vendado antes de ser levado ao trabalho por um motorista indicado previamente pelo governo? O fato é que ele era levado regularmente a um aeródromo secreto na zona rural, onde passava seus dias consertando para-brisas de aviões bombardeiros. Na cidade, o sr. Baldovsky cuidava das tarefas mais corriqueiras.

Foi depois do Pessach que a prometida *výnimka* da família Friedman finalmente chegou. Emmanuel Friedman já tinha conseguido descobrir para onde Edith e Lea haviam sido levadas, talvez por meio do carimbo em seus cartões-postais, talvez mediante seus contatos no governo. Então, ele fez algo que o sr. Amster e os irmãos Hartmann não haviam considerado. Ele pediu ao sr. Baldovsky que fosse a Oświęcim e liberar suas filhas.[135]

Como a maioria das pessoas, Emmanuel Friedman ainda acreditava que suas meninas estavam trabalhando para o governo eslovaco e seriam liberadas em três meses, mas ele e sua esposa estavam infelizes sem Edith e Lea em casa. Por que não ir ao escritório administrativo do centro de trabalho e apresentar as exceções governamentais aos funcionários competentes, para que assim as garotas pudessem ser liberadas? Talvez eles pudessem trazer Adela Gross também.

O sr. Baldovsky e Emmanuel Friedman não eram tão ingênuos a ponto de negligenciar a elaboração de um plano de emergência. Se houvesse algum problema para liberar as meninas, o sr. Baldovsky entraria em contato com elas e as ajudaria a escapar. Assim que estivessem a bordo de um trem de passageiros, estariam a salvo, porque carregavam isenções e viajavam com um não judeu. Esse era o plano.

O sr. Baldovsky prontamente embarcou em um trem de passageiros para Žilina, lá pegou um segundo e seguiu para a fronteira polonesa.

AS TORRES DE VIGIA SE ERGUIAM como gigantes estoicos na nevasca. A neve se acumulava e se prendia nas farpas das cercas de arame. As silhuetas de soldados da SS se moviam pelas auréolas brilhantes em torno dos holofotes das torres de guarda. Uma rajada de neve caiu no escuro, prendendo-se aos cílios das meninas quando elas hesitantemente entraram na *Lagerstrasse* para a chamada matinal. Ninguém queria sair nessa repentina tempestade de abril: nem a SS, nem os cães de guarda, nem as *Kapos*. As novas prisioneiras, menos ainda. Calçando nada além dos seus tamancos, seus pés afundavam na neve até os tornozelos. O vento passava pelos buracos de bala no uniforme ou pelas pernas nuas sob os vestidos. O gelo queimava a pele das bochechas e do couro cabeludo raspado. Alinhando-se da melhor forma que podiam, piscando para tirar a neve dos olhos, as meninas tentavam ficar de pé sem tremer. Arrogante e com ar de superioridade, o comandante Rudolf Höss passou pelas prisioneiras, em uma de suas raras aparições no campo das mulheres. Suas botas eram altas o suficiente para que a neve não as penetrasse, e, enquanto caminhava pelos arredores, ele olhava para as *Kapos* infelizes que contavam as meninas miseráveis. Era um amanhecer escuro e, enquanto "elas ainda estavam nos contando, ouvi a mulher da SS [Johanna Langefeld] dizer a ele: 'Com esse tempo, não podemos mandá-las trabalhar'. Höss bateu a bota e gritou com ela: 'Para os judeus, clima não importa!'".

Isso dizia tudo. Edith olhou para a tempestade furiosa. Por que elas não podiam limpar os blocos ou algo assim? Como alguém podia ser tão cruel? Ou ele simplesmente rechaçou a ideia porque foi a supervisora quem sugeriu? A briga sobre quem estava no comando do novo campo feminino mal tinha começado e não só Langefeld já era a perdedora como suas prisioneiras também. As meninas saíram para trabalhar enquanto a neve se amontoava ao seu redor.

Para salientar ainda mais o argumento do comandante, o homem da SS encarregado de subir o portão ordenou que as meninas tirassem seus tamancos, porque o som da madeira batendo na parte de trás dos seus pés o incomodava. Era difícil acreditar que ele pudesse ouvir qualquer coisa além do vento uivante. Mas era sua prerrogativa fazer o que quisesse. Se o comandante Höss podia forçar os judeus a trabalhar, seus soldados poderiam fazê-los andar descalços. Tudo era uma questão de poder. E os judeus não o tinham. As meninas tiraram seus calçados e marcharam silenciosamente sob o lema invertido do arco do portão: *ierf thcam tiebrA*.

Agora, as meninas tinham que tirar os sapatos sempre que saíam e entravam no campo, mas, pouco depois de essa ordem se tornar definitiva, a neve começou a derreter. Pelo menos elas não estavam mais andando descalças na neve. Agora, caminhavam sobre lama congelada. Para as meninas que trabalhavam nos campos espalhando esterco, surgiu um novo problema. O solo úmido e argiloso arrancava os tamancos de seus pés. Perder o "sapato" era equivalente a receber uma sentença de morte. Linda perdeu os dela nos primeiros dias do degelo. As outras meninas, temendo ficar sem os seus, começaram a tirá-los antes do trabalho, e então pisavam descalças na lama fria e grossa, carregando esterco nos braços.

O SR. BALDOVSKY CHEGOU à estação de trem de Oświęcim, perguntou sobre o caminho para o campo de trabalho e caminhou diretamente até os portões de Auschwitz. Quando os guardas o detiveram, ele pediu para falar com o comandante. Eles olharam para ele incrédulos.

— E quem é você?

Ele se apresentou e mostrou as exceções.

— Vim libertar Lea e Edith Friedman, de Humenné, que foram convocadas por engano para o trabalho do governo. Estes são os documentos oficiais que as dispensam.

Os guardas riram.

— Em que língua isso está?

— Eslovaco.

— Nós somos alemães.

O sr. Baldovsky explicou o que os documentos diziam.

— Elas estão isentas do trabalho! — ele exclamou.

— Na Eslováquia, talvez. Mas estamos na Grande Alemanha agora.

Os guardas não sabiam de quem ele estava falando, de qualquer maneira. Edith? Lea? Friedman? Ele só podia estar brincando.

— Quais são os números delas?

— Elas têm números?

— Todas têm números!

Irritados, os guardas da SS empunharam as armas e ordenaram ao empresário que fosse embora, ou eles o matariam. O sr. Baldovsky recuou. Era hora de apelar para o plano de emergência. Ele conhecia as garotas Friedman bem o suficiente para reconhecê-las, e Adela seria fácil de identificar por causa dos fartos cabelos ruivos. Onde quer que Adela estivesse, Lea e Edith certamente estariam por perto.

Seguindo pela estrada, ele contornou as cercas de arame farpado que cercavam as fileiras de blocos de tijolos que compunham Auschwitz. Nos campos, ele avistou criaturas descalças que cambaleavam em meio à neve e à lama, carregando excrementos com as mãos nuas. Como elas vestiam roupas mal ajustadas, que se abriam com o vento frio, ele pôde ver que elas não usavam roupas íntimas. Tampouco lenços para cobrir sua cabeça quase careca. Eram mulheres, certamente, mas se pareciam mais com o golem dos mitos judaicos do que com mulheres.

O sr. Baldovsky estremeceu ao vê-las. Essas certamente não eram as judias bem-criadas que ele conhecia de Humenné. Examinando o horizonte bege e cinza pálido, ele não viu mais nada e mais ninguém. Auschwitz deve ser um manicômio. Ele concluiu que as informações de Emmanuel Friedman estavam incorretas. Não era possível que Edith e Lea estivessem nesse inferno. Havendo falhado em sua missão, ele retornou a Humenné e disse ao sr. Friedman e à sua esposa: "Edith e Lea devem ter sido levadas para outro lugar. Não há como elas estarem em Auschwitz. Esse lugar não é um campo de trabalho, é um local para doentes mentais."[136] O que ele teria pensado se tivesse visto as garotas nas tarefas de demolição, jogando tijolos na cabeça de outras?

Edith suspira. "Você pode imaginar, uma pessoa normal chega, olha em volta e vê aquelas meninas sem cabelo andando por aí, pouco vestidas. Ela nos vê sem meias, com as pernas nuas na neve. Que impressão causamos? Não a impressão de que somos seres humanos normais."

A AVALIAÇÃO DE BALDOVSKY DE QUE Auschwitz era um abrigo para loucos rapidamente se tornava realidade. Muitas garotas estavam perdendo a cabeça. O trauma causado por terem sido arrancadas de forma abrupta dos lares gentis e atenciosos de seus pais e catapultadas para essa brutalidade causava severas complicações. Destituídas de sua identidade, emocionalmente destruídas, exauridas e desumanizadas pela crueldade física e verbal, até as meninas mais fortes tinham dificuldade para manter a sanidade. Talvez elas tivessem morrido e não estavam mais na terra dos vivos? Talvez não houvesse nada além da neblina subindo dos pântanos.

Madge Hellinger assumiu a tarefa de dormir ao lado das meninas mais frágeis que falavam sem parar durante a noite. Como uma mãe ou irmã mais velha, ela as confortava quando se mexiam e se agitavam, atormentadas por pesadelos. Quando acordavam para o pesadelo real de Auschwitz, ela falava com elas de maneira gentil e encorajadora. Conforto e afinidade eram essenciais para as meninas que não tinham irmãs ou primas junto delas. O cuidado dispensado a elas por mulheres também jovens, mas já alguns anos mais velhas, ajudava a mitigar o terror e o choque das primeiras semanas.

As circunstâncias também causavam certa dissociação ética. As meninas mais profundamente religiosas percebiam que sua moral enfraquecia à medida que a necessidade de sobreviver crescia. Auschwitz era um tipo de jogo cruel que divertia a SS e as *Kapos*, muitas das quais se deliciavam em jogar prisioneiras contra prisioneiras. As meninas tentavam ajudar umas às outras, mas, quando grupinhos baseados em laços familiares e de amizade começaram a ser formados, algumas acabaram excluídas. Era uma questão de sobrevivência não apenas das mais aptas, mas também das mais afortunadas, com uma feroz competição pelo recurso mais limitado: comida. Todas as meninas do campo chegaram com um código de ética religioso estrito, mas em poucas semanas estavam roubando umas das outras: comida, cobertores, "qualquer coisa que não estivesse ligada ao seu corpo".

"Eles nos jogavam umas contra as outras. Foi tão horrível", diz Edith. "Você sempre estava em perigo, e não apenas de perder sua vida, mas de perder sua alma. Quanto mais tempo passávamos lá, mais próximo da alma a lâmina chegava. A moral é algo que, se está embutida em você, não pode ser eliminada, por mais depravada que seja a vida que você é forçado a viver. Eu acho que algumas meninas preferiram morrer a agir com as outras". Outras simplesmente eram más.

Edie (nº 1949) — que havia chegado com a irmã Ella — admite sem rodeios: "Eu roubei de tudo."[137] De fato, quando a Cruz Vermelha enviou pacotes de comida para os prisioneiros no campo, Edie (que tinha o mesmo nome e sobrenome de nossa Edith) ficou com a responsabilidade de distribuí-los entre as prisioneiras. Como havia dois pacotes com o nome dela, ela achou por bem ficar com ambos. Nossa Edith não recebeu nenhum.

"Você não tem ideia do que fará para sobreviver até ser forçado a escolher entre morrer de fome ou comer, congelar ou se aquecer, rezar ou roubar. Você pode orar antes de roubar. 'Deus, perdoe-me por pegar o cobertor dessa garota porque alguém pegou o meu. Deus, perdoe a garota que roubou meu pacote da Cruz Vermelha para que ela pudesse comer e eu não.'" Aos 94 anos de idade, Edith oferece uma perspectiva rara sobre o incidente: "Depois de todos esses anos, ainda guardo rancor daquela garota. Ela comeu. Eu não. Nós duas tínhamos dezessete anos. Nós duas sobrevivemos. Sabe, mesmo depois de ficar velho, você não se esquece dos males feitos contra você, mas fico feliz em dizer que já tenho idade suficiente para não me importar mais... Você não conhece uma garota até que viva com ela ou, como nós, até que fique presa com ela. É aí que você descobre não apenas quem ela é, mas quem você é. Essa é a questão. Nós éramos adolescentes. Nós não éramos adultas. Ainda éramos jovens, estávamos habituadas a ficar de mau humor, a ser preguiçosas, a fugir de uma obrigação ou a dormir até tarde. Apenas um mês atrás, estávamos rindo e fofocando sobre as últimas notícias da nossa comunidade, e agora víamos garotas morrendo, garotas da nossa idade que deveriam viver para se tornar velhinhas como eu, agora mortas antes do tempo. E, depois, há a pergunta: será que vai acontecer comigo também? Também estarei morta em breve?".

Há outra coisa que Edith não perdoa. Quando as supervisoras do bloco assumiram seu posto, provavelmente serviam o pão e a sopa em porções igualitárias às companheiras de prisão. No entanto, à medida que os dias passavam e seu próprio estômago também doía de fome, muitas começaram a roubar comida para si e para suas amigas ou parentes. "As *Blockältesters* [supervisoras de bloco] tinham de cortar o pão em quatro pedaços", explica Edith. "Mas elas começaram a cortar o meio do pão. Portanto, se houvesse cem pedaços de pão para nós, as supervisoras do bloco ficavam com cem dessas fatias extras do meio para si. Elas próprias as comiam ou davam para suas irmãs ou primas, enquanto o resto de nós passava mais fome."

Podemos realmente culpá-las? Nós seríamos melhores? Se você tem primas e elas estão passando fome, como se preocupar com estranhos? Mesmo com as porções extras, todo mundo ainda passava fome. "Nenhum judeu jamais esteve com a barriga cheia em Auschwitz", diz Edith. "Até que você realmente tenha passado fome, não sabe o que é capaz de fazer com outro ser humano."

QUANTO MAIS EXTENUANTE a atribuição de trabalho, mais rapidamente as meninas se enfraqueciam com a falta de comida. O frio também acelera a queima de gordura e calorias, e aquelas primeiras semanas trabalhando ao relento causaram uma perda de peso crítica. A sobrevivência de muitas meninas dependia de elas conseguirem trabalhos internos, ou trabalhos externos menos rigorosos, mas o único serviço interno era a limpeza dos blocos, e essa tarefa cabia às supervisoras e suas ajudantes imediatas. Para o resto das meninas, havia apenas tarefas de demolição, adubagem, limpeza das ruas. "Em pouquíssimo tempo, parecíamos fios de espaguete. Provavelmente, eu pesava cerca de trinta quilos", diz Edith.

Como a comida era a chave da sobrevivência, pegar uma fila em que a pessoa servindo a sopa também a mexia, de maneira que os legumes e a carne de cavalo — ainda que podres — não ficassem no fundo da panela, era uma dádiva de Deus. Uma sobrevivente lembra de garotas gritando "tem carne na minha sopa!" sempre que tinham a sorte de receber algo para mastigar. Linda Reich (nº 1173) cuidava de mexer a sopa sempre que a servia, mas muitas meninas escumavam a superfície e serviam apenas o caldo, guardando o "melhor" para si mesmas. Às vezes, pegar o final da fila ajudava, mas se o caldeirão fosse esvaziado muito cedo e você ainda não tivesse sido servida, acabaria sem sopa.

Linda se lembra de correr para ir tomar a sopa do chamado "almoço", porque a SS atirava em qualquer uma que fosse para a fila muito lentamente. A morte não tinha lógica ou motivo — vem em um instante, muitas vezes sem aviso. Esta não era uma sociedade distópica criada por algum romancista. Auschwitz era um *Jogos vorazes* da vida real.

Ao anoitecer, quando finalmente terminavam de trabalhar, as meninas eram forçadas a formar uma fila antes de marchar de volta para o campo. "As últimas da fila tinham que arrastar os cadáveres de volta, porque eles também precisavam ser contados."[138] Ninguém queria ser a última da fila — jamais —, especialmente nos serviços de demolição, em que sempre havia várias garotas mortas. Acrescente à crueldade da tarefa a pura exaustão de se ter trabalhado o dia todo, então as meninas quase não tinham mais forças para carregar os cadáveres. Muitas vezes, a garota morta era arrastada pelo chão até que "não tivesse mais pele nas costas", diz Linda, com tristeza. "Sempre havia sangue na estrada."

Após a chamada da noite, Linda e outras começaram a notar que algumas das meninas feridas nunca retornavam aos blocos. Nunca. "Era muito estranho", diz Edith. "Se uma pessoa estivesse doente, se tivesse uma pequena ferida na perna, era separada das outras, recolhida, e não a víamos mais." Para onde iam essas pessoas? No começo, não lhes ocorreu que as meninas desaparecidas estavam sendo mortas.

Em seu depoimento nos julgamentos de Ravensbrück, em 1945, a prisioneira política e *Kapo* Luise Mauer relatou que "a máquina criminosa agora estava a todo vapor. Qualquer pessoa considerada inapta para o trabalho ou que fosse descoberta escondida nos blocos pela supervisora [Johanna Langefeld] era morta". Mauer e Bertel Teege receberam ordens de selecionar as meninas que não pudessem mais trabalhar e enviá-las para o "sanatório". O sanatório, é claro, agora era uma câmara de gás inteiramente funcional. As duas *Kapos* decidiram que "preferiam morrer a ajudar esses assassinos fascistas" e recorreram à sua chefe, SS Langefeld. Uma luterana severa, Langefeld frequentemente se via dividida entre os seus valores religiosos e as violentas exigências de seu trabalho, e respeitava o julgamento moral das próprias Teege e Mauer. Em um raro momento de compaixão, Langefeld não as denunciou por insubordinação, o que provavelmente salvou suas vidas.

Quando o trabalho de selecionar mulheres para o "sanatório" foi transferido para outras pessoas, Mauer e Teege iniciaram uma "campanha de sussurros" para alertar discretamente as supervisoras de bloco de que deveriam mandar todas as meninas para o trabalho, ocupando as doentes com serviços internos.[139] Elas não ousaram explicar por que era necessário enviar meninas doentes para trabalhar. Não podiam confiar a ninguém a informação de que ser enviada ao "sanatório" significava ser assassinada, ou elas mesmas seriam mortas.[140] Como resultado da campanha, muitas prisioneiras doentes passaram a achar que as supervisoras estavam sendo cruéis ao não permitir que fossem enviadas ao sanatório, e insistiram para que pudessem ir. Essas garotas eram levadas enquanto as demais estavam fora trabalhando — e nunca mais eram vistas.

NO FINAL DE ABRIL, mais de 6.277 jovens, a maioria judias, haviam sido registradas em Auschwitz — 197 tchecas, algumas polonesas que haviam se escondido na Eslováquia, e as restantes, eslovacas.[141] O número era superior ao da população carcerária total de Ravensbrück. No entanto, desconhece-se a quantidade de mulheres vivas que ainda faziam parte da população carcerária de Auschwitz.

Na mesma época em que uma nova atribuição de trabalho foi criada, a irmã de Erna Dranger, Fela, chegou no oitavo transporte eslovaco. Era 23 de abril. O número de Fela era 6030. Erna e Fela fizeram parte do primeiro grupo de meninas (formado principalmente por "veteranas") que foram trabalhar na nova atribuição: organizar roupas. Dentre elas, estava também Magda Amster, cujo pai passara a noite tentando salvá-la.

Desde que perdera o sapato, Linda Reich ficava escondida no final das filas durante as chamadas, tentando evitar ser mandada para o trabalho externo. Agraciada com a oportunidade de transferir-se para o destacamento de organização de roupas, ela prontamente roubou um par de sapatos para si. Poucas das garotas responsáveis pela organização se esqueceram de suas amigas, e rapidamente descobriram como furtar itens e trazê-los de volta para as outras. Era isso que elas chamavam de "organização".

Sapatos eram os itens mais essenciais de que as meninas necessitavam. Como Linda, outras haviam perdido seus tamancos na lama, e andar descalça era um caminho certo para uma morte precoce. Outros itens, como roupas íntimas, sutiãs, lenços e meias, também entraram nos blocos e melhoraram um pouco a vida das mulheres, ajudando-as a se sentirem novamente como tais. Para as meninas que organizavam as roupas, contrabandear essas coisas era como uma rebelião silenciosa contra as autoridades. Era também uma maneira de honrar sua identidade cultural — guardar roupas judaicas para vestir judeus, em vez de vê-las sendo enviadas para vestir os alemães. Ninguém cobrava por esses presentes, pelo menos não no começo. Todas só queriam ajudar umas às outras da maneira como podiam.

"Havia uma garota do nosso transporte que nos trazia algo da cozinha, algo cozido, como uma batata", lembra Edith. "Ela sabia como fazer isso sem que os guardas a pegassem, porque eles revistavam todas, especialmente as meninas que trabalhavam com comida ou com roupas." Todas as sobreviventes contam histórias semelhantes, de terem ganhado itens de vestuário de importância vital ou comida contrabandeados por suas amigas. Tal qual o quartzo polonês escondido na terra sob seus pés, ajudar umas às outras endurecia sua determinação de sobreviver e comprimia as meninas em pedras semipreciosas de apoio mútuo.

O serviço de organização de roupas era uma operação bastante pequena nesse momento, mas ajudou a salvar muitas vidas naqueles primeiros dias. Trabalhar internamente organizando roupas se tornou uma das atribuições mais desejadas. O trabalho não era apenas relativamente fácil, mas as meninas também não passavam frio e, se nenhum guarda estivesse olhando, podiam comer os pedaços de comida que encontravam nos bolsos. Obviamente, ser pega significava receber vinte chicotadas e ser mandada de volta ao trabalho duro lá fora. A organização compensava esse risco, no entanto.

As roupas ficavam armazenadas primeiro em um bloco. Nele, Linda e as outras dobravam blusas, saias, casacos e calças, dez por pacote. Em seguida, esses pacotes eram transferidos para outro bloco, onde eram empilhados e guardados. Depois, eram carregados nos vagões para transporte de gado que haviam trazido os prisioneiros e enviados de volta para a Alemanha. Assim, em vez de voltarem vazios, os vagões que transportavam os judeus retornavam carregados de pertences dos próprios judeus. Gravada nos vagões, havia uma mensagem: "Para as famílias que têm filhos na frente de batalha."[142]

Ainda ignorantes quanto às reais circunstâncias da época, algumas das meninas deixavam nas roupas mensagens em pedaços de papel, na esperança de que as famílias alemãs que as recebessem alertassem as autoridades, que assim tomariam providências: "*Achtung!* Roupa judaica do campo de concentração". Elas não sabiam que, na verdade, as autoridades tinham conhecimento de tudo.

COM O AVANÇO DA PRIMAVERA, os campos onde as meninas espalhavam estrume estavam agora sendo lavrados e plantados com brotos de batata. Edith e Lea foram designadas para uma nova atribuição: limpar os riachos e lagoas ao redor do perímetro de Auschwitz, que estavam imundos — cheios de lixo e, às vezes, com ossos humanos enterrados no fundo da lama. Forçadas a entrar na água, elas retiravam o lixo e o depositavam nas margens para ser coletado. "No verão, essa não era uma atribuição tão ruim assim, mas, no início da primavera e no final do outono, congelávamos. Íamos para a cama encharcadas e acordávamos encharcadas. Nós nunca nos secávamos."

A essa altura, algumas das meninas haviam sido transferidas para diferentes blocos.[143] Irena Fein estava no Bloco 8 — do qual, Ella (n° 1950), irmã de Edie, provavelmente foi uma das supervisoras. Ella nunca confirmou ter exercido o cargo, mas sua irmã trabalhou como escrevente do bloco, uma posição que teria dado às irmãs certo poder e as ajudado em sua rotina dentro do campo. A essa altura, sua irmã mais nova, Lila, também havia chegado ao campo no terceiro transporte. Se Ella havia sido promovida a supervisora do bloco ou de um dos quartos, fora uma importante promoção. Aos 21 anos, Ella não era apenas mais madura do que muitas das outras meninas, mas frequentara a escola de secretariado e aprendeu habilidades que cedo ou tarde a destacariam para uma posição muito mais importante no campo. Funcionárias como supervisoras de blocos ou de quartos não precisavam mais ter a cabeça raspada.

A desinfecção de piolhos e o corte do cabelo e dos pelos aconteciam a cada quatro semanas, sempre em um domingo. Algumas meninas agora tinham que mostrar-se, nuas, a seus próprios pais e irmãos. Obrigados a fazer o trabalho com pressa, os homens acabavam cortando as meninas com as tesouras elétricas pesadas, especialmente quando tentavam se apressar para terminar logo o serviço nas partes íntimas. O "banho" desinfetante sempre vinha após a depilação. As meninas esperavam sem roupas e em longas filas sua vez de pular no tonel por alguns minutos — esse era o único acesso a água que elas tinham durante o mês, mas o desinfetante não limpava o corpo. Apenas queimava.

DEZESSETE

A história, apesar de sua dor pungente, não pode deixar de ser vivida; mas, se confrontada com coragem, não precisa ser vivida novamente.

— MAYA ANGELOU

DE VOLTA À ESLOVÁQUIA, TANTO NÃO JUDEUS quanto judeus ficavam cada vez mais transtornados pelas deportações. Em 26 de abril de 1942, uma multidão de eslovacos não judeus se organizou do lado de fora do campo de trânsito de Žilina, onde mulheres e homens jovens eram mantidos para o próximo transporte. Eles "protestavam pelos judeus que estavam sendo concentrados [lá] e sendo deportados. Quase chegou ao ponto de haver uma revolta de verdade. Os guardas [Hlinka], que deveriam vigiar os judeus, não sabiam o que fazer com a multidão".[144] Foi um dos poucos atos de resistência pública realizada por não judeus em nome de judeus. Outras ações foram menores, mais pessoais e menos propensas a chamar a atenção da Guarda Hlinka ou da polícia.

O pai de Ivan Rauchwerger havia encontrado um emprego para seu filho em uma fábrica de couro que pertencera a um velho amigo da escola e que, depois de arianizada, foi assumida por um luterano que mantinha boas relações com os judeus. Por exercer um trabalho que era importante para o esforço de guerra, Ivan não corria risco de ser deportado, mas "éramos sistematicamente desumanizados tanto pelo Estado quando pela Igreja Católica". Havia um custo emocional envolvido quando se recebia uma exceção. Aos 16 anos, Ivan já tinha visto sua namorada embarcar no trem para o "trabalho". Agora, via os seus amigos de infância deixando a cidade em vagões usados para transporte de gado. "Nós, que ficamos para trás, continuamos nossas vidas sem alegria, como se fôssemos ninguém."

Sua amiga Suzie Hegy[145] enfrentou os guardas da Hlinka quando se viu forçada a entrar em um dos transportes de abril. "Eu não fiz nada de errado!", ela gritou. "Eu ainda não vivi e você vai me matar?". Ivan nunca mais viu Suzie.

Em 29 de abril de 1942, ao todo dez transportes eslovacos já tinham levado 3.749 garotos judeus e 6.051 garotas judias para Auschwitz ilegalmente.[146] Nenhuma família havia sido deportada ainda.

Para os judeus poloneses, as coisas eram bem diferentes.

Durante a chamada em uma manhã no início de maio, Edith e Lea notaram que uma enorme tenda de lona havia sido montada no centro da *Lagerstrasse*. Elas estavam na parte mais externa da formação quando um dos *Kapos* passou. "Lembro que ele usava o triângulo verde dos criminosos e falou: 'Vocês sabem o que tem lá dentro dessa tenda? Sapatos infantis. E vocês sabem onde estão as crianças? Estão vendo a fumaça? São as crianças'."

"Por que ele diria algo tão louco?", Edith sussurrou para a irmã. "Não havia crianças no campo. Era uma coisa tão estranha de se dizer… Um cérebro normal não entenderia." Elas simplesmente não puderam acreditar nele.

As janelas do Bloco 10 haviam sido vedadas para impedir que as meninas pudessem ver o pátio do Bloco 11 e a parede de execução. No entanto, havia pequenas aberturas nos nós da madeira usada na vedação, por meio das quais elas podiam ver o que acontecia lá embaixo.[147] Um dia, quando as meninas estavam no trabalho, a *Kapo* Luise Mauer foi abordada por Elza, a supervisora do Bloco 10, que tinha visto algo e queria lhe mostrar. Do lado de fora da janela, no terreno ensanguentado entre os Blocos 10 e 11, a SS estava atirando "sem piedade em mulheres e crianças que já estavam mortas e naquelas que ainda estavam vivas".

Este não foi o único incidente que Luise Mauer e sua colega Bertha Teege testemunharam. Um dia, depois de terem retirado todas as prisioneiras da *Lagerstrasse*, como haviam sido instruídas a fazer, as duas mulheres retornaram à sala de Johanna Langefeld e espiaram pelas aberturas da janela. "Cerca de trezentas pessoas — mulheres, crianças e homens, jovens, idosos, saudáveis e doentes, alguns de muletas — caminhavam pela estrada do campo. Depois, foram levados a uma passagem subterrânea, que se parecia com um descascador de batatas gigante dotado de dutos de ar. Então, vimos dois homens da SS nos dutos de ar, usando máscaras de gás. Lá, eles esvaziaram cartuchos do que mais tarde saberíamos ser o notório Zyklon B, gás responsável pela morte de milhões de pessoas. Gritos horríveis preencheram o ar — as crianças gritaram por mais tempo —, então tudo o que podíamos ouvir eram lamúrias. Elas pararam após quinze minutos. E assim soubemos que trezentas pessoas haviam sido assassinadas".[148] Na verdade, haveria muitas mais.

Entre 5 e 12 de maio, transportes poloneses carregando 6.700 judeus (homens, mulheres e crianças) foram enviados diretamente para as câmaras de gás recém-inauguradas para as primeiras execuções em massa em Auschwitz.[149] Ainda não havia crematórios, então os corpos tinham de ser enterrados em grandes valas.

Quando Langefeld voltou para a sua sala, "pálida e perturbada",[150] Mauer e Teege revelaram que tinham visto o que acontecera. Langefeld disse a elas que "não tinha ideia de que pessoas seriam mortas aqui. E que de forma alguma deveríamos contar a alguém o que vimos, sob pena de sermos condenadas à morte". A ironia dessa afirmação fala por si só e revela o duplo paradoxo que os assassinatos em Auschwitz envolviam.

ENQUANTO ISSO, NA ESLOVÁQUIA, a indignação havia aumentado não apenas porque jovens mulheres solteiras estavam sendo removidas da proteção da casa de seus pais, mas porque famílias estavam sendo separadas.[151] Os protestos de abril em Žilina atrasaram as deportações por tempo suficiente para que o presidente Tiso tranquilizasse o país, prometendo agir como uma "pessoa boa e humana e interromper as deportações de meninas solteiras". Ele reiterou essas garantias em todos os seus pronunciamentos no rádio, em todos os jornais e em eventos públicos: "É princípio básico da fé cristã que famílias não devem ser separadas. Esse princípio será observado quando os judeus forem enviados para suas novas instalações."[152] Todo mundo, até o Vaticano, acreditava (ou talvez apenas quisesse acreditar) em suas mentiras. Na realidade, Tiso estava apenas esperando a Assembleia Eslovaca aprovar a legislação que tornaria legal o "restabelecimento" dos judeus. Essa decisão seria tomada em 15 de maio de 1942, quando a Assembleia Eslovaca debateria se a deportação de judeus deveria ser legal.

A atmosfera na galeria da assembleia foi descrita como "opressiva", pois a Guarda Hlinka se posicionou em frente aos "deputados votantes",[153] a fim de intimidar aqueles que estavam preocupados com as implicações morais e religiosas do projeto. Quando a votação foi aberta, a maioria havia saído, tendo escolhido não votar. O projeto foi aprovado. Instantaneamente, tornou-se legal que os judeus fossem deportados e, uma vez deportados, perdiam sua cidadania e suas propriedades. Os judeus eslovacos não precisavam mais ser chamados de "trabalhadores voluntários". Somente aqueles com exceções estariam seguros agora. Uma nova onda de pedidos inundou o Ministério do Interior.

Com as deportações legalizadas, o próprio Adolf Eichmann chegou a Bratislava para garantir ao governo que "os judeus eslovacos trabalhavam felizes em seus novos lares".[154] Nos meses seguintes, 20 mil judeus eslovacos seriam enviados para Auschwitz.[155] Assim como Tiso prometera, as famílias seriam deportadas juntas. Somente quando chegassem a Auschwitz ou Lublin elas seriam separadas — pela morte.

Com os três meses de seu suposto "contrato" com o governo já expirados, as meninas assistiam aos transportes chegando da Eslováquia com uma sensação de desespero crescente. Algo muito diferente do que haviam imaginado estava acontecendo agora. As mulheres jovens não eram mais os únicos alvos. Algumas das meninas entravam em choque porque, embora não estivessem mais privadas da companhia materna, estavam condenadas a sofrer com a mãe. "Fomos dominadas pela desesperança", escreve a dra. Manci Schwalbova. "Filhas que tentavam ajudar as mães tinham que testemunhar como elas eram espancadas e como sucumbiam ao fardo do trabalho pesado e das condições desumanas."

EM HUMENNÉ, LOU GROSS correu para ajudar a avó de um amigo com sua mala, mas foi arrastado pela babá, chorando. Nos poucos meses desde que Adela havia saído de casa, ele crescera além dos seus quatro anos de idade.

Giora Shpira teve a sorte de obter uma exceção do governo graças ao trabalho de seu pai no depósito de madeira, mas, aos 14 anos, ele testemunhava não apenas ruas inteiras de Prešov serem deportadas, mas famílias que ficaram para trás serem levadas à praça e abatidas a tiros. "Esse foi o destino da maioria dos moradores da rua K.", escreve Giora. Mesmo com as isenções, seu pai temia que os meninos se tornassem alvos em breve, então ele os levou escondidos para a Hungria. O irmão de Giora se escondeu em um orfanato, enquanto Giora trabalhava como aprendiz de eletricista.

Em Rožkovany, a família Hartmann trabalhava em suas criações de gado e nos campos agrícolas, tentando levar a vida normalmente. Eugene trabalhava em dobro, cuidando de sua mãe doente e ajudando seu pai. Eles ainda não haviam recebido nenhuma notícia de Magduska. Seu pai estava chateado, pois a promessa de lhe providenciar um pacote com itens de primeira necessidade não havia sido cumprida, mas ele não tinha ideia de para onde deveria enviá-lo.

Como os Hartmann tinham exceções porque administravam uma propriedade vital para o suprimento de alimentos do país, outros familiares foram morar na fazenda com eles. Uma prima, no entanto,

Lenka Hertzka, ficou em Prešov, tendo sido deportada de repente em junho. Felizmente, a irmã de Lenka, Lilly, seu sobrinho e sua mãe (tia de Magduska) já estavam a salvo na fazenda.

Ninguém em Auschwitz estava seguro, mas Lenka havia conseguido arrumar trabalho como assistente de um dos principais membros da Gestapo. Um de seus privilégios era ter acesso ao correio. Naquele mês de julho, chegou um cartão-postal de Lenka, de Auschwitz. Os Hartmann finalmente tinham um endereço para enviar as coisas de Magduska e Nusi e imediatamente escreveram para Lenka, fazendo as perguntas que tanto preocupavam a família.

Por que Lenka podia escrever, mas não Magduska e Nusi? Certamente, Lenka era mais velha e mais madura, mas Magduska sempre agiu com responsabilidade. Ela estava tão ocupada que não podia escrever para sua família? O que havia de errado com ela? Também chegavam cartões-postais de outras garotas que haviam sido deportadas com Magduska e Nusi. Por que todas, menos as duas, encontraram tempo para escrever?

Os Hartmann são um exemplo de inocência, uma demonstração daquilo em que muitas outras famílias também devem ter acreditado: suas filhas estavam morando em algum tipo de dormitório, viam-se regularmente, faziam refeições juntas e podiam receber pacotes com comida, dinheiro, vestimentas, roupa de cama e, claro, notícias de casa. Eles não tinham ideia de que quase tudo o que enviaram para Auschwitz foi confiscado pela SS.

NO ESPAÇO CONFINADO de um vagão de transporte de gado a caminho de Lublin, Rudolf Vrba, que acabaria se tornando famoso por conseguir fugir de Auschwitz, ouvia seus companheiros conversando sobre os cartões-postais que haviam recebido das meninas em Auschwitz. Zachar, comerciante de vegetais em uma pequena banca, estava sentado ao lado de sua filha adolescente, que se ocupava de lixar as unhas.

Interrompendo o serviço de manicure, ela disse: "Minha prima foi no primeiro transporte e me escreveu outro dia, dizendo que estava tudo bem. Disse que a comida era boa e que elas não estavam trabalhando muito". Uma sombra cruzou seu rosto cheio de sardas. "Só uma coisa eu não consegui entender. Ela disse que a mãe dela também enviava lembranças. Mas a mãe dela morreu há três anos".[156]

Uma mulher que amamentava seu bebê olhou para eles. "Havia algo engraçado na carta que recebi da minha irmã também", disse ela. "Ela me disse que o velho Jakob Rakow estava em forma. Mas Jakob morreu em um acidente de carro há tempos."

"Uma aura de dúvida desceu sobre a conversa", escreve Vrba.

Os passageiros começaram a abrir suas malas para buscar cartões enviados por garotas que trabalhavam em algum campo da Polônia. Com certeza, haveria outros comentários estranhos, "referências a pessoas que já estavam mortas ou a eventos que não poderiam ter acontecido". Por que suas filhas, irmãs ou primas escreveriam esses absurdos? Houvesse ocorrido com uma única família, um *post scriptum* esquisito não seria nada mais do que isso, uma esquisitice, mas agora que outras famílias mostravam cartões com comentários semelhantes, um sentimento de mau agouro surgiu. Enquanto os cartões-postais eram lidos em voz alta, as pessoas começaram a reconsiderar as mensagens codificadas. Então, com a mesma rapidez, garantiram a si mesmas que não havia nada com que se preocupar.

As famílias avisadas estavam condenadas a se tornarem vítimas das advertências dissimuladas que as meninas não podiam fazer claramente. Era mais fácil acreditar nas garantias do presidente Tiso e pensar que estavam sendo apenas realocadas do que acreditar que iam todas morrer, como Jakob Rakow em seu acidente de carro. Tiso estava cumprindo sua promessa, no final das contas, de deportar os judeus eslovacos como famílias inteiras — em vez de separá-los de suas filhas, como havia feito em março.

Logo que os transportes familiares começaram, o jovem Ivan Rauchwerger dirigiu a Poprad novamente para ajudar as famílias recém-encarceradas nos quartéis militares. "Era de cortar o coração. Vi sofrimento e desespero naquela grande massa de seres desumanizados. A maquiagem das mulheres escorria, havia apenas duas torneiras com água e muitos banheiros estavam quebrados. Os homens, nervosos, não estavam barbeados, as crianças choravam; não havia beliches suficientes para todos. Fui cercado por mulheres me implorando: 'Por favor, vá ao meu escritório, deixei meu diploma universitário em cima da mesa, sou médica e eles podem precisar de mim'."[157]

"Outra disse: 'Eu preciso dos meus óculos. Sou quase cega e os deixei na mesa de cabeceira, por favor, traga-os'.

"'Sou diabética e deixei minha insulina em casa. Não posso ficar sem ela'.

"'Deixei absorventes no banheiro. Por favor, preciso deles agora'.

"Corri de volta, mas suas casas estavam trancadas. Tudo o que podíamos fazer era trazer comida, papel higiênico e absorventes."

A Guarda Hlinka havia tomado posse das casas e de tudo que estava dentro. "Observamos como os guardas entraram alegremente nas casas e apartamentos de nossos amigos e saíram com os braços cheios de roupas de cama, toalhas de mesa, vestimentas e outros itens. Mais tarde, eles saíram com quadros, obras de arte e tapetes, e no final da tarde vieram com carroças para os móveis. Um mês depois, eles receberam títulos de propriedade dessas residências."

Quando um cartão-postal de Auschwitz chegou à cidade de Ivan, parecia relatar fatos idênticos aos outros: "Os alemães nos tratam com justiça. Sim, trabalhamos, mas não muito. Temos comida suficiente e dormimos em locais higiênicos. Nossa família está quase completa, só falta o tio Malach Hamowet. Esperamos que ele se junte a nós em breve". Em hebraico, *Malach ha-Mawet* é o Anjo da Morte. Susie Hegy estava certa.

Em 28 de maio de 1942, Ivan viu um de seus amigos da escola, Budi Stein, marchar pela cidade acompanhado do pai, ambos carregando os pertences mundanos que lhes foram permitidos. O pai de Budi era um arquiteto judeu alemão que fugira da Alemanha em 1934, quando o Terceiro Reich e o Partido Nazista ascendiam ao poder. Os Stein construíram uma bela casa em Spišská Nová Ves, perto da casa da família de Ivan. Agora, os guardas vestidos de preto da Hlinka apontavam armas para Budi e seu pai. A comunidade se reuniu para assistir às pessoas andando pelas ruas de cascalho, carregando malas para as suas novas "casas". O presidente Tiso havia prometido.

"Nunca me esquecerei da maneira como Budi olhou para mim: 'Como é que eu estou sendo deportado e você está livre?'. O rosto dele ainda me assombra", diz Ivan Rauchwerger, de 93 anos. Budi tinha 17 anos, a mesma idade de Ivan naquela época. Ninguém da família Stein sobreviveu. O transporte em que estavam partiu da Eslováquia para Lublin, na Polônia. A parada seguinte foi Auschwitz.

DEZOITO

NO DIA QUATRO DE JULHO — Dia da Independência dos Estados Unidos —, a primeira seleção de judeus foi realizada "na plataforma de descarregamento, enquanto a SS, de prontidão, cercava o trem".[159] O número total de judeus eslovacos nesse transporte não é conhecido, mas apenas 108 mulheres e 264 homens foram selecionados para o "trabalho". Separados por gênero, os novos deportados eram examinados de passagem por um médico da SS e outros administradores do campo, cuja função era decidir quais prisioneiros eram saudáveis e jovens o suficiente para trabalhar. "Aos idosos, crianças, mães com filhos e mulheres grávidas foi dito que seriam levados para o campo".[160] Assim, separados de suas famílias, subiram em caminhões e acenaram para os escolhidos para o trabalho. Eles foram então levados "para o abrigo subterrâneo em Birkenau e mortos nas câmaras de gás". Os que ficaram seguiram o processo usual: tiveram a cabeça raspada, foram despidos e tatuados.

As seleções na plataforma universalmente privilegiavam os homens em detrimento das mulheres. A razão era óbvia. Não era apenas porque as mulheres eram mais propensas a querer ficar com seus filhos, mas porque a SS buscava força física. Mulheres não eram ideais para o trabalho escravo. No entanto, havia outro fator no processo de tomada de decisão: a superlotação no campo feminino.

Apesar de não haver registros formais que revelem o número exato de mulheres no campo — nem o número exato de mortas —, em 12 de maio de 1942, mais de 8 mil mulheres (judias e não judias) haviam sido registradas em Auschwitz, e outras 5 mil estavam prestes a chegar. Mas havia apenas cinco blocos, com beliches para mil prisioneiras em cada prédio. Para lidar com a população adicional, barracões Nissen de metal corrugado foram erguidos entre os blocos de dois andares. Nenhuma instalação sanitária adicional foi instalada no campo, e a higiene, que sempre fora uma dificuldade, agora se tornava um grande problema.

As meninas lutavam não apenas para conseguir os melhores postos de trabalho e comida extra, mas contra um inimigo invisível que podia atacar mais rápido que o chicote da SS: o tifo. Exceto pelas desinfecções mensais, não havia proteção contra os piolhos e as pulgas portadores da doença mortal. O mal se espalhou desenfreadamente pelos blocos femininos e masculinos, matando indiscriminadamente. Vitimou até o médico do campo, o capitão da SS dr. Siegfried Schwela, e pelo menos duas *Kapos* que tinham vindo de Ravensbrück, Gertrude Franke e Helene Ott.[161] Registros indicam que aproximadamente 77% dos homens judeus morreram de tifo nesses primeiros meses. Não temos registro de quantas mulheres sucumbiram à doença, só sabemos que o tifo assolava o campo feminino também.

"Assim que os transportes de judeus da Eslováquia começaram a chegar, [o campo das mulheres] ficou abarrotado até o teto em questão de dias", escreveu o comandante Höss em seu diário. "As condições no campo das mulheres eram atrozes e muito piores do que no campo dos homens." As prisioneiras foram "empilhadas até o teto. Tudo estava preto de piolhos".[162]

"As mulheres", ele escreveu, "deterioraram-se muito mais rapidamente do que os homens. Tudo era muito mais difícil, mais severo e mais deprimente para as mulheres, pois as condições gerais de vida no campo feminino eram incomparavelmente piores. Elas ficavam muito mais confinadas, e as condições sanitárias e de higiene eram notavelmente inferiores. O campo das mulheres, severamente abarrotado desde o início, significava destruição psicológica da massa de prisioneiras, e isso levava, mais cedo ou mais tarde, ao colapso físico".

"A superlotação desastrosa e suas consequências, que existiam desde o início, impediram que qualquer ordem adequada fosse estabelecida no campo das mulheres."

É claro que, pela falta de ordem "adequada", Höss culpou a supervisora-chefe do campo de mulheres, SS Johanna Langefeld, não a si mesmo. Havia um sistema patriarcal na administração do campo e isso era claro, tanto que Langefeld reclamou sobre isso com seus superiores e sua equipe. Höss pode ter admitido que "a aglomeração geral era muito maior do que no campo dos homens", mas ele se recusou a assumir qualquer responsabilidade pela superlotação e pelas condições desumanas por que as meninas passavam. De fato, ele culpou as próprias prisioneiras: "Quando as mulheres chegam ao fundo do poço, elas se deixam levar completamente".

Quanta ironia o homem responsável pelas condições terríveis enfrentadas pelas mulheres ainda culpá-las por não terem uma aparência melhor antes de sucumbirem à morte. Responsabilizar as prisioneiras por sua própria miséria fala muito sobre o sistema misógino do campo e seu desprezo geral pelas mulheres. Mas os judeus nem sequer eram considerados humanos; ser uma mulher judia era o mais baixo a que se podia chegar.

A ideologia patriarcal da Alemanha nazista trabalhava particularmente contra as mulheres, pois Höss se deliciava em encontrar falhas nas oficiais da SS e nas *Kapos* encarregadas do campo feminino, bem como nas prisioneiras. Suas críticas revelam uma possível explicação para os registros inadequados do número mulheres mortas: "Dificilmente se passava um dia sem que houvesse discrepâncias no número de detentas mostrado nos registros de trabalho. As supervisoras corriam de um lado para o outro confusas, como galinhas atrapalhadas, e não tinham ideia do que fazer para resolver".

DEZENOVE

Um soldado novato entrou no quartel e ficou muito triste e
com muito medo; sentado e tremendo, ele viu que os
outros soldados estavam cantando e de bom humor.
Ele olhou para eles e perguntou: — Vocês não estão com medo?
— Claro que estamos com medo.
— Então, como vocês podem estar de bom humor e cantando?
— Porque já estamos acostumados a ter medo.
— ILYA EHRENBURG, conforme relatado por Edith

AGORA FAMILIARIZADAS COM A VIDA nessas "condições malucas",[163] as prisioneiras começaram a sentir que estar no campo era de certa forma um modo de vida. Elas até passaram a se referir a seus blocos como "casa". "Sabíamos quando ir ao banheiro sem que alguém estivesse lá e quando o banheiro estava limpo. Sabíamos como não fazer mais do que podíamos, não mais do que precisávamos; sabíamos mostrar a eles que estávamos trabalhando, mas sabíamos como economizar nossas energias", diz Edith. "Estávamos acostumadas a ter medo e sabíamos como viver com medo." As recém-chegadas, não.

Fazia tanto calor naquele verão que a cabeça raspada das mulheres sofriam com as bolhas de queimaduras solares. Seus pés estavam inchados, cheios de bolhas e com cortes causados pelos tamancos abertos. A poeira avolumara-se pela falta de chuva. O suor criava faixas marrons nas dobras de suas peles enquanto elas escavavam a terra, derrubavam casas e tiravam os piolhos sempre presentes em seus corpos.

Quando os transportes com as famílias começaram a chegar, não poderia haver mais dúvidas de que algo estava acontecendo, porque nenhuma criança aparecia no campo. Mulheres e crianças desapareciam pouco depois de chegarem.

A rede de notícias dos prisioneiros era rápida e eficiente. Graças a essa rede informal, Helena Citron (nº 1971) soube que seu irmão estava no campo. "Espere na janela do seu bloco depois do trabalho e ele virá até a janela do outro lado da cerca", disse-lhe um dos prisioneiros sem retardar o passo de sua caminhada. Após a chamada da noite, Helena esperou junto à janela até ver o irmão aparecer na janela do andar de cima, do outro lado da cerca. Mesmo à distância, ela percebeu que ele ficou chocado com sua aparência. Será que ela realmente envelhecera tanto em tão pouco tempo?

"Por que você não ficou escondido?", ela perguntou a ele.

— Pensei que poderia vir resgatá-la.

Ele disse a ela que ele e seus pais haviam sido deportados para Lublin. A irmã mais velha, Ruzinka, obtivera documentos arianos e morava com o marido, que era engenheiro em Bratislava. A troca de notícias viajava no ar, acima do arame farpado.

Na manhã de 25 de julho, Edith e Lea saíram para a chamada e viram Aron, irmão de Helena, pendurado nos fios elétricos que cercavam o campo. Ele havia sido baleado ao tentar escapar. As irmãs olharam nervosas ao redor, preocupadas com o que Helena pudesse fazer se visse o corpo do pobre irmão. Quando o alvorecer cinzento desapareceu sob a luz do dia, o cadáver brilhou no emaranhado de fios pretos. "Eles deixaram o corpo no arame até a chamada terminar", lembra Edith. Era uma mensagem que nenhum judeu pôde ignorar.

Com medo de que as notícias fizessem Helena suicidar-se, as irmãs Friedman decidiram guardar o segredo para si. No entanto, quando as meninas saíram para trabalhar, os eslovacos do campo masculino gritaram para Helena: "Seu irmão não está mais vivo!".[164]

Transportes cheios de famílias deportadas para Lublin começaram a chegar. Helena e as outras meninas escutavam desesperadamente os relatos dos prisioneiros que transportavam bagagens e pertences para o depósito de organização. Os homens contaram às meninas que algumas tinham os pais vindo para o campo. E quanto àqueles que não viessem? O medo as paralisou.

Houve "um grito alto que quase abriu os céus. Meus pais e irmãos mais novos estavam a caminho do crematório", diz Helena. Mas, pelo menos, "em mais uma ou duas horas eles não sofreriam mais. Às vezes, nessas situações, a morte é a melhor coisa". Tudo que ela tinha agora era sua irmã Ruzinka e sua sobrinha Aviva, escondidas em algum lugar da Eslováquia.

EM 17 DE JULHO DE 1942, o *SS-Reichsführer* Heinrich Himmler foi aos seus campos de extermínio para inspecionar as instalações e verificar relatórios sobre os planos de expansão. Aos 42 anos, ele tinha bochechas de esquilo e seu queixo estava começando a amolecer e a cair. Óculos redondos, do tipo pincenê, equilibravam-se em seu nariz acima do bigode fino. Ele parecia mais um estudante arrogante, do tipo que costumava tirar só notas 10 e ser espancado por valentões depois da aula, do que um assassino em massa. Agora *ele* era o valentão, percorrendo os países recém-ocupados pela Alemanha e seus campos de concentração — que já eram muitos. Auschwitz e Birkenau eram os maiores.

Pouco antes de sua chegada, Johanna Langefeld disse a cinco de suas prisioneiras de Ravensbrück favoritas que pediria a Himmler a anulação de suas sentenças. Havia um motivo para essa solicitação. Langefeld também planejava pedir a Himmler que a transferisse para Ravensbrück. Mas, sem ela para proteger suas preferidas, ela sabia que as condições dessas mulheres piorariam, especialmente com uma nova superintendente, que naturalmente teria suas próprias favoritas. Foi uma ação que mais tarde salvaria sua vida. Emmy Thoma, Tilly Lehmann,

Luise Mauer e Bertel Teege sairiam em defesa de Langefeld durante os julgamentos de Ravensbrück, em 1947.

No mesmo dia em que Himmler visitou o campo, dois transportes da Holanda chegaram, trazendo 1.303 homens e meninos e 697 mulheres e meninas.[165] Em uma reunião com outros quatro oficiais, Höss deu uma visão geral do complexo até aquele momento e então passou a palavra ao major-general da SS Hans Kammler, que usou modelos e plantas para ilustrar os planos dos novos prédios, depósitos de resíduos e câmaras de gás. Depois, levaram Himmler a um passeio pelas zonas agrícolas, cozinhas, enfermarias — onde supostamente eram atendidas as vítimas da epidemia de tifo — e a estação de trem, onde os judeus da Holanda já haviam desembarcado e esperavam em longas filas caóticas com seus pertences.

Himmler e seus companheiros monitoraram o processo de seleção, que resultou em 1.251 homens e 300 mulheres sendo aceitos no campo. O restante do transporte — 399 mulheres e meninas e 50 homens e meninos — foi levado à câmara de gás do *Bunker* 2. Como os crematórios ainda não estavam funcionando, Himmler ficou particularmente interessado em ver como os corpos eram retirados da câmara de gás e transportados para as valas comuns onde eram enterrados. Foi um dia cheio.

À noite, uma recepção em homenagem a Himmler foi realizada, e os oficiais da SS puderam conhecer seu *Reichsführer* e brindar à sua saúde. Em seguida, houve um jantar formal realizado na casa do general-brigadeiro da SS Gauleiter Bracht em Katowice, localizada 36 quilômetros ao norte de Oświęcim. Lá eles jantaram com suas esposas. Como de hábito, em certo momento chegou a hora de as mulheres saírem, para que os homens pudessem discutir os eventos do dia e a agenda do dia seguinte, enquanto fumavam charutos e bebiam uísque. O campo feminino era o ponto alto do programa.

Na manhã seguinte, sob o forte calor do verão, as meninas aguardavam de pé a chamada quando os portões do campo feminino se abriram e Himmler em pessoa apareceu. A essa altura, o setor feminino estava tão superlotado que "era preciso passar por cima das pessoas que ficavam do lado de fora dos blocos", lembra Linda Reich.[166] Centenas de novas prisioneiras dormiam no chão. Casos de tifo se multiplicavam.

A SS Langefeld não era o tipo de mulher que perdia tempo embelezando os cabelos com um ferro de passar. Ela simplesmente o prendera em um coque sob o quepe, mas, em compensação, suas botas estavam tão polidas e pretas que reluziam sob a sua saia. E, embora o dia estivesse quente, Langefeld não suava. Não era culpa dela o comandante Höss permitir que tantas mulheres se alojassem no espaço exíguo do campo, que deveria abrigar apenas 5 mil prisioneiras. Agora, Himmler veria por si mesmo os problemas que ela estava enfrentando.

As garotas judias observavam enquanto as *Kapos* que eles normalmente temiam se alinhavam nervosamente em filas organizadas de cinco. Ombros para trás, queixo erguido, olhar para a frente, as *Kapos* estavam atentas, cientes de que, embora fossem superiores aos judeus, eram inferiores aos olhos de todos os outros — criminosas que podiam ser eliminadas tão rápida e facilmente quanto as mulheres judias. Enquanto Himmler caminhava pelas fileiras de prisioneiras de Ravensbrück para inspecioná-las, Langefeld explicava os crimes de cada uma, apontando as prostitutas, assassinas, comunistas. Então, eles pararam na fila da frente, onde estavam as favoritas de Langefeld.

Ao passarem por Bertel Teege, Luise Mauer e os outras três, Langefeld fez uma pausa e se dirigiu ao *Reichsführer*.

— *Herr* Himmler, tenho um pedido a fazer.

Os outros homens podem ter sido surpreendidos por sua ousadia. Mas os dois SS tinham a mesma idade, e Himmler aprovara há muito tempo as habilidades organizacionais de Langefeld.

Apontando para suas cinco assistentes, ela disse: "Essas mulheres são as prisioneiras mais veteranas daqui. Elas trabalharam duro e acredito que cumpriram suas penas de prisão com honra e dignidade. Eu sempre pude contar com elas e nunca tive problemas. Peço-lhe que reconheça as suas penas de prisão como cumpridas."[167]

Luise Mauer não podia acreditar que Langefeld estava cumprindo a promessa. Presa desde 1935, ela nunca se permitiu imaginar livre sob o Terceiro Reich. Ela era considerada uma traidora de seu país porque era comunista. Himmler voltou os olhos para Mauer e se dirigiu diretamente a ela. "Por que você está na prisão?".

Mauer esticou o peito e falou direta e honestamente. "Fui presa pela primeira vez em 1933. Meu marido era membro do conselho do KPD (*Kommunistische Partei Deutschlands* — Partido Comunista da Alemanha) em Hessen. Em 1935, fui presa novamente e sentenciada a quatro anos por traição. Ao final do julgamento, fui levada a Ravensbrück e, na primavera deste ano, cheguei a Auschwitz."

"Você era comunista", disse Himmler, parecendo enojado. "Você ainda é?".

Apesar das possíveis consequências de sua resposta, Mauer corajosamente respondeu: "Sim".

Ali perto, o SS Maximilian Grabner ficou surpreso com a resposta, mas Himmler continuou seu interrogatório. "E qual é a sua opinião agora sobre o Estado Nacional Socialista?".

"Desde 1933 eu conheci apenas prisões e campos de concentração, então só posso me sentir pessimista em relação ao Estado Nacional Socialista."

"Então, darei a você a oportunidade de conhecer nosso novo Estado. Você está livre!". Mauer olhou interrogativamente para Langefeld e os superiores da SS ao seu redor.

"Mas, *Herr* Himmler", o SS Grabner deixou escapar. "Ela é irrecuperável e politicamente não confiável!".

Himmler olhou obliquamente pelo pincenê no nariz e limpou as lentes. "Apesar disso, eu vou libertá-la. Mas, antes disso, ela terá que trabalhar na casa da Waffen-SS." Ele se virou para Langefeld e fez algumas perguntas adicionais sobre Mauer, depois voltou-se para a prisioneira. "A supervisora diz que você sabe cozinhar. Você pode servir como cozinheira." Era como liberdade condicional. De fato, quatro das cinco *Kapos* não seriam libertadas por mais um ano ou dois. Somente Bertel Teege foi libertada imediatamente.

Quando Teege atravessou os portões de ferro com o lema *Arbeit macht frei*, ela não pôde deixar de perceber que fora uma das poucas afortunadas que realmente trabalhou para conseguir sua liberdade.

A INSPEÇÃO DO campo feminino era fundamental para a visita de Himmler, mas o que ocorreu não foi uma chamada normal. Liberadas de sua própria inspeção, as *Kapos* se juntaram às mulheres da SS, gritando para que as meninas se despissem diante do *Reichsführer* da *Schutzstaffel* (SS). Qualquer hesitação era punida com o chicote. Despidas de seus imundos uniformes russos, as meninas receberam ordens para "Sair! Marchar!" à frente de Himmler, Höss e os outros inspetores do sexo masculino.

— Mantenham seus braços esquerdos esticados e levantados à sua frente!

Elas estavam muito assustadas para se envergonharem. Olhos para a frente, dentes cerrados, as meninas mantiveram os braços esquerdos estendidos à sua frente, as palmas das mãos voltadas para Himmler. "Se elas tivessem mandado estender a mão direita, eu teria sido escolhida para morrer", diz Joan (nº 1188). Ela "tinha uma grande ferida" na mão direita.

No fim das contas, as únicas prisioneiras que morreram naquele dia foram as vinte testemunhas de Jeová usadas em uma demonstração de técnicas de açoite.[168] Depois de serem espancadas até a morte, Himmler aprovou o açoitamento de mulheres no campo.

Tendo sido bem-sucedida em seu pedido de libertação de suas *Kapos* favoritas, Langefeld aproveitou a oportunidade para também pedir a

Himmler que a transferisse para Ravensbrück, citando não apenas diferenças de opinião com Höss, mas também a falta de respeito com que era tratada pelos guardas da SS. Em seus diários, Höss reclama repetidamente de Langefeld,[169] e é provável que ele já tivesse manifestado a Himmler seu desagrado. Himmler não só negou o pedido como deteriorou ainda mais sua posição de supervisora ao instruir Höss a permitir que as *Kapos* tivessem permissão para "descontar seus demônios nas prisioneiras".[170]

Várias delas estavam presas por terem cometido assassinato, e Himmler agora lhes dava licença para matar — judias. O pouco controle que Langefeld tinha sobre as *Kapos* perversas agora se perdera, mas eram as mulheres judias que realmente pagariam por isso.

NO FINAL do dia, o *SS-Reichsführer* concluiu seus negócios com Höss em uma reunião privada, na qual disse ao comandante que em nenhuma circunstância as operações da Sipo (Polícia de Segurança) deveriam ser interrompidas, ainda mais por falta de acomodações. Ele ordenou que Höss concluísse a construção do campo de Birkenau e matasse todos os prisioneiros judeus impróprios para o trabalho. Finalmente, em reconhecimento ao seu trabalho e desempenho, Höss foi promovido a tenente-coronel da SS.[171]

As 999 meninas que Bertel Teege vira chegar em 26 de março — ou as que restaram — não teriam a mesma sorte de deixar Auschwitz. Com os prisioneiros de guerra russos quase totalmente exterminados e a construção dos blocos praticamente concluída, o tenente-coronel Rudolph Höss merecera sua promoção. Três semanas após a visita de Himmler, ele anunciou que Birkenau estava pronto para receber prisioneiras.

VINTE

1º de agosto de 1942: Na chamada da manhã, o nível de ocupação de Auschwitz-Birkenau é de 21.421 homens presos, incluindo 153 prisioneiros de guerra russos. A ocupação do campo das mulheres não é conhecida; como não há documentos relevantes, não se pode estabelecer o número.
— **DANUTA CZECH,** *Crônica de Auschwitz, 1939-1945*

QUANDO O SOL NASCEU sobre a cabeça raspada das mulheres em 8 de agosto, já estava quente. Moscas zumbiam entre os corpos imundos das prisioneiras amontoadas umas contra as outras na chamada da manhã. Não parecia haver nada incomum. Sonâmbulas em seu uniforme russo, as garotas partiram para o trabalho como de costume, mas, do outro lado do portão de guarda, uma seção inteira de meninas foi desviada. Apreensivas, as meninas que permaneceram se viraram para ver amigas e familiares marcharem por uma longa estrada de terra. Elas não tinham ideia de se as veriam novamente.

Aquelas que agora saíam da rotina costumeira subitamente ficaram em alerta. Passando por campos de batatas e trilhos de trem, elas caminharam por quase trinta minutos antes que as sombras das cercas aparecessem à distância e seu destino se tornasse claro. Acima, corvos crocitavam e batiam suas asas.

HOJE, QUEM CAMINHA entre Auschwitz e Birkenau atravessa um viaduto que passa sobre trilhos ferroviários ziguezagueantes ainda em uso. São parte da estação de Oświęcim, não muito longe do que é hoje o Museu Estatal de Auschwitz-Birkenau. Ônibus e táxis transportam multidões de visitantes entre os dois campos, para que eles não precisem fazer a caminhada de quarenta minutos. Atravessar Birkenau leva quase o mesmo tempo. Para muitos prisioneiros, essa era uma jornada que tinha de ser feita duas vezes por dia, na ida e na volta do serviço, depois de dez a doze horas de trabalho pesado. Eles não tinham garrafas de água nem barrinhas de cereais. Eles comiam nada além de uma fatia de pão, chá estragado e, principalmente, sopa de vegetais e carne de cavalo podres.

Do viaduto da rodovia, é difícil imaginar o vazio do lugar em 1942. Hoje, os campos de batatas e outras culturas, que provavelmente existiam na época também, ainda cercam o complexo, mas também há conjuntos habitacionais. O ruído do trânsito da estrada zumbe pelo sinistro portão da morte, que paira como uma sombra histórica na paisagem plana e monocromática. Em 1942, quando as meninas marchavam pelos campos em direção a Birkenau, essa estrutura de tijolos, tão comumente identificada com Auschwitz-Birkenau, ainda não existia. Quando elas entraram pelo portão cercado de arame pela primeira vez, só vento varria a estepe. Não havia os dizeres *Arbeit macht frei*, apenas algumas torres de vigia de madeira construídas recentemente. Esse vasto espaço continha quase quinze blocos de tijolos divididos em fileiras de três e quilômetros de cercas de arame farpado. Alguns prédios de escritórios de um andar haviam sido construídos para servir aos funcionários da SS, mas, no geral, quase só havia construções retangulares baixas feitas de alvenaria e de madeira, usadas como residências e, algumas, como escritórios.

Nos dois anos seguintes, Birkenau iria se expandir para se tornar o maior campo de extermínio de todos os tempos. O tamanho de Birkenau, equivalente ao de 319 campos de futebol,[172] soa incomensurável ainda hoje. Visto de cima, Birkenau parece mais um tabuleiro gigante de Banco Imobiliário, com casas de plástico marrom organizadas em fileiras retilíneas, do que um campo de concentração. Andar de uma ponta a outra é cansativo, mas Edith e as outras meninas tinham que atravessar a seção onde ficavam várias vezes ao dia — para ir ao banheiro, para procurar comida e, mais tarde, para ir à ala hospitalar que logo seria criada.

A seção feminina, que Himmler havia insistido para Höss concluir em tempo hábil, ficava à esquerda da entrada principal. A seção à direita da estrada principal era um quartel de madeira verde que abrigaria o excedente do campo dos homens, agora conhecido como Auschwitz I.[173]

DE VOLTA A AUSCHWITZ I, as meninas deixadas para trás estavam preocupadas com as que haviam desaparecido. Para onde haviam sido levadas? Elas retornariam algum dia? Uma "campanha de sussurros" iniciada pelas poucas *Kapos* compassivas garantia que as prisioneiras desaparecidas haviam sido transferidas para um novo campo. Na manhã seguinte, quando outro grande grupo de trabalho seguiu naquela mesma direção, as que permaneceram não se alarmaram tanto, embora se mantivessem cautelosas. Foram necessários quatro dias para que todo o campo feminino fosse transferido de Auschwitz I para Birkenau. Linda lembra que as meninas que estavam doentes demais para caminhar até o novo local foram transportadas na caçamba de caminhões. "Elas foram as primeiras meninas [formalmente] executadas nas câmaras de gás, em agosto de 1942." As mortes não foram registradas.

Durante a transferência, surgiu um problema com o sistema de numeração. As mulheres que chegavam nos transportes eslovacos agora eram processadas e registradas imediatamente em Birkenau.[174] No entanto, ainda havia mulheres dos transportes de julho sendo numeradas e registradas em Auschwitz I, e os números das prisioneiras foram duplicados por engano. Alguns dias se passaram até que os números fossem organizados de novo em uma sequência consecutiva, corrigindo-se os números replicados — como isso foi feito, não está claro. Talvez o número antigo tenha sido riscado e o novo, tatuado logo abaixo, mas não há registro desse tipo de acontecimento. É mais provável que as portadoras de números duplicados tenham sido simplesmente removidas do sistema prisional — o que significa que foram mortas.

BIRKENAU ERA UM VERDADEIRO nada. "Era vazio", diz Linda. "Não havia estradas — mas muita poeira. Você não via uma folha verde, nada." Os prisioneiros de guerra russos que ficaram detidos lá haviam comido a grama. Pouco depois de chegarem, as meninas começaram a fazer isso também.

O solo em Birkenau era de argila e, sob o sol quente, endurecia como cimento. Quando chovia, a argila amolecia e prendia os pés das prisioneiras, torcendo seus músculos, apodrecendo sua carne e ainda mais. Em seus tamancos de madeira, as meninas holandesas procuravam comida perto da cozinha, mas a lama era traiçoeira. Margie Becker diz: "Elas se afogaram na lama. Ninguém moveu um dedo para ajudar. Elas apenas se afogaram na lama. Elas eram delicadas demais, bonitas demais" para sobreviver a Auschwitz-Birkenau.

O Bloco 13 abrigou muitas das meninas de Humenné, incluindo Edith, sua irmã Lea, Helena Citron (nº 1971) e Irena Fein (nº 1564). A alguns blocos de distância, Bertha Berkowitz (nº 1048) terminaria no Bloco 27 com sua melhor amiga, Peshy Steiner. Ela provavelmente ainda não conhecia Margie Becker (nº 1955), de Humenné, ou Elena Zuckermenn (nº 1735), de Poprad, mas elas estavam prestes a se tornar boas amigas e parceiras de trabalho.

Dentro de suas novas "casas", Edith encontrou chão de terra e "tábuas com um pouco de palha sobre elas. No verão, tirávamos um pouco de nossas roupas e as usávamos como travesseiros". Quem diria que elas sentiriam falta dos colchões de palha finos e desconfortáveis de Auschwitz? Ou dos cobertores surrados? Agora, Edith e as outras não tinham nada além de trapos, que provavelmente sobraram dos soldados russos que morreram construindo essas tumbas de tijolos.

Uma parede divisória de tijolos passava pelo centro do bloco. Três camadas de prateleiras de madeira, chamadas de *koja*,* foram montadas em cada seção — que eram do tamanho de um estábulo para cavalos —, revestindo as paredes de tijolos de ambos os lados das coxias de chão de terra. Os blocos tinham a mesma configuração dos estábulos que outrora serviram à cavalaria polonesa e nos quais os prisioneiros de guerra russos haviam sido mantidos. Originalmente, cada estábulo deveria acomodar dezoito cavalos. Na entrada havia dois ambientes maiores: um para os arreios e outro para a escovação dos cavalos e limpeza geral dos equipamentos. Esse ambiente agora acomodaria seres humanos. Os quartos da frente abrigavam as supervisoras de blocos e quartos, encarregadas de distribuir comida de manhã e à noite e da divisão de pequenas tarefas, como a limpeza dos blocos. Elas também eram responsáveis por manter registros precisos das meninas vivas — e mortas — do bloco. Inicialmente, cada bloco abrigava cerca de quinhentas meninas, mas seria apenas uma questão de tempo até que a superlotação alterasse o planejamento de seis meninas por *koja* para dez, e os blocos passassem a abrigar mil mulheres ou até mais. Dormir perto de um dos fogões de ferro fundido era essencial nos blocos frios e úmidos, onde a temperatura nos meses de inverno regularmente chegava aos trinta graus negativos.

Por pior que fosse Auschwitz I, havia lá uma sensação de comunidade, e o campo até se parecia com uma cidade pequena. Birkenau parecia — e era — um terreno baldio. A única coisa que crescia nas proximidades era a floresta de bétulas, no final da *Lagerstrasse*, da qual o campo recebeu seu nome. Também havia outras coisas em Auschwitz I das quais elas sentiriam falta. Havia água pingando nos porões e algumas pias e privadas

---

* "Beliche" em polonês. (N.E.)

dentro dos blocos. Agora, as meninas tinham que atravessar o campo para chegar ao suposto banheiro: um longo pedaço de pau, com cinquenta e oito buracos abertos, posicionado sobre uma fossa. "Você pode imaginar milhares de meninas indo ao banheiro e [tendo] apenas cinco minutos, se tanto [para se aliviar]? Todo mundo precisava ir!".

As pias consistiam em uma calha de metal com noventa torneiras, mas a água era contaminada, e quem a bebia sofria de disenteria. Mais tarde, dez barracões com pias e privadas seriam erguidos, mas nos primeiros meses eles ainda estavam em construção. A superlotação de Auschwitz fora resolvida temporariamente — a falta de higiene, não. As meninas não tinham permissão para ir ao banheiro durante a noite, portanto, em situações de emergência, elas tinham que usar suas tigelas vermelhas e tentar limpá-las na manhã seguinte antes de receberem o chá. Para chegar ao banheiro antes da chamada, você tinha que acordar antes do amanhecer, antes de milhares de outras pessoas. "As instalações eram simplesmente horríveis, não havia papel higiênico, nada. Às vezes, arrancávamos da camisa um pedaço de pano. Era apenas irreal".[175]

As recém-chegadas, que sofriam dos conhecidos problemas estomacais causados pela sopa rançosa, usavam vestidos agora, e, sem vasos sanitários à mão e sem roupas íntimas, elas não "tinham como impedir a diarreia de escorrer por suas pernas".[176] Sujar-se era motivo para ser morto, mas não havia como esconder esses acidentes. Quando um transporte chegava e centenas de novas meninas eram levadas para o campo, isso significava mais algumas centenas de meninas correndo para os banheiros ao mesmo tempo. Na pressa, algumas meninas às vezes caíam nos buracos das latrinas e se afogavam no esgoto abaixo. Dentre todas as maneiras possíveis de morrer em Auschwitz, cair na latrina era a morte que Bertha mais temia.

Para muitas das meninas, Birkenau foi o golpe final. Por pior que Auschwitz tenha sido, uma fina camada de esperança, sustentada pela fé religiosa, ainda permanecera em seus sentimentos durante a experiência. Agora, a esperança desaparecera. Em Auschwitz I, meninas cometiam suicídio se arremessando das janelas do segundo andar. Como essa opção não estava mais disponível, havia apenas uma saída. Edith diz: "Muitas cometeram suicídio atirando-se contra [as cercas de] alta tensão. De manhã, era como uma árvore de Natal. Pessoas, você sabe, carbonizadas, pretas" penduradas nos fios.[177]

Auschwitz I foi o purgatório para o inferno de Birkenau.

VINTE E UM

Os homens aprendem com as mulheres? Frequentemente.
Eles admitem isso publicamente? Raramente. Até hoje.
— **ELENA FERRANTE**

NA CIDADE DE HOLÍČ se localiza o sítio arqueológico de menires mais oriental da Europa continental — um Stonehenge eslovaco.[178] Na década de 1940, havia uma pequena comunidade judaica de 360 pessoas que deve ter sido completamente "reinstaladas" antes do início das celebrações do festival da colheita, em 15 de agosto de 1942. Por qual outra razão o presidente Tiso teria decidido comemorar a ocasião nessa cidade fronteiriça de médio porte, a oitenta quilômetros de Bratislava?

Com seu pescoço grosso de buldogue e o colarinho de padre enfiado sob a papada do seu queixo duplo, Tiso era ao mesmo tempo feroz e carismático. Do lado de fora de uma igreja, agricultores carregavam milho e feixes de trigo. Garotas de batas brancas de renda e saias bordadas, com longas tranças e bandanas florais, alinhavam-se ao longo da estrada para receber o presidente com saudações de *Heil Hitler*. Até os homens estavam vestidos com trajes tradicionais. Fora um bom ano. A prosperidade estava aumentando e o presidente Tiso queria ter certeza de que os cristãos de seu país soubessem por que as coisas estavam indo tão bem. Subindo ao palanque, olhou para os cidadãos que o adulavam com severa bondade paterna.

"As pessoas perguntam se o que está acontecendo é cristão. Isso é humano?", ele berrou aos não judeus de Holíč, agora livres de seus vizinhos judeus. "Não é apenas pilhagem?". O microfone estalou. "Mas eu pergunto: não é cristão a nação eslovaca derrotar um inimigo eterno, o judeu? Isso não é cristão? Amar a si mesmo é um mandamento de Deus, e esse amor me ordena a livrar-me de tudo que me prejudica, que ameaça minha vida. E acredito que não preciso convencer ninguém de que o elemento judeu eslovaco sempre foi uma ameaça a nosso estilo de vida!".[179] Os habitantes da cidade aplaudiram e acenaram com feixes de trigo.

"Não seria muito pior se não nos purificássemos deles? E o fizemos de acordo com o mandamento de Deus. Eslovacos, livrem-se do seu pior cancro! O que os britânicos prometeram aos judeus antes da Primeira Guerra Mundial, apenas para extrair dinheiro deles? Eles prometeram a eles um Estado, que não receberam em troca. E, vejam bem, Hitler não pediu nada e agora está lhes dando a eles um Estado!".

Esse "Estado" eram os campos de extermínio da Polônia.

As notícias falsas não estavam apenas em alta — eram as únicas notícias disponíveis, divulgadas pelo jornal propagandista da Guarda Hlinka, o *Gardista*. Um artigo publicado em novembro de 1942 foi intitulado *"Ako ziju zidia v novom domove na vychode?"*, ou "Como os judeus estão vivendo em seus novos lares nos arredores?". A foto ao centro mostrava jovens judias vestidas de branco, com seus vestidos típicos e lenços amarrados na cabeça, sorrindo para a câmera. "Elas não parecem estar mortas de vergonha", diz a legenda.[180] Na próxima coluna, "um policial judeu orgulhoso de ter sido fotografado". A retórica era tão manipuladora que até os mais desconfiados parecem tê-la engolido, talvez porque não suportassem acreditar que sua própria boa sorte se devia a infortúnios causados a seus antigos amigos e vizinhos judeus. Um aposentado não judeu acreditou de tal maneira no restabelecimento dos judeus como noticiado pelo jornal *Gardista* que enviou uma carta ao ministro do Interior, Alexander Mach, reclamando que os judeus idosos estavam recebendo tratamento melhor do que ele, um cidadão eslovaco. Ele pediu para ser tratado do mesmo modo.[181]

A capacidade que as pessoas têm de acreditar que as políticas governamentais direcionadas às minorias não são racistas ou injustas não é exclusiva da década de 1940. Regimes modernos são igualmente culpados de praticar genocídio disfarçando-o de políticas de imigração, convicções religiosas, diferenças étnicas ou razões econômicas. O fator comum é que as primeiras vítimas são sempre as mais vulneráveis e as menos "valorizadas" na cultura-alvo. Em 15 de agosto de 1945, milhares de mulheres e crianças foram mortas nas novas câmaras de gás. Apenas as mulheres mais aptas e "mais afortunadas" ainda estavam vivas.

No mesmo dia em que o presidente Tiso se autocongratulava por seus valores cristãos, 2.550 homens, mulheres e crianças da Polônia e da Holanda chegaram a Auschwitz — mas apenas 124 homens e 153 mulheres seriam registrados no campo.[182] Dez dias depois de serem transferidas para Birkenau, a população do campo das mulheres aumentou em quase 2 mil. Uma nova força de trabalho escrava estava pronta para substituir as "veteranas", meninas esgotadas que estavam lá havia quase cinco meses.

NÃO HÁ UMA DATA EXATA na *Crônica de Auschwitz* que confirme quando ocorreu a primeira seleção de prisioneiras registradas para execução na câmara de gás, mas sabemos pelas sobreviventes que aconteceu logo após sua chegada a Birkenau. Também sabemos pelos "Livros da Morte" de Auschwitz que pelo menos 22 mulheres do primeiro transporte morreram em 15 de agosto.[183] É a primeira vez que se documenta tantas mortes de mulheres registradas em um dia específico. E isso é uma evidência de que a primeira seleção de prisioneiras ocorreu em 15 de agosto, imediatamente após a chamada da manhã.

Sussurros passearam pelas filas. Por que elas não foram enviadas para o trabalho? O que estava acontecendo? Era algo bom ou ruim? Ninguém sabia o que a palavra "seleção" significava. Selecionadas para quê? Forçadas a esperar sob o sol quente, sentindo mais bolhas irromperem em sua cabeça e pescoço nus, impedidas de se abrigarem à sombra enquanto as horas passavam, as meninas mexiam os pés e olhavam em volta.

Muitas das que estavam no campo desde março "não aguentavam mais ficar em pé direito. Ou tinham marcas. Hematomas", lembra Linda. Então, elas "tiveram que se despir". É um fato que muitas sobreviventes — até mesmo as que escreveram suas memórias, como Rena Kornreich — omitem ou evitam mencionar em seus depoimentos. As garotas eram selecionadas nuas. Dessa forma, elas não podiam esconder suas inflamações ou feridas abertas, sua fisionomia esquelética ou erupções cutâneas. Frida Benovicova tinha estudado com Edith quando eram meninas.[184] Agora, a garota de 18 anos e sua irmã de 23, Helen, estavam na frente da fila. Rena Kornreich (nº 1716) estava a poucas fileiras de distância e viu uma das irmãs ser instruída pela SS a ir para a direita. A outra foi instruída a ir para a esquerda.

"Por favor, não me separe da minha irmã!". Uma das irmãs caiu de joelhos e implorou por misericórdia. Ninguém sabia ao certo o que significam as direções. Seja qual fosse a circunstância, as irmãs queriam ficar juntas. O homem da SS olhou para a garota que implorava e sacudiu a mão. Frida correu atrás de Helena e a abraçou com força.

Nuas, as duas andaram de mãos dadas em direção a caminhões de carga, nos quais foram postas a bordo violentamente junto às demais selecionadas. Rena não tinha ideia de quem eram as meninas, mas sabia que estavam no primeiro transporte e acreditava que seus números eram 1000 e 1001. Para onde quer que estivessem indo, ela sabia que "não poderia ser bom".

Levaria 75 anos para eu encontrar a família delas e descobrir seus nomes.

VINTE E DOIS

A CHEGADA A BIRKENAU confirmou os medos das garotas. As coisas não iriam melhorar. A única maneira de se salvarem era conseguir um posto de trabalho decente. Obviamente, mesmo uma "tarefa decente" poderia ser perigosa e desagradável de se executar.

Margie Becker ficou sabendo que estavam à procura de um destacamento de voluntárias para transportar cadáveres, parte de uma atribuição de trabalho chamada *Leichenkommando*, e foi se aconselhar com sua amiga Hinda Kahan, filha de 17 anos de um dos rabinos chassídicos de Humenné. Quando Margie perguntou a Hinda se deveria trabalhar com cadáveres, Hinda olhou para ela incrédula. "Qual o seu problema? Apenas finja que está carregando um tijolo. Por que se importar?".

Quando Margie estava prestes a se voluntariar, Hinda apresentou um plano melhor. Edita Engleman, do primeiro transporte e também de Humenné, estava trabalhando com a dra. Manci Schwalbova no hospital e ouvira dizer que a administração estava prestes a selecionar trabalhadores para o destacamento de costura. Ela conhecia a família de Hinda e queria ajudá-la a conseguir um emprego decente. Trabalhar como costureira era algo que salvaria sua vida. O melhor de tudo, significava trabalhar internamente e não ter mais que enfrentar as seleções.

— Fique em casa hoje. Vou tentar incluí-la no trabalho de costura — disse Engleman a Hinda.

Quando se tem um momento de boa sorte, você o compartilha com suas amigas, então Hinda disse a Margie: "Por que você não fica em casa comigo? Podemos nos esconder no bloco e tentar entrar no serviço de costura juntas". E Margie disse o mesmo a outra amiga.

Era como matar aulas na escola, embora com consequências muito mais desastrosas se fossem pegas. Porém, a oportunidade de serem admitidas no serviço de costura parecia valer o risco.

Elas se esconderam no bloco, mas, quando a contagem terminou, as *Kapos* vieram procurá-las. Margie e sua amiga foram apanhadas; Hinda, não. As duas garotas acabaram selecionadas para trabalhar na última tarefa atribuída naquele dia, que era supervisionada por uma das *Kapos* "assassinas", que espancava e matava garotas por diversão. Era "a pior tarefa". Por terem sido as últimas selecionadas para o trabalho, elas ficaram para trás na fila de meninas, então a SS deixou os cães de guarda rasgarem seus calcanhares e seus casacos e as chicotearam nas costas como punição por tentarem se esconder. Ao longo de todo o turno de doze horas, as meninas foram espancadas e ameaçadas pela SS e seus cães. "Choramos o dia todo", diz Margie.

Após a chamada noturna, Margie e sua amiga retornaram ao bloco e descobriram que uma seleção havia sido feita. Quem havia ficado "em casa" para fugir do trabalho foi levado para as câmaras de gás. E Hinda Kahan tinha sido pega.

"Edita Engelman tentou fazer um favor a ela por causa do rabino [pai de Hilda], e ela a conhecia de sua cidade. Ela queria ajudar e foi isso que aconteceu."

Agora, Hinda estava morta.

"Foi *bashert*", diz Margie. Era o destino.

Será que as coisas realmente estavam destinadas a acontecer em Auschwitz? Margie tinha que acreditar que sim; de que outra forma ela poderia sobreviver? A fé desempenha um papel importante na narrativa de sobrevivência de Margie — ela estava destinada a sobreviver para poder contar a história de Hinda Kahan. Foi uma lição fatalmente difícil de aprender.

No dia seguinte, Margie beliscava as próprias bochechas para que parecesse saudável ao se oferecer para o "privilégio de carregar cadáveres". Dentre as voluntárias estava outra amiga de Margie, que amarrara um lenço na cabeça para ficar mais apresentável, "mas ela tinha um inchaço nos olhos e já era *candidata*, por isso, não conseguiu". As sobreviventes usam termos como "candidata" (para o gás) e "não conseguiram" repetidamente, como se estivessem em uma competição, buscando a linha de chegada. De fato, isso não deixa de ser verdade — a disputa pela sobrevivência foi vencida apenas pelas mais aptas e mais afortunadas. Chegar à linha de chegada significava sobreviver.

UMA DAS MENINAS que se ofereceu para um "trabalho decente" no *Leichenkommando* foi Bertha Berkowitz (nº 1048). Mesmo antes de se tornar prisioneira, Bertha sofria com o fato de sentir frio o tempo todo. Não haveria como ela sobreviver ao inverno se não fosse selecionada para algum trabalho feito no interior de um local fechado a maior parte do tempo. Na tenra idade de 16 anos, ela já era madura e inteligente o bastante para planejar sua sobrevivência. Ela pesou os prós e os contras de se voluntariar para o *Leichenkommando*. Ela era suficientemente forte para carregar cadáveres? Ela conseguiria lidar com os cadáveres das meninas que conhecia? Fazer esse trabalho valia uma porção extra de pão? Ela era emocional e psicologicamente forte para lidar com a tarefa?

Mas ela tomou mesmo a decisão de se voluntariar após testemunhar a primeira seleção em massa de prisioneiras e ser informada de que as integrantes do *Leichenkommando* eram poupadas da seleção. Este era um trabalho que poderia ajudá-la a sobreviver. "Era horrível", no entanto. Dentre as voluntárias que trabalharam com Bertha incluem-se Margie Becker (nº 1955), Elena Zuckermenn (nº 1735) e, provavelmente, a amiga de infância de Bertha, Peshy Steiner. O *Leichenkommando* era o pior dos destacamentos de "trabalho decente" que requeria trabalho manual. Se as meninas pudessem ter entrado nas atribuições de lavanderia ou de costura, nas de empacotamento e correspondência ou nas agrícolas, teriam tentado. Cuidar dos animais na fazenda talvez fosse psicológica e fisicamente mais fácil, mas o teste de seleção para as atribuições agrícolas era brutal e potencialmente mortal.

Com traços delicados e uma tez tão doce quanto as flores que inspiraram o seu o nome, Rose (nº 1371) tinha cabelos loiro-escuros que costumava usar em longas tranças — quando tinha cabelos. Ela não parecia forte, mas havia sido criada em uma fazenda e sabia como trabalhar. Desde sua chegada, ela trabalhara principalmente em um destacamento que estava construindo uma fazenda em Harmęże, a poucos quilômetros de ambos os campos. Era um destacamento particularmente brutal, supervisionado por um homem da SS que gostava de usar um terno branco em vez de seu uniforme. Todas as meninas tinham pavor dele, pois sua distração favorita era atirar um objeto para fora dos limites do local de trabalho e ordenar que uma delas fosse buscá-lo. Era uma situação sem saída: se a garota desobedecesse à ordem, ele a mataria por desobedecer; se ela obedecesse, ele a mataria por atravessar o limite e tentar escapar. Ele não era o único que apreciava esse passatempo — Juana Bormann, "a mulher com o cachorro",[185] gostava de fazer a mesma coisa, só que ela usava seu pastor alemão em vez de sua arma para matar garotas.

Após a construção dos celeiros em Harmęże ser finalizada, a SS criou um teste físico para determinar quais trabalhadoras eram as mais aptas para trabalhar na fazenda. Rose conta ter sido forçada a ficar em pé o dia inteiro sem se mexer. Era um dia particularmente frio, e testes físicos adicionais eram aplicados às meninas de vez em quando. À certa altura, elas foram forçadas a manter os braços esticados à sua frente por um período indeterminado de tempo; se seus braços tremessem ou se elas os abaixassem, eram levadas para as câmaras de gás. Ao final do dia, elas tiveram que saltar por cima de uma vala. Aquelas que concluí-ram todas as tarefas foram recompensadas: mudaram-se para o quartel recém-construído e começaram a trabalhar na fazenda. Rose tornou-se responsável por criar coelhos e faisões. Ela sabia que tinha sorte de estar lá; ela até trabalhou com uma *Kapo* gentil. O melhor de tudo: trabalhar em Harmęże significava morar em um bloco menor e mais quente. A comida também era melhor. Rose descreve uma *Nässelsoppa* — sopa de urtiga — verde-clara e rica em vitaminas.

PARA AS TRABALHADORAS DE "FÁBRICA" e as meninas sem ha-bilidades especiais, o trabalho que poderia salvar suas vidas estava nos destacamentos de organização, agora chamados de "destacamentos dos lenços vermelhos e brancos" pelas prisioneiras. À medida que os transportes chegavam de toda a Europa, mais e mais itens tinham que ser classificados, e mais e mais meninas eram necessárias para fazer o trabalho. A questão era entrar no destacamento. O "uniforme" era um lenço na cabeça — vermelho ou branco. Para se conseguir um desses, porém, não havia muita alternativa: ou se roubava um ou se comprava pelo preço de uma fatia de pão.

Os melhores trabalhos no campo exigiam um conjunto de habilidades mais elevado do que o das trabalhadoras de "fábrica". As "funcionárias" podiam digitar e taquigrafar, eram multilíngues ou tinham uma letra cur-siva legível — habilidades que as meninas de fazenda e a maioria das ado-lescentes não tinham. No campo há mais tempo do que judias de qual-quer outro país, muitas das meninas eslovacas mais experientes tinham aptidão para ocupar cargos na secretaria e, desde cedo, haviam garantido esses trabalhos para si. Ser mais velha e ter concluído o ensino médio tinha vantagens, mas adolescentes como Edith, Adela, Magda Amster, Nusi e Magduska Hartmann haviam sido impedidas de frequentar o ensino médio. Se elas não fossem acomodadas nos destacamentos de cos-tura, agricultura ou organização, sua única opção seria o trabalho duro.

SABEMOS MUITO POUCO sobre a prima de Magduska e Nusi Hartmann, Lenka Hertzka, e sua experiência trabalhando para um dos principais membros da Gestapo. No entanto, devido à sua posição, Lenka foi capaz de escrever cartões-postais e cartas regulares para familiares e amigos; ela recebia correspondência também. Os textos de seus cartões, cartas e ocasionais telegramas alternam entre o relato de atos mundanos a pedidos de comida e mensagens codificadas sobre família e amigos. As cartas de Lenka não traziam as mentiras repetitivas que as outras prisioneiras eram forçadas a escrever; às vezes, seus cartões nem eram censurados. As respostas de sua família revelam confusão sobre as circunstâncias e contêm perguntas que se repetiam, mas que ela não podia responder.

A troca de correspondência entre as famílias Hertzka e Hartmann continuou pelos próximos dois anos. Uma das primeiras pessoas a escrever foi o sobrinho de 8 anos de Lenka, Milan:

> Cara Lenke: Como todo mundo já escreveu para você, vou tentar a minha sorte. Nós estamos com saúde. Se ao menos nossa tia [a própria Lenka] estivesse conosco. Estamos sempre falando de você e Magduska.
>
> Como gostaríamos de lhes enviar algo. Escreva com Magduska. Nós todos te beijamos.
>
> Seu Milanko[186]

Funcionárias da secretaria — como a prima dos Hartmann, Lenka Hertzka — viviam do lado de fora das cercas de arame farpado de Auschwitz I e Birkenau, no porão da *Stabsgebäude*, a sede dos servidores da SS. Lá havia beliches de verdade, cobertores e até um chuveiro. Como as secretárias viviam e trabalhavam em estreita proximidade com a SS, elas tinham que manter-se asseadas, bem-vestidas e atraentes. Isso significava que tinham permissão para deixar o cabelo crescer. "Algumas até usavam meias-calças".[187] Embora o trabalho que elas executassem fosse fisicamente mais fácil, elas recebiam porções extras de pão. Algumas eram até rechonchudas.

Para aquelas que trabalhavam nas atribuições mais pesadas, era difícil ver algumas das mesmas garotas com as quais haviam chegado em março desfilando pelo campo com certo ar de superioridade, cabelos bem penteados e roupas civis que haviam sido confiscadas das outras judias. "Víamos que havia pessoas saindo-se um pouco melhor do que nós", diz Edith. "Algumas consertavam sapatos e roupas, outras trabalhavam sentadas nos escritórios." Elas eram as afortunadas, se é que algum prisioneiro em Auschwitz pode ser considerado afortunado.

Algumas dessas funcionárias mais afortunadas trabalhavam na parte de dentro das cercas de arame farpado também — supervisoras de blocos, supervisoras de quartos, escreventes. Quando "saíamos para o trabalho pesado, tínhamos que cantar. Tínhamos que trabalhar mesmo se estivéssemos com febre, mas elas ficavam lá dentro", diz Edith. "Todas as supervisoras de blocos sobreviveram. Todas elas."

Na difícil posição de agradar à SS, às *Kapos* e às prisioneiras, as supervisoras eram forçadas a disciplinar as meninas em seus blocos — ainda que tivessem crescido junto com muitas delas. Edith recebeu algumas "surras" da supervisora do seu bloco, que viera no primeiro transporte com ela. A supervisora e sua irmã tinham uma reputação terrível, mas, 75 anos depois, Edith ainda hesita em revelar seus sobrenomes, porque não deseja causar vergonha aos filhos dessas mulheres e aos seus familiares que ainda estão vivos. O fato é que, "se você sobreviveu ao primeiro transporte, provavelmente fez algo especial, e nem sempre esse algo era correto".

Para as funcionárias, "o mais importante era obter uma posição que as separasse da massa prisional e lhes valesse privilégios especiais, um trabalho que as protegesse até certo ponto dos riscos acidentais e mortais e melhorasse as condições físicas em que viviam",[188] confidenciou Höss em seu diário. Auschwitz já era um negócio cruel e, entre as funcionárias, poderia ser igualmente cruel. Era necessário apenas um delito para ser denunciada e ser imediatamente rebaixada para Birkenau — ou algo pior. Segundo Höss, as mulheres "não titubeavam, não importa o quão desesperado fosse o ato, em seus esforços para tornar vagos esses empregos seguros e depois adquiri-los para si mesmas. A vitória costumava ir para o homem ou mulher mais inescrupuloso. 'A necessidade é a mãe da invenção', e aqui se tratava de uma questão pura e simplesmente de sobrevivência". [189]

Alcançar a posição de funcionária poderia salvar a sua vida,[190] mas a impotência para salvar a de outras pessoas — especialmente daquelas que você amava — era psicologicamente complicada para as mulheres nessas posições cobiçadas. E nem todas queriam ter cargos de importância. Rena (nº 1716) recusou a chance de se tornar supervisora de quarto porque não poderia enfrentar a ambiguidade moral de estar em uma posição de poder. "Não posso tirar o pão de outras pessoas que têm tanta fome quanto eu; não consigo bater em pessoas que sofrem como eu." Não importa a posição que você ocupou em Auschwitz — se trabalhou duro, se trabalhou como supervisora de um bloco ou de quarto ou como secretária da SS —, uma "'armadura dura e indiferente' era necessária para sobreviver".[191]

"Frequentemente acontecia: indivíduos que haviam adquirido essas posições seguras perdiam o rumo de repente ou deixavam-se definhar gradualmente quando descobriam a morte de parentes e amigos mais próximos. Tudo isso sem que houvesse qualquer causa física, como doença ou más condições de vida." Höss abordou a questão, descrevendo-a especificamente como uma fraqueza judaica: "Os judeus sempre tiveram sentimentos familiares muito fortes. A morte de um parente próximo faz com que eles sintam que sua própria vida não vale mais a pena e, portanto, não vale a pena lutar por ela". O surpreendente é que muitas funcionárias não desistiram.

Assumir uma posição de funcionária significava que as meninas talvez pudessem ajudar outras, mas também significava que elas talvez não fossem muito estimadas pelas demais prisioneiras. Como poderiam ser? Elas tinham mais comida, trabalhavam menos horas e não precisavam passar pelas seleções. Elas também enfrentavam um dilema moral — estavam trabalhando para o próprio sistema que liquidava suas famílias, sua cultura e suas comunidades. Embora muitas funcionárias usassem suas posições para ajudar como pudessem, a triste verdade é que várias delas não agiram ética ou moralmente. Por uma boa razão, elas eram ridicularizadas e desprezadas pela população prisional em geral. A sobrevivência e a moralidade muitas vezes se opunham em Auschwitz.

Sobre as meninas dos primeiros transportes que obtiveram posições mais importantes, a dra. Manci Schwalbova escreve: "Muitas vezes, eram jovens meninas cuja família inteira havia sido assassinada, e algumas se tornaram imprudentes, não sabiam lidar com a experiência em um dos períodos mais difíceis do campo. Algumas delas realmente se deslumbraram com o exercício do poder que [lhes] fora dado. Felizmente, foram poucas". Ela acrescenta imediatamente que "em todos os departamentos você podia encontrar mulheres que não hesitariam em arriscar a própria vida para salvar a vida de outras pessoas".

A dra. Manci Schwalbova foi uma dessas que assumiu riscos. Era essencial que os médicos judeus tivessem acesso a remédios e alimentos extras ou não poderiam ajudar os prisioneiros a sobreviver. Os casos de malária disparavam nos meses de verão; a quinina era necessária. A recuperação do tifo exigia descanso e hidratação; água com limão era o melhor que os prisioneiros podiam esperar. Foi criada uma rede subterrânea, que incluía muitos funcionários dispostos a arriscar sua vida para ajudar outras pessoas, contrabandeando alimentos e remédios para o hospital. Nesse aspecto, um dos destacamentos mais importantes do trabalho era a "sala de pacotes, onde encomendas chegavam para mulheres já mortas". Os trabalhadores contrabandeavam alimentos e remédios "não retirados" para o hospital com o objetivo de ajudar os doentes que se recuperavam.

As supervisoras de blocos também conseguiam contrabandear remédios para as meninas em seus blocos. Obviamente, elas exigiam pagamento, e isso significava que muitas meninas passavam fome para conseguir algo tão simples quanto uma pomada cicatrizante para evitar que os cortes infeccionassem. Nada era de graça.

As que mais sofreram foram as meninas que não conseguiram obter tarefas melhores e continuaram a trabalhar duro externamente, demolindo prédios, fazendo estradas, cavando argila, fazendo tijolos. Com água na altura dos joelhos, Lea e Edith continuaram a limpar cursos d'água e valas de drenagem, uma das piores atribuições de trabalho. Quando o outono chegou e ficou mais frio, Edith começou a sentir uma dor no joelho que não iria desaparecer.

VINTE E TRÊS

Birkenau realmente foi o início do campo de extermínio.
— EDITH GROSMAN

EM 2 DE SETEMBRO, O DR. JOHANN PAUL KREMER — um homem careca, de olhos esbugalhados e muito pouco atraente — chegou para substituir um dos médicos do campo que adoecera de tifo.[192] Em seu primeiro dia de orientação, o geneticista e professor de anatomia da Universidade de Münster presenciou a desinfecção de prisioneiros, a dedetização de um bloco com gás Zyklon B, a aplicação mortal de injeções de fenol em pacientes doentes e a execução nas câmaras de gás de 545 homens e meninos franceses e 455 mulheres e meninas. Adepto do uso meticuloso de diários, Kremer escreveu em uma página de papel em branco naquela noite: "Presente pela primeira vez em uma operação especial, do lado de fora, às três horas da manhã. Em comparação a isso, o Inferno de Dante parece quase uma comédia. Não é à toa que Auschwitz é chamado de campo de extermínio!". Isso não pareceu incomodá-lo minimamente.

Ao meio-dia, alguns dias depois, o dr. Kremer acompanhou o médico das tropas, sargento-mor Thilo, até o Bloco 25, onde mulheres e meninas esqueléticas estavam "sentadas no chão" no pátio do lado externo. Pendendo de seus corpos, os uniformes imundos e surrados dos soldados russos. Horrorizado pelos fantasmas vivos de olhos vazios, o dr. Thilo virou-se para o colega e disse: "Estamos no *anus mundi* [ânus do mundo]". Ele se referia a mulheres.

Os "cadáveres errantes" no pátio do Bloco 25 eram conhecidos como *Musselmen* (gíria racista para se referir a muçulmanos), o que significava que eram prisioneiros sem esperança. Esses homens e mulheres doentes e famintos eram mais temidos do que vistos com pena. Ninguém queria se aproximar desses lembretes físicos daquilo que todo prisioneiro corria o risco de um dia se tornar: um zumbi, um golem, um ser humano se transformando em não humano. Apaixonados por seu poder de desumanizar e destruir, os SS os chamavam de "visão terrível", "os mais horrendos dos horrendos". Os prisioneiros, igualmente aterrorizados com a visão desses esqueletos frágeis, tentavam ser mais gentis, dizendo que as mulheres "não estavam muito vivas, mas ainda não totalmente mortas".[193] Havia um medo profundo entre os prisioneiros de se tornarem tão fisicamente frágeis e tão espiritualmente destruídos, de se tornarem um dia aqueles cujo "espírito que Deus havia soprado em suas almas fora agora totalmente sugado".[194] Eles temiam que fosse contagioso. De fato, a doença foi amplamente responsável pela deterioração desses prisioneiros.

O dr. Kremer testemunhou esses mortos-vivos sendo forçados a entrar em caminhões e então transportados para fora da seção feminina em direção às câmaras de gás. Eles nem sequer foram agraciados com a dignidade de entrar no vestiário onde os judeus se despiam antes de entrar nos "chuveiros". No lugar disso, foram forçados a tirar a roupa do lado de fora para que seus uniformes pudessem ser queimados, em vez de desinfetados. À mercê dos elementos, algum espírito surgiu dentro deles e, então, eles imploraram por suas vidas.

— Por caridade... — eles choraram e imploraram aos homens da SS. "Todos foram levados para a câmara de gás e executados."[195]

"AS MENINAS MORRIAM diariamente, às dezenas e centenas", diz Edith. Mesmo que uma garota não pudesse andar, ela tinha que sair para a chamada e ser contada antes de ser levada às câmaras de gás. "Eu conhecia uma garota de Humenné que foi trazida para a contagem em um carrinho de mão, o mesmo carrinho de mão que estava sendo usado para carregar tijolos nas construções." Ela não lembra o nome da garota.

Quando as meninas não tinham forças para se levantar e ir para a chamada, eram espancadas pelas supervisoras dos blocos e dos quartos. Uma garota foi espancada por não se levantar para trabalhar e, ao final da surra, pareceu sentar-se apoiada contra a parede em sua *koja*. Elas a contaram sem perceber que tinha morrido. Margie Becker diz: "Ela ficou lá sentada com os olhos abertos" por alguns dias. Ninguém percebeu.

Os ventos fortes do outono varriam as planícies e invadiam os quartéis de Birkenau, que não eram tão hermeticamente fechados quanto os de Auschwitz. Penetravam as aberturas da argamassa, ferroavam a carne tenra das meninas malvestidas. Sem nada que barrasse a ventania, lufadas uivantes assombravam seu sono exausto. Cobertores surrados — um para cada três meninas — mal cobriam seus corpos frágeis. Conforme elas se aconchegavam em busca de calor, bastava apenas uma tosse no cobertor para transmitir as bactérias. Os piolhos rastejavam de uma garota adormecida para outra, espalhando doenças sem preconceitos — e matavam tanto a SS quanto as prisioneiras.

O tifo é uma doença que vive da guerra, da fome e do desastre, e Auschwitz era uma tempestade perfeita para uma epidemia: superlotado, sem higiene e infestado de piolhos.[196] "A batalha contra as pragas era central e [elas] se tornaram um inimigo mortal", lembra a *Kapo* Luise Mauer. Sem terem como tomar banho ou lavar seus uniformes imundos, as prisioneiras estavam à mercê de surtos de doenças. Apesar das desinfecções mensais, o tifo se espalhava sem parar, passando de rato para prisioneiro, de prisioneiro para prisioneiro, de prisioneiro para captor. "Em Auschwitz, ruas inteiras estão infectadas de tifo", escreveu o dr. Kremer em seu diário. "O primeiro-tenente Schwartz é um dos doentes".[197]

"O campo das meninas sofreu mais. As pobres desgraçadas estavam cobertas de piolhos e pulgas",[198] escreveu Rudolf Vrba, em coautoria com Alfréd Israel Wetzler, em *"Auschwitz Reports"* um ano e meio depois. O campo não possuía instalações sanitárias suficientes para o número de mulheres que as usavam. A única fonte de água potável ficava em "um pequeno banheiro, ao qual um prisioneiro comum não tinha acesso".

Havia tantas doentes morrendo que seus corpos eram descartados do lado de fora, nos fundos dos blocos do hospital.[199] Deixadas ali, essas infelizes meninas e mulheres eram recolhidas como se fossem toras de madeira e levadas para o crematório. Um dia, não muito depois de ter chegado a Birkenau, Margie Becker ouviu seu nome ser chamado entre os moribundos que agonizavam no chão, sob o sol quente.

"Água, por favor..."

Na foto da sua turma escolar de 1938-1939, tirada em Humenné, Zena Haber está no centro da fila de trás, mais alta do que as outras garotas. Inclinada para a frente, ela parece desconfortável com sua altura e seu corpo. Parece que sorrir nas fotos não era muito popular naquela época, pois quase ninguém sorri no retrato. Os braços estão cruzados ou atrás das costas. Apenas Edith, de pé na última fila, perto de Zena, está de braços abertos; suas mãos tocam a garota sentada embaixo dela, uma amiga de cujo nome ela não se lembra mais. Os cabelos claros cacheados de Zena estão penteados para trás. Com o queixo abaixado, ela parece estar encarando a câmera, mas há uma curva tênue em sua boca, suficiente para imaginarmos que, se a câmera tivesse clicado apenas um segundo depois, teria registrado um sorriso.

"Ela era uma garota alta e bonita", diz Margie. Agora, sua amiga de infância, uma adolescente, estava morrendo.

Era um dia quente. O sol batia em seus corpos. Zena Haber tinha feridas no corpo e um caroço nos lábios. Não havia água. Nem piedade. Mas havia uma bela jovem morrendo de sede e doente, negligenciada pelo mundo. Margie sentiu-se impotente e culpada — ela não podia fazer nada pela amiga, não tinha como ajudar. E estava com medo de tocá-la. E se ela pegasse a doença de Zena? Dividida entre seu próprio senso de autopreservação e seu desejo de ajudar a amiga, Margie se desculpou com Zena e saiu correndo.

O TIFO SURGIA ABRUPTAMENTE, muitas vezes enquanto as meninas estavam no trabalho. As articulações de Joan Rosner doíam tanto que ela precisou parar de cavar para recuperar o fôlego. Apoiando-se em sua pá, ela sentiu a dor queimar os membros.

"Endireite-se!", uma de suas amigas sussurrou.

Joan (nº 1188) tentou se endireitar, mas estava muito fraca.

"Ataque!", a mulher da SS ordenou. Elas ouviram o som das patas contra a sujeira. O hálito quente e fétido golpeou seu rosto quando o cachorro agarrou seu braço, que ela erguera involuntariamente para proteger a garganta. Os dentes do cachorro afundaram em seu bíceps enquanto ela tentava se defender. Por alguma razão, a mulher da SS chamou o cachorro de volta e ele não a matou. Sangrando no pescoço e no braço, Joan voltou a trabalhar como uma louca. Cabeça baixa. Escavar. Escavar. Sem parar. Em meio à dor. O sangue pulsava em suas têmporas. Estava com febre. Escavar. No final do dia, Joan conseguiu atravessar o portão do campo sem ser desviada para o outro lado e desabou na *koja,* onde dormiu sem pegar pão. No meio da noite, ela se sentou em seu beliche.

"Estou indo para casa." Ela se arrastou para fora.

"Joan! Onde você vai?", uma de suas amigas a chamou.

"Minha mãe está me esperando na carruagem", disse ela com grande naturalidade. E saiu do bloco.

Sair depois do toque de recolher era perigoso, mas sua colega acordou algumas outras meninas e elas correram atrás de Joan, que estava caminhando de propósito até a cerca elétrica e o que ela pensava ser a carruagem de sua mãe.

Elas a agarraram e lutaram para impedi-la de alcançar os fios. Febril e delirante, ela lutou contra elas.

— Onde está minha mãe? — ela perguntou.

— O que você está fazendo aqui?

Ela olhou em volta do campo. Para as torres de vigia. Os holofotes.

— Onde estou?

Sob o manto da noite, elas levaram Joan até o hospital do campo. Ela precisava de pomada e remédios para as mordidas do cachorro e compressas frias para diminuir a febre que atormentava sua mente. As seleções ainda eram uma ocorrência relativamente nova, então as meninas provavelmente não sabiam que Joan poderia ser morta por convalescença. Mas sabiam que ela morreria se tentasse ir trabalhar de manhã.

Entra a dra. Manci Schwalbova. Ela se compadecia ainda mais das garotas eslovacas e tentava fazer o possível para ajudá-las. Mas, naquele momento, o único medicamento disponível para os prisioneiros judeus era carvão vegetal. "Davam-nos carvão para tudo", diz Joan. Ela ainda teve sorte de conseguir carvão; em meados de outubro, os judeus já não poderiam usufruir de nenhuma intervenção médica.[200]

O hospital pode não ter oferecido muito em termos de remédios, mas pelo menos Joan conseguiu descansar em uma cama de verdade e se hidratar. Sua febre diminuiu e as perfurações dos dentes do cão cicatrizaram. Mas a vida nunca era uma certeza em Auschwitz. Quando ela estava começando a se recuperar, um dos médicos passou pela enfermaria e escolheu dez meninas para ir ao seu consultório, onde ele estava realizando experimentos. Joan foi uma dessas garotas. Felizmente, quando chegaram ao consultório a eletricidade havia acabado. O médico mandou as meninas de volta ao hospital e disse: "Voltem amanhã".

Joan não estava *tão* doente assim. Ela sabia que sua vida dependia de não voltar ao hospital e foi direto para o seu bloco, desaparecendo no anonimato das milhares de mulheres ao seu redor. Essa trégua ajudou-a a se recuperar, mas, durante semanas suas amigas tiveram que ajudá-la a passar pelos SS, que pairavam como abutres no portão, ansiosos para alimentar as câmaras de gás com prisioneiras doentes. Ela tinha cinco amigas nas quais podia confiar. Elas estavam sempre juntas — sempre ajudando umas às outras. Ela não revela os nomes delas em seu testemunho.

"Ter alguém que cuidasse de você era muito importante", diz Martha Mangel (nº 1741). "Todo mundo cuidou de alguém". Para Martha, esse alguém era sua prima mais velha, Frances Mangel-Tack, que havia chegado no quarto transporte e assumido uma posição desde cedo como supervisora de bloco, assim como sua prima Frida Zimmerspitz. Ambas eram atraentes, inteligentes e astutas. Eta Zimmerspitz (nº 1756) conta que, logo depois que elas chegaram ao campo, Frida reclamou para um dos homens da SS que as *Kapos* haviam roubado a comida delas e o homem lhe deu um pouco de presunto. "Choramos", lembra Eta, mas "comemos".

Frida tornou-se supervisora do Bloco 18 e deu às suas três irmãs posições como supervisoras de quartos e escreventes do bloco. Sua prima Frances não seria supervisora de bloco por muito tempo. Em vez disso, ela se tornaria uma das poucas *Kapos* judias em Auschwitz, uma posição que faria dela alguém de má reputação entre as prisioneiras.

O ROSH HASHANÁ — o ano-novo judaico — e as Grandes Festas chegaram com o primeiro rubor do outono. Folhas de bétula douradas cintilavam no chão, cobrindo as covas comuns com uma manta amarela. Bandos de estorninhos sobrevoavam aquele mar de sofrimento humano. Com as recém-chegadas entrando no campo, as meninas souberam quando começava o Yom Kipur. Quando o sol se pôs atrás das torres de vigia, muitas meninas, apesar da fome lancinante, começaram a jejuar.

"Do que eu jejuei?", Bertha Berkowitz (nº 1048) se pergunta. "Ficávamos sem comer o ano todo, mas eu jejuei."

O jejum renovou sua fé e espírito, deu-lhes coragem para resistir à tentação do desespero. Apesar das injustiças diárias que estavam sofrendo, a SS não conseguira dobrar sua fé.

Não era incomum que a SS usasse os feriados judaicos como uma oportunidade de punir judeus e desonrar tradições sagradas. Algumas semanas após o Yom Kipur, o feriado da colheita judaica chegou. O

Sucot é uma feliz celebração da colheita e da abundância, por isso, seria o momento perfeito para se fazer uma colheita de judeus. A partir de primeiro de outubro e nos três dias seguintes, o campo feminino não trabalhou. Em vez disso, as meninas foram forçadas a ficar em posição de sentido o dia inteiro — nuas —, esperando para passar pelo comitê de seleção, que, com um sinal dos polegares, as enviava para a vida ou para a morte — à esquerda ou à direita. Ao final do Sucot, 5.812 mulheres haviam sido enviadas para as câmaras de gás.[201] A ala hospitalar agora estava vazia.

VINTE E QUATRO

Os laços entre essas mulheres eram inquebrantáveis. Elas foram extraordinárias. Elas se salvaram umas às outras.

— **ORNA TUCKMAN**, filha de Marta F. Gregor (nº 1796)

EMOCIONAL E FISICAMENTE, servir no *Leichenkommando* seria uma tarefa difícil. As amigas de Bertha perguntavam a ela: "Por que você se disporia a fazer algo assim?".

"Estou com medo do inverno", explicou Bertha.

Era um medo justificável. No *Leichenkommando*, ela pelo menos não era mais obrigada a sair para trabalhar do amanhecer ao anoitecer. Ela recebia uma porção dupla de comida e era poupada de ficar horas a fio em pé todas as manhãs e noites para a chamada. Por estar instalada no Bloco 27, que ficava próximo do hospital, ela tornou-se próxima da dra. Manci Schwalbova e das outras médicas judias. Todas ficavam de olho nas meninas que trabalhavam no *Leichenkommando*, porque era um trabalho de alto risco. Felizmente, um dos médicos da SS apaixonou-se por uma das médicas judias, e ela o convenceu a fornecer luvas para as meninas que lidavam com os cadáveres. Ela também o convenceu de que as meninas precisavam lavar as mãos com água e sabão, de modo que receberam permissão para usar o banheiro com água limpa para se lavarem. Depois de lidar com cadáveres contaminados o dia inteiro, isso era essencial para se manter a saúde.

Mas essas medidas de higiene não são a maior lembrança de Bertha. Depois de carregar mortos o dia todo, sentindo o resíduo oleoso da fumaça e das cinzas que caíam das chaminés do crematório e a poeira levantada pelos caminhões que transportavam os mortos para os crematórios, o que Bertha se recorda mesmo é de lavar o rosto com água limpa. "Você não tem ideia do que significa lavar o rosto."

De alguma forma, Margie Becker (nº 1955) conseguiu apropriar-se de uma vasilha e enchê-la com água. Quando ela trouxe a vasilha para "casa", escondeu-a, pensando que a usaria todos os dias para lavar as mãos e o rosto — tal a importância que ela dava para a sensação de limpeza. "Mas eu não tive coragem. As pessoas estavam morrendo de sede. [Eu] simplesmente não podia desperdiçar aquela água para lavar o rosto." Ela deu a água para as menos afortunadas do bloco.

A rotina no *Leichenkommando* era muito diferente da dos demais destacamentos do campo. De manhã, antes da chamada, as *Stubenmädchen* — ou camareiras — empilhavam as garotas mortas no lado de fora de seus blocos, para que fosse contadas. Depois que todas as mulheres seguiam para os seus respectivos trabalhos, Bertha e as outras no *Leichenkommando* começavam a recolher os corpos e a levá-los para o *Leichenhalle*, um galpão atrás do Bloco 25 onde os cadáveres eram mantidos até os homens chegarem com caminhões para transportá-los aos crematórios.

O protocolo de registro das mortes de mulheres começou em agosto, pouco depois de as meninas terem sido transferidas para Birkenau. Um escrivão acompanhava o *Leichenkommando* em suas rondas diárias, anotando os números de registro das garotas mortas, para que pudessem ser removidos do registro do campo. Na chamada seguinte, a SS sabia exatamente quantas prisioneiras ainda viviam e trabalhavam no campo.

A retirada dos corpos daquelas que haviam se atirado aos fios durante a noite só podia ser feita depois que os destacamentos fossem organizados e saíssem do campo para trabalhar. Então, a eletricidade era desligada no interruptor principal. Tão logo fosse seguro, Bertha e as outras tinham que desdobrar os dedos, duros devido ao *rigor mortis*, fortemente agarrados, e libertar os corpos carbonizados dos fios. Muitos deles, pertencentes a amigas e companheiras de bloco.

Os corpos dessas vítimas de suicídio não eram maleáveis — pareciam marionetes grotescamente endurecidas. Não era possível acomodá-los direito nos carrinhos de mão. Braços e pernas enrijeciam-se em ângulos singulares. Embora o Talmud afirme que tirar a própria vida é contrário à tradição judaica, suicídios eram frequentes. "Perdi muitas amigas nos fios", diz Linda Reich (nº 1173). Era difícil de testemunhar, mas, na verdade, ninguém culpava as meninas que escolhiam essa saída. Era uma das poucas maneiras que você tinha de retomar o controle de sua própria vida: decidindo sua própria morte.

QUANDO AS CÂMARAS DE GÁS enchiam e não podiam mais receber corpos, as doentes eram levadas para o Bloco 25, fortemente vigiado pela SS. Geralmente, era ocupado por meninas e mulheres doentes que não conseguiram lugar no hospital ou que haviam tentado se esconder em vez de ir trabalhar. O Bloco 25 — o bloco doente — era na verdade um bloco da morte.

Uma das partes mais difíceis do trabalho no *Leichenkommando* era encontrar os cadáveres de suas amigas e familiares — ou pior, encontrá-las morrendo no Bloco 25. Operárias de uma indústria da qual a morte era um subproduto, Bertha e as outras faziam o possível para respeitar suas amigas mortas. "Éramos muito cuidadosas com seus corpos. Pedia perdão à pessoa morta antes de jogá-la no caminhão que a levaria ao crematório", conta Bertha. No começo, ela tentou se lembrar das datas em que os amigos morreram, pois, "caso eu sobrevivesse, seria capaz de dizer [às famílias] que data havia sido, para que pudessem honrar o aniversário da morte".

Nem tudo o que as meninas do *Leichenkommando* fizeram foi admirável. Margie confessa que às vezes contrabandeava roupas de garotas mortas e trocava seus suéteres, meias e sapatos por pão ou margarina extras. Um dia, enquanto limpava as mortas no Bloco 25, Margie ouviu a voz de Klary Atles dentre as moribundas.

"Eu não tenho cobertor", disse Klary quando Margie passou. Ela mal reconhecera a filha do rabino que tentara animar as meninas com sua fervorosa fé naqueles primeiros dias no campo. Olhando para Margie com doce compaixão, Klary sussurrou: "Que pena por não tê-la conhecido na nossa cidade".

Embora a comunidade de Humenné fosse próxima, Klary e Margie eram de classes sociais diferentes e não tiveram muitas oportunidades de se conhecerem. Além da diferença de idade, os pais de Klary a tinham enviado para uma escola particular em Budapeste. Margie nem tinha terminado o ensino médio. "Éramos de mundos diferentes, você sabe, então eu não tive nada a ver com ela." Elas agora eram iguais no vazio em que se encontravam. A morte não escolhe classe ou status.

Incapaz de salvar Klary, Margie só podia lhe dar o pouco que tinha; não um cobertor para mitigar os calafrios, mas a garantia de que ela também desejava que tivessem passado mais tempo juntas em liberdade e fossem amigas. Ela lhe deu um derradeiro conforto de conexão humana.

APÓS O TURNO DA MANHÃ, tendo acabado de recolher os mortos da noite anterior, as meninas do *Leichenkommando* almoçavam e ganhavam uma porção extra de pão com a sopa. Às duas horas da tarde, os homens chegavam em um caminhão na parte de trás do Bloco 25 para esvaziar o *Leichenhalle*. Enquanto os motoristas esperavam, as meninas pegavam os cadáveres que haviam recolhido e os acomodavam na caçamba do caminhão. Elas trabalhavam rapidamente. O *Leichenhalle* não era o tipo de lugar em que alguém quisesse ficar, mas sempre que encontravam uma de suas amigas entre as mortas, todas as meninas paravam para orar. "Pedíamos perdão e rezávamos o Kadish em ídiche antes que seus corpos fossem levados aos crematórios."

O último turno ocorria no final do dia, quando as colunas de prisioneiros retornavam de seus destacamentos de trabalho. Os que haviam morrido, assassinados ou acidentalmente, eram deixados do lado de fora do portão para que seus números fossem registrados. Os corpos eram então transferidos diretamente para o crematório ou armazenados no *Leichenhalle*. As seleções ocorriam agora "o tempo todo". "Ao entrarmos e ao sairmos, havia seleções para nós. Você não precisava ser alto. Você não precisava ser legal. Quem eles queriam, eles levavam".[202] Os homens da SS frequentemente selecionavam grupos inteiros de meninas saudáveis simplesmente porque tinham o poder de matar quem quisessem.

TRABALHAR NO *Leichenkommando* pode ter dado às meninas comida extra e permitido que elas escapassem das seleções, mas não as protegeu do tifo. O Bloco 25 estava repleto de doenças infecciosas e, embora elas tivessem acesso à água para se lavarem, os piolhos que transmitiam a doença se moviam também sob a cobertura do sono. Um dia, Margie passou por uma janela de vidro e viu seu reflexo. "Parecia que eu tinha duzentos anos. Eu parecia estar no ápice da velhice. Eu simplesmente não podia acreditar que era eu."

Quando ela sucumbiu à febre e à náusea do tifo, as meninas do seu bloco a esconderam. "Eu lhes dei meu pão, é claro, porque não conseguia comer." Felizmente, o trabalho que ela fazia a protegia e ela pôde se recuperar. Mais tarde, Margie retribuiu, ajudando aquelas que a haviam ajudado.

VINTE E CINCO

Atualmente, o quartel está cheio de mulheres de várias nacionalidades, há muita comoção, barulho e discussões. Lá estão elas — judias da Polônia, Grécia, Eslováquia; há polonesas, ciganas morenas e croatas baixinhas de pele escura. Elas não se entendem. Elas lutam por espaço, cobertores, tigelas, um copo de água. Gritaria e xingamentos em línguas estrangeiras são ouvidos constantemente. Não se pode pegar no sono aqui.

— **SEWERYNA SZMAGLEWSKA (nº 22090)**[203]

EM 1942, O DEPÓSITO DE ORGANIZAÇÃO ficava em Auschwitz I, ou "campo mãe",[204] e passara de um barracão para quatro. Estava "tão cheio de roupas de toda a Europa" que a SS tinha que expandir continuamente a área. Como os pacotes de roupas eram enviados para longe do campo, os prisioneiros começaram a se referir a esse destacamento como Canadá, um lugar longe dos conflitos da Europa devastada pela guerra. Um país ainda livre.

Depois que os homens entregavam a bagagem que haviam confiscado nos transportes, as meninas de lenços brancos e vermelhos abriam as malas e separavam os itens. Normalmente, as meninas dos lenços brancos cuidavam dos casacos. As meninas dos lenços vermelhos, de todo o resto.

Linda Reich (nº 1173), responsável pela organização de roupas íntimas, era conhecida por contrabandear até cinco pares de roupas íntimas por vez a Birkenau, para que as meninas que usavam vestidos pudessem manter um pouco de pudor e conforto. Ela distribuía o que podia para as meninas do bloco, mas "você sabe quantas coisas podíamos levar? Três — mesmo havendo milhares e milhares?". Mas ela "dava a quem aparecesse". A essa altura, o pão se tornara moeda de troca, e muitas meninas desesperadas trocariam voluntariamente suas refeições diárias por roupas de baixo. Linda era uma das raras garotas que não trocavam pão por outras necessidades. Outras não eram tão generosas — a menos, é claro, que se conhecessem da mesma cidade ou vila. O pão pode ter servido como moeda de troca, mas a amizade era a vida. Você precisava dos dois para sobreviver.

A TAXA DE MORTALIDADE de meninas e mulheres havia aumentado em Birkenau não apenas porque as condições eram perigosamente anti-higiênicas, mas porque toda semana uma ou duas grandes seleções aconteciam. "Esteja pronta amanhã de manhã na fila dos lenços brancos porque uma das meninas está morrendo", disse a Helena Citron uma velha amiga, colocando um lenço branco em suas mãos. "Pela manhã, ela será posta do lado de fora." Era o tipo da coisa que no mundo normal causaria tristeza; em Auschwitz, eram boas notícias, pelo menos para Helena.

Após a chamada, Helena prendeu o lenço branco sobre a cabeça e correu para onde as garotas do destacamento de organização estavam alinhadas. Algumas das meninas olharam na sua direção, mas ninguém disse nada. A garota que ela substituiu já era só uma lembrança.

Era uma marcha de três quilômetros de Birkenau a Auschwitz I. E, todas as manhãs, as meninas com lenços brancos e vermelhos atravessavam o portão e marchavam para o "campo mãe", onde organizavam roupas e outros itens até o anoitecer; depois, marchavam os três quilômetros de volta a Birkenau. Prisioneiros do sexo masculino que trabalhavam no Canadá observavam que "todos os dias novas garotas substituíam as que haviam desaparecido".[205]

Marchando em direção ao portão pela estrada que saía de Birkenau, Helena juntou-se às outras a tempo. De cabeça erguida, peito para fora, ela se parecia com as garotas a seu redor, exceto por um detalhe — ela usava os famigerados tamancos. Os tamancos eram um sinal claro de que ela não era uma das lenços brancos, e o barulho característico do calçado de madeira contra o solo atraiu a atenção da *Kapo*.

"Quem é você?", perguntou Rita, a *Kapo*.

Helena mostrou a ela o número em seu braço.

— 1971.

— Você não pertence a este destacamento! Vou denunciá-la.

Os nervos de Helena se eletrizaram. Cada estampido de seus tamancos enviava um choque através de seus ossos e causava uma encarada da *Kapo*. Ao chegarem ao galpão de organização em Auschwitz I, as meninas foram contadas novamente e Rita ordenou que Helena a seguisse ao escritório do superintendente do destacamento, que estava sentado em sua mesa. Rita informou ao homem que a prisioneira 1971 havia entrado furtivamente no destacamento.

O *SS-Unterscharführer* Franz Wunsch explodiu. Ele culpou a *Kapo* por não ter enviado Helena de volta a Birkenau imediatamente e a acusou de não fazer seu trabalho.

Se alguém ouvisse os dois discutindo, "acharia que eu estava levando uma vida de prazeres", diz Helena.

"Eu a descobri no caminho!", Rita justificou.

"Como você a descobriu?"

"Ela está usando tamancos." E apontou para os pés de Helena, cujo estômago embrulhou.

"Amanhã! Quero-a amanhã nos charcos!".

Os charcos, onde Edith e Lea estavam sofrendo, rapidamente se tornaram a tarefa usada como punição, porque trabalhar na sujeira e no lodo onde corpos e as cinzas do crematório eram jogados deixava as meninas mortalmente doentes.

Helena foi enviada de volta às mesas de organização com a sentença de morte de Wunsch sobre a cabeça. As outras tiveram pena dela e

gentilmente lhe mostraram o que fazer, sussurrando palavras de encorajamento e esperança para que ela não se perdesse em lágrimas. Em pé,
frente a uma pilha de roupas, Helena sentiu o desespero preenchê-la,
mas tentou se concentrar nas costuras e nas dobras dos casacos à sua
frente. Como era possível que algo tão corriqueiro como um lenço poderia lhe custar a vida?

Tudo o que ela queria era trabalhar sob um teto, abrigada do vento,
da chuva e da neve. Tudo o que ela queria era um trabalho em que
só precisasse dobrar roupas, e não fazer tijolos, cavar argila, empurrar
vagões no meio da lama ou atravessar as áreas alagadiças, condenada a
uma morte lenta, mas certa. Ao seu redor, as meninas pegavam os pedaços de comida encontrados nos bolsos. Ela deveria se atrever a roubar
alguma coisa? Ela já ia morrer mesmo. Ser condenada à morte duas
vezes valia uma migalha extra de comida?

A manhã passou devagar. Helena encarou um buraco em uma das
roupas que ela dobrara. Cabeça baixa. De propósito. Ela não ousava olhar
para as garotas ao seu redor. Ao meio-dia chegaram as panelas de sopa e
as meninas alinharam-se com suas tigelas vermelhas. E, aqui, a história se
divide em duas versões diferentes.[206] A primeira diz que era aniversário de
Wunsch e Rita queria que alguém cantasse para ele. No entanto, Wunsch
aniversariava no dia 21 de março, e, pelo testemunho da própria Helena
e de outras testemunhas oculares, sabemos que ela se juntou às garotas de
lenços brancos no outono de 1942. Então, o que realmente aconteceu?

Aqui propomos uma teoria possível: entreter a SS era uma das maneiras de as *Kapos* conseguirem favores. Assim, enquanto as meninas
tomavam sua sopa, é possível que Rita tenha dito que estava procurando artistas para entreter Wunsch — ela precisava voltar às boas com
ele, depois da surra verbal que recebera naquela manhã. Então, ela teria
anunciado que precisava de garotas que pudessem cantar e dançar, e ordenou que elas comessem rapidamente para que pudessem ensaiar antes
de surpreendê-lo em seu escritório. As amigas de Helena sabiam que ela

tinha uma voz bonita e queriam ajudá-la a ficar no destacamento. Elas podem ter dito que Helena sabia cantar.

Rita olhou severamente para a nº 1971.

"Você sabe cantar?"

Os olhos de Helena permaneceram baixos.

"Não."

"Cante", as meninas ao seu redor sussurraram encorajadoramente.

"Você vai cantar!", Rita exigiu.

E foi isso.

"Helena era muito bonita e tinha uma voz muito, muito agradável. Todos os Citron tinham", lembra Edith. Levando-se em conta a adorável voz de Edith, isso é um grande elogio.

Helena aprendera uma música romântica com alguns judeus alemães e essa foi a música que ela decidiu cantar. Ela ficou de lado enquanto algumas garotas faziam o número de dança, e então houve silêncio. Helena pigarreou e começou a cantar suavemente a canção de amor que havia aprendido com as prisioneiras alemãs. O que era o amor neste lugar de morte? O que era a vida? Apesar de tudo, ela cantou com o coração. A derradeira nota pairou no ar. Segurando o turbilhão de lágrimas, ela tentou não tremer na frente do homem que ordenara sua morte no pântano.

"*Wieder singen*, cante novamente", disse Wunsch, que então fez algo inédito. Ele disse: "*Bitte?* Por favor".

Erguendo os olhos do chão, ela viu as insígnias no uniforme do homem e os seus botões de metal, tão polidos que refletiam o rosto dela. Ela não conseguiu responder.

"Por favor, cante a música novamente."

Ela cantou.

Ao final do dia de trabalho, Helena dobrou o último casaco da pilha e suspirou. Era isso. A vida dela acabara. Uma sombra pairava sobre ela quando o *SS-Unterscharführer* passou. Um bilhete caiu-lhe entre os dedos.

Dizia *Liebe*. "Amor".

Em seguida, ele ordenou a Rita que se certificasse de que a número 1971 estivesse no destacamento de organização no dia seguinte.

A ordem golpeou a cabeça de Helena como um chicote. A *Kapo* não podia fazer nada contra ela. Helena agora era uma das meninas de lenços brancos, quisesse ainda sê-lo ou não.

COMO A MAIORIA DOS SS, Wunsch era volátil e violento. Helena o temia e o odiava. Mas rejeitar um oficial da SS poderia resultar em algo muito pior do que aceitar seus galanteios: ele poderia mandar matá-la. Aterrorizada, Helena livrara-se do trabalho mortal nos charcos com outra sentença de morte sobre sua adorável cabeça. E agora começava o verdadeiro dilema.

"Eu preferia estar morta a me envolver com um homem da SS", diz Helena. "Por muito tempo, houve apenas ódio. Eu nem conseguia olhar para ele."

Um ano mais novo que Helena, o impetuoso Wunsch, com seu rosto de bebê e seus olhos emotivos, teria feito com que qualquer garota alemã se interessasse por ele. Depois de ser baleado na frente russa, foi transferido para Auschwitz e era facilmente reconhecido pelas meninas porque "tinha uma perna mais curta que a outra"[207] e mancava.

Nas semanas seguintes, apenas uma ou duas palavras foram trocadas entre eles. Ele às vezes "me via com os olhos inchados porque haviam me batido muito ou me dito alguma coisa pior do que levar uma facada e perguntava: 'O que aconteceu com você?'".

Temerosa de que, se dissesse a ele quem a tinha espancado ou insultado, ele a culparia e a enviaria à câmara de gás, Helena nunca respondeu. Ele certamente não iria repreender uma SS ou uma *Kapo* por fazerem o que se esperava que ele próprio fizesse — ou por aquilo que ele *de fato* fazia com outros prisioneiros.

É de se imaginar o preço que as meninas teriam de pagar se rejeitassem os avanços sexuais dos homens — e mulheres — da SS. Provavelmente foram raras as que, de alguma forma, mantiveram sua graça, apesar da falta de cabelos e da magreza extrema. Porém, os resquícios de sua beleza podem ter trazido atenção indesejada e intenções inadequadas.

É um mistério o que aconteceu com a bela ruiva Adela Gross. Naquele outono, quando Adela apresentou-se aos deuses autoproclamados da SS durante uma das seleções em massa, o polegar de um dos homens votou contra ela. Aquilo não era uma democracia — um polegar contra você e sua vida tinha acabado. Mas por que ele escolheu Adela para o gás? Ela era jovem, ainda havia músculo em seu lindo corpo. Ela era saudável. "De acordo com o humor em que estavam, eles selecionavam grupos inteiros de meninas saudáveis".[208] Pode ter sido assim tão aleatório? Alguns SS se deleitavam em selecionar garotas bonitas e saudáveis para o gás. Ou é possível que ela tenha rejeitado os avanços de um SS e pagado o preço de não se deixar humilhar?

Rena Kornreich (nº 1716) nunca se esqueceu da visão que teve de Adela naquele dia, afastando-se orgulhosamente das meninas escolhidas para viver e indo para os caminhões já cheios de meninas condenadas à morte. Ela confortou algumas delas e ajudou as garotas fracas de medo e incapazes de se manterem em pé. Sua dignidade está alojada no coração e na memória de Rena para sempre.

Não sabemos qual era o número de Adela. Não sabemos em que dia ela morreu. "Foi logo no começo" de Birkenau, diz Edith, que não viu Adela ser selecionada. Havia milhares de meninas no campo e não havia como presenciar tudo. A sobrevivência era uma luta que consumia tudo. Um dia você percebia que não via uma amiga há algum tempo, e aí se dava conta. Ela estava lá e então ela se foi. "Como", era impossível saber. "Onde", todo mundo sabia. Levaria setenta anos para Lou Gross descobrir o que havia acontecido com sua prima Adela.

EMBORA A ESSA ALTURA muitas das garotas do primeiro transporte já tivessem tido a sorte de conseguir "trabalhos decentes", Edith e Lea não estavam entre elas. Ambas continuavam a executar tarefas ao relento, como a limpeza de estradas e áreas alagadas. Seus pés estavam sempre gelados e sua pele, descascando. Então, a parte de baixo dos tamancos de Edith se desgastaram. "O que havia de sola tinha sumido, e eu andava sobre as pedras sem poder dizer nem um 'ai!' na frente da SS." Desesperada, ela pediu a Helena que contrabandeasse um novo par de sapatos do destacamento de organização.

"Não sei como fazer isso", disse Helena. "Tenho muito medo."

Edith sugeriu a Helena que pedisse a um dos homens que pegasse para ela.

"Se eu fizer isso, depois da guerra ele me pedirá para casar com ele por causa dos seus sapatos!".

"Essa era a Helena, se você quer saber", diz Edith, balançando a cabeça em um leve sinal de desgosto. "Ela era tão focada em si mesma". Ela recorreu então a Margie Becker.

Margie não apenas surrupiou sapatos para Edith e Lea como também lhes trouxe meias. No mundo real, sapatos podem parecer um conforto trivial, mas em Auschwitz eles podiam salvar sua vida. O trabalho no campo imediatamente se tornou mais suportável e seguro. Os pés de Edith e Lea agora estavam protegidos de detritos e cortes, e, com a ameaça do inverno tão próxima, estariam protegidos da neve e do frio congelante, que certamente causariam danos a quem ainda estivesse calçando seus tamancos barulhentos.

Mais e mais meninas eram selecionadas pela SS quando voltavam do trabalho à noite. Parados na entrada de Birkenau, os oficiais as observaram marchar e faziam escolhas baseadas nos menores defeitos. A crescente aleatoriedade das seleções era aterrorizante. Se a *SS-Lagerführer* Maria Mandel flagrasse alguma garota olhando para ela, a menina estava morta. Nenhuma das veteranas olhava para cima. Nenhuma recém-chegada sobreviveria se olhasse.

Mesmo se conseguisse atravessar o portão, você ainda não estava segura. Em uma determinada noite, uma garota do primeiro transporte estava simplesmente caminhando para o seu bloco quando um homem da SS gritou: "Você!".

"Ela era saudável, mas eles não se importavam", lembra Edith. "Eles pegavam as garotas que estivessem passando, só para cumprir a sua cota."

Havia uma cota? Sim. De fato, havia.

VINTE E SEIS

OITO SEMANAS APÓS seu discurso sobre valores cristãos em agosto, o presidente Tiso decidiu diminuir a deportação de judeus.[209] Evidentemente, mais de dois terços da população judaica da Eslováquia já estavam mortos ou trabalhavam como escravos em vários campos eslovacos ou poloneses, e o governo eslovaco devia milhões ao Terceiro Reich pelas "realocações". Uma quantia que, a Assembleia Eslovaca percebeu, "interfere[ia] profundamente nas finanças do Estado"[210] e no desenvolvimento econômico futuro do país.

O fim das deportações trouxe alívio para aqueles que não haviam sido removidos de suas casas e para os viviam sob a convicção de que as isenções presidenciais os protegiam. A salvo em sua fazenda, a família Hartmann continuou a se corresponder com Lenka Hertzka. Um de seus primeiros cartões-postais está escrito a lápis e tem um selo roxo alemão do *Führer*. No carimbo postal, em tinta vermelha, consta: *Auschwitz Oberschlesien* (Alta Silésia), a região da Polônia onde o campo se localiza.

> 28 de novembro de 1942
>
> Meus queridos,
>
> Antes de mais nada, quero lhes enviar as felicitações de aniversário, mesmo que seja um pouco cedo demais, mas os bons desejos tornam-se ainda melhores com o tempo. Desejo-lhes também boa saúde e alegria, e que o bom Senhor lhes dê forças para continuar trabalhando. Aqui, o inverno está chegando e acho que em breve será o mesmo com vocês. À noite, viajo em meus pensamentos para a cidade e me lembro dos velhos lugares familiares.
>
> Lenka

A escrita está tão desbotada que a saudação é quase indecifrável, mas o cartão-postal é endereçado ao tio de Ivan Rauchwerger, Adolf. Ivan não sabe como Lenka Hertzka conheceu seu tio.

TRABALHAR NO CANADÁ não isentava um prisioneiro de ficar doente ou morrer, mas oferecia maneiras de esconder amigos doentes. Às vezes, bastava um pequeno descanso para alguém se recuperar. Ida Eigerman (nº 1930) estava trabalhando em um dos destacamentos dos lenços quando contraiu tifo.

O truque para passar pelos guardas quando você estava muito doente era posicionar-se entre dois outros prisioneiros que o ajudassem a andar. Dessa maneira, os prisioneiros conseguiam passar incólumes pelos olhos da SS, que buscava cumprir sua cota de envio de detentos para as câmaras de gás priorizando os enfermos e convalescentes, para substituí-los por novos trabalhadores vindos de guetos judeus na França, Bélgica, Grécia, Holanda...

Tendo conseguido chegar ao bloco de organização, Ida foi escondida sob as pilhas de roupas para poder dormir o dia inteiro e recuperar as forças. Durante o dia, as meninas ficaram de olho nela. Deram-lhe água e um pouco de comida que haviam encontrado em um bolso antes de voltar ao trabalho. No final do dia, quando a SS não estava olhando, elas a ajudaram a sair da pilha de roupas e a passar pela seleção ao entrar em Birkenau. Se elas não protegessem umas às outras, quem protegeria? Era a única maneira de sobreviver. Foi isso que as mulheres fizeram umas pelas outras. Isso é o que as mulheres faziam pelos homens também.

No outono de 1942, Rudolf Vrba era um dos que traziam a bagagem dos transportes para o bloco de organização, onde conheceu muitas das jovens mulheres com lenços brancos e vermelhos. A epidemia de tifo infectava os campos masculino e feminino, e Rudi se tornou uma de suas vítimas. Ele foi atacado agressivamente pela doença enquanto carregava malas para os destacamentos de ordenação. Por três manhãs seguidas, seus amigos o ampararam entre si enquanto passavam pelos guardas da SS para trabalhar. Depois de passarem pela SS, eles o levavam para onde as meninas eslovacas trabalhavam. As meninas o escondiam, exatamente como haviam escondido Ida, em enormes pilhas de roupas.

Febril e desidratado, ele não sabia muito o que estava acontecendo, mas, ao longo do dia, as meninas se revezaram para lhe oferecer sorrateiramente um pouco de água com limão e açúcar. Elas até lhe davam algum tipo de pílula. Sobreviver ao tifo era como passar incólume pela roleta-russa, pois a doença levava quem ela quisesse, sem muita razão ou motivo. Alguns dias depois, ele foi levado à enfermaria e um remédio de verdade lhe foi administrado para reduzir a febre. Mas foi o sustento espiritual das meninas eslovacas que levantaram "o pouco que restava de minha força de vontade".

COMEÇOU COM UMA DOR DE CABEÇA e uma rigidez tão dolorosa dos músculos que Edith mal conseguia se mexer. Ela sentia náuseas, além de calafrios em um momento e febre ardente no outro. Se a SS examinasse sua língua, veria os pontinhos reveladores e a teriam mandado para o gás. Ela não conseguia comer e caiu em um estupor. Tudo doía, até os seus olhos. "A lembrança da dor é muito nítida, muito viva. Sinto-a quando falo sobre isso. Eu me vejo. Eu vejo Lea me puxando para o trabalho, dizendo: 'Fique em pé.'" Edith não conseguia ingerir nada além de líquidos, então Lea dava a ela o seu chá e a sua sopa e comia o pão de Edith em troca. "Eu devia estar com uma febre de 41 graus e ia trabalhar levantando tijolos no canteiro de obras."

O corpo de Edith lutou contra a infecção por várias semanas; então, ela acordou uma manhã e se sentiu viva novamente. O estupor da febre havia passado e ela ansiava por comida sólida. Olhando para as vigas de madeira acima do beliche, ela se perguntou em que mês estavam e sentiu formar-se em seus lábios um leve sorriso de alívio. Virando-se para a irmã, ela sussurrou a boa notícia: "Lea, estou com fome!".

Com os olhos vidrados e pálida, Lea olhou para a irmã mais nova. "Mas eu não."

AGORA OS PAPÉIS FORAM REVERTIDOS. Era Edith quem se certificava de que Lea comesse porções extras de chá e sopa, enquanto ela comia o pão de Lea.

O tifo não é passado diretamente de uma pessoa para outra; é transmitido por piolhos. Existem algumas formas diferentes da doença, no entanto. E, em um lugar como Birkenau, teria sido fácil infectar-se com os três tipos, porque os vetores das três variantes estavam presentes: piolhos, ratos e ácaros.

Nas duas primeiras semanas depois que Lea adoeceu, Edith amparou a irmã quando saíam para o trabalho. Ainda fraca e se recuperando de sua própria doença, Edith tinha que puxar Lea das prateleiras de madeira que serviam de cama, ajudá-la a passar pela chamada e, em seguida, guiá-la em meio à SS até os destacamentos de limpeza dos charcos. O trabalho com o qual Helena havia sido ameaçada era uma realidade regular para Edith e Lea, e isso causara um grande prejuízo para as garotas Friedman. Quando elas pegavam papel e garrafas na água fria, suas mãos e pés se contraíam na umidade. Quando chovia e a temperatura caía, puxavam a sua bainha para acima dos joelhos, mas a água era tão profunda que os vestidos ainda assim ficavam molhados. Quando elas saíam da água, flocos de gelo se formavam em suas roupas. E o inverno estava se aproximando.

Ocasionalmente, era possível escapar do trabalho esgueirando-se para os beliches superiores e se mantendo escondida sob os cobertores finos durante o dia. Se você tivesse sorte, as supervisoras do bloco e do quarto permitiriam que você ficasse lá sem impedimentos. Porém, se você tivesse azar e a SS vasculhasse os blocos, você poderia ser pega e enviada para o Bloco 25 — ou diretamente para o gás, como ocorreu com Hinda Kahan.

Lea estava doente há duas semanas, mas, em vez de recuperar suas forças, ela estava ficando cada vez mais fraca e menos reativa aos pedidos de Edith para se levantar e ir trabalhar. Então, em uma manhã, ela não conseguia nem levantar a cabeça. A força para lutar havia se esvaído dela. Quem já esteve assim doente conhece o sentimento. Incapaz de se mover, seu corpo tão pesado quanto uma rocha, você precisa repousar. Você não pode fazer nada. Mas o descanso era um luxo não disponível para os judeus.

Assustada com a recusa da irmã em se levantar, Edith implorou: "Lea, você precisa se levantar. Vamos."

Lea mal podia menear a cabeça de um lado para o outro para responder que não.

"Talvez eu pudesse ter feito mais", Edith ainda se culpa, mas ela era uma adolescente, sozinha em um mundo hostil que não fora projetado para permitir que as pessoas sobrevivessem. Ela não tinha ideia do que mais poderia fazer além de dar seu chá a Lea. Sua sopa. Suas orações. Na sua mente juvenil, Lea tinha que se recuperar. Lea era a mais forte. Edith era a garota magricela que preocupava a mãe.

Helena e algumas outras meninas dos lenços brancos moravam no Bloco 13 com Edith e Lea. Uma delas deve ter percebido o quão difícil estava sendo para Edith e conseguiu um lenço branco para ela, assim ela poderia juntar-se ao destacamento de organização. Como Edith já tinha bons sapatos, não precisava se preocupar com os tamancos barulhentos chamando a atenção indesejada da *Kapo* Rita.

Edith precisava desse trabalho mais leve para recuperar suas próprias forças. Ela também precisava conseguir comida extra para a irmã e, talvez, mais um lenço branco. Se ela conseguisse incluir Lea no destacamento de organização, talvez ela recuperasse a saúde. Mas o tempo estava acabando. Bastava um guarda da SS encontrar Lea escondida no bloco e tudo estaria acabado. Cheia de planos para resgatar a irmã, Edith marchou com Helena na manhã seguinte para Auschwitz I, onde, juntas, as duas organizariam casacos. Bem, pelo menos uma delas organizou casacos.

Edith ouvira os boatos de que uma das garotas estava tendo um caso com um homem da SS. Agora, de pé ante uma mesa comprida, esvaziando bolsos com comida e outros pertences, ela percebeu Helena olhando para o belo e jovem oficial da SS que supervisionava seu trabalho. Os olhares entre os dois eram elétricos. Quando Helena desapareceu da mesa de organização e esgueirou-se nas montanhas de roupas ao redor, todas se concentraram no trabalho e fingiram não notar. Pouco tempo depois, o SS Wunsch foi até uma prateleira alta para se juntar a ela. Edith ficou chocada, porque a família Citron era estritamente ortodoxa. Mas quem era ela para julgar? "Ela amava esse sujeito", diz Edith. "Eles estavam apaixonados."

Há uma fotografia de Helena, em seu uniforme listrado da prisão, sorrindo largamente para a câmera. Seus grossos cabelos escuros chegam à altura dos ombros. Seu rosto está cheio, vívido. Não há fome. Atrás dela, o cenário de Auschwitz. Deve ser a única imagem de uma prisioneira realmente sorrindo em Auschwitz-Birkenau. Ela parece não apenas feliz, mas apaixonada.

NO FINAL DO DIA, Edith havia escondido alguns pedaços de comida nos bolsos, mas Lea precisava de mais do que comida. Ela precisava de remédios. Porém, mesmo a dra. Manci Schwalbova estava tendo problemas para obtê-los para prisioneiros judeus doentes.

Edith voltou ao bloco cheia de ideias sobre como ajudar a irmã. Talvez pudesse trocar sua comida por um limão ou água limpa para ela beber. Talvez pudesse fazê-la erguer a cabeça e comer um pouco de pão. Mas, quando ela chegou, não havia ninguém no beliche onde Lea deveria estar. Em pânico, ela correu para a supervisora do bloco, Gizzy, e sua irmã.

"Onde está a minha irmã? Onde está a Lea?".

Eles a tinham levado ao Bloco 25.

"Como eles puderam fazer isso? Por que vocês não os impediram?", ela gritou.

Era o dilema de Auschwitz. As supervisoras de blocos e quartos até permitiam que as meninas se escondessem para escapar do trabalho, mas se as *Kapos* ou a SS inspecionasse os blocos, elas eram obrigadas a enviar as meninas que se escondiam para o Bloco 25 — uma passagem só de ida para a morte. Depois que uma garota era registrada no Bloco 25, ela não conseguia escapar. Para entrar ou sair do bloco, era necessário passar pelos seguranças da SS e, depois, pela supervisora do bloco. Então, como Edith entrou no Bloco 25 para ver sua irmã não apenas uma vez, mas duas?

"Tínhamos nossos truques", diz Edith. "Mas Cilka com certeza não me ajudou!".

Cilka era a guardiã do Bloco 25. Ela tinha apenas 15 ou 16 anos e era cruel. Era uma daquelas mencionadas pela dra. Manci Schwalbova que haviam deixado o poder subir à cabeça. Cilka não era o tipo de pessoa que faria um favor a alguém.

"Talvez alguém do *Leichenkommando* tenha me dado uma braçadeira", reflete Edith. Nesse caso, essa pessoa provavelmente teria sido Margie Becker, mas após todos esses anos é difícil lembrar de todos os pequenos favores que as meninas faziam umas pelas outras. "Talvez porque eu usasse um uniforme listrado e tivesse um lenço branco, eu parecesse importante o suficiente para entrar." A verdade é que ela não se lembra.

O Bloco 13 ficava a apenas um bloco do Bloco 25; Edith não teve que andar muito para chegar à entrada do pátio. Sob o manto da noite, ela entrou no Bloco 25, que era uma geladeira de morte, sombria e claustrofóbica. Corpos jaziam por toda a parte e garotas gemiam no escuro. Edith sussurrou o nome da irmã e ouviu uma resposta. Ela encontrou Lea deitada no chão imundo. "Eu segurei a mão dela. Beijei sua face. Eu sabia que ela podia me ouvir." Os olhos de Lea estavam úmidos quando Edith passou a mão em sua fronte. "Eu estava sentada com ela, olhando seu lindo rosto, e senti que deveria ser eu no lugar dela. Eu tinha ficado doente e sarado. Por que ela não?". Na escuridão do bloco sem iluminação, os ratos passavam correndo. O ar cheirava a morte e disenteria. Estava muito frio. Edith tentou dar um pouco de comida para Lea, que não conseguiu comer. Aninhando-se ao lado da irmã, Edith tentou aquecê-la com o corpo. Ela ficou muito tempo ali, depois esgueirou-se de volta pelas sombras para o seu bloco. Foi uma noite de sonhos vazios e sono agitado.

VINTE E SETE

O fato é que, quando o coração está sangrando,
em algum lugar ele não percebe que está sangrando.

— **SIPORAH TEHORI, NASCIDA**
HELENA CITRON (nº 1971)

EM 1º DE DEZEMBRO DE 1942, "o nível de ocupação do campo feminino de Auschwitz-Birkenau é de 8.232 detentas".[211] Mas, no mesmo dia, as recém-chegadas foram tatuadas com os números de 26.273 a 26.286. Para onde haviam ido todas as outras? Mais de 6 mil mulheres e meninas foram selecionadas ao longo de três dias em outubro, mas, sem cálculos sólidos quanto à população no final do mês, não temos ideia de quantas mulheres realmente havia em Birkenau antes de dezembro. Se o nível de ocupação relatado na *Crônica de Auschwitz* estiver correto, o que estava prestes a acontecer seria impossível.

No dia 5 de dezembro de 1942 se comemoraria o Sabá de Chanucá, segundo o calendário judaico — coincidindo com o dia de São Nicolau na observância cristã, um dia de dar presentes e celebrar as crianças que foram boas no ano que passou. O Sabá de Chanucá carrega um significado especial e tem um "profundo significado cabalístico que reflete as energias espirituais dos participantes".[212] O ritual começa com as velas de Chanucá sendo acesas, porque, tão logo o Sabá se inicia, você não pode "acender" mais velas ou trabalhar — o Sabá celebra a "humanidade por meio do ato de descanso".[213] O Chanucá, por sua vez, celebra o milagre da luz, a retomada do templo e a salvação da destruição — por parte de Deus — de Seu povo escolhido. Serem salvas da destruição era o milagre de Chanucá de que Edith e Lea agora precisavam.

De manhã, antes da chamada, Edith arriscou sua vida novamente para entrar no Bloco 25. Ela tinha que ir trabalhar, mas não suportava deixar sua irmã sozinha.

"Lea estava na parte mais baixa dos beliches. Ainda no chão. Deitada na sujeira. Definhando. Estava muito frio. Ela estava em coma agora." Edith não sabia se Lea podia ouvi-la falando com ela, orando a Deus para salvá-la. Nas proximidades, nas sombras, também morrendo de tifo, estava a querida amiga de infância de Giora Shpira, a filha de Adolf Amster, Magda. Sozinha no escuro, Magda não obteve nem o conforto de um beijo.

QUANDO EDITH E AS POUCAS privilegiadas em lenços brancos e vermelhos saíram do campo para trabalhar em Auschwitz I, o resto das mulheres ainda estava em pé na chamada. Assim que as responsáveis pela organização das roupas se foram, as mulheres na formação da chamada receberam ordem de tirar o uniforme e ficar nuas na neve. Em meio ao mundo congelado e esquecido de Birkenau, os SS estavam prestes a levar adiante uma seleção maciça das que tinham tifo.

Estava muito frio.

"Aquelas pobres, amaldiçoadas meninas", Moses Sonenschein, filho de um rabino polonês, disse a Rudolf Vrba. "Elas vão congelar até a morte. Elas vão morrer devido à exposição a esse clima."

Quarenta caminhões aguardavam para carregar as selecionadas para as câmaras de gás.

Entre as que foram forçadas a ficar nuas na neve o dia inteiro estavam pelo menos três meninas do primeiro transporte: Rena e Danka Kornreich e Dina Dranger. Apesar da prodigiosa memória de Rena e de sua atenção aos detalhes, ela nunca menciona o frio ou o fato de terem ficado nuas o dia inteiro na neve. Será que ela o faz para nos proteger (e a si mesma) da vergonha ou será que é simplesmente insuportável demais para lembrar? Em algum momento, a mente se fecha para o horror.

O clima era brutal, mas elas ficaram ali o dia inteiro, e quando a última garota foi selecionada para morrer já anoitecia. Quando os caminhões com milhares de meninas e mulheres deram a partida nos motores para seguirem às câmaras de gás, "um uivo de *banshee*"* se ergueu daquelas condenadas, "um protesto perturbador que apenas a morte poderia interromper". Então, uma das meninas saltou da caçamba de um caminhão. E outra. E depois outras. Elas não seguiriam mais como ovelhas ao matadouro. Elas experimentariam a vida uma última vez e tentariam escapar. A SS perseguiu as meninas que fugiam com cachorros e chicotes.

"Deus não existe", gritou Moses Sonenschein. "E, se existir, eu O amaldiçoo. Eu O amaldiçoo!".[214]

A FOME NÃO favorece o surgimento de pensamentos claros ou focados, mas Edith passou o dia inteiro orando por um milagre para salvar sua irmã. Enquanto examinava os bolsos e forros dos casacos dos judeus mortos, ela acreditava no poder daquele dia, dentre todos os outros, porque o Chanucá era um lembrete de que "havia coisas pelas quais valia a pena lutar; ele marcava o fim de uma guerra e a liberdade da tirania" e o Sabá celebrava um "mundo sem luta, a interrupção do trabalho e a redenção da escravidão".[215]

Edith se apegou às mensagens do Sabá e do Chanucá, mas seria praticamente impossível voltar a acreditar nelas se, todavia, sua irmã morresse. Lea tinha que sobreviver. Edith não tinha velas para acender na hora mais sombria de sua jovem vida. Tudo o que ela tinha era um fino fragmento de esperança de que haveria um milagre.

À luz fraca daquela tarde de inverno, Linda, Helena, Edith e as outras organizadoras de roupas voltaram para Birkenau. No portão, a SS

---

* *Banshee* é um espírito feminino do folclore irlandês que prenuncia a morte de um familiar. (N.T.)

ordenou que as meninas parassem e se despissem. "Tivemos que atravessar nuas o portão de volta para o campo." Sem roupas sob o vento rigoroso do inverno e descalças na neve, as meninas marcharam uma a uma diante dos homens da SS, que vestiam longos casacos escuros de lã, botas, chapéus e luvas de couro. De pé ao redor das meninas trêmulas, eles procuravam alguma erupção que revelasse a mancha do tifo nos corpos de cada uma delas. A inspeção foi rigorosa. Todas que tinham alguma manchinha ou ferimento foram direcionadas para o quartel da administração, à direita. Lá, seus números foram anotados por um dos escreventes do campo, e então seguiram para os caminhões, "que as levaram para as câmaras de gás".

À esquerda ficava o campo e a vida. "Se é que você pode chamar de vida o trabalho escravo", Linda diz com um suspiro. "Aquelas que estavam marcadas, exaustas ou não se pareciam mais com seres humanos" foram mandadas para a direita. As meninas que ainda eram fortes o suficiente gritaram e gritaram, protestando contra a injustiça do inevitável.

"Galinhas valiam mais do que pessoas", diz Martha Mangel (nº 1741).[216] Felizmente para Edith, sua erupção na pele desaparecera e a SS não prestou atenção a ela. Colocando o vestido listrado de volta, ela apanhou os sapatos e correu descalça pelas fileiras de blocos até o Bloco 25. Na crescente escuridão da noite, algo estava estranho. Mas o quê? Ela não parou para ponderar. Ela tinha que encontrar Lea. No Bloco 25, ela passou facilmente através do portão. A SS não estava lá. Nem Cilka. O pátio estava vazio. A porta rangeu quando ela a abriu. Então, entrou no bloco. Não havia nenhuma garota nos beliches ou no chão. Edith deu meia-volta e correu para fora; dobrou a esquina e olhou para as ruelas de Birkenau. Elas deveriam estar cheias de mulheres. Seu corpo inteiro começou a tremer. Os dentes batiam. Frio. Medo. Para onde todas foram?

Cilka apareceu no crepúsculo.

"Onde elas estão?", Edith perguntou.

"Embora... Todas foram embora."

Quando Linda entrou em seu bloco, alguns poucos rostos brilhavam no escuro, pálidos como se pertencessem a fantasmas. Das mil meninas que estavam em seu bloco naquela manhã, restavam apenas vinte. Por todo o campo, as meninas que retornavam do trabalho de organização entravam em blocos vazios. Restaram vivas apenas nove das amigas de Linda. Das de Edith, uma.

Lea desaparecera.

Bertha Schachnerova, 27 anos, desaparecera.

Lea Feldbrandova, 19 anos, desaparecera.

Alice Weissova, 21 anos, desaparecera.

Nossa beldade de pescoço longo, Magda Amster, 19 anos, também desaparecera.

A oração de Sara Shpira pairou sobre as cinzas: "É simplesmente lindo viver. O mundo é perfeito." Que todas elas pudessem ter abraçado o mundo de Sara no lugar deste.

A SELEÇÃO DE 5 DE DEZEMBRO DE 1942 é uma das poucas registradas daquele ano, mas, não obstante o detalhamento meticuloso pelo qual os nazistas eram conhecidos, há uma discrepância entre os números administrativos da SS e os relatos das sobreviventes. O registro histórico afirma que aproximadamente "2 mil mulheres jovens, saudáveis e aptas" foram mortas pelo gás. Os sobreviventes — homens e mulheres, sem contato uns com os outros e anos após o fato — dizem que 10 mil meninas e mulheres morreram naquele dia. Essas testemunhas incluem os sobreviventes Rudolf Vrba e seu amigo Moses Sonenschein, que, do campo masculino, assistiram à seleção; mulheres que passaram o dia todo em pé e sobreviveram à seleção, como Rena e Danka Kornreich; e cerca de trezentas das organizadoras de roupas que retornaram ao campo esvaziado.

"O campo estava superlotado. E os nazistas, a SS, esperavam novas chegadas. Então, eles tiveram que se livrar de nós", Linda diz com naturalidade. "Na manhã seguinte, acordamos e o campo estava quase vazio. Ouvimos dizer que durante a noite eles queimaram 10 mil meninas. Saímos para a contagem. Vimos apenas algumas das pessoas que conhecíamos".[217] Apenas algumas.

Como os dados referentes às mulheres provavelmente foram destruídos, talvez nunca conheçamos os números exatos da seleção do Sabá de Chanucá. Mas em quem devemos acreditar? Nos registros da SS sobre as mulheres, que eram notoriamente imprecisos, ou nas sobreviventes e testemunhas que estavam lá?

Seja qual for a verdade, quase 20 mil mulheres da população prisional morreram em um período aproximado de oito meses, e a maioria dessas mortes ocorreu entre 15 de agosto e 5 de dezembro de 1942. Segundo a dra. Manci Schwalbova, pelo menos 7 mil mulheres e meninas que estavam no "hospital" haviam sido enviadas para o gás.

"Depois disso, a maioria das meninas do primeiro transporte que ainda estavam vivas sobreviveu", diz Edith. As poucas exceções foram as que pereceram na marcha da morte ou vítimas de tifo. Esta foi a última seleção em massa que resultou em meninas do primeiro transporte sendo enviadas para o gás. Isso porque, em janeiro de 1943, a nova superintendente do campo feminino, SS Maria Mandel (que substituíra Johanna Langefeld), ordenou que meninas cujos números fossem de quatro dígitos, especialmente se começassem com o dígito 1, fossem preteridas durante as seleções. A menos que estivessem gravemente doentes, é claro. "Foi legal da parte dela, porque, das que tinham o número mil, restavam trezentas", afirma Bertha Berkowitz. Provavelmente, a única coisa legal que Mandel já fez.

VINTE E OITO

12 de dezembro de 1942

Cara Lenka. Provavelmente você [acabou de] receber meus cartões, portanto eu represento todo mundo, e escrevo semanalmente. Todo mundo está junto comigo nesta carta. Há hóspedes aqui com mais frequência. Estamos com você em espírito, com todos vocês. [De] Magduska esperamos ansiosamente que escreva. Mande notícias ao pai dela o quanto antes. Estamos com saúde e bastante ocupados.

Atenciosamente, M [Mamã]

A SEDE DOS FUNCIONÁRIOS DA *STABSGEBÄUDE* era um grande prédio de tijolos brancos de três andares nos arredores de Auschwitz I. Atrás do prédio, havia a cozinha e uma fábrica de macarrão. Ambos os edifícios, abandonados e vazios, ainda estão lá hoje em dia. Suas janelas quebradas dão para uma extensão plana que uma vez se chamava *Trockenplatz*, o local de secagem da lavanderia da SS. Hoje, os alojamentos da SS são usados como uma escola secundária, cheia de adolescentes subindo e descendo as escadas. Naquela época, nossas meninas subiam aquelas mesmas escadas sob circunstâncias muito diferentes.

O porão do prédio tinha uma lavanderia completa, instalações de costura e dormitórios cheios de beliches onde dormiam as meninas que trabalhavam nesses destacamentos, além das responsáveis pela secretaria. Era aqui que Lenka Hertzka recebia os cartões da fazenda Hartmann e lia com carinho sobre seu sobrinho, irmã e mãe. Milan, de 8 anos, escreveu para dizer que receber um cartão dela era o melhor presente de seu aniversário. Ele só queria que Magduska escrevesse também. Aos 8 anos de idade, ele sentia falta da adolescente introvertida de olhos escuros e de sua prima Nusi. Ele provavelmente escutava os membros da família discutindo a ausência das meninas quando se reuniam ao final dos longos dias de trabalho. Um cartão de festas da mãe de Lenka menciona que a família havia enviado 250 coroas para as adolescentes, assim como para Lenka.[218] Quem envia dinheiro para Auschwitz? Eles devem ter imaginado que as meninas poderiam gastá-lo em alguma lanchonete no campo, como qualquer outro funcionário regular do governo.

É claro que a família não tinha ideia do tipo de lugar a que Lenka e suas meninas tinham ido. O equívoco mais comum era achar que todas estavam juntas, como o presidente Tiso havia prometido. Eles imaginavam Lenka trabalhando em estreita colaboração com suas primas e reunindo-se com elas em uma lanchonete durante as refeições. Os cartões de Lenka enviados para casa não podiam revelar a triste verdade, e Magduska e Nusi nunca escreveram. Enquanto isso, familiares e amigos que ouviram que Lenka enviava correspondência de Birkenau começaram a escrever para ela também.

"[Nossa mãe] me deu a notícia de que você está aí com muitos de nossos familiares; portanto, seja gentil e, por favor, escreva-me dizendo se você já encontrou Aliska, Renka, Markus B. e outros parentes", escreveu o irmão de Lenka, Herman.

> O que eles estão fazendo? Estão com saúde? Josef Erdie também esteve aí, mas provavelmente já foi embora; nós ficamos sabendo disso ontem pelo primo Robert, que está trabalhando na marcenaria. Ele escreveu para dizer que está muito bem e que gostaria de saber onde está a esposa dele… Você deve dizer a Magduska que Mark já está casado. Muito amor e beijos.

> Herman Hertzka[219]

Na passagem sobre o primo Robert ter escrito a Herman para contar à família que Josef Erdie "já tinha ido embora", provavelmente temos linguagem codificada para relatar que ele havia sido morto na câmara de gás. No entanto, se o primo Robert tivesse acabado de chegar ao campo e não conhecesse a situação real, talvez tenha realmente acreditado que Josef Erdie havia sido transferido para outro lugar. O fato de ele estar se perguntando sobre sua esposa pode significar que ele ainda não tinha ideia.

O bilhete de Herman menciona um certo Mark, garoto de quem Magduska deve ter gostado e que agora era casado. Em Auschwitz, ela não poderia esperar nem por um beijo, quanto mais um futuro amor. A notícia poderia partir seu coração se Lenka a compartilhasse, mas aparentemente Lenka ainda não tinha visto as meninas. Não há menção a Magduska ou Nusi em nenhuma das primeiras cartas de Lenka. Elas certamente não estavam na *Stabsgebäude* com ela.

A família Hartmann ficou intrigada. Magduska e Nusi já estavam "trabalhando" em Auschwitz há meses antes da chegada de sua prima mais velha. Será que elas estavam realmente tão ocupadas que não tinham tempo de escrever para a família?

1 de janeiro de 1943

Cara Lenka,
Recebi seus cartões de parabéns, muito obrigada. Tudo vai bem. Também enchemos as botas de Milan [como uma meia de Natal]. Desta vez, eu também estou representando a todos. Você certamente recebeu nosso cartão de Rožkovany. As meninas [Magduska e Nusi] devem seguir o seu bom exemplo. Ampare-as com ele. Também enviamos dinheiro para Magduska. Cumprimentos e abraços calorosos a todos.

Mamã[220]

Isolada na fazenda da família na pequena vila de Rožkovany, a família Hartmann parecia viver em um ambiente de semi-ingenuidade, temporária. Eles deviam saber que transportes com famílias inteiras estavam partindo de Prešov, mas, escondidos na área rural, estavam protegidos das duras cenas que as pessoas nas cidades testemunhavam. No entanto, eles devem ter ouvido falar sobre os ajuntamentos, principalmente porque muitos de seus próprios familiares haviam deixado Prešov e agora viviam e ajudavam na fazenda. Os Hartmann forneciam alimentos essenciais para o povo e o exército eslovacos, mas ainda não podiam contratar não judeus. Eles precisavam de ajuda da família; em troca, havia comida na mesa. Compartilhando a sua abundância, os irmãos Hartmann enviavam pacotes de queijo de cabra e outros itens não perecíveis para as filhas, bem como para as amigas das meninas, Ellie e Kornelia Mandel, que estavam no primeiro transporte com Magduska e Nusi.

ERA DE CONHECIMENTO GERAL das meninas que só se saía do Bloco 25 morta, carregada em uma maca ou em um carrinho de mão, para depois ser jogada no caminhão em direção às câmaras de gás. As únicas prisioneiras com acesso livre ao Bloco 25 eram a escrevente do campo e as que faziam parte do *Leichenkommando*. Para garantir a segurança do bloco, aquelas que podiam entrar e sair usavam braçadeiras especiais.

A dra. Manci Schwalbova trabalhava com outras pessoas para trocar as etiquetas de meninas doentes que poderiam se recuperar "por etiquetas de mulheres que já haviam morrido no campo, apenas porque os números tinham que bater". Ella (nº 1950) nunca detalha sua participação nesse tipo de atividade, mas, como escrevente, ela era uma das poucas mulheres com as quais a dra. Schwalbova poderia ter trabalhado para alterar números. Aos 95 anos, sua constituição é frágil, mas ela ainda tem momentos de lucidez. Quando questionada, ela admite: "Eu salvei algumas". Irena Fein (nº 1564) foi uma delas.

Irena estava com queimaduras de gelo nos dedos dos pés e foi enviada para o Bloco 25 porque estava mancando. Parada do lado de fora para evitar os doentes contagiosos e moribundos, ela estava tentando descobrir uma maneira de escapar quando Bertha, Margie e o resto do *Leichenkommando* faziam sua visita diária. Margie reconheceu Irena de Humenné e viu a situação em que ela estava. Ella também reconheceu Irena porque, segundo Irena, Ella havia sido supervisora do seu bloco em Auschwitz I. Ter estado no primeiro transporte criou um vínculo especial entre essas mulheres. Elas não poderiam ter salvado Irena se ela estivesse gravemente doente, mas ela estava saudável. Apenas mancava um pouco. Como era tarefa de Ella anotar as recém-chegadas no livro-razão do Bloco 25, ela também estava em posição de *não* anotar os números.

Ella "tinha um cadáver [extra]", diz Irena, "então elas trouxeram o cadáver e me livraram".

Manipulando os cartões de arquivo, Ella substituiu o número de Irena pelo da menina morta. Agora elas tinham que livrar Irena. Quando elas estavam prestes a remover um corpo, Irena agarrou a maca e partiu com elas.

"Ninguém disse nada, é claro", diz Bertha. E a SS não notou a garota extra removendo o corpo na maca.

Irena ajudou as outras a depositar o corpo na caçamba do caminhão, mas agora enfrentava outra situação difícil. Ela precisava de tempo para se recuperar sem ser vista pela SS ou relatada. Ella a enviou para o seu próprio bloco, onde sua irmã, Edie (nº 1949), era a secretária. Responsável por contar as meninas do bloco e relatar quantas saíram para trabalhar e quantas ficaram para trás, Edie explica: "Eu tinha que fornecer o relatório, mas era só isso". Nada era tão simples em Auschwitz, mas pelo menos Edie poderia ajudar as meninas, se ela quisesse. Irena tinha um lugar seguro para se esconder até que conseguisse andar novamente. Havia ainda mais um problema. Seus dedos mindinhos estavam pretos de gangrena.

A amputação transmetatarsiana[221] não é uma cirurgia complicada, mas como Irena soube o que fazer? Ela foi instruída por uma das médicas? É improvável, porque ela não usou instrumentos cirúrgicos. Em vez disso, sob a cobertura da noite, ela esgueirou-se para fora depois do toque de recolher e vasculhou a área em busca de cacos de vidro. Quando encontrou um pedaço grande o suficiente para manusear, ela mordeu um pedaço de pano para evitar gritar de dor e começou a remover o tecido podre e necrosado dos dedos gangrenados de seus pés. Ela então enfaixou as feridas com jornal para que pudessem cicatrizar.

Algumas semanas depois, quando Irena saiu para trabalhar com seus tamancos, ela ainda estava com os pés embrulhados em jornal. O SS Anton Taube era um assassino notório e brutal que se deliciava em obrigar as prisioneiras a fazer ginástica na lama e depois matá-las pisoteando seus crânios. Ele a parou quase imediatamente.

"Número 1564, o que você está escondendo?".

"Eu estava com coceira e me arranhei, então improvisei um curativo de papel", Irena mentiu.

"Se não estiver curada até a próxima seleção, você vai para a chaminé!", ele disse.

Alguns minutos depois, a SS Dreschler viu Irena com o curativo e usou sua chibata para empurrá-la para fora da chamada e levá-la à câmara de gás.

Irena mostrou o seu número, esperando que os dígitos baixos a ajudassem. "SS Taube me disse que irei na próxima vez, se não me curar. Mas agora, não!".

A horrível boca de Dreschler se curvou e soltou um rosnado, mas ela deixou Irena na fila.

Uma coisa era certa: Irena precisava que uma das meninas dos destacamentos de organização contrabandeasse sapatos para proteger seus pés não apenas dos elementos externos, mas também dos olhares indiscretos da SS. De alguma forma, ela conseguiu um par de botas. Até a menor gentileza pode mudar a vida de alguém, ou mudar até mais de uma vida. Será que isso também era, como Margie Becker acreditava, *bashert*, destino? Se sim, a sobrevivência de Irena ajudaria Edith a sobreviver também.

PARA AQUELAS QUE ERAM CAPAZES de mantê-lo, o senso de moral ajudava a fortalecer o espírito diante do horror. Garotas como Bertha se apegavam à convicção espiritual de que ter uma boa posição lhes fornecia a graça de ajudar outras meninas sempre que possível. Às vezes, isso significava dar às meninas porções extras de pão, para que pudessem trocá-las por pomada para suas feridas. Às vezes, significava dar pão extra aos homens que dirigiam os caminhões para os crematórios porque estavam com fome. Às vezes, significava oferecer conforto e apoio. Às vezes, significava entregar algo de si.

Com tantas mulheres desesperadas e em necessidade, ajudar todas era impossível. Você tinha um núcleo de amigas em que se concentrava, mas, às vezes, alguma desconhecida entrava na sua esfera sem ser chamada. Então, sua mão se tornava a mão de Deus. Quantas funcionárias fizeram algo que ajudou alguém inesperado? É de se esperar que todas tenham feito, mas, com milhares agora precisando de ajuda, as pequenas boas ações de algumas eram engolidas pela indiferença de muitas.

SEM SUA IRMÃ, Edith caiu em um mar de desespero. Questionamentos sobre a morte de sua irmã a assombravam e a arrastavam para os domínios de uma vida sem sentido. Por que ela ainda estava viva, mas a irmã não? "Minha irmã foi capaz de me salvar, mas eu não fui capaz de salvá-la. Então, eu a perdi. Eu não posso descrever isso. É demais para lembrar. Eu era a mais nova. Eu era a mais fraca. E ainda estou aqui." Não fazia sentido, mas nada em Auschwitz fazia sentido.

Era difícil acordar de manhã, difícil ficar em pé obedientemente na chamada, difícil comer, difícil viver. Era tão fácil morrer em Auschwitz. A morte estava sempre ao alcance — nos fios elétricos, nos guardas, nos cachorros, nos chicotes, nos piolhos, nas câmaras de gás. Tudo o que ela precisava fazer era sair da linha para levar um tiro. Mas Edith não tinha o desejo de morrer. "Eu digo a você, amei minha irmã, amei-a muito, estava com ela e fiquei a seu lado o máximo que pude. Mas eu sentia culpa por estar viva? Não. Estava feliz por ainda estar viva. Essa é a verdade. Às vezes você diz: que espírito restava nos sobreviventes? Eu não acredito que Deus tenha algo a ver com o Holocausto. Não acredito que Deus exista como pessoa. Mas acredito nos sobreviventes."

Algum mecanismo interno acendeu-se e a mantinha ativa, mas ela precisava de algo mais do que força de vontade. Ela precisava de companhia. Elsa Rosenthal tornou-se a "irmã *Lagerstrasse*" de Edith, um termo que as prisioneiras usavam para descrever relacionamentos que eram tão próximos e íntimos quanto os proporcionados por laços de sangue — porque ninguém sobreviveu a Auschwitz por conta própria.

Margie Becker conta a história de suas primas: uma foi selecionada pela SS e a outra, deixada para viver. As irmãs Benovicova haviam sido autorizadas a morrer juntas, mas agora o "sadismo era tão grande" que a SS muitas vezes separava os membros de uma mesma família, levando um para o gás e permitindo a outro que vivesse. Ambas as primas de Margie eram saudáveis, mas, por capricho da SS, a mais nova foi escolhida para morrer "por nenhuma razão óbvia, apenas crueldade". Do outro lado da cerca, enquanto sua irmã mais nova ainda esperava para subir nos caminhões e ser transportada para as câmaras de gás, a irmã mais velha correu até Margie.

"Vamos ser irmãs", ela implorou.

Perder uma irmã era como perder um membro ou um órgão vital. Irmãs ofereciam umas às outras não apenas apoio físico, mas um profundo vínculo espiritual, uma conexão de alma. Oriundas da mesma raiz, as irmãs eram flores do mesmo caule. Você não poderia sobreviver ao vórtice do mal que era Auschwitz sem alguém para lhe fornecer uma âncora espiritual.

Margie entendia isso. No momento em que sua prima distante implorou para ser sua irmã *Lagerstrasse*, ela concordou. Elsa fez o mesmo por Edith. Qual era o propósito de viver sem Lea? Elsa precisava que Edith sobrevivesse. Ela fez com que Edith continuasse indo trabalhar com as demais lenços brancos. Ela dormia ao lado dela e impedia que as correntes frias de desespero a levassem para longe. Ela enxugava as lágrimas que escorriam pelas bochechas de Edith. Ela fazia Edith comer. Encorajava-a a levantar-se e ficar em posição de sentido na chamada. Ela lembrava a Edith que, se ela desistisse, as duas morreriam.

— Não posso sobreviver sem você — Elsa disse a ela.

A compaixão e a asseveração constante funcionaram. De algum lugar lá no fundo, Edith encontrou coragem para viver. Então, ela achou outra razão.

AS MENINAS DO DESTACAMENTO DE ORGANIZAÇÃO usavam uma espécie de avental ou jaleco agora. Todas as manhãs, elas vestiam seus aventais, que, como seus uniformes, tinham os seus respectivos números e as estrelas amarelas. Enquanto separava os artefatos de um transporte de judeus belgas, Edith sentiu algo na bainha de um casaco de caxemira preto. A princípio, ela ignorou. Então, pensou: *E se for algo valioso que eu possa contrabandear?* Ela rasgou a costura e sacudiu uma caixa fina que estava no forro do casaco. Não havia ninguém da SS por perto, então ela rapidamente abriu a tampa e espiou o interior. "Diamantes enormes, já cortados", brilharam no escuro das dobras do casaco. O coração dela disparou. Eles "valiam milhões, com certeza". Se ela fosse pega apenas olhando para eles, seria mandada para o gás, mas se conseguisse levá-los clandestinamente para a resistência, talvez pudesse vingar a morte de Lea. O objeto encaixava-se perfeitamente no bolso de seu avental e não causava a menor protuberância.

Era um sábado, o último dia da semana de trabalho. No final do dia, Helena reapareceu de trás dos montes de roupas, onde passava a maior parte dos dias com o SS Wunsch. "Ela não precisava mais trabalhar", diz Edith, embora ainda precisasse entrar em formação e ser contada antes de retornar a Birkenau. Antes de serem contadas, o SS ordenou que pendurassem seus aventais nos ganchos, pois ficariam por lá durante o fim de semana. O novo protocolo surpreendeu as prisioneiras, que tinham depositado nos bolsos itens roubados que planejavam trocar no campo por pão ou outras necessidades.

— A partir de agora, todos os aventais permanecerão aqui! — um dos homens da SS anunciou.

Era uma medida preventiva para evitar roubos e também o contágio.

Edith tentou manter as mãos firmes quando pendurou o avental, mas não conseguiu recuperar a caixa. A resistência teria que esperar até segunda-feira. Ela deixou os diamantes para trás.

No dia seguinte, ao meio-dia, quando os homens chegaram carregando os caldeirões para o almoço, um deles sussurrou para Edith: "Os SS checaram seu jaleco e encontraram seus diamantes. Eles vão lhe fazer perguntas com certeza".

Edith tremia como uma folha ao vento. O que ela ia fazer? Ser pega roubando qualquer coisa, até mesmo uma batata, era punível com 25 chibatadas. Ser pega com diamantes? Como ela podia ter sido tão estúpida? Não obstante a sua ingenuidade juvenil, porém, Edith havia herdado a esperteza da mãe; ela era astuciosamente inteligente e possuía uma mente analítica. O homem a avisara por um motivo. Ela precisava agora de uma história em que a SS acreditasse.

A manhã de segunda-feira chegou. Marchando para o trabalho, Edith sentia a perna esquerda se arrastar com uma forte sensação de pavor. Do lado de fora do bloco de organização, as mulheres foram forçadas a se alinhar e esperar pelo interrogatório. Até Helena. O oficial que as interrogaria não seria o SS Wunsch, mas seu superior, SS Ambros. Os números das meninas foram chamados um de cada vez, e elas tinham que entrar no escritório da SS para serem questionadas a portas fechadas. Uma por vez, elas saíam. Algumas, para trabalhar. Outras seguiam na direção oposta. Edith não era a única garota que havia deixado algo no bolso. Ela usou de todo o seu autocontrole para não permitir que seus joelhos batessem um no outro. Ao final da manhã, ela era a única garota do lado de fora. Sua oportunidade de se juntar a Lea havia chegado.

— 1970!

Adentrando o escritório da SS, Edith entrou em posição de sentido e permaneceu em silêncio diante do homem da SS de rosto severo.

"Uma caixa foi encontrada no seu avental. Por que você não a entregou?".

"Não confiava nos outros guardas para entregá-la."

"E por qual motivo?".

"Porque era um tanto grande e achei que pudesse ser importante." Ela fez uma pausa de efeito dramático. "E, se eu a desse ao senhor, pensei que talvez pudesse me dar um pouco de salsicha ou algo assim. Então, guardei-a para o senhor."

"Se você estiver mentindo, eu a mandarei para a câmara de gás."

Ela fez um leve sinal positivo com a cabeça.

"Você olhou dentro da caixa?"

"Para dizer a verdade", mentiu Edith, "guardei para o senhor olhar".

"Eu vou descobrir se você estiver mentindo."

Ela assentiu novamente.

A mirada do homem a penetrou. Então, ele a mediu de cima a baixo. Sua aparência delicada funcionou a seu favor. Como alguém tão pequeno poderia ser uma ameaça, mesmo que fosse uma judia suja?

"Olho para ela e posso dizer que está dizendo a verdade", ele concluiu. "A pequena não é culpada."

"Todos ficaram muito surpresos por eu não ter ido direto para a câmara de gás, mas nunca esquecerei o modo como o SS Ambros olhou para mim. Pura ganância. Ele não queria os diamantes para a Alemanha, mas para si. Na semana seguinte, ele tirou uma licença e foi para casa, onde abriu uma fábrica."

E ela nunca ganhou seu pedaço de salsicha.

AS ATRIBUIÇÕES DE TRABALHO das meninas com lenços vermelhos e brancos no Canadá haviam se tornado tão populares que todas as garotas procuravam lenços para serem admitidas no destacamento. Até Linda, que trabalhava na organização desde o início, era empurrada de vez em quando, apesar de seus "bons cotovelos". Edith era tão pequena que foi facilmente destituída de seu lugar — e estava deprimida demais para tentar recuperá-lo. Ela não tinha mais energia para lutar, então voltou ao trabalho congelante ao ar livre, limpando estradas com as próprias mãos. O inverno era perigoso. As geladuras eram constantes e a ordem de que "não havia tempo ruim para os judeus", cumprida.

Poucas meninas do primeiro transporte ainda trabalhavam ao ar livre. Além de Edith e Elsa, essas poucas infelizes incluíam Rena Kornreich, sua irmã Danka, a amiga de ambas Dina Dranger e Joan Rosner. "Não tínhamos meias, casacos ou qualquer coisa", diz Joan (nº 1188). "Se encontrássemos algum pano, o enrolávamos em volta do corpo para nos aquecer. Havia mil meninas no mesmo bloco e estávamos roubando os cobertores umas das outras. [É] humanamente impossível explicar o quão ruim foi. Minhas pernas estavam congeladas, meus dedos estavam congelados. Não tinha nada para cobrir a cabeça. Trabalhávamos na chuva e dormíamos com a roupa molhada."

Para manter o tifo sob controle, os uniformes das meninas eram coletados aos domingos para serem desinfetados de piolhos. O protocolo incluía tirar os uniformes e entregá-los na lavanderia para serem fervidos. Sem roupa para vestir enquanto os uniformes eram lavados, as meninas se aconchegavam sob os cobertores finos do bloco, tentando se aquecer. No inverno, a secagem dos uniformes era um processo lento e eles geralmente voltavam congelados. Em um daqueles domingos de janeiro,

Edith acordou com uma dor insuportável. Seu joelho estava tão inchado quanto um balão. "Eu não conseguia pisar no chão com aquela perna."

Como era domingo, elas tinham tempo de fazer alguma coisa antes que algum dos SS as vissem. Elsa correu para o bloco do hospital para buscar a dra. Manci Schwalbova.

Manci deu uma olhada na perna inchada de Edith e balançou a cabeça. "Edith, não sei o que lhe dizer, mas é tuberculose." A tuberculose era uma sentença de morte mesmo nas melhores circunstâncias. "Você está muito, muito, muito doente. Não sei se isso pode ser tratado aqui, com essas condições. Mas, ouça, ontem houve uma seleção. Agora, está tudo quieto no hospital. Vou levá-la para uma cama e operá-la. Então, veremos por quanto tempo eu poderia ficar com você."

No silêncio da tarde de domingo, Manci fez punções no local para aliviar a pressão no joelho. Sem anestesia disponível, Elsa e uma enfermeira tiveram que prender Edith para evitar que ela se contorcesse de dor. O pus pútrido foi drenado do joelho de Edith. Com a infecção perfurada, Manci aplicou um emplastro na ferida para mantê-la aberta e drenada. Edith dormiu um sono pesado e comeu um pouco da comida extra contrabandeada.

Ela estava de cama há apenas três dias quando Manci a acordou no meio da noite e disse: "Você precisa sair rápido, rápido, rápido, porque amanhã eles virão e levarão as pessoas."

"Como poderei não mancar com essa dor? Durante o dia, vejo estrelas."

"Você tem que fazer de tudo para andar corretamente. Não manque!", Manci avisou. "Você precisa fazer isso."

Elsa veio ao resgate. Ela ajudou Edith a passar pelos portões e pelos guardas da SS, cujos olhos de águia estavam sempre procurando os doentes e vulneráveis. De alguma forma, Edith trabalhou sem atrair nenhuma atenção. Talvez a ordem da SS Mandel tenha protegido aquela "pequena" de número tão baixo, mas é mais provável que Edith fosse tão diminuta que nem aparecia no radar de suas superiores. Ela trabalhou por três dias até que a dra. Schwalbova pudesse lhe abrigar novamente.

Era uma gangorra de sobrevivência. Três ou quatro dias de descanso, depois a volta para o bloco antes de uma seleção no hospital. Era aqui que os funcionários da secretaria desempenhavam um papel essencial na sobrevivência dos presos hospitalizados. As notícias das seleções chegavam aos escritórios da SS, onde trabalhavam as funcionárias que faziam parte da rede interna de resistência. Quando os avisos chegavam, Manci e os outros médicos judeus "rapidamente escondiam as pacientes mais ameaçadas da ala ou as 'disfarçaram' de trabalhadoras da enfermaria". Mais de uma vez, Edith foi escondida como enfermeira.

A dra. Manci Schwalbova estava com as mãos cheias. Não apenas havia tifo e tuberculose como um surto de meningite agora assolava as prisioneiras mais jovens. Como médica, ela estava na difícil situação de tentar esconder aquelas que podia salvar e deixar aquelas que não podia mais ajudar nas garras do dr. Kremer ou do menos conhecido dr. Clauberg, especializado em experimentos de infertilidade.

Parte do protocolo da Solução Final incluía a esterilização de judeus e, a partir de dezembro de 1942, o dr. Clauberg começou a experimentar várias maneiras rápidas e baratas de esterilizar mulheres jovens. Ele não estava interessado na saúde ou recuperação de suas vítimas, e apenas algumas sobreviveriam.

VINTE E NOVE

AS DUAS CARTAS CRUZARAM CAMINHOS. Na sua, a mãe de Lenka expressou preocupação com a entrega de correspondência — sem se dar conta de que um prisioneiro recebendo correspondência em Auschwitz era algo extraordinário por si só.

8 de março de 1943

Cara Lenka!

Estamos escrevendo a cada dez dias por via postal e também por intermédio do UZ [Conselho Judaico]. Você acusou recebimento de apenas dois cartões. Não recebemos seu cartão de janeiro nem a carta de 15 de fevereiro. Ficaríamos muito felizes em poder lhe enviar algo. Falamos de você nas refeições e em todas as ocasiões... Também lhe enviamos dinheiro, e para Magduska também. Os pais de Magduska e Nusi estão tristes por elas não darem sinal de vida. Se elas pudessem adicionar algo à sua carta... Se for permitido, por favor, escreva sempre sobre nossos parentes e conhecidos. Estamos todos com saúde. Aguardamos suas cartas com impaciência e beijamos você calorosamente.

Beijos, Milan.
Eu te beijo, Vovô.
De minha parte também, Mamã[222]

A carta de Lenka também expressava preocupação com o correio. Apesar de sua posição trabalhando para um dos principais oficiais da

Gestapo e dos privilégios que isso lhe garantia, ela nem sempre recebia sua correspondência.

2 de abril de 1943

Meus queridos,

Primeiro, gostaria de lhe desejar feliz aniversário, querida mamãe, ainda que com tanto atrasado. Desejo à senhora muita saúde e fortuna, e que possamos celebrar o próximo aniversário juntas. Desta vez, o presente de sempre, eu receio, estará ausente, mas acredito que a senhora provavelmente me perdoará. Eu recebi o cartão da Lilly no dia 9 de março. Desde então, estou esperando impacientemente por mais correspondências, infelizmente em vão. Por que vocês não me escrevem com mais frequência? Também é permitido enviar salsichas pequenas e pacotes de queijo. Fora isso, nada de novo. Eu trabalho como antes e, graças a Deus, tenho saúde. Envio a todos o meu amor e abraço-os todos.

Lenka[223]

O PRIMEIRO ANIVERSÁRIO DO PRIMEIRO dia das meninas no campo de Poprad coincidiu com o aniversário do SS Franz Wunsch. Ele completava 21 anos. Um ano antes, as meninas caíam em lágrimas enquanto eram levadas para longe de seus pais e famílias. Agora, elas mal piscaram quando o mais recente transporte da Grécia chegou, carregando 2.800 homens, mulheres e crianças[224] — 2.191 dos quais foram encaminhados às câmaras de gás. As 192 mulheres registradas no campo receberam os números de 38.721 a 38.912; os números dos 417 homens começaram em 109.371. Enquanto organizava as roupas e os pertences dos gregos, Rita — a *Kapo* dos lenços brancos — anunciou novamente às meninas que precisava de artistas. Como micos amestrados. Escravas de entretenimento e trabalho.

Ninguém podia dizer não.

Das prisioneiras escolhidas para se apresentar, apenas uma foi sincera ao cantar uma música tradicional de aniversário e aplaudir com entusiasmo: "Que bom que você nasceu; do contrário, realmente sentiríamos a sua falta. Que bom que estamos todos juntos. Parabenizamos seu aniversário!".[225]

Cantando para Franz Wunsch ao ar livre com todas as outras, será que Helena sentiu que as palavras tinham um significado secreto? Ela estava realmente feliz por elas estarem juntas e por ele ter nascido? Ela poderia imaginar a vida sem ele? A síndrome de Estocolmo ainda não recebera esse nome, mas o fenômeno certamente existia. Na verdade, Helena se apaixonou pelo jovem da SS e ele também se apaixonou por ela. Ele carregou na carteira a foto que tirara dela até o dia da sua morte. Mas não há como negar que era um relacionamento definido pelo poder — o dele. Ela não tinha escolha nesse caso. Não se quisesse sobreviver.

Claro, a sua paixão por Helena dava a ela status e poder sobre as outras. "Se eu tivesse pedido, ele [Franz] teria me atendido em um segundo. Todas as mulheres pareciam descontentes. Havia uma única razão para ficarem descontentes lá. Eu poderia dizer uma palavra e então um quarto delas desapareceria.* Mas eu não fiz isso." Esse era um poder extraordinário de se ter, quanto mais admitir que se tinha. Contudo, ela nega ter tido um relacionamento físico com Wunsch. Em testemunhos anteriores, ela afirma que eles compartilharam apenas uma ou duas palavras. Mas, agora, alguns anos depois, ela admite: "No final das contas, eu sinceramente o amava."[226]

Quando questionada se via Helena no trabalho, Edith ri. "Eu não a via muito. Tampouco eu o via, para falar a verdade. Eles estavam acima de nós, acima dos montes de roupas. Ela estava muito concentrada em si mesma e em seu amor por esse cara."

---

* Helena se refere às outras mulheres que trabalhavam no Canadá e sabiam sobre seu relacionamento com Wunsch.

As críticas de Helena acreditavam que ela "permanecia viva" por causa de Wunsch, mas ele não estava lá para protegê-la o tempo todo. "Eu poderia ter sido morta 20 mil vezes em outros lugares", diz ela. E se a notícia do caso entre os dois tivesse chegado aos superiores de Wunsch, ele seria severamente punido. Claro, ela teria perdido a vida. Ainda assim, entre as prisioneiras, o relacionamento não era o segredo mais bem guardado da guerra. Muitas sobreviventes mencionam Wunsch e Helena em seus testemunhos. "Isso nos irritava a todas", diz Eta Zimmerspitz (nº 1756).

QUANDO O ANIVERSÁRIO DE UM ANO do primeiro transporte passou, Edith explica que o corpo delas já havia aprendido melhor como sobreviver. "Não que as coisas fossem melhores, mas nosso corpo começou a se acostumar com certas condições — condições climáticas, condições de vida. Quando chegamos, não sabíamos nada, mas agora sabíamos" como sobreviver. A fome afetava a acuidade mental e a força física, mas depois que o corpo se adaptou à falta de comida, também descobriu como se sustentar, pelo menos por um tempo.

O nível de ocupação do campo feminino girava em torno de 15 mil detentas, mas os números dos registros estavam se aproximando da casa dos 40 mil.[227] Em um ano, mais de 24 mil mulheres e meninas registradas no campo haviam morrido, a maioria delas, judias. Das 15 mil mulheres agora registradas, mais de 10 mil foram listadas como "não usadas para o trabalho" e 2.369 foram definidas como "não aptas", o que provavelmente significa que estavam no hospital ou no Bloco 25. Com as mortes de mulheres sendo agora finalmente calculadas ao término de cada mês, uma imagem mais clara do campo feminino surge das cinzas de sua história. Os totais do mês de março de 1943 revelam perdas devastadoras: 3.391 mulheres morreram no campo, 1.802 delas nas câmaras de gás. Isso significa que 1.589 mulheres morreram de doenças, fome, experimentos médicos ou violência.

Com a epidemia de tifo ainda fora de controle, o comandante Höss ordenou que todos os veículos usados para transportar prisioneiros fossem agora desinfetados completamente.[228] Ele também ordenou que as roupas dos prisioneiros fossem desinfetadas depois que eles fossem retirados do campo. Nas entrelinhas dessa ordem, percebe-se que ele se refere aos caminhões que levavam prisioneiros às câmaras de gás. Onde mais haveria roupas para desinfetar sem os seres humanos que as usavam?

OS POLONESES QUE DIRIGIAM os caminhões para dentro e para fora do campo feminino de Birkenau e ajudavam as meninas no *Leichenkommando* estavam sempre pedindo um pouco de comida extra, que Bertha e as outras compartilhavam generosamente sempre que algo sobrava. Com esses homens vinham informações de fora. Com o inverno chegando ao fim, eles disseram a Bertha e às outras que o Pessach ocorreria em algumas semanas.

É compreensível que, para algumas, manter a fé fosse impossível. "Quem precisava de religião lá?", Edie (nº 1949) pergunta. "Não podíamos exercer nossa religião. Não podíamos nada. Quem se importava?".

Bertha, porém, importava-se. Ela e suas amigas decidiram arriscar e organizar um Sêder. Avisaram às outras residentes do Bloco 27 sobre seu plano para que pudessem começar a organizar a comida. Uma das meninas contrabandeou passas do Canadá e uma segunda conseguiu um limão e um pouco de açúcar com os trabalhadores da cozinha. Eram os ingredientes necessários para se fazer vinho de passas, mas faltava a água.[229]

As meninas do *Leichenkommando* tinham acesso a água potável, mas precisavam de algo para transportá-la. A vasilha de Margie provavelmente foi o que elas usaram. No meio da noite, as fabricantes de vinho colocaram a vasilha em cima do fogão a lenha no meio do bloco e aguardaram. Quando se vigia a água no fogo, parece que ela nunca ferve; leva ainda mais tempo quando sua vida depende disso.

No silêncio da noite de Birkenau, sempre havia um relato de tiros, um gemido em meio ao sono perturbado, um suspiro de morte, um rato correndo. Mas naquela noite havia, no Bloco 27, uma sensação de mistério na escuridão. Aquilo era trabalho de Deus. Deu sentido à vida daquelas meninas. A resistência faz isso pelo espírito.

Com a água finalmente fervendo, acrescentaram as passas, o limão e o açúcar e cobriram a vasilha com um lenço para manter o vinho livre de detritos. Colocando-o bem no canto de uma *koja* para que os ratos não entrassem, elas deixaram o vinho fermentando e adormeceram.

A cada 24 horas, alguém mexia o vinho com sua colher. No segundo dia, algumas bolhas se formaram no topo; no terceiro, as passas haviam subido e flutuavam na superfície, começando a perder a cor. O líquido mudou de translúcido para âmbar-claro. Estava funcionando! Após uma semana de fermentação, o vinho se tornara marrom-escuro — não era a cor mais apetitosa, mas era vinho. As meninas o filtraram com um pano limpo, depositando-o em suas tigelas vermelhas. Então, quando o recipiente esvaziou-se, elas derramaram o vinho filtrado de volta, cobriram a vasilha novamente e deixaram-no descansar em silêncio na *koja* mais alta até o Pessach.

O dr. Clauberg teve uma ideia diferente para celebrar a Páscoa. Ele havia escolhido Peggy e "outras quatro ou cinco da Polônia que também estavam em Auschwitz" para experiências de esterilização. "Eles nos vestiram com lindos vestidos listrados, um belo casaco curto, um lindo lenço. Eu já tinha um pouco de cabelo".[230] Estavam esperando na porta, de manhã, quando Erna, uma das médicas eslovacas que trabalhava com Manci Schwalbova, as viu.

"O que vocês estão fazendo aqui?", ela perguntou às meninas.

"Não sei o que estamos fazendo aqui", disse Peggy.

Erna foi diretamente ao escritório falar com o dr. Clauberg. "Você não precisa fazer experimentos com meninas que já estão há um ano em Auschwitz", ela disse a ele. "Não há mais como fazer experimentos. Elas não menstruam. Nada. É melhor você levar as recém-chegadas dos novos transportes."

Dez minutos depois, ela voltou à porta e disse: "Meninas, voltem para os seus blocos. Vocês vão trabalhar".

A bela e curvilínea Marta F. (nº 1796), de Prešov, não teve tanta sorte. Em 1º de abril de 1942, o comandante Höss transferiu o Bloco 10 do campo principal para o comando do professor e brigadeiro da SS dr. Carl Clauberg, que usou as mulheres como cobaias em experimentos de esterilização.[231]

O SÊDER DESSE ANO seria diferente da recitação espontânea de orações ocorrida no primeiro ano.[232] E isso era verdade em toda a Europa; Sêders secretos estavam sendo celebrados por judeus nos campos, nos guetos, nos esconderijos e por aqueles que mal eram livres. Essa tradição antiga conectava Bertha e suas amigas a um mundo maior — um mundo invisível, espiritual. Elas não estavam sozinhas em Auschwitz. Elas estavam orando com milhares de pessoas, muitas das quais agora na mesma situação que as primeiras garotas estiveram um ano antes — ou pior. E ainda assim elas oravam. "Você arriscava sua vida para fazer algo assim", explica Bertha, "mas valia a pena". Se elas eram punidas por serem judias, então que agissem como judias.

À medida que a noite descia e as sombras do lado de fora cresciam, as meninas do Bloco 27 se organizavam em seus beliches. Uma das mulheres do bloco era professora de hebraico e conduziu as demais como um rabino teria feito, dando sentido aos rituais e lembrando-as das orações. O vinho de passas caseiro foi derramado nas tigelas vermelhas e erguido sobre as cabeças. Uma das meninas havia contrabandeado batatas para dentro do bloco. Não havia matzá, mas comeriam uma batata! O ritual alimentou suas almas e trouxe Deus à miséria de suas vidas. Se Deus havia libertado seus ancestrais da escravidão, como poderia deixá-las em Auschwitz? "Na escuridão, oramos pela liberdade."

TRINTA

6 de maio de 1943

Cara Lenka!

Recebemos o seu cartão hoje. Temos que nos revezar para escrever para você toda semana — e, acredite, é por causa de um amor muito sincero. Também lhe enviarei algo, mas, infelizmente, tudo anda incerto e difícil. Vou mandar roupas e meias. Estamos bem. Somente nossa grande preocupação com você torna a vida mais amarga. Do contrário, está tudo bem. Recebemos algo de Nusi [ilegível], mas não soubemos nada de Magduska! Também lemos os cartões das meninas Wahrmannova [também presentes no primeiro transporte de Prešov], com cujos pais muitas vezes estamos. Por favor, transmita a elas nossas mais sinceras lembranças.

NÓS BEIJAMOS VOCÊ!
Pipapio [Vovô], Lilly, Milan

UMA CARTA DE LENKA A SEU IRMÃO, Simon, enviada pelo correio, nos dá uma visão da vida dela como funcionária. Ela lhe informa de que o correio é entregue aos prisioneiros toda sexta-feira e pede desculpas por "não escrever em dezembro", pois estava doente "há algumas semanas".[233] O fato de ela ter estado doente e voltado ao trabalho diz muito sobre sua posição hierárquica superior no campo. "Estamos aqui com várias meninas de Prešov e tivemos a chance de passar algum tempo livre juntas", ela escreve. "Eu também fiz muitas novas amigas aqui." Não é de admirar que a família estivesse confusa. Se ela via muitas meninas da cidade, por que não tinha contato com suas primas mais novas? Esta foi sua primeira carta mencionando algo enigmático: "Nusi e Zola estão com Zsenka, nossa prima".

Quase imediatamente, Mamã e Lilly responderam. "A mãe de Magduska [Irma] está muito doente, Bela chora por Magduska e culpa você por não escrever sobre ela. A mãe de Nusi também gostaria de saber... Quem é tia Zsenka?".[234]

As prisioneiras eram frequentemente tão cautelosas com as mensagens codificadas que as tornavam quase indecifráveis. Mas podemos adivinhar que, em maio de 1943, Nusi Hartmann, de rosto alegre e sorridente, estava morta. O cartão-postal que a família havia recebido dela era um daqueles pré-datados, e fora enviado depois de sua morte. Não temos ideia acerca das circunstâncias em que Olga Hartmann (Nusi) morreu ou em que data. O destino de Magduska também ainda era um mistério.

"DRESCHLER ERA FEIA".[235] Todo mundo dizia isso. Seus grandes dentes salientes se projetavam para fora dos lábios, mesmo quando ela tentava fechá-los. Notória por espancar e abusar de prisioneiras, ela era temida e odiada por todas. Você certamente não gostaria de ouvi-la gritando seu nome com raiva, como se fosse uma sentença de morte. Mas então Edith e Elsa ouviram. O mero soar da voz de Dreschler gritando seu número fez os pelos da nuca de Edith se arrepiarem. E agora?

— 1970! Ainda está lá fora?

O número tamborilou no hálito quente da SS mais feia do mundo. Elsa olhou para Edith aterrorizada. Elas deveriam enfrentar a situação ou fugir? E para onde poderiam correr, ainda mais com Edith mancando? Lentamente, com os olhos fixos no chão, Edith virou-se.

Dreschler estava apontando para elas e quase acertando a supervisora do bloco com a sua chibata. "Como você ainda deixa essas prisioneiras saírem para trabalhar?". Ela apontava para o pequeno corpo de Edith e o rosto aterrorizado de Elsa. "Elas estão aqui há muito tempo. Elas merecem um lugar onde o trabalho não seja tão duro, que não seja lá fora, na chuva, neve e no vento congelante! Dê a elas boas tarefas!".

A supervisora do bloco, Gizzy, que também viera no primeiro transporte, tampouco tinha a reputação de ser gentil ou justa, e olhou para as duas garotas com desdém.

— Agora! — Dreschler gritou na cara dela.

— Você! 1970! Você é *Stubendienst*! — Gizzy ordenou.

Edith hesitou. Elsa não se mexeu.

— Você também! — Ela apontou para Elsa.

— Entrem!

Edith e Elsa saíram da chamada e voltaram para o bloco antes que Dreschler pudesse mudar de ideia. Exceto por seu curto período com as lenços brancos, Edith havia trabalhado ao ar livre por quase um ano e meio. Poucas pessoas poderiam sobreviver trabalhando lá fora por tanto tempo, especialmente as do primeiro transporte. Edith não podia acreditar na sorte que tinham dado. De repente, suas vidas mudaram para melhor. Elas não estavam mais trabalhando sob o escrutínio constante da SS com seus cães, não estavam mais tão vulneráveis aos caprichos das guardas. É claro que, algumas semanas depois, Dreschler daria um tapa em Edith com tanta força que ela voou pelos ares e aterrissou a centímetros da cerca elétrica. Elas não estavam tão seguras assim.

Conseguir trabalho na limpeza dos blocos "parecia uma nova era". Como *Stubendienste*, Edith e Elsa agora se levantavam mais cedo para pegar os caldeirões de chá quando chegavam no caminhão. Elas serviam as meninas que saíam para trabalhar antes da chamada e depois limpavam os blocos e beliches, esvaziavam as cinzas do fogão a lenha, varriam o chão e serviam o pão quando as meninas voltavam do trabalho à noite.

Na primeira noite em seu novo cargo, Edith e Elsa foram chamadas por uma das outras camareiras para o quarto da supervisora do bloco e receberam alguns pedaços extras de pão. Edith observou as responsáveis pelo bloco mostrarem a ela e Elsa o truque para cortar o pão em quartos, o que deixava o meio intocado, assim elas obtinham porções extras. Edith havia trabalhado duro por tanto tempo que sua lealdade inclinava-se àquelas que ainda sofriam lá fora. Por que as meninas que trabalham em tarefas menos árduas deveriam obter mais comida?

"Eu não quero", ela deixou escapar. "É pão roubado. Talvez por causa desse pedaço de pão uma garota vá morrer de fome. E esse pão não é meu." Ela olhou para a garota que tinha perdido menos peso do que qualquer outra pessoa no bloco inteiro. "E você também não precisa."

"O quê? Você acha que, se não comer esse pedacinho de pão, vai interromper o que acontece aqui?", a menina respondeu indignada. "Você não pode interromper!".

"Isso está em sua consciência", Edith criticou. "Você faz o que quiser e nós faremos o que quisermos."

Elsa assentiu em solidariedade a Edith.

"Não queremos este pão."

Elas ficaram com suas fatias de direito e recusaram-se a ceder à ganância das mais afortunadas. Recusar porções extras não era fácil, mas para Edith e Elsa foi um ato de resistência espiritual. Mais um exemplo de que as jovens fizeram o possível para preservar seus valores espirituais e agir humanamente diante de tanta desumanidade.

Quando os caldeirões de sopa foram entregues pelos homens naquele domingo, Edith e Elsa ajudaram a servir as porções da hora do almoço nas tigelas vermelhas das meninas. Era a primeira vez que estavam em posição de ajudar as pessoas, e não demorou muito tempo para as meninas perceberem que Edith e Elsa estavam mexendo a sopa para que os legumes e pedaços de carne chegassem ao topo e fossem colocados nas tigelas. Sussurros começaram a circular pela fila: "Elsa e Edith estão misturando a sopa. Entre na fila de Elsa e Edith". As meninas mudaram de fila e agradeceram a Elsa e Edith por servirem todas elas igualmente. A fome torna as pessoas mesquinhas. Também faz você se lembrar de cada coisinha. As sobreviventes imediatamente se lembram de quem roubou comida delas, de quem lhes deu cada pedacinho extra de comida.

Trabalhar como *Stubendienste* pode ter sido um alívio no início, mas os pesadelos eram constantes no campo. Certa tarde, Edith voltou de uma tarefa, entrou no Bloco 13 e encontrou Elsa chorando histericamente. Uma das mulheres que haviam passado pelo processo de registro estava grávida. Isso aconteceu algumas vezes. A barriga não estava tão protuberante quando ela chegou a ponto de alguém notar, as roupas da prisão escondiam a saliência e não houve seleções para denunciá-la. Quando ela entrou em trabalho de parto, Elsa correu para buscar a dra. Manci Schwalbova. Era perigoso dar à luz no campo. O choro do bebê poderia atrair a SS ou um de seus muitos espiões. Todas as envolvidas poderiam ser mandadas para o gás apenas por terem ajudado a mãe. Tal era o horror da vida em um campo de extermínio — no qual não poderia haver vida. Certamente, nenhuma nova vida. Só havia uma maneira de salvar a vida da mãe: livrar-se do bebê.

Era antes das duas da tarde, então os caminhões ainda não haviam chegado para remover os corpos empilhados do lado de fora dos blocos. Elsa foi quem teve que esconder o bebê debaixo dos cadáveres para que a SS não o encontrasse e inspecionasse as mulheres presas. Ele estava chorando quando ela o abandonou.

Hiperventilando. Histérica. Com os olhos vermelhos da torrente de lágrimas, Elsa disse a Edith o que havia feito. Elas se abraçaram e choraram. A mãe estava deitada no beliche do meio, incapaz de se mover, perdida sem o filho. Leite escorreria de seus seios, intacto.

Os olhos de Edith ficam vermelhos e se enchem de lágrimas quando ela se lembra do incidente. Angustiada e soluçando, ela deixa escapar: "Como eu sobrevivi a essa coisa?".

Como alguém sobrevivia?

FIEL À SUA PALAVRA, Frida Zimmerspitz (n° 1548) estava trabalhando em um plano para fugir de Auschwitz desde o dia em que ela e suas irmãs chegaram. A irmã mais nova, Margit, veio em outro transporte posterior com mais quatro primas. "Éramos uma grande família no campo e não queríamos que faltasse nada a ninguém; portanto, algumas [a *Kapo* judia Frances Mangel-Tack, por exemplo] assumiram papéis para proteger as demais", Eta Zimmerspitz (n° 1756) diz. "É difícil explicar…". Não é tão difícil entender. As famílias sempre se ajudavam e Frances Mangel-Tack garantiu que aquelas que não conseguiram emprego como funcionárias chegassem ao Canadá.

Eta, sua irmã Fanny (n° 1755) e sua outra prima Martha (n° 1741), moravam no mesmo bloco das primas restantes, as irmãs Zimmerspitz.[236] Isso deveria ter funcionado a seu favor, mas as quatro irmãs formaram uma unidade tão fechada que não permitiam que ninguém mais entrasse — nem mesmo suas primas. Frida gerenciava o bloco inteiro como se fosse um feudo pessoal das Zimmerspitz. Elas se dedicavam a algumas atividades paralelas também. "As irmãs ficaram populares demais", diz a prima delas Frances Mangel-Tack. Talvez populares entre a SS, mas não entre as demais prisioneiras. Diziam que Frida era uma espiã da SS.

"Elas não eram cordiais", diz Ruzena Gräber Knieža (n° 1649). Uma das irmãs chegou a ralhar com Ruzena: "Você ainda não morreu? Você ainda está aqui? Pensei que você já tivesse morrido há muito tempo."

Segundo Eta Zimmerspitz, as irmãs não dividiam nem o pão extra que roubavam. Elas eram consideradas funcionárias do pior tipo: passavam por cima das menos afortunadas que estavam sob sua supervisão e mantinham um mercado clandestino com itens desviados dos destacamentos de organização, trocando pão por ouro, diamantes e joias.

A SS "gostava que [Frida] estivesse espionando para eles", Frances Mangel-Tack tenta explicar em seu testemunho de oito horas com o entrevistador da USC Shoah. Mas "ela estava espionando *contra* eles". A história que Frances conta é complicada e confusa. Ela fala como se conhecêssemos todas as personagens mencionadas, e é difícil seguir seus pensamentos. Porém, comparando seu testemunho com os de suas primas e outras sobreviventes, podemos ter uma imagem mais clara do que Frida e suas irmãs estavam fazendo. Tudo tinha a ver com ganância. A SS desejava contrabandear determinados itens para fora do Canadá, os quais enviariam, então, para suas próprias casas. Então, as irmãs recolhiam os objetos de valor levados a elas pelas meninas da organização, trocando-os por comida. Por sua vez, elas trocavam essas mercadorias roubadas pelas prisioneiras por favores especiais da SS.

As meninas no Canadá arriscavam sua vida para contrabandear objetos de valor em seus bolsos e sapatos, e depois iam para o bloco das irmãs Zimmerspitz, onde os trocavam por comida ou remédios. "Era nojento o que elas estavam fazendo", diz Ruzena Gräber Knieža. "Vendiam pão para meninas famintas." Como o ouro não é comestível, em Auschwitz ele valia menos do que um pão.

A certa altura, a cúpula da SS descobriu que uma das irmãs estava trabalhando com a resistência. "Havia uma mulher alemã de Ravensbrück, que era cafetina de um bordel, e Margit... disse algo para ela", diz Frances Mangel-Tack. Evidentemente, a cafetina, então, informou a SS. "Era alguma coisa muito grande o que estava acontecendo."

Era ainda maior do que a cafetina ou a SS supunham. As irmãs não estavam apenas ajudando a resistência, mas também planejando sua própria fuga. Antes de ir trabalhar no turno da noite, organizando roupas no Canadá, Frida — a mais "bocuda" — acenou para as primas mais novas, Martha, Eta e Fanny, indicando que entrassem no quarto das irmãs. As quatro irmãs pediram para as primas mais novas que se sentassem e disseram a elas que deveriam se cuidar e ficar de olho umas nas outras. Foi um momento estranho, quase uma confissão de sentimentos. Eta e Fanny ficaram contentes por finalmente se sentirem acolhidas por suas primas mais velhas, que normalmente eram desdenhosas e muitas vezes rudes. Eta, sua irmã e sua prima Marta foram trabalhar naquela noite sentindo-se mais otimistas em relação à sua capacidade de sobreviver às adversidades do campo.

De manhã, Frida, Ruzena, Malvina e Margit haviam desaparecido. As meninas do bloco acordaram e olharam em volta, confusas. Onde estavam as irmãs? Elas saíram e pegaram seu chá. Alinharam-se para a chamada, mas nada estava como deveria ser. Os homens da SS estavam andando de um lado para o outro e gritando com todas. Então, um dos SS apontou para Eta e sua irmã e gritou seus números.

— Prisioneiras 1755 e 1756! Saiam da fila!

Elas foram obrigadas a se reportar imediatamente a Auschwitz I.

"Achávamos que alguém da nossa família tinha vindo nos libertar", lembra Eta.

Com uma *Kapo* as acompanhando, as meninas estavam prestes a sair do campo feminino quando sua prima, *Kapo* Frances Mangel-Tack, correu até elas.

"Não admitam que vocês sejam parentes de nossas primas", ela as advertiu em eslovaco. "Estão procurando alguém com o nome Zimmerspitz."

"Por quê? O que aconteceu?", Fanny perguntou.

"Apenas fiquem quietas". Frances avisou. "Não digam uma palavra!". E se foi.

A ordem permaneceu na cabeça de Eta. Marchando pela estrada de Birkenau a Auschwitz, as irmãs tiveram tempo de ficar aflitas e preocupadas. O que Frances quis dizer com não admitir que são parentes? Em silêncio, Eta e Fanny caminharam até Auschwitz I, onde foram levadas à sede da Gestapo no Bloco 11, o Bloco da Morte, para interrogatório. Geralmente reservado para presos políticos e prisioneiros de guerra russos, o Bloco 11 agora abrigava também quatro jovens mulheres. Tudo o que havia entre a parede de execução e Eta e sua irmã era o aviso de Frances. Gritos atormentados vinham de dentro das entranhas da prisão. Pareciam de uma mulher.

Vestido com seu uniforme preto com botões de metal polido, o interrogador da SS avaliou as jovens à sua frente. Ele perguntou se elas conheciam as irmãs Zimmerspitz.

Eta abriu a boca para responder à pergunta, mas nada saiu. Ela havia perdido a capacidade de falar.

— Estávamos no Bloco 18 com elas — respondeu Fanny.

— E?

— E nada. Elas eram as supervisoras do bloco e dos quartos. Elas eram horríveis com todas.

— Vocês não são parentes?

— Não.

"Como ela pode dizer que não são parentes?", ele retrucou, apontando para Eta. "Ela é muito parecia com a Rosa."

Tudo dependia de Fanny. Eta perdera a capacidade de falar.

"É verdade que temos o mesmo nome, mas não há parentesco!", Fanny disse. "É um nome frequente em Auschwitz-Birkenau!". Bastava todas as Friedman do campo.

— Elas nunca nos deram pão ou privilégios extras. Pergunte a qualquer uma. Elas eram más conosco — Fanny argumentou.

Eta assentiu. Tudo era verdade. Nem mesmo uma porção extra de pão.

A reputação das irmãs provavelmente era conhecida, e a verdade que Fanny contara combinava com isso. Ficou claro que ela e Eta não sabiam de nada. As duas irmãs foram autorizadas a retornar a Birkenau. Nunca o inferno na Terra lhes parecera tão bem-vindo.

ENTÃO, COMO AS irmãs Zimmerspitz foram pegas?

Ruzena Gräber Knieža diz que uma prisioneira polonesa descobriu seus planos e vendeu a história para a SS em troca de uma sentença mais leve. Frances diz que a cafetina do bordel as denunciou. Eta diz que conheceu um homem polonês em Israel, anos depois da guerra, que disse ter sido o contato delas do lado de fora, alguém que tentaria ajudá-las a escapar. Essa teria sido uma estratégia mais perspicaz, porque a SS era notória por receber pagamentos e depois trair os prisioneiros. É uma velha história: para comprar sua liberdade, você tinha que pagar a SS ou alguém do lado de fora para ajudá-lo. Mas a recompensa por frustrar uma tentativa de fuga ou por capturar um prisioneiro que tentasse escapar era, geralmente, uma semana de férias, às vezes uma promoção.

O que quer que tenha acontecido, nenhuma das outras meninas percebera até então que a crueldade das irmãs tinha sido um ardil para proteger as demais, caso elas fossem pegas. Qualquer pessoa para a qual elas demonstrassem bondade estaria em perigo após a fuga e seria alvo de interrogatórios. Assim, as irmãs protegeram suas primas e todas as demais habitantes do bloco comportando-se de modo rude e desagradável. A riqueza que as irmãs Zimmerspitz acumularam foi para a resistência. Sua ambição pessoal era a liberdade.

Não sabemos por que não há menção à sua tentativa de fuga, captura ou execução no registro histórico. Tudo o que temos são os testemunhos de familiares e prisioneiros. Será que a SS decidiu que era vergonhoso demais fazer o registro? Afinal, ela havia sido enganada por quatro jovens judias. Pouquíssimas pessoas conseguiram escapar de Auschwitz-Birkenau. Quase nenhuma judia nem sequer tentou.

As tentativas de fuga dos homens, com seus respectivos números e nomes, são consistentemente registradas na *Crônica de Auschwitz*, mas não há menção à tentativa de fuga das irmãs Zimmerspitz. Não há registros delas no Yad Vashem, exceto em uma lista de transferências de Birkenau para Nova Berlim. Nada consta nos "Livros da Morte" de Auschwitz. As irmãs Zimmerspitz parecem ter sido eliminadas do registro histórico.

Para fazer com que as outras três cedessem, as irmãs foram mantidas dentro do campo de audição umas das outras e "muito torturadas. Elas as cortaram em pedaços. Foi terrível", diz Frances. O SS Taube evidentemente espancou Frida e a arrastou para a frente da chamada para usá-la como exemplo. Mas as irmãs Zimmerspitz eram fortes. A SS não conseguiu nada com elas. Até Frida, a mais falastrona, manteve o silêncio. Ela foi a última das irmãs a ser executada.

TRINTA E UM

COMO SEMPRE, O CARTÃO DE LILLY É ALEGRE e cheio de fofocas que hoje não fazem muito sentido. Nomes de pessoas que se casaram, problemas de saúde, fuxicos. São indícios que revelam que a comunidade judaica no leste da Eslováquia ainda se mantinha, apesar do destino sombrio de muitos amigos e familiares. A fazenda Hartmann igualmente se mantinha, mas "estamos completamente sem ajuda", escreve a mãe de Lenka. O serviço postal também não vinha sendo muito confiável. Duas cartas de Lenka, datadas de "15 de julho e 15 de agosto", chegaram quase ao mesmo tempo. A censura agora era muito mais comum. Trechos recortados no meio ou nas laterais dos cartões-postais tornavam as mensagens obscuras. Mas uma frase ingênua — "Seu retorno é a nossa esperança" — passava com bastante frequência.

MAIS DE UMA GAROTA deve sua vida à dra. Manci Schwalbova. Mas outros médicos e enfermeiros judeus ajudaram as meninas também. A prisioneira polonesa Sara Bleich (nº 1966) havia conseguido um trabalho relativamente fácil nos lenços vermelhos, embora "separar trapos e roupas dos prisioneiros… fosse uma tarefa desagradável, pois as roupas vinham cheias de sangue e sujeira". Como Ida antes dela, Sara contraiu tifo. O tratamento em 1943 era diferente do de 1942, no entanto. Sara foi autorizada a permanecer na enfermaria do hospital e já estava lá há cerca de três semanas quando "o diabo em pessoa" — um novo médico que havia chegado a Auschwitz no final de maio — atravessou a enfermaria, selecionando mulheres para o gás.

Uma das médicas pegou Sara pelo casaco, escondeu-a em um barril e jogou um cobertor por cima. "E, assim, ela salvou minha vida." Sara foi uma das primeiras garotas a escapar das garras do dr. Josef Mengele.[237] Sem essas médicas audaciosas e corajosas, que as escondiam dos assassinos em série que rondavam as enfermarias do hospital, pouquíssimas meninas ou mulheres teriam sobrevivido.

"Mengele era tão bonito que você não acreditaria que ele fazia coisas tão ruins", diz Eta Zimmerspitz (nº 1956). "Havia um garoto jovem, ele o forçou a fazer sexo, e ficava assistindo. " Um Frankenstein moderno que se deliciava em torturar e conduzir experimentos com homens, mulheres e gêmeos inocentes, Mengele era alguém que todos tentavam evitar. Mas algumas funcionárias, incluindo Ella (nº 1950) e sua irmã Edie (nº 1949), tinham que lidar com ele direta e regularmente.

As habilidades de secretariado de Ella e sua caligrafia legível chamaram a atenção imediata de Mengele, que a "promoveu" a escrevente da sauna, como era chamada a área onde os recém-chegados eram processados — revistados, desinfetados e (de 1943 em diante) tatuados. Seu trabalho era registrar os novos nomes e números das prisioneiras. Como escrevente do dr. Mengele, Ella seria lembrada constantemente da fragilidade da vida de todas as mulheres em Auschwitz; suas listas ordenadas e bem documentadas registravam o número de mulheres selecionadas para morrer ou para serem usadas em experimentos. Mais tarde, ela foi promovida, tornando-se uma das tatuadoras. Ella sempre fazia números "muito pequenos e bonitos" e tentava tatuar apenas a parte interna do braço das mulheres.

Ella não discute como lidou com o estresse de trabalhar com Mengele. Até sua irmã, Edie, que raramente fica sem palavras, gagueja ao lembrar-se dele. "Todo mundo tremia quando Mengele entrava [no escritório]. Eu não consigo nem descrever. Se você olhasse para ele, poderia ver a raiva. Você podia ver aquela escuridão… Um vazio sombrio. Terrível."

Ria Hans (nº 1980) era uma das funcionárias que trabalhavam no hospital quando Mengele chegou ao campo. Ele a xingava e a importunava verbalmente, enquanto a forçava a aplicar nos *Musselmen* esqueléticos as injeções de fenol que os matariam. Edith diz que Ria foi pega tentando salvar a vida de uma mulher. "Seu castigo foi ser colocada por seis meses em uma cela no Bloco 11, na qual só conseguia ficar em pé."

Anos mais tarde, quando os sobreviventes tiveram que solicitar indenizações formalmente ao governo alemão, um deles, que preferiu permanecer anônimo, escreveu sobre como o dr. Horst Schumann e o dr. Josef Mengele "realizaram testes injetando vírus em mim para ver como meu corpo era afetado, fato que eles observavam tirando meu sangue e me vendo sofrer. Não peguei a malária que eles injetaram, mas contraí febre tifoide e outras doenças das quais não sei os nomes. Esse período de seis meses é um borrão para mim porque eu estava doente a maior parte do tempo".

NO DECORRER DE 1943, outras meninas do primeiro transporte que ainda trabalhavam ao ar livre também encontraram postos melhores. Um destacamento de lavanderia agora incluía Ruzena Gräber Knieža, Rena e Danka Kornreich e Dina Dranger, que haviam sido transferidas para o porão abaixo dos aposentos da equipe que trabalhava com a SS, onde viviam Lenka Hertzka e as outras funcionárias da secretaria. Separadas do resto da população do campo, as meninas nas salas de lavanderia e costura foram afastadas das perigosas epidemias que atormentavam a população carcerária em geral. Um horizonte de esperança apareceu em suas vidas sombrias. Entrar na lavanderia ou nos destacamentos de costura era o tipo de promoção que deveria ter encorajado qualidades como graça e bondade. Por isso, Ruzena Gräber ficou chocada quando, em um domingo à tarde, a mãe de uma das meninas entrou furtivamente no porão onde elas estavam descansando.

A pobre mulher caiu de joelhos e pegou as mãos da filha de 22 anos. "Estou trabalhando ao relento, cavando túmulos!", ela lamentou.

Seu estado era lastimável. Trapos gastos pendiam de seu corpo. Ela estava coberta da sujeira pútrida de Birkenau. Revoltada, a filha, Theresa, encolheu-se e afastou-se da mulher esquelética, que ainda não era uma *Musselman*, mas certamente caminhava para o estado irreversível.

Ela gritou com a mãe.

— Quem sou eu para ajudá-la? Saia daqui antes que alguém a pegue e nós duas sejamos mortas!

E pôs a mãe para fora do bloco.

"Não sei se ela tinha a coragem ou algum modo de ajudá-la", diz Ruzena, "mas vi como ela a tratou. Essa é uma imagem terrível em minha mente. Em circunstâncias normais, ela provavelmente seria uma pessoa perfeitamente agradável, para se ver o quão baixo os seres humanos podem chegar ou serem forçados a ir."

AJUDAR OS OUTROS PODE TRAZER CONSEQUÊNCIAS. Rose (nº 1371) estava trabalhando na fazenda em Harmęże há mais de um ano e meio. Criando faisões e coelhos, cuidando das ninhadas e mantendo os terrenos limpos para as aves, ela se orgulhava de seu trabalho e se esforçava muito. Sua *Kapo* até a deixou no comando certa vez, em uma ocasião em que teve que se ausentar. Um dia, Rose visitou o hospital em Birkenau. Lá, uma das enfermeiras pediu a ela que levasse uma carta importante para Harmęże e a entregasse a outra prisioneira. Rose enfiou a carta no sapato, sem perceber que estava sendo observada por uma das espiãs da SS — uma mulher ucraniana que imediatamente a entregou. Quando Rose passou pelo portão, ouviu a temida SS gritar seu número.

— 1371, pare!

Rose congelou.

— Tire o sapato!

O bilhete era de uma integrante da resistência para outra. Rose foi imediatamente presa e jogada no Bloco *Smierci*, o Bloco 11, onde presas políticas, combatentes da resistência e fugitivas — como as irmãs Zimmerspitz — eram interrogadas, torturadas e geralmente executadas. Ela passaria meses em detenção e não seria libertada até outubro de 1944.

IRENA FEIN (Nº 1564) agora trabalhava com outras seis garotas, indo de uma casa a outra prestar serviços para as esposas dos SS.[238] Às vezes, as meninas lavavam a roupa; às vezes, eram chamadas para limpar uma casa que havia sido recentemente desocupada pelas famílias da SS. Essas eram as melhores casas para se trabalhar porque, enquanto as guardas da SS estavam do lado de fora, Irena e as outras roubavam a comida que restara nas despensas. Quando você está morrendo de fome, tudo gira em torno da comida, e quase todas as prisioneiras condicionam a qualidade de um destacamento de trabalho à quantidade de comida que elas organizavam ou recebiam como recompensa.

Irena lembra-se de entrar em uma casa onde uma das esposas "estava cozinhando repolho crespo com batatas". Quando as outras garotas saíram para lavar a roupa e limpar os quartos, a dona da casa perguntou a Irena: "Você poderia me ajudar a pendurar algumas cortinas?".

"*Ja, gnädige Frau*. Sim, senhora."

Irena subiu em uma escada e a mulher lhe passava as cortinas, que ela fixava nos suportes logo acima.

"Como é a vida no campo? Você é feliz lá?", a mulher perguntou.

Irena hesitou. Como essa mulher podia realmente acreditar que ela era feliz em Auschwitz?

"Por favor, não pergunte."

"Por que não? Tenho curiosidade de saber como é. Não temos permissão para visitar."

"Eu não posso falar sobre isso."

"Por que não?"

"Porque a senhora dirá ao seu marido e eu serei morta. Sinto muito".

"Por quê? É tão ruim assim?"

Irena não respondeu. Ela terminou de prender a última dobra da cortina e desceu da escada. Esse era o tipo de conversa que poderia levar uma garota à câmara de gás, e a mulher alemã era ingênua demais para saber disso. A conversa entre elas foi uma revelação amarga. "Nem as esposas sabiam o que estava acontecendo lá". Fora da casa, a poucos metros de distância, mulheres e crianças estavam sendo mortas com gás e incineradas. No entanto, essa mulher estava criando seus filhos e vivendo em um mundo onde o assassinato em massa não existia ou era justificado de tal maneira que não se considerava crime. Como alguém podia viver sob as nuvens de fumaça dos incineradores e não fazer ideia das atrocidades cometidas por seus maridos, os colegas dele e, em suma, pelo regime como um todo? Elas não sabiam porque eram inocentes ou porque não queriam acreditar na verdade diante de seus olhos?

A mulher não precisava agradecer, mas o fez. Irena não achou que o gesto fosse sincero, mas assentiu com um "*bitte*" educado.

LENKA ESTAVA DE MUDANÇA e ela avisou sua família sobre o novo endereço. Como indicado nos cartões, ela agora residia em Nova Berlim. Essa pode ter sido uma área que os prisioneiros chamavam também de Novos Blocos,[239] que passaram a abrigar as meninas da lavanderia em 1944. Lenka pode ter notado que suas mensagens estavam sendo censuradas e, de alguma forma, enviou um telegrama em 15 de outubro de 1943 para sua tia e tio:

> Muito obrigada por suas palavras amorosas, que me causaram uma grande alegria. Estou ansiosa pelo pacote que vocês mencionaram. Podem simplesmente jogá-lo no trem. Enviem algo que não estrague ou apodreça. Seria ótimo receber queijos, linguiças, salame, chucrute ou sardinha enlatada. Vocês podem enviar sardinha de Portugal pelo correio da UZ?

Caso escrevam para minha tia, peçam ao papai que escreva, porque não soube de nada dele. Lamento dizer que não trabalhamos no mesmo local, mas sei que ela também escreverá para vocês. Ouvi dizer que Nusi não visitou *Herz tete*.[240]

Lenka ainda estava tentando avisar-lhes da morte de Nusi, desta vez ao se referir a si mesma usando a palavra Herz, que também significa coração em eslovaco. A mensagem dela era clara.

Quase imediatamente, Lenka recebeu uma carta datilografada de Ernest Glattstein, que claramente estava buscando informações sobre sua própria família e vizinhos:

Ficaria muito grato se você puder me informar se minha irmã, Ilone Grunwald, meu cunhado, Marcel Drody, meu tio Zeig Lefkovits e seu filho Robert, com o dr. Kraus Bela — que morava na casa da frente — estavam com Regina, Dundy, e se todos os mencionados acima chegaram juntos com Nusi.[241]

Suas perguntas sobre se os familiares estão com Nusi são a única maneira de ele descobrir o destino de seus entes queridos. Algumas linhas depois, ele menciona várias meninas do primeiro transporte: "Por favor, diga olá a todas as que conheço. Wachs Seri, Wahrmann Margit, Ella Friedman [nº 1950], Edie Friedman [nº 1949]".

ERA DEZEMBRO quando um cartão-postal de Ellie e Kornelia Mandel — as irmãs que haviam viajado com Nusi e Magduska — chegou à fazenda dos Hartmann em Rožkovany. É uma das poucas cartas das quais não há cópia, mas o irmão de Magduska, Eugene, lembra-se de cada palavra:

Caro Sr. Hartmann,

Obrigado pelo pequeno pacote que recebi de vocês. Estamos bem. Recebi correspondência da sua filha, Magduska, e sobrinha, Nusi, que estão em *gan 'edn.** Elas estão bem. Elas pedem a vocês que visitem o tio Kaddish com frequência.[242]

Magduska estava morta. Bela ficou arrasada, Eugene, seu irmão mais novo, completamente desnorteado. Eles não disseram nada à mãe de Magduska. Todos se atormentavam de culpa. Eles haviam repreendido as meninas por não escreverem. O que Lenka deveria pensar deles? Ela sabia sobre Magduska? O cartão não mencionava mais nada, nem poderia. Há quanto tempo as meninas estavam mortas? Como elas morreram? Ninguém sabia. Sua vida e sua morte são um ponto de interrogação permanente que paira sobre a família até os dias de hoje, sem nenhuma resposta que possa surgir do ossuário que é Auschwitz.

---

* גן עדן. Significa "céu" em hebraico. (N.T.)

TRINTA E DOIS

1º DE DEZEMBRO DE 1943

Cara Lenka!

Espero que você tenha recebido a carta de Willi e a foto de Milanko. Enviamos também a jaqueta, o salame e os remédios. Ontem, enviamos sapatos e linguiças — espero que em breve recebamos notícias suas, detalhando se entregou tudo para Kato [Katarina Danzinger (nº 1843)]. Em novembro, enviamos roupas e 500 coroas e você já as deve ter recebido. Além disso, 3,5 e 2 quilos — mal conseguimos respirar —, você os recebeu? Pergunte para Kato. Willi espera que a cunhada dele a tenha visitado. Bela está muito doente, chorando por Magduska.

Estamos todos pensando em você. Aguente firme!

Beijos, Lilly[243]

APÓS QUINZE MESES de *Leichenkommando*, a dra. Manci Schwalbova disse a Bertha e às outras que trabalhavam com ela que era hora de mudar para um destacamento diferente.[244] Nem todas tinham conseguido sobreviver esses quinze meses, mas Peshy Steiner, Elena Zuckermenn e Margie Becker ainda estavam lá. A dra. Manci Schwalbova usou o pouco poder de que dispunha para arrumar um lugar para as meninas no Canadá — elas mereciam um trabalho mais fácil depois de tanto tempo carregando cadáveres.

Contudo, o Canadá não era o paraíso que todos pensavam ser. "Conseguíamos comer durante o dia, mas tínhamos que passar pelas seleções", diz Bertha. "E, no primeiro dia, torci o tornozelo e fui trazida de volta em uma maca. Eu pensei que seria mandada para o crematório". Ser uma das protegidas da dra. Manci Schwalbova a salvou, e Bertha foi autorizada a continuar trabalhando. A organização de roupas não exigia muita caminhada, e desde que ela pudesse ficar de pé e organizar, poderia permanecer viva. No entanto, Bertha "não teve sorte no Canadá". Ela fez amizade com uma garota da França e decidiu dar um presente para ela. Ela tinha visto outras garotas escondendo roupas e saindo sem serem pegas. Quão difícil poderia ser? Bertha colocou uma blusa sob o uniforme, pouco antes do final do dia de trabalho, e saiu para a chamada.

— 1048! — um dos SS gritou.

Bertha possui um daqueles rostos honestos, transparentes. Suas bochechas coraram. Era tudo de que o SS precisava para saber que seu palpite estava certo.

— Tire o uniforme!

Lentamente, ela tirou a jaqueta e sua própria blusa, e então a roupa amassada que ela tentava contrabandear caiu no chão. Ela teve sorte de não ser punida com as mesmas vinte e cinco chibatadas que Joan Rosner recebera quando foi pega roubando. Mas para Bertha, uma adolescente ainda agarrada à sua vaidade, o castigo que recebeu foi pior. O homem da SS ordenou que raspassem sua cabeça.

Até aquele momento, sua cabeça fora raspada apenas sete vezes. Desde que ela se juntara ao *Leichenkommando*, seu cabelo permanecera intacto. Ter cabelo era como uma medalha de honra. Um símbolo de status. Um sinal de que você era especial. Agora, Bertha tinha pontas de cabelo saindo como espinhos do seu couro cabeludo. Ela se sentiu feia. Pior, ela estava feia! Mas raspar a cabeça causou algo bem mais sério àquela adolescente — destruiu seu espírito. Ela "não conseguia parar de chorar" e caiu em completo desespero. Foi "a única vez que eu realmente quis cometer suicídio".

Para meninas profundamente religiosas, raspar a cabeça era algo que deveria ocorrer apenas como parte de seu casamento. Em seu primeiro dia em Auschwitz, Bertha foi uma das garotas brutalmente tratadas no exame ginecológico, tendo sido roubada de sua virgindade. Para Bertha, a cabeça recém-raspada anunciava publicamente sua vergonha e sua violação. Por quinze meses, seus cabelos permaneceram seguros; agora, o horror daquele primeiro dia voltava à tona. A dor. O sangue. As garotas gritando ao seu redor. Seus próprios gritos.

Ela havia perdido tudo. Sua família. Sua casa. A virgindade. Perder o cabelo foi a última gota — inconsolável, ela chorou e chorou. Ela considerou atirar-se aos fios elétricos e acabar com tudo. Peshy Steiner veio em seu socorro. Peshy amava Bertha. Ela a consolou e confortou. Salvou a amiga de tirar a própria vida.

Em um documentário de 1981, Bertha se inclina contra a *koja* do Bloco 27, onde viveu e dormiu ao lado de Peshy. "Foi aqui que Peshy Steiner salvou minha vida", ela diz. É um momento de profundo pesar, pois Bertha não foi capaz de salvar a vida de Peshy. "Ela estava muito, muito doente." E não diz mais nada.

Quando Peshy ficou mortalmente doente, a dra. Manci Schwalbova certamente foi chamada para ajudá-la, mas os milagres em Auschwitz eram poucos e distantes uns dos outros. Nem todas poderiam ser salvas das muitas doenças pavorosas — incluindo a meningite — que se escondiam nos cantos imundos em que as meninas levavam sua vida. Peshy e Bertha eram como irmãs. Sem sua amiga de infância, Bertha enfrentou outra noite sombria dentro de sua alma. Como Edith, ela teve que procurar outras garotas para ajudá-la a sair do abismo da dor. Elena Zuckermenn (nº 1735) foi uma dessas garotas.

Embora Bertha "não tenha tido sorte" trabalhando no Canadá, Margie Becker teve. Ela era uma ladra talentosa — "uma artista", ela diz, com um brilho malicioso nos olhos. "Uma vez, contrabandeei um rou-pão no meu sapato! Eu quase morri, de tão apertado." Ela começou a ad-ministrar seu próprio mercado ilegal, trocando roupas contrabandeadas por comida.

Para as amigas, porém, ela dava as coisas de graça. Margie conhecera uma garota que falava uma variedade diferente de ídiche, e as duas se tornaram amigas íntimas enquanto comparavam as disparidades lin-guísticas entre seus dialetos. A garota pediu a Margie que a ajudasse a transferir-se para um destacamento de trabalho melhor. Margie contra-bandeou para ela "um par de calças de lã e um suéter", e a próxima coisa que ouviu foi que a menina fora acolhida por uma das famílias da SS e estava trabalhando como empregada doméstica. Tudo porque estava bem-vestida. "Sabe, essa é a diferença que fazia na vida de alguém estar vestido. Eles sempre gostaram de quem estivesse vestido decentemente", diz Margie, balançando a cabeça. "Aqueles nojentos."

Margie até encontrou um anel de ouro, que ela colocou no dedo do pé e escondeu no sapato. Depois, usou-o como uma conta-poupança, trocando o anel por margarina e pão, que ela compartilhou com as ami-gas. As bugigangas e os objetos de valor que as meninas encontravam no destacamento dos lenços as ajudavam a sobreviver, desde que não fossem muito descaradas com o que roubassem e não fossem pegas. Joan Rosner (nº 1188) viu uma garota levar um tiro entre os olhos depois que foi pega escondendo algumas joias no bolso.

A DRA. MANCI SCHWALBOVA ficou sabendo das dificuldades por que Bertha passava no Canadá e a levou para ser mensageira na enfer-maria do hospital, onde ela podia ficar de olho na adolescente e protegê--la. Bertha carregava documentos e memorandos de um campo para o outro e passava os dias na entrada dos fundos da ala, esperando pelas ordens. Ela também ajudava na entrega de comida aos prisioneiros aca-mados e "conseguia um pouco mais de comida por fazer" essa tarefa.

Servir como mensageira do hospital seria o último trabalho que Bertha desempenharia em Auschwitz-Birkenau. Também seria a última vez que ela veria suas velhas amigas trabalhando no Canadá.

No início do ano novo, as meninas que trabalhavam no Canadá foram separadas do restante do campo. O Canadá já havia sido transferido para Birkenau para acomodar a expansão de apenas alguns barracões de organização para mais de vinte. Agora, na tentativa de impedir que roupas e outros objetos de valor fossem contrabandeados para a população carcerária em geral, a SS requisitou que as meninas fossem transferidas para dois blocos internos no Canadá. Não havia fios de alta voltagem no Canadá, "apenas arame farpado. Os dois primeiros barracões eram nossos alojamentos e os outros dezoito, os locais de trabalho. Do outro lado, os homens se alojavam em apenas um barracão. Fomos separadas completamente das outras prisioneiras. Não tínhamos mais contato com elas", explica Linda Reich (nº 1173).[245]

TRINTA E TRÊS

Algumas pessoas dizem que os anjos têm asas.
Mas meus anjos tinham pés.
— **EDITH FRIEDMAN**

NO SEGUNDO ANIVERSÁRIO DA deportação das meninas da Eslováquia, as trabalhadoras do Canadá cumpriam turnos de doze horas, mas, depois do trabalho, elas podiam andar um pouco pela estrada do campo. Ida Eigerman pensou que, como a sauna ficava ali perto, ela poderia entrar e tomar um banho. Sozinha. Virando as torneiras, ela abriu a água quente até queimar a sua pele. Esfregou a carne e inalou o vapor até sentir os pulmões limpos de fuligem, óleo e morte. Ela deixou a água cair sobre sua testa e escorrer pelos cabelos, seios e quadris. Ela se limpou em lugares que nunca ousaria tocar se a SS estivesse vendo. Ela se deleitou com o silêncio, a privacidade, a paz da água espirrando no cimento sob seus pés cansados.

O toque de recolher soou do lado de fora. Não havia toalhas. Não havia como secar-se rapidamente. Ela vestiu o uniforme novamente e correu para fora.

"O que você está fazendo?", uma das mulheres da SS gritou com ela.

O cabelo de Ida estava molhado. Suas roupas, úmidas. O rosto, limpo.

Dois homens da SS foram até ela. "Eles tinham mãos assim. Eu nunca vi mãos tão grandes." Um dos SS a estapeou com tanta força que seus dentes estremeceram na boca.

— 1930, você ganhou vinte e cinco! — a mulher da SS ordenou.

Vinte e cinco chibatadas.

Ida ficou aterrorizada. No dia seguinte, quando o comandante chegasse, ia chamar o seu número para que ela recebesse a punição. "Enquanto isso, Schmidt, a *Kapo*, precisava de algumas meninas para ir à *Stabsgebäude*." Ida se ofereceu e escapou do castigo. Chegando ao porão das instalações da SS, Ida encontrou uma velha conhecida, Rena Kornreich (nº 1716). Fazia quatro anos que tinham travessado a fronteira da Polônia para se esconderem nas casas de seus tios em Bardejov. Agora, seus tios e tias haviam perecido, seus pais haviam perecido; a maioria de seus primos se fora também. Como elas, que estavam em Auschwitz desde o início, ainda permaneciam vivas?

O IMPONENTE PORTÃO DA MORTE, no descampado varrido pelo vento de Birkenau, era intimidador. Onde dois anos antes não havia nada além de imensos terrenos vazios, trilhos de trem agora seguiam até o portão, para que a carga humana pudesse ser entregue diretamente na boca do inferno.

Os números dados aos homens estavam agora na casa de 175 mil; às mulheres, 76 mil.[246] Não há dúvida de que se registrar no campo em vez de ir direto para a câmara de gás era muito mais improvável para as mulheres. Em abril, 21 mil mulheres foram registradas como residentes de Birkenau, enquanto 46 mil homens estavam detidos nos complexos dos campos de Auschwitz-Birkenau.

Em 7 de abril, haveria dois a menos: Alfréd Wetzler e Rudolf Vrba estavam prestes a empreender sua famosa fuga de Auschwitz.[247] Eles seriam alguns dos poucos fugitivos bem-sucedidos, mas os mais importantes, porque sua fuga daria ao mundo o primeiro relato concreto sobre a configuração do campo de extermínio e a localização das câmaras de gás e dos crematórios, além do número aproximado de judeus que já tinham sido eliminados. O seu relato também traria a primeira menção às meninas dos primeiros transportes, aos horrores que elas haviam sofrido naqueles primeiros meses e ao fato de o número de sobreviventes entre elas ser equivalente "a 5% do número original"* — ou cerca de quatrocentas.[248]

Tragicamente, a história não só se recusaria a reconhecer as meninas como as Forças Aliadas deixariam de agir com base nas informações de Vrba e Wetzler. Apesar de o seu relato ter sido enviado à Suíça, Estados Unidos, Grã-Bretanha e Vaticano, os Aliados não achavam que bombardear os trilhos ou os crematórios seria suficiente para "salvar as vítimas em qualquer extensão apreciável".[249] Eles estavam errados. Os judeus foram danos colaterais em uma guerra global, e Auschwitz era agora uma máquina de matar capaz de executar e cremar 20 mil pessoas por dia.

Enquanto Rudolf Vrba e Alfréd Wetzler esperavam fervorosamente que seu relatório salvasse os judeus húngaros do morticínio, o primeiro transporte húngaro, com "quarenta a cinquenta vagões de carga" com "aproximadamente cem pessoas" por vagão, chegou a Auschwitz. Não se tem registro do número de homens, mulheres e crianças desse transporte que foram assassinados. Ele foi, no entanto, documentado de uma maneira muito mais explícita.

O *SS-Hauptscharführer* Bernhard Walter,[250] chefe do laboratório fotográfico de Auschwitz, e seu assistente, *SS-Unterscharführer* Ernst Hofmann, fotografaram os judeus húngaros da Rutênia Cárpata que desembarcavam dos vagões. As fotos — que mostram multidões de pessoas andando nos trilhos da ferrovia, crianças em pé na floresta de bétulas do lado de fora das câmaras de gás e crematórios, meninas rindo enquanto separavam artefatos para o Canadá — faziam parte de um ensaio fotográfico projetado para mostrar à Cruz Vermelha que os prisioneiros judeus estavam sendo bem tratados e, assim, dissipar quaisquer rumores sobre campos de extermínio. É um retrato arrepiante do assassinato em massa, compilado pelos próprios assassinos.

---

* Vrba provavelmente se referia aos dez primeiros transportes da Eslováquia, que trouxeram 6.051 e 197 jovens eslovacas e tchecas, respectivamente, para Auschwitz até o final de abril de 1942.

Debruçada sobre uma pilha de panelas e frigideiras recolhidas dos recém-chegados que agora seguiam para o gás, Linda Reich está vestida com uma blusa branca e calça escura ajustada à cintura. Ela tinha ficado horrorizada com os milhares de judeus húngaros que vira passando pelas pilhas de ordenação no Canadá durante a manhã toda.

— Sorria! — o SS Walter gritou para ela enquanto ajeitava o foco da câmera.

Como ela conseguiu se parecer com alguém que acabara de ouvir uma piada, embora uma arma estivesse apontada para a sua cabeça? Os seus dentes se exibem para a câmera. O clique preserva a imagem. Os SS seguem em frente. Para Linda, é como se seu espírito tivesse sido roubado. Ela não está emaciada pela fome. O seu cabelo está preso atrás da cabeça. Suas roupas parecem limpas. Ela parece um ser humano normal organizando alguns tachos e panelas, não um trabalhador escravo vasculhando milhares de itens roubados de pessoas sendo sufocadas em câmaras de gás localizadas a apenas quinze metros de distância, atrás do fotógrafo.

Impotentes, as meninas do Canadá assistiram aos húngaros caminhando para a morte. Trabalhar tão perto das câmaras de gás era devastador para todas elas. Algumas meninas aconselharam às mães com filhos pequenos que os deixassem com as mulheres mais velhas. Elas não explicaram por quê.

Muitas das sobreviventes que trabalharam no Canadá, como Erna e Fela Dranger, de Tylicz, Polônia, nunca falaram sobre sua experiência. Falar sobre como era viver e trabalhar tão perto das câmaras de gás é inconcebível — para sempre.

"Havia quatro crematórios seguidos e, a cerca de quinze metros de distância, estavam os quarenta barracões de ordenação", explica Linda. Nesses barracões, trabalharam Helena, Irena, Marta F., Erna, Fela, Peggy, Mira Gold e muitas outras. Não havia muros ao redor das câmaras de gás. "Elas ficavam em um prédio de tijolos vermelhos, com plantas bonitas em volta e grama verde." As meninas do Canadá eram distrações involuntárias para os judeus a caminho da morte. Atraindo muita atenção, as meninas bem-vestidas que separavam itens do lado de fora se pareciam com "seres humanos", não trabalhadores escravos.

De certa forma, essa foi uma versão inicial das rampas de carregamento encurvadas que o Dr. Temple Grandin projetou para matadouros, com base na ideia de que os animais que estão atrás vejam os que estão à sua frente e mantenham a calma enquanto se posicionam dentro das canaletas. Da mesma forma, os judeus que saíam dos transportes e se dirigiam para a morte olhavam as jovens que trabalhavam no Canadá e pensavam: *Seremos nós em breve.*

Na realidade, "95% iam direto para a câmara de gás". As meninas olhavam para fora "dia e noite, e viam as chamas no céu... e o cheiro, as nuvens se assentando e as cinzas — negras, sebosas, enormes em nosso rosto".

Com a chegada em massa dos transportes húngaros, havia uma grande quantidade de novos itens a serem organizados, então, trezentas meninas foram adicionadas aos destacamentos de classificação. Agora, seiscentas garotas trabalhavam no Canadá, revezando-se em turnos. Os homens traziam as bagagens das rampas de transporte e as empilhavam em montanhas. As meninas tinham que inspecionar tudo, porque "havia muita comida. Eles [os judeus] estavam escondendo seus objetos de valor. Então, tínhamos que tirar tudo e procurar". As meninas não tinham permissão para jogar nada fora, nem mesmo óculos quebrados. "As coisas boas, salame, queijos, alimentos não perecíveis, embalagens com doces e assim por diante, ficavam de um lado." Coisas quebradas, como vidro e peças de cerâmica, do outro. Dizia-se que o vidro era triturado e misturado à massa do pão servido aos prisioneiros em Birkenau.

Linda testemunhava as idas e vindas dos SS, que apanhavam alguns bens dos húngaros para si. O Canadá era como uma loja de doces para a SS. Multilíngue e sempre alerta, Linda mantinha anotações mentais sobre quem vinha buscar peles e joias, prometendo a si mesma que, se sobrevivesse, um dia os faria pagar.

EM JULHO DE 1944, o plano de Eichmann de eliminar nas câmaras de gás o equivalente a quatro transportes de judeus por dia ainda não havia se realizado, mas os transportes e execuções haviam aumentado.[251] À medida que as temperaturas do verão se tornavam mais inclementes, o mesmo acontecia com os desembarques. "As multidões, o calor e as filas, intermináveis. Sem fim. Você sabe, não dava para ver o fim", lembra Linda. "As pessoas ficavam cansadas. E gritavam em húngaro para as meninas que trabalhavam no Canadá: *'Víz! Víz!* Água! Água!'".

As meninas no Canadá tinham acesso a água. "Uma das minhas colegas de trabalho não aguentou. Ela encheu de água uma garrafa da pilha que estávamos organizando e jogou por cima da cerca. Uma criança correu atrás para pegar."

Aos 23 anos, Gottfried Weise, um atraente homem da SS, não parecia capaz de praticar assassinato a sangue frio. Seus olhos contíguos e o nariz sério davam-lhe a aparência de alguém honrado e correto. Ele correu atrás da criança, arrancou a garrafa das suas mãos e a jogou fora. Então, ele jogou a criança para cima, enfiou-lhe a baioneta enquanto ela caía, agarrou-a pelo braço e "esmagou a cabeça da criança contra a parede". Uma mulher gritou. Então, silêncio.

"Quem fez isso?", ele berrou para as meninas. "Quem deu água para esses judeus imundos?". Ele marchou para o depósito de organização, apontou a arma para as meninas e ordenou que todas se alinhassem. "Quem fez isso?", ele gritou.

Ninguém disse uma palavra.

"Se você não se apresentar, eu matarei uma garota em cada dez. As mortes serão culpa sua!".

Ninguém se mexeu. Ele atirou na primeira garota da fila.

"Quem fez isso?". Ele deu dez passos. Atirou na próxima garota.

"Quem jogou água para aqueles judeus sujos?".

Silêncio.

Dez passos. Tiro.

Sessenta meninas foram executadas por causa daquela garrafa de água. No dia seguinte, havia sessenta novas garotas no Canadá. Uma dessas novas garotas era provavelmente uma adolescente chamada Julia Birnbaum, que acabara de ver seus pais e irmãos irem para a câmara de gás. Tatuada com o número A-5796, ela chegou em 24 de maio de 1944.[252] Seu pai olhou para ela e disse: "Os poloneses não estavam mentindo. É isso." Sua mãe disse que eles sempre estariam juntos, mas então um homem amável e sofisticado, com o dedo preso em um dos botões de metal de seu uniforme, perguntou-lhe: "Quantos anos você tem?".

Por alguma razão, ela mentiu. "Quinze."

O dr. Mengele fez um sinal para ela sair da fila.[253] Julia passou diretamente do registro para o destacamento de organização logo no primeiro dia em que chegou; a garota de 14 anos trabalhava agora no Canadá com Linda, Helena e as outras veteranas.

TRINTA E QUATRO

*Algumas pessoas terminam sua vidas muito antes de morrerem,
e a vida que resta é apenas uma sombra. Você deu o seu último
passo há dois dias… e agora encontrou a harmonia eterna.*

— **DRA. MANCI SCHWALBOVA**, para Alma Rosé, diretora da
orquestra feminina de Auschwitz, falecida em 5 de abril de 1944

O PAI DE HELENA CITRON APARECEU PARA ELA em um sonho.
Ele lhe disse que sua irmã Ruzinka, que estava vivendo como não judia,
fora capturada. No dia seguinte, no almoço, Irena e outras meninas de
Humenné olhavam pela janela do bloco de organização quando viram
a irmã de Helena. Pareceu estranho, pois aquele era um transporte húngaro, mas as meninas devem ter visto os claríssimos cabelos loiros de
Aviva e depois sua mãe, Ruzinka, carregando um bebê recém-nascido
nos braços.[254]

"Venha! Venha! Helena!", suas amigas gritaram. "Ruzinka está
chegando."

O sonho era verdade.

Tomada de angústia e tristeza, Helena se escondeu atrás dos montes de
roupas. Ela não queria ver sua irmã prestes a morrer. Qual era o objetivo?
Um dilema interno foi travado em sua mente e seu coração. Como ela
poderia sobreviver a isso também? "Eu sabia de todas as pessoas que já
haviam sido exterminadas, toda a minha família, meus três irmãos, meus
pais e minha irmã mais velha, com três filhos adoráveis, mas essa era minha última irmã."

Então ela teve um estalo e se revoltou contra a própria timidez. Do que ela estava se escondendo? Helena não entendia sua própria reação. Ela correu para a janela. Lá estava a cabeça loiríssima de Aviva. Sua irmã mais velha, Ruzinka, segurava a mão da criança e carregava um bebê. Helena era tia novamente, e nem sabia disso. Uma onda de emoções inundou todas as células do seu corpo. Ela não era um animal. Ela era um ser humano! E foi a sua parte humana que correu para a porta do barracão e a esmurrou.

"O que é isso?", um dos guardas da SS gritou quando abriu a porta. Para ele, ela era apenas a prisioneira nº 1971.

De pé na frente dele, de macacão, ela implorou: "Não atire. Acabei de ver minha irmã e, depois de todos esses anos, quero morrer agora com ela".

O guarda pareceu chocado, mas o que ele tinha com isso? Acenou a arma para ela ir. Helena correu em direção ao local onde os prisioneiros eram despidos. Do lado de fora da porta estavam o dr. Kremer e o dr. Mengele.

Quando Ruzinka e Aviva desapareceram lá dentro, um dos SS berrou para Helena: "O que você está fazendo aqui?".

Era óbvio pelo número que ela não fazia parte daquele transporte, e nenhum prisioneiro jamais havia chegado às portas da câmara de gás e sobrevivido.

Helena parou a seis passos dos homens — isso era obrigatório. Sempre fique a seis passos da SS ou eles atiram em você. Ela tinha sido bem treinada. E também não tinha medo de morrer.

"Já estou aqui há muitos anos", disse ela a Mengele e Kremer. "Eu já passei por muita coisa, e agora minha última irmã…". Ela engasgou. "Todos nós vamos morrer aqui. Deixe-me morrer junto com ela." Por que ela desejaria viver se não tinha mais nenhuma família no mundo?

"Você está bem?", Mengele perguntou.

O que ele queria dizer com isso? Helena não tinha ideia e respondeu: "Não".

"Portanto, não precisamos nem dela nem de você." Ele e Kremer riram da piada, tiraram a pistola do coldre e apontaram.

De repente, Franz Wunsch apareceu ao lado dela e gritou para seus superiores: "Ela é minha prisioneira!". Ele a agarrou pelo braço. "Ela trabalha para mim há anos e precisamos dela. Não restam muitas desses números, e ela é uma boa trabalhadora."[255]

Ele a jogou no chão e a repreendeu.

— O que você está fazendo aqui, judia? Você não pode entrar aqui! Volte para o trabalho!

Fingindo espancá-la violentamente, ele a arrastou para longe de seus carrascos. Em meio ao espancamento, ele sussurrou: "Diga-me rapidamente o nome da sua irmã antes que seja tarde demais."

"Você não vai conseguir. Ela veio com dois filhos pequenos."

"Com as crianças é diferente. Crianças não podem morar aqui."

A dura realidade, dita com tanta naturalidade, cortou seu coração. "Ruzinka Grauberova", ela sussurrou.

— Volte para o trabalho! — ele ordenou.

Depois, ele fez o que apenas um oficial da SS poderia fazer: esgueirou-se por trás de Mengele e Kremer e desapareceu na área em que os prisioneiros se despiam antes de entrarem na câmara de gás.

Ele já havia testemunhado aquele momento? Já tinha visto as centenas de mulheres nuas dobrando cuidadosamente as suas roupas e apressando seus filhos:

— Tire os sapatos. Dê o casaco pra mamãe. Ajude o seu irmão enquanto eu me troco.

"Ruzinka Grauberova", ele gritou para as mulheres. "Ruzinka Grauberova, apresente-se."

Seu rosto oval e os olhos escuros e amendoados eram iguais aos da irmã. Ele teria reconhecido a semelhança em qualquer lugar. Ela já estava nua e ajudando Aviva a se despir. A menina delicada olhou em sua direção. Ele fez um sinal para Ruzinka atravessar o labirinto de mulheres e crianças e vir até ele.

Claro que ela hesitou. O que o inimigo queria com ela e seus filhos? Ela abraçou a filha e o filho com força quando o belo homem da SS a chamou nos "chuveiros". Acariciou os cachos loiros da filha. O bebê chorou. Carregando o bebê entre os seios inchados e segurando a mão de Aviva, Ruzinka embrenhou-se no meio da multidão de mulheres e crianças que agora se dirigiam para o banho. Ele falou com autoridade impassível quando informou a ela que sua irmã estava do lado de fora. Ruzinka inquietou-se. Parecia confusa. Barulho e caos os cercavam. Ela estava exausta.

Em alguns instantes, a sala se esvaziaria e o *Sonderkommando* chegaria. Se ele não saísse com Ruzinka imediatamente, seria tarde demais para salvá-la. Como ele poderia encarar Helena sem a irmã?

— Você tem que vir agora se quer ver sua irmã.

— Não posso vê-la mais tarde?

— Não.

— Mamãe, vá. Eu fico com o bebê — Aviva ofereceu.

Aninhando a criança de dois dias nos braços da filha de sete anos, Ruzinka garantiu a si mesma que Aviva ficaria bem se ela saísse por alguns instantes. Ela pediu a uma das mulheres próximas para ficar de olho em seus filhos. Recebeu um aceno afirmativo. Ruzinka beijou as lágrimas da filha.

— Seja uma boa garota.

Wunsch cobriu Ruzinka com sua capa preta e a levou para longe dos filhos. Aviva levou o irmãozinho para os chuveiros. A porta se fechou às suas costas.

DEPOIS DE RETIRAR RUZINKA da câmara de gás, Wunsch passou por Mengele e Kremer dizendo: "Vou precisar desta", e a entregou na sauna para ser processada. Foi uma concessão inédita, que até Helena admite ter "passado dos limites". Mas Wunsch teria feito qualquer coisa por ela — e fez.

Quando Wunsch chegou ao bloco de ordenação, todos os olhos estavam colados em Helena. O que havia começado como atração física apaixonada agora se tornara algo muito mais poderoso — a vida e a morte dependiam da maldição de seu amor. Helena saiu da mesa de organização e caminhou lentamente pela sala. Os ruídos do campo — o mexer dos tecidos, o passo dos pés, o fungar dos narizes — desapareceram quando eles se esgueiraram para trás de um monte de roupas ainda não classificadas. Ele afastou uma mecha do cabelo de Helena, deixou que os lábios roçassem a curva suave da orelha dela e sussurrou que sua irmã estava sendo processada.

Suas lágrimas saíram quentes e doídas, uma mistura de alívio e tristeza. A irmã dela estava viva. A sobrinha e o sobrinho, morrendo. Helena se apoiou nele e estremeceu em seus braços. A ligação entre eles não se dera no céu, mas no inferno. Seus destinos e o destino de sua irmã foram selados com um beijo.

NA SAUNA, Ruzinka, confusa e ansiosa, procurou pela irmã, mas via apenas guardas da SS e algumas outras mulheres na fila esperando para serem processadas, desinfetadas e registradas.[256] Entre as mulheres que registravam e tatuavam novas prisioneiras provavelmente estava Ella Friedman (nº 1950).

Ruzinka se afligiu. Onde estava Helena? Ela havia sido enganada? O homem da SS garantiu que ela veria Helena depois que fosse registrada no campo. Leite escorria de seus seios pesados.

— Quando meus filhos chegarão? — ela perguntou às mulheres ao seu redor.

Nenhuma respondeu.

Ruzinka entrou em pânico e começou a andar desesperada pelas instalações. Ela tinha que amamentar. Onde estava Aviva? Onde estava o bebê? Nua, caminhando para lá e para cá como um animal enjaulado, ela exigia respostas a perguntas que, se feitas por qualquer outro judeu, teriam lhe rendido uma bala entre os olhos. Mas Ruzinka estava sob a proteção pessoal de Wunsch agora. Ninguém podia machucá-la.

Não está claro em que ponto Ruzinka foi trazida para o Canadá; normalmente, uma nova prisioneira teria que passar por quarentena. Quando ela foi entregue ao bloco onde Helena e as outras meninas dormiam à noite, todas devem ter se dado conta do poder de que Helena desfrutava, tendo trazido sua irmã de volta das portas da morte.

Vestida com roupas novas da prisão e sangrando no local da nova tatuagem, Ruzinka estava exasperada de preocupação e exaustão. Os minutos que ela achou que passaria longe dos filhos se transformaram em horas e depois em dias. Ela havia dito que voltaria logo. Como ela poderia ter mentido? Ela deve ter se sentido como o bambu originário, que deixa cair suas flores quando ainda não floresceram completamente. O DNA dos filhos não respondia mais ao dela. A conexão entre eles silenciara. No entanto, sem conhecer ainda a verdade de Auschwitz, ela podia confiar em seu instinto?

— Onde está Aviva? Cadê o meu bebê?

Sua irmã não suportava a ideia de lhe contar a verdade. "Foi muito difícil, porque no começo ela não sabia que seus filhos haviam sido assassinados e demorou um pouco até ela ser transferida para mim. Eu continuei dizendo a ela que seus filhos estavam vivos", admite Helena.

Ruzinka não parava de falar sobre como Aviva havia crescido. "E espere até conhecer seu sobrinho! Ele é tão gordinho e está sempre com fome! Ele deve estar chorando agora. Olhe o meu leite. Com a simples menção do bebê, pontos úmidos se formavam em seu uniforme. Aviva deve estar aterrorizada. Ela não come há dias." Será que Helena achava que ela já tinha comido alguma coisa? Quem estava cuidando do bebê? As outras mulheres do bloco encaravam Helena, esperando que ela dissesse algo. Qualquer coisa.

Alguém gritou: "Você tem que contar para ela!".

Ruzinka olhou para os rostos no escuro. As feições pálidas. Os olhos brilhando nas sombras.

Nenhuma delas suportaria contar a verdade.

O que Wunsch fez foi "uma ótima coisa", diz Helena.

A realidade de Ruzinka era muito diferente da de sua irmãzinha. Seus soluços de dor despedaçaram todas as meninas presentes no bloco. A maioria das mulheres no Canadá nunca havia se casado ou tido filhos, mas elas sentiram o horror da perda dessa mãe. O horror da escolha de Helena. Irena sofria por sua irmã, mas pelo menos sua irmã não estava sofrendo por seus filhos.

Ruzinka passou as duas semanas seguintes doente, delirando. Ela não falava. Mal comia. Chorava sem parar. Seus seios doíam, o leite secara. Helena fez o que pôde. Trazia para a irmã um pouco da comida que achava nos bolsos dos judeus que haviam ido para o gás. Ela embalava a cabeça da irmã e tentava fazê-la comer. Ela orou por sua irmã. Ela orou por si mesma.

Foi egoísmo da parte de Helena salvar sua irmã? Ela teria conseguido viver consigo se não tivesse tentado? É um dilema que nenhum ser humano deveria ter de enfrentar. Com os olhos vidrados de choque, Ruzinka olhava para as vigas expostas do teto e via o rosto da filha na escuridão. Respirava suas cinzas no ar. O fantasma de Aviva estava em todo lugar.

TRINTA E CINCO

13 de julho de 1944

Cara Lenka — Nossa filha agora tem dois meses. Estamos bem. Agora estamos aguardando sua visita, que planejamos há muito tempo. Já temos uma casa em Spa Vlasky, simplesmente não sabemos quando [vamos nos mudar]. Todo mundo está trabalhando na fazenda. Irma [mãe de Magduska] está no hospital. Lisa frequentemente a visita lá. Você recebeu nossos pacotes? Você está com saúde? Nós gostaríamos de saber. Escreva! Não sabemos o endereço de Ella. Beijos…

de Lilly[257]

SERIA O ÚLTIMO CARTÃO-POSTAL que Lenka receberia de sua irmã, datado de 13 de julho de 1944. À medida que o verão avançava, as deportações judaicas na Eslováquia voltaram a acontecer e até famílias portadoras de exceções estavam em perigo agora. A família Hartmann foi alertada por um policial local e fugiu da fazenda. A família de Lenka — sua irmã, Lilly, sua mãe, sobrinha e sobrinho — já havia se mudado para outra cidade. Não houve tempo para avisá-los de que os Hartmann estavam fugindo. Bela e Dula se separaram para formar dois grupos diferentes. O pai de Nusi, Dula, sua mãe e irmã mais nova foram pegos. Eles não sobreviveram. Os outros dois irmãos de Nusi, Bianca e Andrew Hartmann, foram resgatados por uma tia e um tio e levados para a floresta, onde se esconderam. "Esprememo-nos como sardinhas" em um abrigo subterrâneo com outros membros da família pelos próximos três meses e meio.

A esposa de Bela, Irma, estava agora no hospital e, de todos os membros da família, ela parecia ser a única que não estava em perigo — a SS não estava procurando judeus nas alas dos hospitais. Bela e Eugene (pai e irmão de Magduska) fugiram para as montanhas, onde se esconderam. Um padre da aldeia que "sabia onde todos estavam escondidos" pregava à sua congregação todos os domingos que era seu dever "'alimentar os necessitados'. Ele nunca dizia 'judeus', mas todos sabiam o que ele queria dizer, e todos naquela vila ajudavam os judeus", lembra Eugene.

Em Humenné, o primo de Adela, Lou Gross, que agora tinha seis anos de idade, foi acordado no meio da noite e levado para um campo de feno para se esconder. Ter "nascido em uma família privilegiada" e "agora fugir e ser caçado por algum inimigo invisível" era desconcertante, especialmente para uma criança pequena. Seu pai se juntara aos *partisans* para combater os nazistas. Enquanto isso, sua mãe cuidava da família, à qual conduziu para a segurança várias vezes, sempre um passo à frente do desastre.

À medida que a frente russa se aproximava da Eslováquia, atravessando a fronteira oriental da Polônia, os *partisans* eslovacos — judeus e não judeus, comunistas e não comunistas — continuavam lutando uma guerra secreta contra o regime de Tiso. Em 29 de agosto de 1944, eles iniciaram um movimento que ficou conhecido como Revolta Nacional Eslovaca. Em resposta, milhares de eslovacos abandonaram o exército de Tiso e se juntaram aos *partisans*.[258]

O CAOS TOMOU CONTA DA ESLOVÁQUIA ORIENTAL. A violência na Frente oriental aumentou quando as tropas alemãs rechaçaram os *partisans* para as montanhas Tatra e para os Cárpatos, onde Ivan Rauchwerger e seus amigos haviam passado quase dois anos preparando cavernas para servir como *bunkers* e esconderijos. Jovens eslovacos e até garotas como Zuzana Sermer, ex-colega de classe de Edith, foram essenciais para viabilizar a invasão russa, porque conheciam as passagens entre as montanhas e porque podiam apresentar os soldados russos a simpatizantes eslovacos que estavam prontos para se juntar à ofensiva.

A resposta alemã à Revolta Nacional Eslovaca dirigiu-se imediatamente aos judeus. Aprovou-se uma lei proibindo que judeus morassem perto da fronteira oriental. Foi um esforço de última hora da parte de Tiso para realocar os judeus residentes a oeste de Poprad e "concentrá-los", em preparação para sua própria Solução Final.

Vivendo sob a relativa proteção do governo eslovaco, Emmanuel Friedman ainda era considerado um trabalhador vital e continuava a consertar para-brisas de bombardeiros. Mas a ordem de realocação valia para todos, e Emmanuel não correria o risco de deixar seus outros filhos caírem nas mãos dos alemães. Quem sabia onde Edith e Lea estavam agora? A Revolta Nacional Eslovaca havia libertado uma área no centro do país. Os últimos judeus que ainda restavam em Humenné agora fugiam para lá. Em 5 de setembro de 1944, os Friedmans embarcaram em um trem com a família de Ladislav Grosman e seguiram para Ružomberok, na região de Liptov.

Ladislav ainda estava trabalhando em uma unidade militar judaica, "uniforme preto, sem armas", e não estava em Humenné quando sua família foi obrigada a partir. As duas famílias, e várias outras famílias de Humenné, chegaram a Ružomberok como refugiadas e sem ideia do que fazer a seguir. Não havia comitê de boas-vindas. Tampouco a Cruz Vermelha.

De pé sob o toldo da estação de trem, a irmã mais nova de Edith, Ruthie, puxou a manga da mãe. "Estou com sede", ela reclamou. Os Friedman foram a um café, onde podiam pedir conselhos aos moradores locais. Minutos após a família Friedman se afastar, os alemães bombardearam a estação. Vinte e dois membros da família de Ladislav Grosman morreram sob os escombros. Os Friedman foram salvos pela sede de Ruthie.

Os Friedman passaram os meses seguintes se escondendo nas montanhas com outras famílias judias. Embora mal tivesse entrado na adolescência, o irmão de Edith, Herman, juntou-se à luta dos *partisans*. "À noite, as crianças [Hilda, Ruthie e Ishtak] desciam às aldeias para pedir comida aos moradores, que sabiam que as crianças eram judias e queriam ajudá-las."

DEPOIS QUE A ALEMANHA INVADIU A HUNGRIA, Giora Shpira e seu irmão juntaram-se novamente à sua família em Prešov. A família Shpira era pobre e vivia sob circunstâncias desesperadoras. Distante de sua filha Magda, o velho Adolf Amster abrigou a família Shpira. Em troca, Giora e seu irmão faziam todo o possível para ajudar os Amster, pois todos haviam sido forçados a se mudar para a região oeste da Eslováquia. Eles conseguiram evitar as últimas deportações naquele outono, mas, no inverno de 1945, ambas as famílias — como as famílias Hartmann e Gross — foram forçadas a se esconder em um *bunker* na floresta.

A revolta durou pouco e a resposta da SS e da Guarda Hlinka foi brutal. "Eles invadiam as aldeias acompanhados por fascistas locais, procurando mulheres que morassem sozinhas. A menos que a esposa pudesse provar que seu marido estava lutando no exército de Tiso ou que era um trabalhador contratado pela Alemanha, ela era interrogada, torturada e frequentemente morta", lembra Ivan Rauchwerger. Depois, ele acrescenta, causticamente: "Os *Waffen-SS* eram um pouco menos cruéis. Geralmente, eles *só* matavam judeus, normalmente famílias inteiras e, é claro, os *partisans*. Testemunhei pessoalmente, em junho de 1945, a exumação de corpos, cerca de vinte, todos decompostos, muito perto de um campo de pouso militar nos arredores da minha cidade natal, Spišská Nová Ves. Havia cerca de vinte mulheres — todas das vilas próximas, muito angustiadas e chorando. Acredito que seus maridos — as vítimas — eram *partisans* ou apoiadores da revolta".

"O exército normal, a *Wehrmacht*, seguia estritamente as regras. Eles atiravam nos *partisans*. No caso dos judeus, eles os prendiam e pediam aos fascistas eslovacos que assumissem o controle. Portanto, os judeus capturados entre outubro de 1944 e início de fevereiro de 1945 ainda podiam ser deportados para os campos alemães."

Foi o que aconteceu com a mãe, a irmã e o resto da família de Ivan. Escondido nas montanhas e lutando com os *partisans*, ele não sabia que todos haviam sido pegos e deportados. Sua mãe, Eugenie, morreria em Ravensbrück; sua irmã de dezesseis anos, Erika, sobreviveria.[259]

Em uma última tentativa desesperada de livrar a Eslováquia de judeus, a Guarda Hlinka e as forças de segurança alemãs prenderiam todos os judeus que pudessem encontrar em setembro. Nos próximos dois meses, cerca de 12.600 judeus seriam deportados, "principalmente para Auschwitz".[260] Como punição pela revolta, quase nenhum judeu eslovaco foi registrado no campo. Assim como os judeus húngaros, mais de 2 mil pessoas de cada vez eram executadas nas câmaras de gás.

OBSERVAR OS MILHARES de húngaros e pessoas de outras nacionalidades passando constantemente por elas como uma maré a caminho da câmara de gás causou mudanças em todas as meninas que trabalhavam no Canadá. Sua fé, até mesmo das mais devotas, desvanecia-se. Aquelas garotas, que sobreviveram no campo por dois anos, não oravam mais com tanta regularidade quanto no início. Quando chegou o Rosh Hashaná de 1944, ninguém mais do primeiro transporte jejuou no Yom Kipur. Mas as novatas, como Julia Birnbaum, aderiram ao jejum, e ela não estava sozinha. Ao pôr do sol no Yom Kipur, Julia dobrou o pedaço de pão no bolso do avental. Ela teria dois pedaços de pão no pôr do sol do dia seguinte e abraçaria seu jejum pelo Senhor, seus pais e seu povo.[261]

Com seu rosto adorável e suave, de ossos malares altos e arqueados, Julia ainda era uma mulher bonita quando prestou seu testemunho sobre o Shoá. Fechando os olhos, ela descreve uma cena que está claramente sendo exibida como um filme em sua mente. Sentadas em seus beliches naquela noite, as garotas que haviam decidido jejuar se prepararam com orações, balançando de um lado para o outro na tradição do "davening".

No meio das orações, o SS Franz Wunsch irrompeu no bloco. Ele ficou "furioso. Estava histérico".

"Suas idiotas", ele gritou com elas. "Vocês ainda acreditam? Vocês acreditam depois do que viram no fogo?". Ele pegou o chicote e começou a bater nas garotas à "esquerda e direita". Ele pegou os lenços da cabeça delas e os rasgou em pedaços. "Ele estava espumando. Não estava normal." As meninas se jogaram no chão para evitar a surra e finalmente ele foi embora.

Helena sempre sustentou que o amor entre eles havia mudado Wunsch e amolecido seu coração em relação ao povo dela. Será que essa transformação havia sido idealizada por ela ou ele recebera ordem de punir quem fosse pego rezando naquela noite sagrada? Poucos meses depois de salvar a irmã de Helena, ele estava espancando garotas judias porque estavam orando e logo perpetraria outra atrocidade, que voltaria para assombrá-lo após a guerra. Seja qual fosse o contexto naquele Yom Kipur, Wunsch era um SS com um trabalho a fazer, e ser gentil com os judeus não fazia parte do cargo.

TRINTA E SEIS

ERA 30 DE SETEMBRO DE 1944. Os homens eslovacos que trabalhavam no Canadá, responsáveis pelo esvaziamento dos vagões, reconheceram suas próprias famílias chegando no primeiro transporte eslovaco em quase dois anos. Amigos. Ex-vizinhos. A irmã de Lenka Hertzka, Lilly, a nova bebê, a sobrinha de dois anos que Lenka não conhecia, e sua mãe — que escrevera para ela com tanta frequência, de forma tão encorajadora, enviando latas de sardinhas e beijos exequíveis — agora estavam na fila para o gás. Por alguma razão, Milan não estava com sua mãe.[262]

Foi uma tortura que destruiu as almas das meninas eslovacas do Canadá. Os poucos familiares que ainda lhes restavam na Terra — a única esperança que elas tinham de poder voltar a um lar — estavam agora caminhando para a morte certa, do outro lado da cerca. Irena Fein viu sua irmã com seus filhos. Será que Irena de repente desejou poder resgatar sua irmã, como Helena fizera? Ela teria ousado? Irena assistiu à sua família desaparecer no prédio de tijolos do qual não havia retorno.

Levava apenas um momento para ver alguém que você conhecia — ou para ser reconhecida. Divididas entre querer se esconder e desejar ver as pessoas que conheciam e das quais se lembravam, elas se revezavam na observação das filas. Mas esses reencontros eram difíceis, unilaterais.

Na fila que seguia para a câmara de gás, o pai e a mãe de Klary Atles viram Margie Becker separando roupas no Canadá.

"Você parece bem, Margie!". O rabino Atles disse. Ela estava vestindo jeans azul e uma bela camisa. Seus cabelos haviam crescido e quase alcançavam seus ombros. "Você viu nossa filha Klary?".

Era uma pergunta natural. Eles sabiam que Margie estava no primeiro transporte com ela. Margie congelou, incapaz de responder.

"Oh, ela não está mais viva?", o pai de Klary disse, tristemente.

"O crematório estava a apenas dois passos de distância." Margie olhou para eles e pensou: *Em alguns minutos, vocês também não estarão mais vivos.*

NO INÍCIO DA MANHÃ de 7 de outubro de 1944, quando as meninas do turno da noite formavam a fila em frente às meninas do turno do dia para serem contadas e trocarem de lugar — trabalho por repouso —, uma enorme explosão destruiu a austeridade do Canadá. Fumaça e fuligem encheram o ar. Pela primeira vez, as cinzas não eram restos de seres humanos, mas de concreto. Uma das câmaras de gás havia sido explodida.

Como era difícil não celebrar pelos "meninos do *Sonderkommando*". As meninas não podiam nem sorrir, embora seus corações festejassem alegremente enquanto as sirenes tocavam.

Em questão de minutos, centenas de SS saltaram dos caminhões e dos jipes e invadiram o Canadá. Os arredores do Canadá. A frente do Canadá. As costas dos garotos que fugiam moviam-se entre os troncos das árvores, tão visíveis quanto a cauda branca de um cervo. As balas da SS deixavam suas marcas.

Alguns dos meninos correram para o bloco de ordenação, onde rapidamente se enterraram sob as pilhas de roupas. Vários SS mantiveram as meninas sob a mira de armas enquanto caçavam os culpados. Em todos os lugares havia gritos. Urros. Latidos. Rosnados. As meninas estavam acostumadas a pessoas morrendo em silêncio. Os meninos morriam fazendo barulho. Cada tiro ricocheteava no coração compassivo das jovens. O ruído das vidas dos "meninos" do *Sonderkommando* sendo apagadas fraturou aquela manhã. Havia apenas um conforto: era melhor levar um tiro do que morrer no gás.

Durante uma busca minuciosa pelos barracões de ordenação, os homens da SS esfaquearam montes de roupas com suas baionetas. SS Franz Wunsch encontrou um garoto escondido nos casacos. SS Otto Graf encontrou outro. Eles arrastaram os meninos para fora e os jogaram no chão. Depois, eles os espancaram até que não houvesse mais respiração em seus corpos machucados e quebrados.

"Sabíamos que agora seria o nosso fim", diz Linda. "Absolutamente o fim." Elas tinham visto demais. Era apenas uma questão de tempo até que elas, como os meninos do *Sonderkommando*, fossem executadas para guardar os segredos de Auschwitz na silenciosa fuligem de seu solo cinza. Não havia como elas saírem vivas.

Na manhã seguinte, os caldeirões de chá chegaram com um aviso sussurrado do campo: quatro jovens mulheres foram apanhadas. Uma delas, sua colega de trabalho, Roza Robota. Nenhuma delas havia entregado um único nome, apesar das horas de tortura. A rede que formava a resistência estava a salvo.

As meninas trocaram a notícia entre si, tomando seu chá morno e escondendo os sorrisos atrás das tigelas vermelhas. A história das meninas que haviam contrabandeado a pólvora para o *Sonderkommando* encheu todas as prisioneiras de orgulho, coragem e rebeldia. Talvez todas elas morressem, mas pelo menos haviam feito alguma coisa. Aqueles rapazes e moças tinham desferido um golpe por todos, e todos levaram isso a sério. Talvez elas sobrevivessem, de alguma forma. Talvez o mundo soubesse da verdade algum dia.

Infelizmente, embora a resistência tenha agido, apenas uma câmara de gás fora danificada a ponto de não poder ser consertada. A máquina de matar seguiria sem maiores percalços na direção da Solução Final.

PARTE TRÊS

TRINTA E SETE

Ser honesta
sobre minha
minha dor
é o que
me torna invencível.
— **NAYYIRAH WAHEED,** Salt

ROSE (Nº 1371) FOI LIBERADA DO BLOCO 11 no outono, mas não para retornar à fazenda em Harmęże. Em vez disso, ela foi incluída em um destacamento de trabalho formado para limpar os escombros ao redor da câmara de gás destruída. Foi um trabalho árduo, mas ela tinha sorte de estar viva e fora do Bloco *Smierci*.

À medida que a frente russa se aproximava, a SS transportava mais prisioneiros para o interior da Alemanha, preparando-se para uma possível evacuação. Em 28 de outubro, Bertha foi transportada para Bergen-Belsen com mais 1.038 prisioneiros. É provável que, naquele transporte, também estivesse uma jovem holandesa da qual ninguém ouvira falar ainda, Anne Frank. Bergen-Belsen "era o pior. Não tínhamos mais força, a comida era horrível e não havia trabalho". Bertha, porém, conseguiu trabalho; ela foi alocada ao hospital novamente, "onde havia pilhas e pilhas de cadáveres".

Poucas semanas depois, Joan (nº 1188), Ella (nº 1950) e as irmãs de Ella — Edie (nº 1949) e Lila (nº 3866) — foram transferidas para Reichenbach, na Alemanha, a cerca de duzentos quilômetros de Auschwitz, onde havia uma fábrica de armas.

De volta a Auschwitz, os rumores que corriam pelo campo eram a única maneira de os prisioneiros saberem o que estava acontecendo no mundo exterior. Essas notícias chegavam com o chá todas as manhãs. Enquanto os homens carregavam os caldeirões de ferro para os blocos, transmitiam as últimas notícias às serventes, que, por sua vez, repassavam as notícias às meninas nas filas enquanto enchiam seus copos vermelhos. "Eles nos diziam que havia pessoas ligadas à resistência lutando contra os alemães", lembra Linda. A mensagem mais importante era: "Resista, resista. Talvez sejamos os afortunados que sobreviverão."[263]

As coisas definitivamente estavam mudando. Sem o conhecimento dos prisioneiros, Himmler havia ordenado o fim da "matança com Zyklon B nas câmaras de gás de Auschwitz".[264] Os transportes também pararam, mas "a matança continuou de maneiras diferentes. Eles matavam as pessoas atirando nelas. Eles traziam algumas pessoas, você sabe, trinta, quarenta pessoas, e as matavam. Só deixavam que algumas entrassem. Mas o massacre acabara".[265] As meninas no Canadá continuavam trabalhando em turnos de doze horas, organizando roupas e outros itens. Então, houve um período de atividade frenética, com os SS entrando no depósito de ordenação e "roubando roupas, joias e objetos de valor. Era uma festa".[266] Como esquilos armazenando nozes para o inverno, os homens da SS furtavam "tudo o que podiam" para garantir seu próprio futuro.

O INVERNO DE 1944 traria outra forte frente ártica para a Europa. Enfrentar o terceiro inverno em Auschwitz seria um feito inacreditável para as meninas; sua esperança permanecia obscurecida pelas nuvens que decoravam o horizonte cinzento. "Aqui e ali, encontrávamos pedaços de jornal. Então, vimos que a guerra estava chegando ao fim." A maior parte da Europa já estava ocupada por forças aliadas e seus aviões passavam voando o tempo todo. "Eles bombardearam muitas vezes, mas nunca o campo [em si]", lembra Linda, "e estávamos orando por isso".

Apesar do relatório de Rudi Vrba e Frank Wexler e dos mapas do campo que eles haviam desenhado na primavera de 1943, os únicos edifícios destruídos por bombas foram dois quartéis cheios de camisas-marrons soldados alemães que nem da SS eram.[267] Aqueles jovens tinham chegado até a flertar com as garotas judias e a lhes oferecer um bom pão alemão, o primeiro que elas comeram em anos. Minutos depois de os soldados darem o pão para as meninas, o prédio foi destruído. Mas os blocos dos prisioneiros continuaram de pé. A sede da SS, as cercas elétricas, os trilhos, os crematórios e as câmaras de gás — tudo permaneceu intacto. Reféns dentro do campo, os prisioneiros se aterrorizavam com a chance de o fim da guerra chegar tarde demais para salvá-los.

"Eu juro para você", um dos SS disse a Linda e às outras, "o único caminho para a liberdade de vocês passa pela chaminé".

ENQUANTO ISSO, EDITH OUVIRA DIZER que "havia algumas meninas de Humenné trabalhando nos destacamentos de costura, e eu disse a Elsa que deveríamos tentar o trabalho de consertar roupas". Ela tinha bons instintos. Embora não estivessem trabalhando ao ar livre, e sim limpando os blocos, sair de Birkenau foi a coisa mais inteligente que elas poderiam ter feito, uma vez que as tensões e o mau humor aumentavam entre as *Kapos* e a SS. Quanto pior ficava a guerra para os alemães, pior para os seus prisioneiros. Com a ajuda de uma de suas amigas, Edith e Elsa foram aceitas nos destacamentos de costura, "onde cerzíamos meias o dia todo". Nesse destacamento, Edith encontrou duas amigas de Humenné, as irmãs Gelb, Kornelia e Etelka. Era o último trabalho que teriam em Auschwitz.

POUCO ANTES DO NATAL, Linda e as outras garotas que trabalhavam no turno da noite no Canadá alinharam-se em frente àquelas que trabalhavam no turno do dia. Diante de ambos os grupos estavam duas enfermeiras e uma mesa. "As cinco primeiras da fila tinham que ir à mesa", onde as enfermeiras tiravam sangue do braço das meninas. Os bancos de sangue alemães estavam vazios e agora eles precisavam do sangue de seus escravos. As meninas estremeceram com a picada da agulha e observaram o sangue encher os frascos para salvar seus inimigos.

Depois de tantos anos vistas como inferiores e intocáveis, sendo tratadas como (e chamadas de) sub-humanas por seus captores, de repente seu sangue era adequado para ser misturado com sangue ariano e salvar vidas alemãs? "Eles extraíam a vida de nós, centímetro por centímetro. Eles extraíram [nosso] sangue também". Como recompensa, cada menina recebeu pão e salame. O único pensamento positivo que ocorreu a Linda foi que a guerra realmente deveria estar no fim; por qual outra razão os alemães se inclinariam a usar sangue judeu? Elas não foram "doadoras de sangue", Linda insiste. Nenhuma garota daria seu sangue ao exército alemão por vontade própria. Os alemães chamavam os judeus de sanguessugas; agora, "quem eram as sanguessugas?", Linda pergunta. "Não os judeus. Eles literalmente sugaram nosso sangue no final. E foi feito à força".

NA VÉSPERA DO NATAL, um SS entrou no bloco e anunciou: "Temos uma surpresa especial". Ele bateu palmas e ordenou que todas fossem à sauna. Lentamente, Linda, Peggy e suas amigas se afastaram da relativa segurança de seu bloco no Canadá e foram rumo ao que acreditavam ser a morte certa. A sauna era o local onde os prisioneiros eram desinfetados e processados, mas, desde que o Crematório 5 fora destruído, havia rumores de que a sauna também havia se tornado uma câmara de gás secreta. Elas se entreolharam com medo profundo nos olhos.

"É isso", pensou Linda. Pelo menos ela morreria com Peggy (nº 1019), que se tornara uma de suas melhores amigas.

Dentro do grande espaço vazio da área de se despir, um palco havia sido montado. "Foi muito bem-feito". As meninas olharam ao redor do local deslumbradas e confusas. Figurões da SS estavam sentados em cadeiras na frente do teatro improvisado; dentre eles, o dr. Mengele e o dr. Kremer, a infame Irma Grese e a supervisora do campo, Maria Mandel. Silenciosamente, as meninas se acomodaram nos fundos do local. Se a SS estava lá, elas não seriam mortas com gás.

Na plataforma subiram duas meninas gregas, Susie e Lucia, que trabalhavam no Canadá. Trajando vestidos formais, elas estavam quase irreconhecíveis. Susie pigarreou. Entoou uma nota. Lucia entrou em sintonia com ela. Então, Susie começou a cantar.

Che bella cosa na jurnata 'e sole...

Suas vozes ergueram-se acima do cimento da sauna e explodiram no coração das meninas do Canadá. Linda e as outras podiam não saber italiano ou napolitano. Elas podiam não saber o que as palavras significavam. Elas podiam nem saber que era uma canção de amor. Mas quando Susie voltou os olhos para Lucia e Lucia continuou a partir do refrão, as meninas souberam que a música era para elas.

Ma n'atu sole
Cchiù bello, oi ne'.
'O sole mio...

Suas vozes erguiam-se harmoniosas tanto sobre a SS como sobre os judeus. Elas compartilhavam o mesmo ar, o mesmo sangue, a mesma música, o mesmo momento. As duas sopranos dedicavam aquela serenata às suas companheiras de prisão, sabendo muito bem o que estavam cantando e o que as palavras significavam. Quantos anos se haviam se passado desde que alguma delas pensara: *Que coisa maravilhosa, um dia ensolarado*. Ou sentira o ar calmo depois de uma tempestade, o ar fresco.

Elas haviam perdido irmãs, irmãos, amigos, mães, pais, tios, tias, primos, filhas e filhos. O local foi inundado de lembranças de rostos iluminados pelo sol, agora desaparecidos. Será que Ruzinka viu o rosto de querubim de Aviva na música? Será que Helena lançou um olhar furtivo para Franz Wunsch? De quem Linda tinha saudade? Ou será que ela se esquecera de como sonhar com o amor? Será que alguma delas viveria o suficiente para ver o rosto de um amante à noite?

As vozes subiam cada vez mais alto, elevando o coração e as esperanças das meninas de oitava em oitava. Seus rostos se tornaram sóis; suas vozes, o caminho das meninas para algum lugar distante. Onde canções de amor deveriam morrer, "O sole mio" sobreviveu.

NAQUELA VÉSPERA DE ANO-NOVO, a SS bebeu e comemorou, enquanto os prisioneiros de Auschwitz seguravam a respiração. Se o fim estivesse próximo, quanto tempo levaria? Seria 1945 o último ano de suas jovens vidas ou o começo de uma nova era? Para comemorar o primeiro amanhecer do ano-novo, cem mulheres polonesas e cem homens poloneses — todos presos políticos e, provavelmente, partícipes da Revolta de Varsóvia — foram executados a tiros fora do Crematório 5.[268] As meninas que trabalhavam no turno da noite no Canadá estremeceram. As que estavam dormindo acordaram. O céu amanheceu ameaçador. Haveria mais execuções. Mais transferências. Mais perdas. Nos quatro dias entre a véspera de ano-novo e 4 de janeiro, a população do campo de mulheres em Birkenau diminuiu em mais de mil. Muitas delas provavelmente foram transferidas para outros campos, mas o registro não é claro sobre para onde foram — e ser "transferida" muitas vezes significava algo completamente diferente.

Embora os bombardeiros americanos estivessem fazendo voos regulares de reconhecimento e tirando fotografias aéreas do complexo, Auschwitz era um pesadelo que não acabava. No final da tarde de 6 de janeiro, as meninas dos destacamentos de costura e lavanderia foram chamadas para uma chamada à tarde. Com Edith e Elsa estavam, entre outras do primeiro transporte, Rena Kornreich, sua irmã Danka, suas amigas Dina, Ida Eigerman, Ruzena Gräber Knieža. Qualquer coisa fora do comum causava alarme; marchar em direção a Auschwitz I era motivo de grande preocupação. Elas foram paradas em frente ao cadafalso do carrasco.

Dois nós aguardavam suas vítimas na forca. Duas das quatro meninas que haviam contrabandeado a pólvora para os meninos do *Sonderkommando* — heroínas dos prisioneiros — estavam prestes a ser executadas. Edith não se lembra de quais garotas da fábrica de munições foram forçadas a subir no cadafalso, mas teriam sido Ella Gartner, Regina Safir ou Estera Wajsblum.

Os homens da SS gritaram: "Vocês têm que assistir, porque então saberão como serão punidas se fizerem algo contra nós".

Quem desviou o olhar foi ameaçado de morte.

Quando a sentença foi lida e os nós foram ajustados ao redor da cabeça das garotas, o *SS-Obersturmführer* e *Schutzhaftlagerführer* Franz Hössler vociferou: "Todos os traidores serão destruídos desta maneira!".[269]

"'Vida longa a Israel!', as meninas gritaram, e começaram a recitar em uníssono uma oração hebraica", lembra Rena Kornreich (nº 1716). "Suas vozes foram interrompidas quando as cadeiras sob seus pés foram removidas."

Poucas horas depois, Roza Robota e a quarta menina foram executadas na frente das garotas do Canadá.[270] Linda, Peggy, Margie, Helena, Erna e Fela Dranger, além de todas as demais, haviam trabalhado ao lado de Roza, comido com ela, falado com ela, dormido perto dela — e agora elas choravam por ela. Talvez ela tenha tido sorte. Ser enforcada era melhor do que ser queimada. Ser enforcada era melhor do que ser morta com gás ou espancada até a morte. Ou do que morrer de fome. Ser enforcada significava que você era um indivíduo. Que as jovens que desafiaram a SS e que ajudaram a organizar o ataque às câmaras de gás causavam mais medo nos opressores do que nos prisioneiros.

"Aquelas garotas permaneceram em nossa memória o tempo todo", diz Edith.

AS EQUIPES DE DEMOLIÇÃO começaram a desmontar os crematórios e a explodir alguns dos blocos nos campos femininos.[271] Vigiadas pela SS, as funcionárias da secretaria receberam ordens de carregar documentos de "'prisioneiros', atestados de óbito e arquivos em um automóvel".[272]

O céu noturno das longas noites de janeiro brilhava em vermelho e laranja sob as pesadas nuvens. A sessenta quilômetros de distância, Cracóvia estava queimando. "A guerra estava chegando tão perto, e os tiroteios — você podia ouvi-los." Com a frente de batalha tão próxima, Linda e as meninas que ainda trabalhavam no Canadá temiam ser o último grupo levado para as câmaras de gás, onde seriam fuziladas por terem visto demais. Elas eram mais saudáveis do que a maioria das outras meninas do campo, estavam bem alimentadas e trabalhando em um local interno. Mas sob a mirada silenciosa das chaminés manchadas de carvão era difícil acreditar na liberdade. Ainda assim, a presença constante das forças aliadas nos céus sobre o campo revigorava a coragem dos prisioneiros "de esperar pelo amanhã. Talvez amanhã seja melhor".

Os rumores sussurrados chegaram com os homens que traziam os caldeirões de chá pela manhã: "Preparem-se". O campo fervilhava com os boatos de uma evacuação e dos planos da SS de incinerar o local.

"Quem ficar para trás será queimado vivo."

"Os SS vão derramar gasolina ao redor do perímetro, ligar os fios da cerca, trancar os portões e botar fogo."

Enquanto a SS fazia planos de usar os prisioneiros como escudos humanos e marchar com todos eles a pé em direção à Alemanha, os presos que trabalhavam junto à resistência em Auschwitz contrabandearam um último recado:

Caos, pânico entre os SS bêbados. Estamos tentando, com todos os meios políticos que temos, tornar a partida o mais tolerável possível e proteger do extermínio os inválidos que supostamente ficarão para trás.

A direção das marchas da morte estava sendo delineada pelas autoridades, mas, com as ordens mudando constantemente, apenas uma coisa era certa. "Esse tipo de evacuação pressupunha o extermínio de pelo menos metade dos presos".[273]

TRINTA E OITO

Se os oceanos fossem tinta e o céu, papel,
Eu ainda não conseguiria descrever o horror do que estou passando.

— ESCRITO POR UM MENINO
POLONÊS NO GUETO DA CRACÓVIA[274]

AS FUNCIONÁRIAS DA SECRETARIA pararam de encher automóveis com caixas de arquivos e começaram a trazer "vários documentos do campo"[275] que estavam nos escritórios da SS para serem destruídos em fogueiras improvisadas. Entre esses registros, fotografias de centenas de milhares de prisioneiras e grande parte dos dados do campo feminino: total da população, registros de mortes, datas e números das seleções e registros de execução.

À medida que os rumores sobre a evacuação aumentavam, a dra. Manci Schwalbova trabalhava para ajudar todas que estivessem bem o suficiente para andar. Helena estava no hospital quando o SS Wunsch a instruiu a evacuar. Era o tipo de aviso que a rede de sussurros conseguiria disseminar rapidamente — se Wunsch queria que Helena fosse embora, qualquer um que fosse capaz também deveria fazê-lo. A nova campanha de sussurros foi lançada: se você puder andar, salve-se. Ninguém queria ficar trancado lá dentro quando Auschwitz fosse fechado e incendiado, tornando-se um crematório gigante.

As prisioneiras que tinham acesso a roupas no Canadá começaram a contrabandeá-las em potes de sopa vazios. Rena Kornreich e suas amigas da lavanderia receberam botas, luvas, casacos e açúcar. O SS Wunsch certificou-se de que Helena e sua irmã tivessem roupas quentes e um par de bons sapatos. Foi a última "boa" ação que ele faria pela mulher que amava. "Volto para a frente de batalha e você sai. Se algo mudar no mundo e perdermos a guerra, vocês me ajudarão como eu a as ajudei?", ele perguntou.

Helena prometeu. A irmã dela, não.

QUANTO ÀQUELAS DOENTES DEMAIS para deixar a enfermaria, a dra. Manci Schwalbova e as demais integrantes da equipe médica fizeram o que podiam. Porém, por também serem judias, as integrantes da equipe médica não eram mais presas importantes. Eram defesa contra os russos, assim como todo o resto.

Os prisioneiros, frenéticos, organizavam-se como podiam para sobreviver ao último esforço da SS para destruí-los. Quem usasse trapos na marcha da morte morreria congelado. Os homens e mulheres do Canadá fizeram todo o possível para roubar roupas e sapatos para os outros. Os que trabalhavam nas cozinhas contrabandeavam açúcar, pão e outros itens não perecíveis para os amigos.

Nesse ínterim, as fogueiras salpicavam com cinzas a paisagem coberta de neve, enquanto registros de prisioneiros eram jogados nas chamas do esquecimento.

EDITH SABIA QUE ELA jamais sobreviveria à marcha. "Como, com tuberculose na perna, eu vou conseguir marchar centenas de quilômetros na neve? Eu não posso fazer isso", ela disse a Elsa.

"Se você não vai, eu não vou." Elsa foi inflexível.

"Por favor, Elsa. Vá!". Edith teria caído de joelhos para implorar à amiga, mas não conseguia dobrar a perna esquerda. "Salve-se. Vá! Você está bem! Vá!".

"Sem você, eu não vou!". E, então, Edith se juntou à fila com Elsa e disse que tentaria ir.

À uma da manhã de 18 de janeiro, a chamada final foi realizada. Deixando para trás suas pacientes na enfermaria do hospital, a dra. Manci

Schwalbova juntou-se às filas de evacuação como um número sem nome, ao lado de Edith, Elsa e Irena Fein (nº 1564). Outras garotas que viajaram com Edith no primeiro transporte também ficaram por perto, garotas que estavam trabalhando nos Novos Blocos por ocasião da marcha da morte e que provavelmente estavam no mesmo grupo de Edith: Ruzena Gräber Knieža, Rena e Danka Kornreich, Dina Dranger, Ida Eigerman e, provavelmente, Lenka Hertzka.

Em um grupo separado, que também se preparava para evacuar, estavam as meninas do Canadá: Linda, Peggy, Ida, Helena, Margie, Regina Schwartz e suas irmãs Celia e Mimi, Elena Zuckermenn, as irmãs Eta e Fanny Zimmerspitz e sua prima Martha Mangel, além de muitas outras.

"Abrimos e fechamos Auschwitz", diz Edith.

A MARCHA DA MORTE QUE SE SEGUIU seria o ato final para muitas, incluindo as primeiras meninas. Porém, para uma em particular, tudo acabou antes mesmo de a marcha começar. Ria Hans (nº 1980) trabalhava no hospital, onde muitas vezes ajudara pacientes a sair da enfermaria antes que a SS chegasse e as matasse. Em 18 de janeiro, uma dessas pacientes era a irmã mais nova de Ria, Maya. "Ela tinha tuberculose e estava tão doente que não conseguiu dar um passo." Como Ria poderia deixar sua irmãzinha ser queimada viva no campo? Ela não teria permissão para ficar para trás e morrer junto com ela. Ria roubou um frasco de morfina e injetou uma morte indolor na veia de sua irmãzinha. Era a coisa mais gentil, a única coisa que ela podia fazer.

Juntando-se a Manci e Edith na fila de meninas e mulheres, Ria não conseguia olhar para elas. As meninas de Humenné olharam em volta. Onde estava Maya? Ria não disse.

Elas até podiam ter idade de adolescentes, mas agora eram adultas. Mulheres. E outra delas se fora para sempre. Maya não chegara aos vinte anos de idade. O fardo da morte da irmã pesou no coração de Ria. Como ela poderia levantar uma perna após a outra? Como poderia pisar em um único tufo de neve, considerando o que havia perdido? Como ela poderia viver com o que tinha feito?

"Todas ficaram bravas com ela", diz Edith, "mas ela tentou salvar Maya do sofrimento. Como ela saberia que a SS não queimaria o campo depois que saíssemos? E quem sabe se os russos teriam chegado a tempo de salvá-la?".

Um dia inteiro foi necessário para organizar a evacuação. Quando as mulheres receberam a ordem de sair, muitas já estavam exaustas de tanto ficar em pé e esperar. A neve caía pesada e dura. Sua profundidade, que até há pouco estava na altura do tornozelo, agora ia até o joelho. Fortemente vigiadas pelos espectros da SS nas torres de vigia, as filas de mulheres partiram com espaços pequenos entre elas. As filas masculinas já haviam saído algumas horas antes, abrindo caminho através dos montes de neve.

A ordem "para os judeus não há clima" nunca foi tão verdadeira. A primeira fila de mulheres marchou sob a nevasca. Quando "eles nos tiraram da *Lager*", Irena interpretou as fogueiras da SS como uma confirmação da conflagração, e pensou que todos os que permaneceram no campo estavam agora queimando vivos. Na verdade, levaria mais alguns dias para se esvaziar o campo inteiro — e, apesar das ordens para "liquidar" os prisioneiros doentes, o major da SS Franz Xaver Kraus nunca botou fogo no perímetro cheio de gasolina com um fósforo derradeiro.[276] Um campo minado foi preparado do lado de fora das cercas, mas as armadilhas não impediriam a libertação de Auschwitz nove dias depois.

ERA POSSÍVEL OUVIR TIROS à distância, mas as mulheres estavam indo na direção oposta à do avanço russo e da esperança de liberdade.

A "neve tinha mais de um metro, talvez dois metros de altura", diz Linda. Ela tinha sapatos, mas eles não eram do mesmo par. "Não importava. Eram sapatos" — e ela tinha meias quentes nos pés. Muitos prisioneiros não tinham nada. Os prisioneiros "do campo [Birkenau] tinham apenas aquelas roupas muito finas de verão [e] tamancos de madeira". Não havia como aqueles prisioneiros sobreviverem ao frio.

Divididas em grupos separados, as prisioneiras marcharam em várias direções diferentes rumo à fronteira alemã. Como resultado, as histórias das meninas e o número de dias que elas passaram na neve variam.

"Quem marchava na frente pavimentava o caminho para quem vinha atrás. A SS ficava ao lado." Alguns dos SS andavam a cavalo, apontando armas para as prisioneiras. Quem "não conseguia andar foi morto a tiros imediatamente". Linda, Peggy e Mira Gold (nº 4535) permaneceram no final do seu *Kommando*, tão para trás quanto puderam. "Passávamos por cadáveres." Linda estremece com a lembrança. Sua voz oscila. "Se o cadáver ainda tivesse algo útil, um sapato ou um suéter, nós pegávamos. Mas não tínhamos força para tirá-los do caminho. Então, você sabe, nós pisávamos neles na neve. A estrada ficou pavimentada de cadáveres." A fila de Linda seguiria uma das rotas mais longas. Indo para o norte, atravessaria a Polônia pelas montanhas, e elas marchariam por uma semana. A maioria das outras seguiu para o oeste.

"A neve ficou vermelha, como quando chegamos a Auschwitz", lembra Edith. "Mas, naquela ocasião, as meninas sangravam devido à menstruação. Agora, era por causa dos tiros." À medida que a tarde descendia, a nevasca continuava, e a neve acumulada, untada de sangue, transformava-se em gelo sob seus pés. A dra. Manci Schwalbova escorregou e caiu. Rapidamente, Edith e Elsa a levantaram, antes que algum SS pudesse atirar nela. Algum tempo depois, encontraram a dra. Rose, uma das colegas de Manci que também havia ajudado Edith. Ela fora morta a tiros. Uma médica, assassinada. Não importava mais se você tinha ocupado uma posição especial. "Eles não tinham respeito por ninguém."

"Eu mal conseguia levantar os pés da neve", lembra Ruzena Gräber Kneiža. "Meus pés molhados afundavam." Ria Hans estava "morta de cansaço". Cada passo pesava, enquanto ela lamentava por sua irmã mais nova.

Marchando sobre montes de cadáveres, as meninas gritavam os nomes daquelas que haviam perdido em meio à nevasca e à escuridão.

— Onde você está? Pode me ouvir?

Suas vozes pareciam de fantasmas — sem corpo e invisíveis, uivando nomes na tempestade. "Ouvimos falar das filas de nossas amigas…". Helena não consegue nem mesmo terminar sua frase.

"A exaustão também se abatera sobre Ruzinka", lembra Helena. "Ela não tinha mais filhos nem marido. Ela se sentou duas vezes. Eu também havia perdido minhas forças. Ela não tinha motivo para viver. Ela não queria mais se levantar."

Ela olhou para Helena e disse: "Você é jovem. Vá! Não tenho mais ninguém por quem devo manter-me viva. Vá!".

Por tudo o que haviam passado juntas e porque ela amava profundamente sua irmã, "naquele momento eu já não pensava. Eu não tinha pensamentos. Nós havíamos nos tornado algo que não tem explicação em nosso mundo. Já era o bastante".

A SS estava a apenas uma fila de onde Ruzinka havia afundado na neve — e onde agora aguardava o doce conforto de uma bala na cabeça.

Apesar de lhes restar também muito pouco de força, as amigas de Ruzinka a ergueram e a arrastaram. Tal como aconteceu com tantos outros na marcha da morte, essa ajuda deu-lhe os poucos minutos de que seu espírito precisava para recuperar as forças — e quando seu espírito reviveu, seu corpo fez o mesmo.

Como Edith sobreviveu à marcha da morte? Ela própria não consegue acreditar. "Com a perna mancando até o fim, como eu pude sobreviver, enquanto outras mais saudáveis, não? É um milagre que eu não posso explicar. Eu acho que foi Deus."

O poder de Deus deve ter funcionado através de Irena Fein, então: "Eu arrastei comigo uma garota de Humenné. Ela era jovem. Ela não conseguia andar".

"Não consigo. Não consigo. Não faça isso comigo", dizia a garota.

"Você consegue! Eu fiquei com os pés congelados!", Irena gritou, lembrando-a de que ela própria havia perdido dois dedos do pé por congelamento, dois anos antes. Se Irena podia marchar, qualquer um poderia marchar. Ela empurrou a garota para a frente, forçou-a a continuar andando. "Caso contrário, ela teria levado um tiro", diz Irena.

Aquela garota era Edith.

"A ÚNICA COISA que tínhamos para comer era neve. Congelada. Molhada." Naquela primeira noite e na segunda, as filas de mulheres jovens passaram por fazendas grandes, em cujos celeiros elas foram autorizadas a descansar por um tempo. A palha as aquecia, mas estavam completamente encharcadas. As que não conseguiam lugar dentro dos celeiros dormiam na neve do lado de fora. "Você sabe, você se molha, se aconchega. E, então, tudo congela em você. Muitas tinham narizes congelados, dedos congelados. Não ousei tirar meus sapatos molhados porque não seria capaz de colocá-los de volta", diz Linda. "As meias estavam molhadas. Tudo estava molhado."

Rena Kornreich (nº 1716) esgueirou-se para a porta dos fundos de uma casa de fazenda. "Eu tenho uma irmã e nós duas estamos com muita fome. Nós somos de Tylicz. Se você puder nos dar uma batata, eu darei a ela a metade. Se você me der duas, eu fico com uma." A esposa do fazendeiro deu a Rena duas batatas quentes e dois ovos cozidos.

No testemunho de Regina Schwartz (nº 1064), o trauma da marcha da morte é brutalmente evidente. Torcendo as mãos, ela parece agitada e ansiosa. O pânico surge em seus olhos. Ela fica confusa. O entrevistador continua fazendo perguntas. Mas ela precisa de silêncio. Há momentos em que, ao ouvirmos a história de uma sobrevivente, a melhor coisa a fazer é calar a boca, segurar suas mãos e deixar que nossas próprias lágrimas sejam sua testemunha. Algumas coisas são simplesmente muito duras de recordar. Toda sobrevivente passou por momentos dos quais não consegue falar. Eles não são os mesmos para todas, no entanto. É por isso que as recordações de Linda e Edith sobre a marcha da morte são tão importantes. Elas podem nos dizer o que as outras não suportam lembrar — e não devem ser forçadas a lembrar.

Quando a tempestade de neve começou a se dissipar, os foguetes russos iluminaram o céu "como uma chuva de balas nas alturas". A frente de batalha estava se aproximando, mas elas estavam sendo levadas para longe, para cada vez mais longe da liberdade. Não é à toa que tantas se sentaram na neve e se recusaram a dar outro passo.

As filas de mulheres marcharam de dois a sete dias, dependendo da rota que haviam tomado; assim, a história das meninas fica bastante complicada. Em 20 de janeiro, o primeiro grupo de mulheres chegou a Wodzisław Śląski, perto da fronteira alemã. Elas foram forçadas a dormir ao relento, perto da estação de trem. Algumas mulheres polonesas não judias faziam parte desse grupo. No dia seguinte, milhares mais chegaram. "Trens com vagões abertos foram disponibilizados desde a manhã até tarde da noite, e neles aquelas prisioneiras quase mortas, inconscientes e febris [foram] carregadas."

Exaustas e famintas, as garotas estiravam-se na poeira negra dos vagões, usados para transportar carvão. O metal sugava o calor dos corpos. Quando começou a nevar novamente, Rena Kornreich pegou neve fresca na borda de ferro do vagão para se hidratar. Outras estavam fracas demais para fazer qualquer coisa. Todas se amontoaram em busca de calor, mas havia pouco, já que suas roupas permaneciam molhadas de neve. Quando o trem partiu, as meninas mais fracas e as que estavam encostadas no metal morreram congeladas.

No caos da estação, muitas das garotas se perderam das amigas e acabaram em transportes que as afastaram umas das outras, porque os trens seguiam para quatro campos diferentes: Gross-Rosen, Sachsenhausen, Ravensbrück e Buchenwald.

O transporte com 2 mil mulheres foi recusado pelo comandante de Gross-Rosen por causa da superlotação do campo. Depois, seria recusado em Sachsenhausen também. Esse transporte chegou a Ravensbrück em 27 de janeiro, após um total de cinco dias. Por sua vez, o transporte que partira rumo a Buchenwald também foi recusado por motivo de superlotação e redirecionado para Bergen-Belsen. Irena Fein estava nesse transporte.

A última fila de mulheres chegou a Wodzisław Śląski em 22 de janeiro. Rose (nº 1371) estava nesse grupo de prisioneiras. Quando chegaram, foram instruídas a encontrar casas para descansar e se reunir na estação de trem pela manhã. Era um pedido estranho. Por que os prisioneiros não fugiriam, simplesmente? Sem dúvida, muitos tentaram, mas seus uniformes foram pintados com cruzes — e ser capturado e fuzilado era mais provável do que alcançar a liberdade.

Naquela noite, Rose sonhou que os homens da SS vieram e mataram suas amigas e a família que lhes dera abrigo durante a noite, além de ela própria. Aterrorizada, pois sem nada além de seus uniformes para vestir elas seriam pegas, ela convenceu algumas de suas amigas a irem para a estação de trem pela manhã, exatamente como a SS havia ordenado. A compulsão de obedecer à ordem foi mais forte do que o desejo de liberdade ou o medo da morte ainda as mantinha presas? Seja qual for o motivo, elas não aproveitaram a oportunidade para escapar; talvez estivessem muito cansadas e com fome, e simplesmente não soubessem mais o que fazer.

Rose e quatro amigas chegaram à estação de trem e embarcaram em um vagão aberto que estava cheio de prisioneiros. As meninas ficaram aterrorizadas, mas os homens foram gentis e as aconselharam a dizer que haviam recebido ordem de embarcar no transporte quando o trem parou. Rose percebeu, pela direção que o trem seguiu, que estavam indo para o sul, e ela esperava que isso significasse que estavam indo para a Eslováquia. De fato, o transporte atravessou o ponto mais ocidental da Eslováquia, mas continuou em frente após a fronteira e entrou na Áustria, onde entregou as meninas ao campo de concentração de

Mauthausen. Rose ficou arrasada. Elas nunca mais seriam livres?

Enquanto isso, Linda e mais 2 ou 3 mil mulheres ainda estavam marchando. "Andamos por cerca de uma semana", antes de também acabarem em Wodzisław Śląski e serem levadas em vagões de carvão abertos. Desesperadamente desidratadas, algumas das garotas rastejaram até onde o motor do trem ficava. Lá, não havia apenas calor, mas água quente pingando de uma válvula. "A não ser isso, não havia nada." Linda e algumas outras beberam a água quente avidamente.

Uma semana caminhando pelo frio e pela neve com quase nenhuma comida havia deixado a maioria das meninas fracas e vulneráveis. Cem meninas foram forçadas a entrar em cada vagão de carvão. Podiam apenas ficar em pé. "Muitas morreram." As vivas não podiam cuidar das mortas e esperar sobreviver. Linda e as outras não tinham escolha a não ser jogá-las para fora.

Pode parecer cruel agora, mas as meninas mortas roubavam o calor das outras. "Naturalmente, [nós] pegamos delas tudo o que era aproveitável" para ajudar a nos aquecer. Elas acreditavam que as meninas que haviam morrido gostariam que elas pegassem o que pudessem e sobrevivessem. "Não sei por quanto tempo viajamos. Eu não tenho como dizer. Mas a fome — você não sabe… como a fome dói." A voz de Linda falha. Lágrimas enchem seus olhos. "É pior que uma doença. A fome dói muito…". Linda leva um tempo para se recompor. Olhando para o lado, engolindo em seco, chorando, ela diz, hesitante: "Essa… essa jornada no trem de Wodzisław para Ravensbrück foi a pior experiência que já tive. Quase morrer de frio, jogar para fora minhas companheiras mortas, que haviam sobrevivido três anos em Auschwitz…". Apenas para chegar a Ravensbrück — onde não havia espaço para elas. Nem comida. Nada.

EM 27 DE JANEIRO, no mesmo dia em que o transporte de Linda chegou a Ravensbrück, os russos entraram nos campos de Auschwitz e Birkenau. Alguns dias antes, os "30 barracões de armazenagem" no

Canadá haviam sido incendiados. Alguns ainda queimavam, e, quando os russos chegaram, mais de um milhão de "peças de roupas femininas e masculinas... foram encontrados nos seis depósitos restantes, parcialmente incendiados". Eles também encontraram "mais de 600 cadáveres de prisioneiros dos sexos masculino e feminino que foram mortos a tiros ou morreram de outra forma nos últimos dias".[277] Dos 5.800 presos ainda vivos em Birkenau, 4 mil eram mulheres. Não se sabe se alguma dessas mulheres esteve no primeiro transporte.

O CAMPO EM QUE VOCÊ TERMINAVA depois da marcha da morte era fundamental para a sobrevivência — e, de todos os campos de extermínio até este momento, Bergen-Belsen foi o mais mortal. Era "um *Lager*, um campo muito ruim", diz Irena. "Todo mundo estava doente, todo mundo dormia no chão. Tudo era feito no chão. Eles nos deram água e um pedaço de pão, nada mais."

Felizmente para Irena, uma velha amiga de sua cidade, que também estava no primeiro transporte e provavelmente fora transferida com Bertha em outubro, a reconheceu e a levou às escondidas para o seu quarto. A bondade de Ruzena Borocowice,[278] que tinha dezenove anos quando elas foram deportadas para Auschwitz, em 1942, muito provavelmente salvou a vida de Irena.

A IRMÃ DE IVAN RAUCHWERGER, Erika, fez a marcha da morte de Ravensbrück a Bergen-Belsen e conta que comeu grama congelada, que os prisioneiros escavavam debaixo da neve. No campo, ela foi resgatada por duas mulheres de sua cidade natal. Uma delas trabalhava na cozinha e trouxe três batatas cozidas para ela comer. "A segunda, a esposa do professor da escola primária de Erika, conseguiu que ela fosse admitida no alojamento das crianças". Isso evitou que Erika tivesse de se apresentar na chamada da manhã, durante a qual a SS frequentemente atacava e matava prisioneiros; mais importante, havia menos doenças no bloco das crianças. Ambas as mulheres morreram de tifo "cerca de uma semana após ajudarem Erika". Entre as crianças do campo estava Milan, sobrinho de Lenka Herzka.

ATÉ O FINAL DE JANEIRO, 9 mil mulheres haviam chegado ao campo de concentração feminino de Ravensbrück. Um desses grupos[279] — muito provavelmente o de Linda — marchara cerca de 300 quilômetros ao longo de duas semanas antes de embarcar nos vagões de carvão abertos com destino a Ravensbrück,[280] onde foram deixadas ao relento por 24 horas "porque não havia espaço para elas lá". Linda e as poucas amigas que lhe sobravam nem podiam entrar em uma barraca. "Pensamos que eram os últimos momentos de nossa vida. Não havia comida, nada. E, ainda assim, outras prisioneiras continuavam chegando." Quando elas finalmente conseguiram se espremer em uma barraca, o lugar estava "cheio de lama" e não havia espaço para se deitarem.

Edith abre as pernas em um "V" para mostrar como todas se sentaram. Pareciam peças de dominó, sentadas "entre as pernas umas das outras, no chão frio, e encostadas umas nas outras".

"Em Ravensbrück, era fisicamente impossível viver. Nós éramos realmente como arenques em um barril. Não podíamos nos deitar. Não havia espaço para nós, porque muitas pessoas haviam chegado de outros campos na Polônia que estavam sendo evacuados. Havia milhares de pessoas, muito mais do que o campo poderia suportar. Foi muito difícil. Havia tantas pessoas, sujas, maltrapilhas. Não sei nem se tínhamos comida". Edith faz uma pausa. "Não tenho recordação de ter recebido comida". Sobreviver à marcha da morte era uma tarefa insuperável. Agora, havia outra a enfrentar: a fome.

A situação tornava-se cada vez mais desesperadora. Quando todas aquelas pessoas famintas apressaram-se para chegar aos caldeirões de sopa, as *Kapos* perderam o controle da multidão e as panelas tombaram, derramando sopa pelo chão congelado do campo. Linda chora ao lembrar que se jogara no chão para lamber "a comida do gelo".

Houve algumas breves reuniões e momentos de ternura. Em meio à aglomeração, Etelka Gelb encontrou a sogra de Ruzena Gräber Knieža, "uma senhora idosa, abalada". O coração de Ruzena se compadeceu ao ver a mulher, que pensara que nunca mais veria. "A alegria foi grande. O pesar foi terrivelmente grande." Ela acariciou Ruzena e murmurou-lhe algumas bênçãos. "Se você sobreviver, seja feliz." Ela foi levada para a câmara de gás no dia seguinte. Mas esse momento havia fortalecido a determinação de Ruzena. "De alguma forma, ela nos abençoou."

"Escute, Elsa", disse Edith à sua irmã de campo. "Se eles pedirem voluntários, nós iremos. Nós não sobrevivemos à marcha da morte para morrer lentamente de fome."

Elsa agarrou Edith aterrorizada. "E se voluntariar-se para o trabalho for uma viagem à câmara de gás?".

"Vamos, Elsa. Acho que até a câmara de gás é melhor do que isto."

Os caminhões chegaram ao campo e mil meninas subiram neles. Iriam para o gás? Nem Elsa se importava mais. No final das contas, vários campos nas imediações de Ravensbrück acomodaram as novas prisioneiras. Entre esses campos estavam Retzow (para onde Edith e Elsa foram), Malchow e Neustadt-Glewe.

Ruzena Gräber Knieža (nº 1649), Alice Icovic (nº 1221) e Ida Eigerman (nº 1930) acabaram em Malchow, erguido para abrigar mil mulheres em apenas dez pequenos blocos. Agora, teria que abrigar 5 mil.[281] Talvez a melhor coisa sobre Malchow tenha sido o fato de a *Kapo* sênior da ala do hospital feminino, Orli Reichert (nº 502), também estar lá. Tendo chegado a Auschwitz no mesmo dia das primeiras garotas, em 26 de março de 1942, Orli estava encarcerada desde os 22 anos por ser comunista. Longos cílios escuros nos olhos castanhos profundos e pele pálida faziam dela uma jovem deslumbrante, e ela fez tudo ao seu alcance para ajudar as prisioneiras judias a sobreviverem. No momento em que as sobreviventes de Auschwitz viram a mulher conhecida como "Anjo de Auschwitz", aplaudiram e comemoraram: "Nossa Orli está de volta conosco!".

Várias outras meninas do primeiro transporte foram transferidas para Neustadt-Glewe, cerca de 120 quilômetros mais para o interior da Alemanha. A coleta de meninas nos caminhões para Neustadt-Glewe aconteceu tão rápido que muitas amigas foram separadas umas das outras. Linda Reich e Dina Dranger estão entre as que ficaram para trás. Enquanto isso, na caçamba aberta dos caminhões viajavam Margie Becker, Peggy, Helena e Ruzinka, Eta e Fanny Zimmerspitz, sua prima Martha Mangel, Regina Schwarz e suas irmãs Celia e Mimi, Julia Birnbaum (nº A-5796), Magda Moskovic (nº 1297) e as meninas polonesas Sara Bleich, Rena Kornreich e sua irmã, Danka.

Essas meninas não comemoraram quando chegaram. Não só não havia um Anjo de Auschwitz no campo como também havia um demônio. A supervisora Dreschler e seus dentes salientes estavam esperando por elas.

Embora esses campos satélites não fossem campos de extermínio, as meninas ainda morriam. Elas eram as últimas a receberem rações, e a comida era limitada. A violência foi outra causa. Uma das *Kapos* principais em Neustadt-Glewe era uma assassina que se deliciava em pisotear garotas até a morte se tentassem roubar comida. Porém, como não havia quase nenhuma no campo, roubá-la valia o risco. Quando Rena Kornreich tentou roubar três batatas, a assassina veio atrás dela com uma tábua para esmagá-la. Rena escapou para um dos blocos onde provavelmente uma das meninas do primeiro transporte a escondeu em sua *koja* e salvou sua vida.

QUANDO LINDA FOI TRANSFERIDA de Ravensbrück, ela e um grupo de meninas foram levadas para um alojamento amplo, sem mobília, onde foram trancadas. Não havia onde sentar e, no momento em que a porta se fechou, as meninas entraram em pânico. "Tínhamos certeza de que era uma câmara de gás". Elas quebraram as janelas e saíram, indo para a floresta.

Uma das mulheres da SS de Auschwitz correu atrás delas, gritando.

— Voltem! Nós não vamos matá-las! Vocês serão fuziladas se eles as encontrarem!

Elas não sabiam em que acreditar, mas, por algum motivo, confiaram na mulher da SS e retornaram lentamente. Pela primeira vez, uma SS estava dizendo a verdade. As meninas não foram assassinadas. Não podemos ter certeza da data em que Linda e as outras se rebelaram, mas Himmler havia iniciado negociações com o governo sueco para entregar "reféns" e emitira uma ordem, em março, "de não matar mais prisioneiros judeus e de tomar todas as medidas para reduzir a mortalidade entre eles".[282] Essa ordem pode ter salvado Linda e as outras. Elas foram transferidas para Retzow, onde Edith e Elsa já trabalhavam há um mês.

Ao sul de Ravensbrück, Retzow tinha um campo de pouso e não ficava muito longe de Berlim. Por ser um alvo, o campo de pouso era bombardeado regularmente para que os aviões alemães não pudessem pousar e reabastecer. O trabalho das mulheres presas era sair para o campo de aviação, preencher as crateras e limpar a pista de bombas. Era um trabalho perigoso, mas morrer pelas bombas americanas era melhor do que morrer nas mãos da SS. Além disso, assim que os SS se retiravam para seus *bunkers*, as meninas ficavam livres para percorrer o campo e a cozinha. Foi a primeira vez em três anos que Edith e as outras comeram algo além de sopa e pão. Sempre que os bombardeiros aliados voavam sobre os arredores e as sirenes dos ataques aéreos tocavam, os SS corriam para a segurança de seus *bunkers*. As prisioneiras corriam para a cozinha. "Então, tivemos uma vida melhor. Tínhamos comida. Às vezes, havia sêmola e leite, e tínhamos água limpa para nos lavar", diz Edith.

A LIBERTAÇÃO CHEGARIA mais cedo ao campo de extermínio de Bergen-Belsen. O tifo se tornara uma epidemia incontrolável e já havia ceifado milhares de vidas. Em 15 de abril, quinze dias após Anne Frank morrer por causa da doença, Bergen-Belsen foi entregue às tropas britânicas e americanas. Eram cerca de quatro horas da tarde quando a notícia chegou pelo alto-falante: "Estamos aqui. Estamos aqui. Viemos libertar vocês". As prisioneiras mal podiam acreditar no que estavam ouvindo. "Às sete horas da noite, o campo estava cheio de comida." A fome e a doença eram tão severas, no entanto, que muitos prisioneiros morreram por terem comido em demasia as rações do exército. Bertha teve sorte; ela não conseguia manter nada dentro do estômago.

Vinte e oito mil prisioneiros haviam morrido desde fevereiro, e os exércitos aliados criaram punições especiais para a SS e os *Kapos*, forçando-os a transportar os corpos para valas comuns.[283] Obrigaram o dr. Fritz Klein e o comandante do campo, SS Josef Kramer, a rastejar pelos montes de cadáveres que nunca haviam sido cremados ou enterrados. Os cidadãos alemães que viviam nos arredores foram coagidos a atravessar os portões e passar pelos cadáveres macilentos de milhares de seres humanos.

Blocos inteiros foram incinerados para matar os piolhos portadores de doenças. Chuveiros foram montados para as mulheres se banharem, e elas foram tratadas com pesticidas em seguida. Richard Dimbleby, repórter da BBC, descreveu a situação do campo: "Mais de um hectare de terreno com mortos e moribundos. Você não podia distinguir qual era qual... Esse dia em Belsen foi o mais horrível da minha vida."[284]

Para Bertha e Irena, foi o dia mais incrível.

Lágrimas enchem os olhos agradecidos de Bertha quando ela se lembra dos soldados que a libertaram. "Eles foram ótimos conosco. Tanta compaixão, tanta compreensão." Há imagens da BBC de Bertha vestindo uma saia e uma blusa branca limpa enquanto conduz dois soldados britânicos bem-vestidos à saída dos crematórios. Enquanto ela caminha com os soldados, eles passam pelo *Lagerführer*. "Ele era o prisioneiro agora. Eu era uma mulher livre." Ela possui uma beleza clássica e olhos penetrantes. Não são os olhos de uma vítima. São os olhos de uma jovem mulher que testemunhou o pior da humanidade, sobreviveu a ele e agora carrega o poder dessa verdade em sua alma.

HIMMLER HAVIA COMEÇADO A NEGOCIAR a venda de prisioneiros judeus com o governo sueco em março de 1945. Quem estava cuidando do acordo era o conde Bernadotte Folke, vice-presidente da Cruz Vermelha sueca, que também trabalhava para libertar milhares de prisioneiros suecos, noruegueses e dinamarqueses. O esforço de Folke era repetidamente frustrado pelo narcisismo e incapacidade de reconhecer a derrota de Himmler, mas ele precisava do dinheiro para salvar sua própria pele. Para persuadir os suecos a negociar, ele propôs libertar mil mulheres reféns — e ameaçou matá-las se o acordo fracassasse. Ella (nº 1950), Edie (nº 1949), Lila (nº 3866), Joan (nº 1188) e provavelmente Erna (nº 1715) e Fela (nº 6030) Dranger — além de, possivelmente, Matilda Friedman (nº 1890) — estavam entre as prisioneiras cuja liberdade estava sendo negociada.

Joan trabalhava no interior oco de uma montanha na cidade de Porta Westfalica. Ela descia em elevadores até o fundo da montanha e cuidava da fabricação de bombas e munições. Era o trabalho "mais assustador" que ela já desempenhara. "Pensávamos que nunca sairíamos dali." Mas o maior medo de Joan era elas ficarem trancadas dentro da montanha para sempre, e ninguém jamais saberia onde elas estavam ou o que aconteceu com elas.

Enquanto Joan trabalhava naquela fábrica subterrânea, Ella, Edie e Lila escavavam valas nos arredores de Porta Westfalica. Então, o assassino em massa com cara de esquilo apareceu em pessoa. Mil prisioneiras estacionadas em Porta Westfalica foram carregadas em vagões de gado e enviadas para o norte. Então, no meio do caminho, o trem parou e voltou. As meninas lá dentro não tinham ideia do que estava acontecendo.

Nenhuma delas sabia para onde estavam indo, nem que faziam parte das exaustivas negociações entre Himmler e a Cruz Vermelha sueca para a libertação de reféns. As constantes idas e vindas do trem deixavam seus nervos em frangalhos. "Eles não sabiam o que fazer conosco", diz Joan. Era um cabo de guerra, com as mulheres servindo de corda.

O conde Folke não podia ceder a todas as demandas de Himmler, que ainda por cima sempre mudava de ideia sobre o que queria, tornando quase impossível um acordo. Quando as negociações fracassaram completamente, os SS abriram as portas dos vagões e começaram a balançar suas metralhadoras, gritando: *"Raus! Raus!* Saiam! Saiam!"*.

Era 1942 tudo de novo. As jovens saíram dos vagões de gado. Elas pensaram estar no meio do nada. De fato, não estavam muito longe do castelo de Ludwigslust.

Forçadas a se agrupar na frente do trem, as meninas se viram diante de uma parede impenetrável da SS, que apontava alternadamente suas metralhadoras para elas ou descansavam as suas armas. Eles ficaram assim — as jovens encarando seus carrascos e estes, suas vítimas assustadas — o dia inteiro. Horas se passaram.

"Nós pensamos que era o fim",[285] Joan soluça.

À tarde, enquanto a SS se preparava para abater mais de mil mulheres a sangue frio, um soldado alemão atravessou o campo buzinando, agitando uma bandeira branca e gritando: "Parem! Não atirem!".

Himmler concordara. O conde Folke e o governo sueco haviam comprado a liberdade das jovens.

Os soldados da *Wehrmacht* — também conhecidos como camisas-marrons — eram um exército regular, não a SS, e agora assumiriam o transporte. Dando-lhes as mãos, ajudaram as meninas a voltar para o trem. Estes eram homens alemães que sorriam gentilmente para elas, tocavam suas mãos, lhes davam pão e garantiam que, na próxima vez que as portas se abrissem, estariam fora da Alemanha. Livres.

Era difícil acreditar em alguém de uniforme.

Quando o trem parou na estação de Hamburgo, Joan ouviu um vendedor de jornais gritando: *"Hitler ist tot! Hitler está morto!"*.

Olhando através das aberturas na lateral do vagão, ela viu uma tarja preta ao redor da primeira página do jornal. Era verdade. "Não podíamos acreditar."

Poucas horas depois, exatamente como os soldados alemães haviam prometido, as portas do trem se abriram e as meninas estavam na Dinamarca. "Havia freiras, a Cruz Vermelha, as pessoas jogavam pão pelas janelas."

"Vocês estão livres!", elas gritavam. "Vocês estão livres!".

Levou alguns minutos para que seus olhos se ajustassem à luz da libertação. Suas mentes levaram muito mais tempo. Caminhando entre a multidão na rua, elas receberam "chocolates, charutos e pão branco. Ficamos doentes com aquilo!". Tendas haviam sido montadas para receber as reféns recém-libertadas. Médicos e enfermeiros as examinaram imediatamente. O mais importante era remover qualquer roupa infestada de piolhos. Era o tipo de protocolo com o qual as jovens já estavam familiarizadas. Elas tiraram as roupas e aguardaram a inspeção.

Os trabalhadores da Cruz Vermelha não tinham a intenção de ser insensíveis quando derramaram gasolina sobre as roupas e tacaram fogo. Mas quando as chamas saltaram do monte de roupas, as meninas entraram em pânico e tentaram fugir. Gritando. Soluçando. Elas se abraçaram umas às outras com medo. "Estávamos nuas e pensamos que seríamos as próximas a serem queimadas. Também não falávamos sueco, então não conseguíamos entender o que eles tentavam nos dizer... Não podíamos acreditar que [o fogo] não era para nós".

Os suecos bem-intencionados levaram as meninas para longe do fogo. Agora, para os chuveiros, e outra erupção de terror. Como os suecos poderiam saber que tudo em uma vida normal poderia significar morte para meninas que sobreviveram três anos em Auschwitz? Por fim, alguém explicou em alemão que os chuveiros tinham apenas água e o vapor provinha do calor da água, não de gás. Ainda aterrorizadas e trêmulas, as primeiras meninas tomaram banho. Elas foram desinfetadas para eliminar quaisquer piolhos que restassem. Receberam roupas novas e limpas, sem as listras da prisão. Um dos médicos explicou em alemão que, porque seu estômago havia diminuído muito, se comessem demais, ou rápido demais, poderiam morrer. A lição de Bergen-Belsen havia sido aprendida, e os libertadores agora eram cautelosos sobre quais alimentos oferecer às prisioneiras famintas e em que quantidade. As meninas receberam vitaminas e cereais. Mingau quente. Creme de trigo. Foi "divino".

PORÉM, EM OUTROS LUGARES DA EUROPA, a liberdade ainda não havia chegado para diversas meninas do primeiro transporte. Quando a pista de pouso em Retzow foi fechada e o campo, desativado, Linda integrou-se a um grupo que marcharia em direção a Berlim. Edith e Elsa foram forçadas a marchar em uma direção diferente. Desta vez, os civis também estavam fugindo do avanço russo. Bombardeiros aliados lançavam pacotes de comida. Obviamente, os presos não tinham permissão para pegá-los. A SS ficava com tudo. Linda recebeu apenas "um grande pedaço de sabão Ivory. Nada de comida, mais nada".

Depois de um longo dia de caminhada, Edith e Elsa ficaram para trás da coluna. A SS estava muito à frente e as sombras cresciam à medida que a noite se aproximava. Havia uma pequena cabana no caminho, abandonada. Edith, Elsa e outras nove meninas olharam para o pequeno refúgio e rapidamente tomaram uma decisão — elas já tinham sofrido o suficiente.

Foi uma decisão simples: "Este é o último lugar a que chegaremos como prisioneiras. A partir daqui, seremos livres". Elas caíram no chão da casinha e dormiram um sono sem interrupções.

Edith acordou com um zumbido suave no ouvido. Um sopro de asas em sua face. Anjos minúsculos entravam pelas janelas e zumbiam em meio à luz dourada da manhã. Elas haviam adormecido em um apiário.

Ruídos de passos no caminho lá fora. O trinco foi levantado. Um alemão de rosto largo e barbudo entrou, sem saber que havia intrusos espalhados pelo chão. Edith sentou-se e esfregou os olhos.

"O que vocês estão fazendo aqui?", o homem perguntou.

"Estávamos dormindo", disse ela.

"Seu pessoal já se foi", disse ele. "Vou lhes dizer para onde, assim vocês podem alcançá-los!".

As meninas se levantaram lentamente para não perturbar as abelhas e esgueiraram-se para fora. O apicultor apontou para a estrada e elas seguiram sem pressa na direção imprecisa que ele indicara. Mal saíram de vista, entraram em uma vala para se esconder. Nas imediações, tiros quebravam a calma da manhã silenciosa. A SS estava atirando em prisioneiros ou os russos estavam atirando na SS? As meninas agacharam-se na vala até os tiros cessarem. Duas meninas, uma do primeiro transporte e uma do segundo, decidiram explorar a área enquanto as outras se escondiam. Elas voltaram com boas notícias.

"Encontramos um celeiro vazio, com feno." Era o lugar perfeito para se esconder durante o dia, enquanto tentavam tirar a tinta vermelha de seus uniformes. As cruzes vermelhas eram tão grossas e chamativas que podiam ser vistas de longe, alvos fáceis para os homens da SS que procuravam fugitivas. Raspar a tinta das costas das camisas e laterais das calças tomou-lhes a maior parte do dia.

Naquela noite, elas voltaram furtivamente à casa do apicultor e roubaram uma galinha. Todas as casas e os animais da fazenda haviam sido abandonados pelos proprietários alemães, que fugiam do avanço russo; portanto, as meninas ordenharam as vacas leiteiras, buscaram ovos nos galinheiros e tiveram sua primeira refeição escassa em liberdade.

No dia seguinte, um oficial da SS passou em sua bicicleta. Ele não parou para olhar dentro do celeiro onde elas estavam escondidas. Ele apenas continuou seu caminho. De uma casa vizinha, dois poloneses que trabalhavam em uma das fazendas viram as meninas puxando água da bomba e gritaram: "Vocês estão com fome?".

Edith achava que nunca mais voltaria a sentir o estômago cheio, mas os poloneses trouxeram tanta comida que elas nem conseguiram comer tudo. Felizmente, como tinham ingerido mingau e outros alimentos quando estavam em Retzow, o estômago delas podia dar conta do banquete. Depois, elas não tinham mais muito o que fazer, a não ser usufruir o luxo de sentir o estômago cheio.

Enquanto raios de sol desciam pelas janelas abertas, refletindo a poeira e o pólen no ar, elas ouviram a voz de uma mulher gritando do lado de fora: *"Der Krieg ist vorbei!* A guerra acabou!".

Correndo para a janela, Edith viu uma mulher alemã andando de bicicleta e balançando a bandeira branca de rendição.

"Nós estamos livres! Livres! *Frei! Zadarmo! Fray!"*, elas gritaram em três idiomas diferentes e se abraçaram. Elas choraram de alegria. E, então, choraram de tristeza.

TRINTA E NOVE

UM ROMANCE TERMINARIA AQUI. Culminaria com todo mundo seguro e feliz, viajando para casa para se reunir com os entes queridos. A ficção pode fazer isso. A não ficção, não. E não é assim que as guerras terminam.

Havia jovens vulneráveis, sozinhas em um mundo de soldados do sexo masculino, que tiveram de lutar muito e por muito tempo, que queriam ser recompensados. Nenhuma mulher estava verdadeiramente segura.

Quando ouvimos os soldados russos contarem a história, notamos que, para eles, o sexo com as prisioneiras era um ato fraternal de amor — uma celebração da vida. Sexo com mulheres alemãs era vingança. Mas fossem as mulheres prisioneiras ou *Kapos*, alemãs ou judias, polonesas ou eslovacas, francesas, holandesas ou italianas — tudo era estupro. Depois que Orli Reichert (nº 502), o "Anjo de Auschwitz", saiu de Malchow, todas as mulheres que estavam com ela foram estupradas pelo Exército Vermelho libertador.

"Então, agora estávamos livres, mas não estávamos", explica Edith. "Não havia trens, automóveis ou pontes. Tudo havia sido bombardeado e destruído. Eles eram soldados armados e nós não tínhamos nada. Nós estávamos com muito medo. Só tínhamos um número no braço para mostrar, mas eles estavam interessados nas partes baixas do nosso corpo, não nas de cima."

O grupo de garotas de Edith encontrou no chão uma bandeira com uma suástica e rasgou-a com as próprias mãos. Depois de arrancarem a suástica, fizeram lenços vermelhos para si, de forma que os russos as respeitassem por serem comunistas. Naquela noite, onze soldados russos chegaram, carregando baldes de comida, ovos e leite que haviam cozinhado para elas. Tudo muito jovial e gentil no início, mas depois se tornou estranho. Os homens sentaram e observaram as meninas comendo. "Quando terminamos de comer, não sabíamos o que fazer e estávamos cansadas, então dissemos: 'queremos ir para a cama.'"

"Nós também", disse um dos soldados com uma risada, e então deu um agarrão — um gesto que ele achou ter sido amável — em uma das meninas.

Ela lhe deu um tapa. "Não!".

"Mas nós as alimentamos."

"Nós nunca estivemos com um homem. Somos apenas meninas."

"Mas nós as alimentamos."

Essa era a lógica deles. Os soldados tentaram manipular as meninas para que concordassem em ter relações sexuais com eles, mas elas se mantiveram firmes.

Finalmente, um oficial se levantou. "Saiam!", ele pediu. "Deixem-nas em paz!".

As meninas deram um suspiro de alívio quando os soldados desapareceram na noite. Então, o oficial se virou, olhou para elas e sorriu. "Então, quem quer ficar comigo?".

"Você acabou de expulsar os outros."

"Sim, mas tenho mais direitos porque sou oficial", ele explicou.

"Ainda somos meninas, mesmo que você seja oficial", argumentou a mais velha. "Você tem que sair também!".

De má vontade, ele partiu com os outros. As meninas trancaram a porta do celeiro e se aconchegaram o mais perto possível umas das outras, como filhotes de cachorro, na palha. De manhã, elas contaram aos trabalhadores poloneses o que havia acontecido.

"Eles vão voltar. Se não conseguiram nada na primeira noite, eles voltarão, até que consigam na segunda ou na terceira", alertaram os poloneses. "Vocês não podem mais ficar aqui". Eles decidiram levar as meninas para uma estação de trem na fronteira com a Polônia.

Os poloneses trouxeram dois cavalos de tração do pasto, amarraram-nos a uma carroça e ajudaram as meninas a subir. Sentada na parte de trás da carroça, Edith olhou para o céu azul, vazio de bombardeiros. A primavera irrompia ao seu redor. Todas as cores do mundo eram mais vibrantes, mais intensas. O verde era mais verdejante. O rosa, mais rosado. As flores tinham os aromas mais doces. A Terra era um milagre. Cada cheiro, cada som, cada lufada de ar era uma experiência extraordinária. Depois de três anos sem experimentar um único prazer, Edith vivenciou todas as sensações, até que as células de seu corpo acordaram e cantaram.

Em um pomar de cerejeiras, os poloneses desamarraram os cavalos e lhes deram água. As meninas subiram nas árvores. Edith apoiou-se em um galho, estendeu a mão sobre a cabeça e colheu os primeiros frutos da liberdade. Seus dedos, lábios e dentes ficaram manchados de um vinho-escuro. O suco escorreu pelo queixo. Ela cuspiu os caroços nas outras de brincadeira. Houve risadas. Elas riram. Pararam. Entreolharam-se e então riram ainda mais. Revivida, Edith juntou cerejas em seus braços, bolsos e boca, até não poder mais carregar nenhuma.

Um oficial russo passava com seu cavalo e olhou para as meninas sentadas na parte de trás da carroça. "Judias?", ele perguntou.

Elas assentiram.

"Esconda-as à noite para evitar que sejam estupradas ou mortas", ele alertou aos poloneses.

Então, foi isso que eles fizeram. Todas as noites eles buscaram um celeiro ao longo da estrada, onde as meninas podiam se esconder no feno e dormir até que a viagem à estação de trem terminasse. Mas agora havia outro problema. Sem documentos ou dinheiro, como elas poderiam chegar em casa?

Era uma pergunta feita por milhares de refugiados em todo o continente. Outra pergunta era: devemos ir para casa? Para muitos sobreviventes judeus, essa resposta era não.

"Eu não tinha família mais", Joan ainda chora, anos depois. "Apenas um primo de segundo grau. Você simplesmente não se acostuma com isso." Ela tinha também uma tia, irmã de sua mãe, e um endereço no Bronx, em Nova York. Joan escreveu para ela e foi uma das primeiras meninas a emigrar para os Estados Unidos.

As meninas polonesas decidiram não voltar para casa. Elas sabiam que não havia mais ninguém lá. Rena Kornreich e sua irmã, Danka, foram para a Holanda; suas amigas Erna e Fela ficaram na Suécia; Dina Dranger foi para a França. Sara Bleich acabou emigrando para a Argentina. Margie Becker tinha uma tia nos Estados Unidos, que lhe enviou cem dólares assim que recebeu notícias da sobrinha. Margie comprou um vestido decente e seguiu para o leste, para a Eslováquia. No trem para casa ela conheceu Solomon Rosenberg, seu futuro marido, que também retornava dos campos.

PARA AQUELES QUE VOLTAVAM PARA CASA, as viagens assumiram proporções épicas, dignas da odisseia de Ulisses, com um obstáculo a ser enfrentado após o outro. As pessoas pegavam caronas em trens, imploravam por um lugar em alguma carroça que passasse por elas e caminhavam por quilômetros. Edith teve que atravessar uma ponte de madeira caindo aos pedaços sobre as águas escuras e tortuosas do rio Váh — cortesia da neve que derretia das montanhas na primavera.

Algumas garotas, como Kato (nº 1843), uma das amigas de Lenka Hertzka em Prešov, tinham um cartão da Cruz Vermelha que lhes garantia passagem livre nos trens. Outras, como Edith, não tinham nada.

Linda soluça ao se lembrar do momento em que a comissão internacional chegou ao campo de pessoas deslocadas, onde ela e suas amigas estavam em quarentena, e anunciou que agora eram consideradas "cidadãs do mundo". Elas receberam documentos que lhes permitiriam ir para onde quisessem. Tudo o que elas realmente queriam era voltar para a Eslováquia. "Eu já sabia que meu irmão gêmeo, minha irmã, meus outros irmãos, enfim, que todo mundo havia sido exterminado. Mas eu queria ir para casa."

Uma vez por semana, um trem partia de Praga para Bratislava. Para pegá-lo, Linda e suas amigas caminharam de Berlim até Praga, uma viagem de 318 quilômetros. Quando chegaram a Praga, o trem estava tão cheio de refugiados que não havia mais espaço lá dentro, então Linda, Peggy e algumas outras meninas escalaram o trem e viajaram no teto.

"Por que não viajar no teto do trem? Eu era jovem." E estava viva.

Do alto do trem, o mundo se descortinou. A liberdade era um horizonte de montanhas verdes distantes, um céu de azul profundo. A desolada paisagem cinza-bege de Auschwitz desapareceu no brilho deste horizonte purificado pelas tempestades. Nenhuma cerca de arame farpado ou torre de vigia despontava na distância. A liberdade era o vento em seus cabelos, o doce ar da primavera e as árvores floridas. O sol aquecia seus ossos cansados, esquentava seus músculos endurecidos pelo trabalho, a fome e o medo. A tensão esvaía-se no teto metálico do trem. Ao passarem por cidades e vilas, os refugiados acenavam pelas janelas e de cima do trem. Os moradores aplaudiam e acenavam de volta. Assim como haviam feito mais de três anos antes, as meninas começaram a cantar. Desta vez, porém, não cantaram o hino nacional eslovaco.

RETORNOS

RIA HANS (nº 1980) ANDOU os mil quilômetros entre a Alemanha e Humenné. Quando ela chegou, em agosto de 1945, pesava 39 quilos. E havia ganhado peso desde a libertação. "Eu estava muito doente. Minha pele, você nem podia me dar uma injeção. Meu corpo estava completamente seco, até minha mãe começar a me dar banhos com óleo de coco." Ria foi uma das poucas afortunadas cujos pais sobreviveram. Seu pai tinha uma fazenda nos arredores e, "quando começou o 'fedor'" na cidade, a família se mudou para lá. Vestiam-se como fazendeiros eslovacos e levavam as crianças à igreja, onde o padre era um bom amigo. Como Lou Gross, os irmãos de Ria haviam aprendido a rezar o "Pai Nosso" e fingir que eram católicos. Foi assim que a família Hans sobreviveu. A irmã de Ivan Rauchwerger pesava apenas 38 quilos quando Bergen-Belsen foi libertada. Após dois meses de recuperação em um hospital militar britânico, "ela voltou para mim ainda pesando apenas 40 quilos. Ela não tinha cabelos nem dentes". Ivan sequer a reconheceu. Ela teve problemas de saúde a maior parte de sua vida e "passou por muitas cirurgias e enxertos de pele, e seus rins não funcionavam".

Pouquíssimas meninas encontraram alguma coisa quando voltaram, no entanto. Peggy sabia que seus irmãos e irmãs haviam morrido nas câmaras de gás de Auschwitz, mas esperava encontrar alguma coisa. Depois de caminhar duas horas de Stropkov até sua pequena vila, ela encontrou apenas destruição completa em meio aos escombros queimados da fazenda de sua família. A caminhada de volta a Stropkov foi ainda mais longa, posto que sobrecarregada pelas perdas e pelas lembranças. Na última vez que ela tinha percorrido aquela estrada, despediu-se de sua família sem saber que nunca mais a veria; ela estava com Anna Judova (nº 1093) e Ruzena Kleinman (nº 1033). Elas também haviam sobrevivido, mas onde estavam agora? Ela se sentou no meio-fio no bairro judaico de Stropkov, agora vazio, e chorou. Peggy não tinha um tostão, estava sem casa e sem família — sozinha no mundo. Uma jovem viúva judia, que havia sido escondida pelo marido em um *bunker* com suas filhas gêmeas, parou e perguntou a Peggy o que havia de errado.

"Não sei o que fazer da minha vida!", Peggy chorou.

"Eu tenho uma cama e um sofá", disse a jovem viúva. "Você dorme com uma das meninas no sofá e eu durmo com a outra na cama." Adotada nessa família improvisada, Peggy tornou-se babá das meninas e lentamente voltou ao mundo dos vivos.

Quando Linda voltou para a casa dos pais naquele verão, nada parecia ter mudado desde quando ela se fora. Ela rezou para que alguém da sua família ainda estivesse vivo e bateu no grande portão de madeira. Um ucraniano de rosto severo abriu. "O que você quer?". Como alguém poderia ser tão rude com uma jovem tão pequena, tão frágil e de rosto tão gentil como Linda?

"Bem, esta é a nossa casa", ela gaguejou, sem saber o que dizer. "Eu quero voltar para a minha casa."

"É minha agora. Comprei por um dólar", disse o ucraniano. "Volte para onde você estava!". Ele bateu a porta na cara dela. "Essas foram minhas boas-vindas... Eu me senti como um fantasma voltando do meu túmulo."[286]

Apesar de todos os ultrajes que Linda experimentara em Auschwitz, apesar de toda aquela crueldade, mortes e assassinatos, ela se sentiu mais estupefata com fato de os guardas da Hlinka terem levado todos os móveis da sua família, todas as lembranças da sua infância, todos os pertences da sua mãe — e de terem até roubado a casa em si. Ela não tinha mais família. Nem herança. Não tinha nada além dos restos de lembranças que não haviam se perdido durante seus anos de escravidão.

Ela voltou para Bratislava, onde estavam algumas de suas amigas, e depois descobriu que sua irmã havia sobrevivido, disfarçada de católica e com documentos falsos. Então, ela conheceu Fred Breder em uma fila para pegar suprimentos, e eles se casaram em 1946. Ela não estava mais sozinha no mundo. Levaria mais vinte anos para recuperar a casa da família, mas ela lutaria por aquela casa da maneira que lutara para sobreviver. É claro que, quando a propriedade voltou para a sua família, ela já havia emigrado para os Estados Unidos.

ALICE ICOVIC (nº 1221) chegou à Eslováquia em uma carroça com várias outras garotas. Ao se aproximarem de uma fazenda, Alice cumprimentou o fazendeiro não judeu com uma tradicional saudação eslovaca: *"Dobrý deň k požehnanému Ježišovi Kristovi. Um bom dia para ser abençoado por Jesus Cristo."*

"Navždy!", ele respondeu. "Para sempre."

Era bom estar em seu país natal, falando sua língua nativa. Ela sorriu para a esposa do fazendeiro, que se aproximara da estrada para ver quem estava passando.

"Por favor, os senhores poderiam nos dar um pouco de leite?", Alice perguntou. "Estamos vindo de um campo de concentração e estamos com muita sede."

Percebendo que Alice e suas amigas eram judias, o casal ficou horrorizado. "Oh, meu Deus!", eles disseram. "Mas vocês não foram enviadas para as câmaras de gás e incendiadas? Quantos de vocês estão vindo?".

"Esqueci que estava na Eslováquia", diz Alice, balançando a cabeça. "Não dá para dizer que tínhamos orgulho desses momentos." Ela e as amigas se viraram e, "sacudindo a poeira dos pés",[287] foram embora.

Edith enfrentou uma recepção semelhante no mercado alguns dias depois de chegar em casa. Uma mulher a reconheceu e disse: "Há mais deles que retornaram do que se foram".

HOUVE RECEPÇÕES MAIS SUAVES, todavia. Ida Eigerman (nº 1930) acabara em um campo de pessoas deslocadas em Pocking, Alemanha, de onde foi retirada pelos tchecos, que enviaram ônibus para transportar refugiados tchecos e eslovacos. "Posso dizer que esse foi o dia mais feliz da minha vida. Você — você fugiu da morte. E os tchecos eram tão amáveis. No caminho, eles serviram leite e bolos, pão e salame, e tudo o que você quisesse. Quem poderia comer tanto? Quando você passou tanta fome, não consegue mais comer."

Eta e Fanny Zimmerspitz (nº 1756 e nº 1755) e sua prima, Martha Mangel, também chegaram a Praga, mas a pé. Porém, os trens estavam tão cheios que era quase impossível conseguir um lugar. Então, elas descobriram que um grupo de homens poloneses e eslovacos havia decidido organizar uma escolta para as mulheres sobreviventes chegarem à Eslováquia. Era uma viagem de 300 quilômetros, e elas levariam mais de uma semana para chegar, mas as meninas estariam seguras, protegidas e bem cuidadas na estrada.

Subindo a colina íngreme até a cidade velha de Poprad, Martha Mangel e suas primas, Eta e Fanny Zimmerspitz, voltaram para casas vazias e arruinadas — eram as únicas sobreviventes de suas famílias. A vizinha de Marta chamou-a do portão da casa em frente e abriu a porta.

"Eu tenho algo para você", disse ela.

Ela pegou uma pá e levou Martha para o quintal, de onde desenterraram um pedaço de flanela imundo de lama. A mãe de Marta tinha ido até a vizinha, pouco antes de a levarem, e implorado: "Guarde isto para Martha, se ela voltar."

"E aqui está você", disse a vizinha, entregando para Martha a herança de família. "E aqui estão *eles*."

As mãos de Martha tremiam quando ela desembrulhou a flanela velha e viu a prata manchada dos castiçais de Sabá de sua mãe. Era tudo o que havia sido deixado para Martha. A filha dela, Lydia, os usa até hoje.

Eta conta uma história semelhante. Quando ela e a irmã retornaram a Poprad, um senhor não judeu as reconheceu e disse: "Quero falar com vocês". Antes da guerra, o pai delas havia emprestado 20 mil coroas para o homem. "Não quero esse dinheiro", disse ele. E pagou a dívida com juros.

Depois que Bergen-Belsen foi libertado, Bertha (nº 1048) encontrou sua irmã, Fany, em um campo vizinho por intermédio de um dos capelães militares. Elas se reuniram em meio a uma enxurrada de lágrimas. Bertha diz: "Foi feliz e triste... Não nos víamos há três anos e meio". Fany contou à irmã que os alemães haviam procurado judeus e invadido a casa onde sua irmã mais velha, Magda, estava. Magda se escondeu em um armário. Os alemães revistaram o móvel e a encontraram. Quando eles vieram buscar Fany, ela se escondeu debaixo da cama. Os soldados empurraram o colchão para baixo para ver se havia alguém embaixo dele, mas Fany ficou quieta e não fez nenhum barulho; ela não seria pega até 1944. Magda foi direto para a câmara de gás.

Em Bergen-Belsen, os americanos deram cartões de identificação para todos os prisioneiros e organizaram um caminhão para os sobreviventes que queriam viajar para o leste, rumo a Praga. Bertha e Fany não tinham dinheiro para viajar, mas podiam mostrar seus números e pegar um trem. Na plataforma, Fany viu Mike Lautman, que viveu com documentos de identidade falsos durante a guerra. Ela apresentou Bertha a Mike, e o trio viajou de volta para a Eslováquia juntos. Eles chegaram a Bratislava, onde o Comitê Judaico Americano de Distribuição (JDC) "nos colocou em um hotel; não um hotel Hilton, mas bom o suficiente! Tinha até uma cozinha kosher".

Por meio de outros refugiados, as meninas descobriram que um de seus irmãos havia trabalhado como *partisan* durante a guerra e ainda estava vivo. Elas enviaram um cartão para ele. Alguns dias depois, Emil chegou a Bratislava para cuidar de suas irmãzinhas. "Ele era o pai, a mãe, tudo, e nós éramos as meninas." Durante um mês, Bertha e Fany não fizeram nada além de se recuperar. Enquanto isso, Mike Lautman passava na casa delas para garantir que estavam bem. Bertha sorri. "Alguns anos depois, ele se tornaria meu marido." Na foto do casamento, atrás de Bertha está Elena Zuckermenn (nº 1735).

Quando Ruzena Gräber Knieža chegou a Bratislava, reencontrou velhos amigos, com os quais ficou temporariamente. Do outro lado do país, seu marido, Emil, soube que ela estava viva e pegou o trem noturno para Bratislava. Às oito horas da manhã do dia seguinte, ele estava no apartamento dos Kornfield, onde Ruzena ainda estava dormindo. "Eu estava muito fraca e cansada. Eles o levaram para o quarto onde eu dormia. Ele me acordou e ficamos em silêncio. De repente, ver tudo diante de seus olhos, durante tanto tempo, tantos anos. Depois de um tempo, as lágrimas apareceram."

NA ÚLTIMA ETAPA de sua odisseia de um mês, Edith estava a 35 quilômetros de Humenné quando o trem parou na cidade de Michalovce — e parecia que nunca mais iria se mover novamente. Era a cidade onde Alice Icovic, Regina Schwartz e suas irmãs haviam morado. Alice estava a caminho em uma carroça. As irmãs Schwartz estavam se recuperando em Stuttgart, na Alemanha. Edith estava sozinha.

Impaciente, Edith andava de um lado para o outro na plataforma, esperando o apito para todos embarcarem. Ela estava tão perto, mas tão longe de casa, e se perguntou se deveria começar a andar novamente.

"Você não é a filha de Emmanuel Friedman?".

Edith viu um judeu — um dos poucos que restavam — olhando para ela e piscando, incrédulo.

"Sou."

"Seu pai está aqui! Na sinagoga!"

Era Sabá? Ela não guardava o Sabá nem tinha um dia de descanso há tanto tempo que havia se esquecido disso.

"Por favor, você poderia ir à sinagoga e dizer a ele que estou no trem?", ela implorou, não querendo sair da plataforma caso o trem começasse a se mover.

O homem correu para a sinagoga, onde irrompeu pela porta e gritou por cima de todos: "Emmanuel! Sua filha Edith voltou dos campos!".

Emmanuel correu para a porta e subiu a rua até a estação, onde o trem ainda estava esperando o sinal verde — e talvez ficasse esperando para sempre.

"Papa!". Edith correu em direção aos braços do pai. Ela correu para o abraço que dissiparia o pesadelo e a levaria, a criança perdida, para casa.

Ele não conseguiu tocá-la. Ou não pôde. O ar entre eles ficou pesado. Ele não falou uma palavra. Nem uma palavra. Era essa a sua volta para casa?

"Papa, por que você está tão estranho?".

Ele parecia envergonhado de sua própria filha. "Você tem piolhos?", ele perguntou.

A culpa advinda da sua decisão de enviar Edith e Lea para "trabalhar" ocupava pesadamente o seu coração e ele mal conseguia encarar sua filha sobrevivente. O abismo da guerra abriu-se entre eles.

Ela percebeu que ele estava chorando por dentro. A dor atarantava sua fala, e ele não sabia mais como conversar com a própria filha. Ela era uma estranha para ele.

"Não se preocupe, papa. Está tudo bem. Venha para casa comigo. Vamos encontrar a mamãe e surpreendê-la."

"É Sabá. Eu não posso viajar."

Edith olhou para o pai, incrédula. "Papa, eu estava no inferno, e sei que você pode vir comigo. Deus não se importa com isso". Ela o empurrou para o trem. Ele entrou no vagão de passageiros, ainda sem encostar nela.

Quando o maquinista deu a partida, pai e filha balançaram ao ritmo do trem. Arrastando-se pelos trilhos, o transporte viajava muito lentamente. Até o motor parecia desconsiderar a urgência da missão de Edith. A parte mais longa de sua jornada para casa foi percorrer a menor distância.

Ela se fora quando criança e retornava como adulta — uma adulta perturbada. Sua mãe agiria de modo tão arredio quanto o pai? Ela não tinha ideia do que esperar. Um desejo ingênuo de que nada houvesse mudado surgiu de um local secreto, cheio de esperança. Mas Humenné estava vazia agora. Das 2 mil famílias judias que um dia moraram lá, talvez cem permanecessem.[288]

Em Prešov, Giora Shpira descobriu que ele era uma das três pessoas de sua classe na escola que haviam sobrevivido. No cartão de identificação emitido pelo governo, ele recebeu o número 15. De uma comunidade de 4 mil integrantes, apenas quatorze judeus haviam retornado a Prešov antes dele.

ENTRE OS QUE RETORNARAM a Humenné nas semanas após o armistício estavam Lou Gross e sua família. Depois de se esconder nas montanhas e fingir não ser judeu por quase dois anos, Lou, mesmo com seis anos, entendeu, enquanto caminhavam pela Rua Štefánikova, que ela nunca mais seria chamada de Rua Gross. Restavam poucos Gross. Mas o milagre dos milagres foi que seu avô, Chaim, ainda estava vivo.

A história ainda é contada na mesa do Pessach: o avô Chaim estava sentado na escada externa da casa quando a Guarda Hlinka chegou para levá-lo a Auschwitz. Ele havia enrolado no pescoço seu belo *tallis* (xale de oração), bordado à mão com fios cor de marfim, azul-pastel e prata[289] e estava esperando na varanda, do lado de fora da casa da família. "Não vou a lugar nenhum", ele disse aos guardas.

Eles ameaçaram atirar. Ele deu de ombros.

— Que assim seja.

Depois de muita confusão, os guardas deixaram Chaim sentado na varanda sozinho, porque ele "não valia o custo de uma bala". O *tallis* de seu avô pertence a Lou agora, e ele ainda o usa em ocasiões especiais.

OS FRIEDMAN NÃO MORAVAM MAIS no mesmo apartamento. Eles haviam se mudado para o prédio onde morava a irmã de Ladislav Grosman antes de a guerra exterminar a maior parte de sua família da face da Terra. Quase todas as tardes, Ladislav costumava parar na frente da antiga residência, lamentando a perda de seus pais, irmã, primos, tias e tios. Ele estava lá quando o apito do trem tocou e Hanna saiu apressada pela porta.

"Sra. Friedman, para onde a senhora está correndo?", ele gritou atrás dela.

"Eu acho que a minha Edith está voltando para casa!".

Quem poderia acreditar?

Hanna chegou à estação poucos minutos após o apito anunciar a chegada do trem. Ela tropeçou nas pessoas que estavam lá, gritando o nome de Edith e procurando freneticamente o rosto da filha.

Quando Edith saiu do trem, não parecia possível que ela finalmente estivesse de volta a Hummené. Esticando o pescoço, ela avistou a mãe e acenou freneticamente. "Mamãe! Mamãe!".

Hanna desmaiou na plataforma.

DEPOIS DE RECOBRAR OS SENTIDOS, Hanna não conseguia parar de acariciar o rosto da filha. O cabelo dela. O braço dela. Ela beijou os dedos e as palmas das mãos de Edith. Beijou as lágrimas do rosto da filha. Agradeceu a Deus e beijou Edith de novo e de novo.

De braços dados, elas voltaram para a rua principal. O herói de mil faces era uma garota adolescente prestes a fazer vinte anos. Ela havia retornado da guerra e tinha cicatrizes na mente, na alma, na perna, mas estava viva. Muitos de seus amigos e suas famílias não estavam. O bairro judeu estava cheio de vitrines vazias. Jardins vazios. Ruas vazias. Casas vazias.

Ali estava o café onde os pais de Margie Becker costumavam vender doces — fechado e vazio. A família de Margie se fora. Ali estava a casa dos Moskovics, onde Annou morava. Annou nunca mais estaria no dia de fazer pão nem comeria a chalá quente da mãe de Edith. Ali estava a casa de Anna Herskovic. Anna nunca mais viria buscar Lea para irem ao cinema. Adela nunca mais balançaria seus cabelos ruivos na brisa ou posaria para uma das fotografias de Irena. Zena Haber nunca teria a sua altura. Hinda Kahan e Klary Atles nunca se casariam, nunca teriam filhos nem envelheceriam. A sobrinha de Helena, Aviva, nunca faria oito anos. Os fantasmas da infância permaneciam.

Mancando pela estrada como um soldado que voltava da guerra, a realidade de Edith era desconexa, surreal. Era realmente o braço de sua mãe em volta da sua cintura? Era realmente a voz de sua mãe em seu ouvido, conversando com ela? Do lado de fora do portão do novo apartamento, Edith viu um Ladislav de olhos arregalados olhando para ela, "como se quisesse ver como uma garota de verdade era". Poucas meninas haviam restado, não era de admirar que ele estivesse curioso.

Olhando para o jovem bonito parado na rua vazia, o que ela imaginou? Será que ela pensou "este é o meu futuro marido"? Ou foi mais simples que isso? Foi apenas uma saudação?

"Oi, Grosman. Eu conheço você."

"Eu também conheço você."

E foi assim.

EPÍLOGO

Se há algo que essas mulheres podem nos dizer, é: olhem para o futuro, não para as soluções de curto prazo; olhem para nossos filhos e netos.

— **KARA COONEY,** *When Women Ruled the World*

"ELE ERA O AMOR DA minha vida." Depois de três anos sabendo que cada dia poderia ser seu último, de repente Edith estava livre, viva e apaixonada por Ladislav Grosman. "Eu senti muita esperança. Tanta esperança para o mundo, para a humanidade, para o nosso futuro. Eu pensei: 'agora o messias virá'. Agora o mundo vai mudar para sempre. Tudo será diferente agora… Não acabou sendo como eu pensava que seria."

Para começar, ela estava terrivelmente doente, com tuberculose. Mais três anos de sua jovem vida seriam necessários para ela se recuperar em um sanatório na Suíça. Depois que a cirurgia deixou seu joelho enrijecido e indobrável, o médico confidenciou a Ladislav que a doença era tão séria que talvez fosse melhor "deixá-la partir silenciosamente". Mas Edith nunca fez nada em silêncio.

Quando ela perguntou a Ladislav se o incomodava o fato de sua jovem esposa ficar manca, Ladislav assegurou-lhe: "Se a sua alma fosse manca, isso me incomodaria". A alma dela cantava. Edith e Ladislav se casaram em 1949. Depois que ela se recuperou da tuberculose, terminou o ensino médio e foi estudar biologia. Ela nunca se tornou médica, mas trabalhou como pesquisadora. Enquanto isso, Ladislav obteve seu doutorado em filosofia e começou a escrever livros, peças de teatro e roteiros cinematográficos. Eles moravam em Praga quando *A pequena loja na rua principal*, filme escrito por Ladislav, ganhou o Oscar de Melhor Filme em Língua Estrangeira em 1965.

Pouco depois do Oscar, seu bom amigo Rudolf Vrba anunciou que tiraria "longas férias". "E vocês deveriam sair de férias logo também", ele avisou. Era um risco para as duas famílias, mas, como Ladislav disse a Edith: "Se os nazistas não conseguiram manter Rudi em Auschwitz, os soviéticos certamente não seriam capazes de mantê-lo na Tchecoslováquia." Os Grosman seguiram a família Vrba em suas férias permanentes no Ocidente e se estabeleceram em Israel, onde Ladislav continuou a escrever. Pouco antes da morte de Ladislav, o comitê do Prêmio Nobel visitou os Grosman em Haifa, um claro sinal de que pensavam em atribuir-lhe o prêmio literário. Mas ele teve um ataque cardíaco alguns dias depois e morreu sem receber o reconhecimento internacional que tanto merecia.

Seu talento literário mostrado em *The Bride* me ajudou a entender melhor a dramaticidade provinciana causada pelo primeiro transporte, inspirando e enriquecendo as cenas que constam no início deste livro.

"Os amigos dos meus pais em Praga eram típicos intelectuais judeus da Europa Central", diz George Grosman, filho de Edith e Ladislav, que herdou o talento artístico do pai e se tornou músico e compositor de jazz. "Linguistas, sociólogos, escritores, médicos. Eles nos visitavam nos fins de semana ou nós íamos às suas casas. O contato era frequente. E, invariavelmente, ao sabor de xícaras infinitas de café turco doce e sob a neblina impenetrável da fumaça dos cigarros baratos — *todo mundo* fumava na época —, as conversas voltavam-se para a guerra. Geralmente, era meu pai quem falava por nossa família, mas as suas experiências — embora angustiantes — não tinham sido nem de longe tão assustadoras quanto as da minha mãe. Soube depois que, nas primeiras décadas após a guerra, meu pai não gostava que ela falasse sobre Auschwitz. Enquanto estivemos em Praga, na

Tchecoslováquia comunista, nunca ouvi minha mãe falar diretamente de suas experiências em Auschwitz. E, embora eu não soubesse muitos detalhes, havia o número tatuado no braço dela, então eu sabia que uma nuvem obscura de horror indescritível pairava sobre nós. Tenho certeza de que isso contribuiu em grande parte para o sentimento de ansiedade existencial que tive durante toda a minha vida. Uma sensação de que as coisas estão um pouco desequilibradas, de que o mundo não é tão objetivo quanto parece, de que existe um perigo no ar, mesmo que não seja declarado. Acho que, indiretamente, somos todos sobreviventes também."

A DRA. MANCI SCHWALBOVA (nº 2675) retornou à Eslováquia, onde continuou a exercer a medicina após a guerra. Ela não voltou para o seu noivo, no entanto. Durante sua estadia em um dos campos de deportação, seu ex-futuro marido se apaixonou por um homem. Evidentemente, Manci também tivera um caso; o dela, com uma prisioneira política que havia sido *Kapo*. Edith ri ao pensar que Hitler odiava os homossexuais tanto quanto odiava os judeus, mas "ele transformou Manci e seu noivo em homossexuais judeus!".

Edith conta outra história pouco conhecida sobre a dra. Schwalbova: em 1943, enquanto ainda estava em Auschwitz, Manci recebeu garantia de viagem segura para a Palestina e a oportunidade de deixar o campo. Ela disse à administração de Auschwitz que sua presença no campo era necessária e que ela ficaria. Se tivesse tomado uma decisão diferente, esta história teria também um final muito diferente.

Manci concluiu seus estudos de medicina na Universidade Charles, em Praga, e tornou-se médica licenciada em fevereiro de 1947. Ela trabalhou no Hospital Universitário Infantil de Bratislava e como professora de pediatria. Seu livro de memórias *Vyhasnuté oči* (*Olhos apagados*), de 1948, foi o primeiro relato sobre o primeiro transporte. Pouco depois, ela escreveu um segundo livro de memórias, intitulado *Eu vivi a vida dos outros.* Nenhum de seus livros foi traduzido. Ela morreu em 30 de dezembro de 2002, em Bratislava, Eslováquia.

Infelizmente, os sobrenomes das outras médicas mencionados nos testemunhos das sobreviventes nunca são especificados, por isso, não tenho como falar mais sobre elas, nem sobre o que elas fizeram para ajudar as meninas naquelas circunstâncias tão brutais.

Linda Reich Breder (nº 1173) testemunhou em pelo menos dois julgamentos contra oficiais da SS. O primeiro deles ocorreu em 1969, em Viena — Franz Wunsch e Otto Graf eram os réus. O julgamento provocou inquietação entre as sobreviventes em Israel, porque Helena Citron, na época casada e vivendo com seu nome hebraico, Tsiporah Tehori, foi para Viena testemunhar a favor de Wunsch.

"Nunca a perdoei por isso", diz Eta Zimmerspitz Neuman (nº 1756). Edith diz que um dos medos mais profundos de Helena era acabar sendo acusada de ser colaboracionista e, por isso, expulsa de Israel. Quanto ao julgamento em Viena, Linda quase certamente soube da presença de Helena, mas se abstém de mencionar qualquer coisa a respeito em seu testemunho para a USC.[290]

Nem Wunsch nem Graf foram considerados culpados. "Os dois eram sádicos", diz Linda. "Embora eu tenha dito isso, e outras testemunhas tenham dito isso, não significou nada… Eles foram libertados. Não foram presos. Os milhões que roubaram de Auschwitz, levaram tudo para Viena — então, eles tinham dez advogados e foram inocentados."

Vinte anos depois, quando Linda viajou à Alemanha para testemunhar contra outro ex-SS, Gottfried Weise, o final foi diferente. Os prisioneiros o chamavam de Guilherme Tell, porque Weise gostava de colocar latas na cabeça e nos ombros de garotinhos para praticar tiro ao alvo. Depois de atirar nas latas, ele sempre atirava no rosto da criança. Linda havia testemunhado um desses assassinatos, e também estava presente quando ele atacou a criança húngara que apanhou a garrafa de água jogada por uma das meninas do Canadá. Weise também foi o SS que puniu as garotas por isso, atirando nelas enquanto aguardavam em posição de sentido.

"Foi muito estranho", diz a filha de Linda, Dasha Grafil. "Havia câmeras de TV, repórteres de jornais e até estudantes do ensino médio, que vieram ouvir o testemunho de minha mãe." O réu "parecia um dono de indústria rico — você nunca pensaria se tratar de um cara que matava pessoas".

Linda temia que o julgamento fosse outro fiasco, como fora o julgamento de Wunsch e Graf. Semelhantemente ao que já havia ocorrido em Viena, a sessão começou com o tribunal pressionando Linda por três ou quatro horas. O juiz e os advogados de defesa fizeram-lhe uma infinidade de perguntas, mas a verdade é que ela sabia mais sobre Auschwitz do que qualquer outra pessoa no tribunal. "Lembro-me de tudo o que aconteceu há 55 anos, embora mal consiga me lembrar do que aconteceu ontem, do que almocei." Ela possuía um fino senso de humor.

Por causa de sua posição no Canadá, Linda viu pessoalmente os membros da SS roubando mercadorias para enriquecer a si mesmos, levando-as para suas casas. Como a maioria das meninas eslovacas, ela também falava alemão e sabia o que os oficiais da SS estavam dizendo um ao outro. A certa altura, os interrogadores tentaram enganá-la, perguntando se ela vira Weise de manhã ou à noite.

"Não sei dizer se era de manhã ou à noite porque o gás estava sempre funcionando, mas posso dizer se era verão ou inverno pelo cheiro sujo que havia no chão", disse Linda.

Finalmente, o juiz perguntou se havia mais alguma coisa que ela queria contar ao tribunal.

Esse foi o momento de Linda. Essa minúscula senhora de cabelos brancos, nossa Linda Reich, levantou-se e olhou para a tribuna. "Sim, eu tenho algumas palavras para dizer a todos", disse ela. "Eu esperei toda a minha vida por isso. Para ficar aqui na frente de vocês e apontar meu dedo." Ela caminhou até Weise e apontou para ele, para que todos pudessem ver. "E nenhum de vocês pode fazer nada sobre isso!".

E então ela foi embora. A filha dela se emociona com a lembrança. Os jovens estudantes alemães seguiram minha mãe e começaram a abraçá-la, dizendo: 'Não se preocupe, isso nunca vai acontecer novamente.'"

Weise foi considerado culpado, mas fugiu para a Suíça depois de ser libertado sob fiança. Ele foi preso doze semanas depois e cumpriu sua sentença até 1997, quando foi solto por motivos de saúde. Ele morreu em 2002.

LOGO APÓS CHEGAR a Israel, na década de 1950, Ria Hans Elias (nº 1980) foi denunciada por uma sobrevivente que dizia ter sido espancada por ela. Ria foi presa e teve que se defender das acusações de que abusara das prisioneiras. Edith diz que isso foi realmente injusto, porque se havia alguém que ajudava os outros, esse alguém era Ria. "Ria era uma das pessoas boas." A acusação era séria, no entanto. A pessoa que havia prestado queixa não apenas a acusara de bater em uma prisioneira, mas afirmou, conforme Ria explica, que "era impossível que eu fosse judia, pois somente os alemães têm esse número aqui". Ela aponta para o número tatuado em seu braço. De fato, havia algumas outras sobreviventes do primeiro transporte em Israel, incluindo Helena. Porém, em 1944, quando a maioria das sobreviventes eslovacas chegou ao campo, a SS havia começado a adicionar letras antes dos números dos presos — e a mulher achou que o número de quatro dígitos de Ria, iniciado pelo dígito 1, significava que ela fora uma *Kapo*.

Os números dos sobreviventes de Auschwitz representam um tipo estranho de irmandade ou fraternidade. Números mais baixos promovem mais status entre os sobreviventes, conquistam o respeito dos outros, mas também podem atrair suspeitas. A questão que permanece é: o que você fez para sobreviver?

Depois de contratar um advogado e se defender das acusações, Ria foi absolvida, mas não antes de passar um tempo na prisão em Israel — uma verdadeira ironia, considerando que ela também havia sido presa em Auschwitz.

Quarenta e sete anos depois, quando concedeu seu testemunho à Fundação USC Shoah, ela expressou uma profunda confusão em torno das circunstâncias. "Há uma ou duas semanas", diz ela, "teria certeza de que eu não... Eu juraria que não bati nela. Hoje, não sei mais, [porque] quando começo a pensar em como era [em Auschwitz], eu estava... Por dentro, eu estava morta."

Edith é firme em sua defesa de Ria Hans. "Se ela bateu em alguém, foi para protegê-la. As meninas novas não sabiam como se comportar ou onde estavam os perigos. Ria sabia. Aposto que Ria salvou a vida dessa mulher e ela nem sabe disso."

PEGGY FRIEDMAN KULIK (nº 1019) continuou amiga de Linda Breder, nascida Reich, até a velhice. A filha de Linda, Dasha, lembra-se de ouvir as amigas de sua mãe — as de Auschwitz e do "Canadá" — rindo enquanto se lembravam de como haviam passado furtivamente pela SS com itens contrabandeados, sem serem pegas. Algumas pessoas pensam que as sobreviventes nunca deveriam rir. Entretanto, depois de tantos anos de tristeza e horror, elas merecem essas risadas. Todas as sobreviventes que conheço e conheci têm um grande senso de humor.

As fotos de Peggy quando jovem revelam uma garota que gostava de fazer caretas, apesar das muitas dificuldades por que passara durante e após a guerra. Como a maioria dessas jovens, Peggy teve dificuldades para engravidar e para manter uma gravidez até o final. Quase todas as sobreviventes sofreram abortos espontâneos ou tiveram que submeter-se a "interrupções" médicas — o termo usado para abortos na época — para salvar sua própria vida. Peggy esperava gêmeos, mas sofreu um aborto espontâneo. Dois meninos. "Fui chutada nas costas por um homem da

SS e ele danificou meu útero." Ela finalmente teve um filho, que nasceu quatro semanas prematuramente.

Para meninas que cresceram em famílias numerosas, ter apenas um ou dois filhos foi difícil. Para os filhos, há uma tristeza diferente.

"Fomos uma geração que cresceu sem avós e avôs", diz Sara Cohen, filha de Danka Kornreich Brandel (nº 2779) e sobrinha de Rena. "Também tínhamos poucos tios, tias e primos. Só quando passei a frequentar a casa da família do meu marido, e aquelas reuniões com dúzias de tias e tios e inúmeros primos em primeiro grau, pude saber o que outras famílias experimentavam. Quando tive meus próprios filhos e testemunhei o amor incondicional e a sabedoria que eles receberam de seus avós, finalmente entendi o que havia perdido na minha própria infância."

Bertha Berkowitz Lautman (nº 1048) emigrou para Cleveland, Ohio, onde teve um filho, Jeffrey Lautman, com quem viajou várias vezes para Auschwitz. Durante sua vida, Bertha fez de tudo para educar os jovens sobre o Holocausto. "É muito importante levar os filhos aos campos junto com os sobreviventes, para que eles lhes ensinem que o Holocausto não é uma farsa. Eles devem estudar e aprender o máximo que puderem. Devem ser ativos nas organizações. Depois que eu me for, tudo será esquecido. Quem irá se lembrar?", ela pergunta.

Você irá, leitor. Você irá.

Bertha manteve-se próxima de muitas das garotas que conhecera em Auschwitz e morava a poucos quarteirões de distância de uma de suas melhores amigas, Elena Grunwald Zuckermenn (nº 1735). Elena foi a segunda mulher com quem conversei sobre o primeiro transporte. Ela confirmou o relato de Rena Kornreich Gelissen sobre o transporte de Poprad que aparecera em nosso livro, *Irmãs em Auschwitz*. Até então, eu não fazia ideia de que havia outras sobreviventes, pois as melhores amigas de Rena, Erna e Dina, já haviam falecido.

No entanto, Elena preferia permanecer anônima, e perdi contato com ela ao longo dos anos. Quando eu estava no processo de finalizar este livro, recebi um e-mail da filha de Elena e fotos de sua mãe com Bertha. Elas estão segurando livros escolares, como alunas do ensino médio que eram.

"Meu irmão e eu acreditávamos que nossa mãe sempre havia sido muito dura conosco, pois criticava nossas escolhas, nossas decisões", diz a filha de Elena. "Às vezes, eu me referia a ela como 'Dama de Ferro'. Finalmente, percebi que essa era a sua maneira de nos proteger e de nos guiar para uma vida melhor, com mais oportunidades. Não há dúvida do impacto causado pelos eventos traumáticos, que deram a ela a sua natureza prática e a sua visão de mundo temerária, e que a levavam a realçar a importância da família. Aos dezessete anos, ela foi a primeira a ser tirada de casa, sobreviveu aos horrores e privações dos campos e, após a libertação, descobriu que era a única sobrevivente de sua extensa família. Minha mãe estava sempre preocupada e aflita, mas conseguiu canalizar essa ansiedade para atividades produtivas, regulando a vida familiar e mantendo uma grande rede de amigos, todos sobreviventes e refugiados. Sempre senti que éramos diferentes, talvez até especiais, por causa das experiências traumáticas de meus pais e da perda de suas famílias. Eu li sobre traumas compartilhados ao longo de gerações, mas acredito que força e determinação para sobreviver também podem ser compartilhadas por gerações."

O transtorno de estresse pós-traumático (TEPT) não havia sido definido nem reconhecido nas décadas de 1940 e 1950, mas as sobreviventes, mesmo assim, foram vítimas dele. Joan Rosner Weintraub (nº 1188) nos oferece um relato pungente de como isso afetou o resto da sua vida. "Eu tenho medo de sombras. Se estou dirigindo um carro e um policial está atrás de mim, começo a tremer. Eu tenho medo de que ele esteja atrás de mim. Eu vejo um uniforme e morro de medo."

"Parecemos normais, mas não somos", diz Edith. Como poderiam ser? "Perdi a chance de ter uma educação, que foi o maior roubo que sofri na minha vida. Eu perdi minha saúde. Voltei com meu corpo alquebrado. Elsa voltou saudável, mas tinha medo de tudo. O medo a matou no final."

O medo reside em Edith também. Ela apenas o esconde melhor. Normalmente. Basta um pequeno incidente para suscitar o pânico. A família de Edith refere-se a isso como "a história do cogumelo", que ilustra o tipo de trauma contínuo sofrido pelos sobreviventes.

Alguns dias antes de Edith, Ladislav e seu filho saíram para visitar a família de Edith em Israel — para onde os Friedman emigraram na década de 1950 —, a TV noticiou que uma família havia saído para colher cogumelos em Israel e, involuntariamente, ingerira cogumelos venenosos. A família inteira morreu. Os nomes das vítimas não foram revelados. Após vários dias de viagem desde Praga, a família Grosman embarcou na balsa para a Terra Santa, mas, "quando chegamos ao cais", lembra George, "não havia ninguém para nos receber. Minha mãe entrou em pânico. Ela perdeu o controle".

Edith estava convencida de que a família que morrera no envenenamento por cogumelos era a família dela. Soluçando e histérica, ninguém conseguia acalmá-la. Ela tinha certeza de que sua família inteira havia morrido. "Então, todo o clã Friedman apareceu!", George diz. Um pneu havia furado na estrada. Houve muita alegria e risos, mas o momento fora um lembrete do trauma que Edith e todas as mulheres sofreram, por mais que tentassem escondê-lo de seus filhos e entes queridos.

ESTOU EM TYLICZ, POLÔNIA, com os filhos de Erna e Fela Dranger (nº 1718 e nº 6030). Eles vieram de Israel para explorar a região e estão procurando reminiscências de sua família ou de quaisquer outros judeus em uma vila que agora é dominada por estações de esqui. Música pop norte-americana dos anos 1980 explode de alto-falantes de metal instalados nas colunas dos teleféricos que pontuam as pistas de esqui.

"Somos descendentes de sobreviventes muito especiais. Poucos seriam capazes de sobreviver naquele lugar por tanto tempo." Avi é um homem alto e gentil, com olhos suaves e profundos. "Eu sei que, quando nasci, ela [Fela, sua mãe] teve um colapso nervoso." Seus olhos se enchem de lágrimas. O primo mais velho estende a mão e lhe dá um tapinha na perna. Embora sejam primos de primeiro grau, são tão próximos quanto irmãos, porque Avi foi criado, durante os dois primeiros anos de sua vida, por sua tia Erna, enquanto sua mãe recuperava a sanidade. "Quando eu tinha quatorze anos, ela teve um segundo colapso." Sua voz para por um instante. "Ela costumava sair correndo de casa para o saguão e gritar que as pessoas estavam vindo para bater nela e matá-la."

"Minha mãe era mais forte", diz Akiva, filho de Erna. "Nunca a vi se deixar abater ou chorar. Nunca." Ela nunca contou a ninguém da família sobre sua experiência. Os filhos são, de fato, sobreviventes indiretos.

"Estávamos *todas* doentes", confirma Edith. "Nós escapamos de lá, mas o dano que foi causado a nós, mentalmente, é muito maior do que as doenças que tivemos fisicamente. Nós nunca, nunca, nunca vamos nos livrar dos danos que eles causaram em nossos coração, mudando a forma como olhamos para o mundo e para as pessoas. Este foi o maior dano que a guerra trouxe para nós."

A sobrevivência traz consigo uma complexa gama de emoções, justificativas psicológicas e suposições. "Nunca me senti culpada", diz Rena Kornreich. "Por que eu deveria? Eu não fiz nada de errado. Eles fizeram! Eles são os culpados". Contrariamente, Edith diz: "A culpa dos sobreviventes nunca desaparece." Claro, Edith perdeu sua irmã, Lea. Rena, não.

"Não se passa um dia sem que eu pense em Lea. Tudo o que faço é por Lea. Sempre foi assim. Você não pode vê-la. Ninguém sabe que ela está aqui, mas ela está. Na minha mente, no meu coração, ela está sempre aqui." Edith bate em seu peito frágil e balança a cabeça. Na luz que entra pela janela, juro que posso ver o espírito de Lea atrás de sua irmã.

A culpa pode ser o enigma do sobrevivente. Como bióloga, Edith soma lógica e ciência à questão da sobrevivência, perguntando: "E se eu sobrevivi por causa de alguma partícula no meu DNA que era diferente do da minha irmã? E se aquelas de nós que sobreviveram possuem um gene para a sobrevivência que as outras não?".

Muitas sobreviventes parecem ter feito um acordo interno consigo mesmas. Rena se lembrava de tudo o que acontecia com ela para que pudesse contar à mãe algum dia. Quando ela soube que sua mãe havia sido assassinada no Holocausto, agarrou-se às lembranças para contar a alguém, algum dia, o que havia acontecido. Esse alguém acabou se tornando eu.

"Como eu poderia me lembrar de todos os pequenos incidentes?", pergunta Joan Rosner Weintraub. "É humanamente impossível. Quantas surras? Fazíamos algo de que eles não gostavam e levávamos 25 chibatadas. Você pode sobreviver a 25 chibatadas? Eu vivo hoje apenas para minha filha e para os meus netos." Para muitas dessas mulheres, são os filhos que dão sentido às suas vidas.

Os olhos de Avi se enchem de lágrimas novamente quando ele presta homenagem à mãe: "Temos muito orgulho de nossas mães, que são sobreviventes de uma situação muito difícil, e de todas as jovens que sobreviveram e das que não sobreviveram, que fizeram o melhor que podiam para manter a cabeça erguida. A prova do sucesso delas é terem tido tantos descendentes, tantos netos, bisnetos e trinetos".

Ella Friedman Rutman (nº 1950) e sua irmã Edie Valo (nº 1949) retornaram à Eslováquia para encontrar cinco tios que haviam sobrevivido, os únicos na família. Elas moraram na Eslováquia por um tempo e depois se mudaram para o Canadá — o país —, onde Ella se tornou a babá dos filhos de Edie. "Eu nunca quis ter filhos", diz Ella. "Quando eu estava no campo, sempre pensava que seria morta. No final, pensei que talvez fosse livre, mas que nunca teria filhos porque não quero que meus filhos passem pelo que passei." Ela estava na casa dos trinta quando teve uma surpresa — uma filha. "A melhor surpresa da minha vida. Sem Rosette, não seria uma vida."

A prima de Ella e Edie — outra Magda (nº 1087) — era a mãe de Donna Steinhorn. "Eu sabia que meus pais eram diferentes dos outros desde tenra idade", diz Donna. "Isso sempre me fez querer protegê-los. Para que pudessem curar as feridas profundas que eles tentaram esconder de mim. Fiz tudo ao meu alcance para fazê-los felizes." Do mesmo modo, as mães queriam fazer tudo ao seu alcance para tornar seus filhos felizes, nunca contando a eles o que acontecera no Holocausto. Embora alguns sobreviventes se sintam assim, uma criança que eu conheci ficou sabendo de tudo desde muito cedo. A história lhe era contada com tanta frequência que ela sofreu um trauma indireto. O genocídio não desaparece simplesmente. Assim como pode continuar a assombrar os sobreviventes, ele molda a vida daqueles que convivem com esses sobreviventes e os amam.

A mãe de Orna Tuckman, Marta F. Gregor (nº 1796), nunca falou sobre sua experiência. Então, em 2016, Orna iniciou uma jornada de autodescoberta que a levou para a Eslováquia e Auschwitz comigo. Nas cidades de onde as meninas haviam sido retiradas, visitamos as antigas sinagogas e prefeituras, procurando reminiscências das famílias antes de refazer a rota de trem de Poprad para Auschwitz, no trigésimo quinto aniversário do primeiro transporte. Estávamos no andar de cima do vasto espaço vazio que é hoje o Bloco 10, onde as meninas foram mantidas quando chegaram — e onde, posteriormente, foram realizadas experiências médicas de esterilização em mulheres —, quando Orna olhou em volta e confidenciou: "Acho que minha mãe foi esterilizada aqui. Eu sou adotada". Orna só soube que havia sido adotada depois que sua mãe faleceu. Todas as mulheres que tinham sobrevivido com Marta mantiveram seu segredo.

Dentre todos, ter e criar filhos pode ter sido o maior ato de sobrevivência das meninas — e o seu melhor processo de cura. Estudantes de psicologia da Universidade Brown certa vez perguntaram a Rena o que ela fez depois da guerra para se recuperar mentalmente. "Eu tive filhos", disse ela. Após um primeiro aborto espontâneo, o nascimento de sua filha, Sylvia, foi um milagre. Rena segurou a filha e, cheia de alegria, olhou para o marido e disse: "Eu amo você, John". Então, ela olhou para o médico e as enfermeiras: "Eu amo você, doutor. Eu amo você, enfermeira. Eu amo o mundo inteiro, mesmo com os alemães nele".

Nascimento. Criação. Esse era o poder delas. O seu legado de sobrevivência.

Não admira que Marta F. Gregor tenha adotado Orna.

SE A EXPERIÊNCIA DE MARTA F. morreu com ela, tornando-se uma das muitas histórias que nunca poderão ser totalmente descobertas, pela escrita e pela arte outras mulheres também encontraram significado para sua vida. Depois de emigrar para a França, Dina Dranger Vajda (nº 1528) casou-se com um famoso francês que lutara ao lado da resistência, Emil Vajda. Eles criaram em Provence o filho que tiveram. Dina mantinha à mão muitos cadernos para tomar notas — e escrevia copiosamente, principalmente em polonês ou em francês rudimentar. Em meio às suas reflexões, pintava aquarelas abstratas, perturbadoras, macabras.

O filho de Dina, Daniel Vajda, é extremamente próximo de seus primos em Israel, mas sente-se pouco conectado à experiência de sua mãe:

> Você sabe que toda a minha família foi deportada, e houve pouquíssimos sobreviventes. Após a deportação dela, eu me vi totalmente isolado. Eu também era um imigrante na Terra. Mesmo no Yad Vashem não encontrei muita coisa. Tentei redescobrir nomes em diversas anotações que fiz. É realmente pouca coisa. Seria necessário que essas anotações formassem um todo único. No entanto, não tive coragem de fazer a pesquisa na minha juventude e, aos 68 anos de idade, não tenho energia para fazê-la agora.[291]

Matilda Hrabovecká, nascida Friedman (nº 1890), escreveu o livro *Ruka s vytetovaným íslom* (*Braço com um número tatuado*) e foi tema do documentário e peça teatral *La Derniere femme du Premiere Train* (*A última mulher do primeiro transporte*) — que, é claro, não foi ela. Matilda faleceu em 2015. Até agora, sabe-se de pelo menos seis mulheres que estavam no primeiro transporte e estão vivas até hoje. Pode haver outras.

Magda Hellinger, nascida Blau (Madge, nº 2318), que estava no segundo transporte, emigrou para a Austrália, onde publicou suas memórias. E, é claro, Rena Kornreich e eu escrevemos *Irmãs em Auschwitz* juntas — e, agora, Edith trabalhamos juntas no projeto deste livro e no de um documentário. Este livro, Edith me disse quando iniciamos o projeto, "deve ser sobre todas nós, não apenas sobre uma pessoa". E assim ele é.

As sobreviventes eslovacas do primeiro e de outros transportes carregam um fardo pesado, difícil de entender agora. Ariela Neuman, filha de Eta Zimmerspitz (nº 1756), explica que, "em Israel, todos acusavam as eslovacas por elas terem sobrevivido". Então, elas tendiam a ficar caladas e a não falar sobre sua experiência. "Quando elas falavam", continua Ariela, "nós dizíamos: 'Ah, não, Auschwitz de novo não'. Sentimo-nos culpados agora por não termos desejado ouvi-las falar sobre isso. E quase todas se foram, não podemos mais pedir para elas contarem."

É por isso que o Instituto de História Visual e Educação USC Shoah é um banco de dados tão importante. As histórias estão lá, mesmo que não perfeitamente capturadas. Sobreviventes mais idosas tendem a não seguir uma linearidade temporal em seus relatos, e os entrevistadores frequentemente não fazem perguntas vitais sobre detalhes importantes, como: Qual era o seu nome de solteira? Qual era o seu número? Qual era o número dela? Em Auschwitz, seu número era como um calendário, pois indicava o dia em que você chegou, em qual transporte estava, quantas pessoas vieram com você e quantas foram para o gás. Sem um número, não podemos incluir sobreviventes ou não sobreviventes dentro do registro histórico que Danuta Czech compilou meticulosamente para nós na *Crônica de Auschwitz*.

OS RELACIONAMENTOS PÓSTUMOS trazem consigo um peso que é difícil de se imaginar para a maioria das pessoas. A filha de Andrew Hartmann, Susan Hartmann Schwartz, teria sido sobrinha de Nusi Hartmann. "Muitas vezes, o Holocausto é descrito dentro do contexto genérico de '6 milhões' de vítimas", escreve Susan. "Às vezes, eu penso: a minha tia estava no primeiro transporte. Nusi não era apenas uma desses 6 milhões, ou dos 1,5 milhão de crianças, ou mesmo das 999 daquele primeiro transporte. Ela era minha tia. Ela era irmã do meu pai. Ela era uma filha amada. Ela era uma pessoa — um ser humano. Nusi deve ter tido sonhos, como todas nós temos aos dezesseis anos. Seus pais não sabiam o que aquele primeiro transporte significava. Ela sabia? Aos dezesseis anos, quão assustada ela estava? Ela foi informada de algo pelos alemães? Em caso afirmativo, o que lhe disseram? Ela se relacionou com alguém daquele transporte além de sua prima Magduska? Alguém a ajudou a sentir menos medo? Eu não posso deixar de pensar nos 'e se?'. E se ela fosse apenas um pouco mais velha? Ela poderia ter sobrevivido? Como teria sido nosso relacionamento se ela tivesse sobrevivido? Sinto falta de quem acho que Nusi teria sido." Eu também.

Muitos sobreviventes acabaram recebendo uma restituição financeira do governo alemão. No entanto, eles tinham que se cadastrar para obter essa ajuda. Isso exigia seu número de identidade, documentação médica e uma descrição das suas experiências. Depois que uma sobrevivente faleceu, seus filhos descobriram um relatório médico que havia sido submetido à Alemanha para o recebimento da restituição. O laudo confirmava que um psiquiatra havia tratado dela, por causa de pensamentos suicidas e depressão. O marido mantivera o tratamento em segredo e seus filhos não sabiam dele.

Os sobreviventes que retornaram à Eslováquia e se estabeleceram no país após a guerra enfrentaram outra dificuldade: eles não podiam pedir as indenizações para os alemães como os sobreviventes no oeste. No caso de Edith, quando sua família escapou da Tchecoslováquia comunista, o prazo para a solicitação havia expirado. Como sobrevivente deficiente, ela tinha um caso sólido e foi ao tribunal buscar seus direitos. O tribunal alemão concordou que ela merecia a reparação, mas disse que não poderia mudar a lei. "É uma lei ruim" — a fala de sua mãe voltava para assombrá-la.

Quando a filha de Ida Newman Eigermann (nº 1930) preencheu os formulários para sua mãe, o oficial alemão disse: "Ninguém com um número tão baixo sobreviveu a Auschwitz!". Mas elas sobreviveram. E, embora algumas tenham recebido a indenização, outras optaram por renunciar a ela (e à papelada e o aborrecimento envolvidos) ou — como Edith e Linda — não puderam solicitá-la porque estavam morando na Europa comunista. A compensação não era extravagante: equivalia a cerca de 0,32 dólares por hora de trabalho.

Peggy Kulik, nascida Friedman (nº 1019), diz: "Eles não nos compensaram pelo que levaram. Eles nos tiraram tudo. Eles não podem me pagar pelo que meu pai tinha, pelo que eu tinha. Não há dinheiro que compense as vidas que eles tiraram. Eu fiquei em um campo de concentração por 38 meses. Eles me pagaram pelo meu trabalho? Não. Eu nunca recebi um centavo". E ela sofreu um aborto de gêmeos.

Muitas sobreviventes jamais retornaram a Auschwitz ou à Polônia. "Nossas mães nunca quiseram voltar para a Polônia", diz Akiva Koren (filho de Erna Dranger). Outras, como Helena Citron e Bertha Berkowitz, organizavam viagens para lá com grupos de jovens. Não há nada como conhecer e falar com uma sobrevivente. Andar pelo campo com uma delas é ainda mais impactante. Esta foi a casa delas por quase três anos. Elas conhecem bem o lugar. Mas, para algumas, retornar seria demais. Há uma foto de Rena, tirada em 1990, em que ela está sob os dizeres *Arbeit macht frei*. Ela parece tão desesperada e perdida quanto deve ter se sentido no dia em que chegou a Auschwitz. Ela queria ir a Birkenau e entrar em uma câmara de gás para dizer o Kadish para seus pais, mas, à sombra do portão da morte, ela desabou. "Leve-me para casa", ela implorou ao marido. Eles pegaram o próximo avião de volta para os Estados Unidos. Ela nunca voltou. Eu cuidei desse desejo para ela, em 2017.

Uma das perguntas que surgem repetidas vezes é: por que algumas mulheres sobreviveram e outras, não? Estar no lugar certo na hora certa, e não estar no lugar errado na hora errada, teve sua importância. Mas não há outra resposta senão "sorte". E há problemas com essa resposta. "Como posso dizer que tive sorte e outra garota, não? Deus cuidou de mim e não dela? Não! Eu não era melhor do que elas, então por que eu deveria sobreviver?", Rena Kornreich pergunta. Algumas dizem que era *bashert* — algo que deveria ser. Destino.

"Elas eram baixinhas!", diz Lydia Marek, filha de Martha Mangel (nº 1741) e sobrinha das irmãs e primas Zimmerspitz. É ao mesmo tempo engraçado e chocante — pode ter sido por algo assim tão simples? "Minha mãe tinha 1,46 metro e todas as primas dela tinham menos de um metro e meio também", explica Lydia. Não só seus corpos precisavam de menos comida como as meninas mais baixas também não perdiam peso tão rapidamente quanto as mais altas. Além disso, durante as seleções, as mais baixas não ficavam na linha de visão dos guardas, portanto, estariam menos propensas a chamar a atenção dos SS que selecionavam prisioneiras para o gás. Quanto mais baixa a menina, menos ameaçadora ela teria parecido também.

Obviamente, a baixa estatura não pode ter sido o único motivo de sobrevivência — havia doenças, violência, acidentes, geladuras e muitos outros perigos a superar. No entanto, o tamanho pode realmente ter sido um fator importante. Todos os filhos com os quais falei concordam — suas mães eram pessoas muito baixas. Rena costumava brincar que ela era a mais alta da família; ela tinha 1,58 metro.

Orna oferece uma perspectiva diferente. "Os laços entre essas mulheres eram inquebrantáveis. Todas elas se salvaram. Era a irmandade mais forte na hora mais sombria." Fay Shapiro e Jeffrey Lautman concordam. "Eu chamava Bertha Berkowitz e minha mãe [Magda Friedman] de 'irmãs de alma'", escreve Fay em um e-mail. "Elas fizeram um pacto de que, se sobrevivessem, estariam lá uma para a outra em todas as ocasiões felizes — e estavam. Quando éramos crianças, íamos para Cleveland nos ônibus da Greyhound ou eles vinham de carro até Baltimore. [No momento em que nossas mães se encontravam], já se entrelaçavam pelos braços outra vez, ficando quase conectadas pelos cotovelos!".

Do outro lado do mundo, na Austrália, a experiência de Orna foi bastante semelhante. "Mamãe teve sorte de manter contato com algumas mulheres com as quais vivera em Auschwitz. Sete delas moravam perto, em Melbourne. Elas se encontravam regularmente e, embora eu não estivesse a par do conteúdo exato de suas conversas (faladas em idiomas que eu não entendia), lembro que elas frequentemente acabavam falando sobre seu tempo em Auschwitz. Embora muitas vezes houvesse lágrimas, o que mais me impressiona até hoje é a frequência com que elas riam e riam sobre como haviam passado por cima da SS e sobrevivido. Mesmo criança, ficava fascinada por vê-las rindo, apesar do inferno por que passaram."

Pode ser que rir sobre os campos seja algo exclusivo das mulheres que trabalharam no Canadá — Rena nunca falou sobre compartilhar histórias engraçadas com suas amigas. Edith tampouco. O Canadá era muito diferente — e, como as meninas que trabalhavam lá tinham talento para enganar os guardas da SS e, sob os seus narizes, roubar itens para dar às demais prisioneiras, seus atos de rebelião tornaram-se lembranças queridas. Quantas pessoas podem se gabar de ter surrupiado um roupão inserindo-o no próprio sapato, como Margie Becker fez?

O QUE RESTOU DO CANADÁ foi completamente incendiado há muito tempo. Apenas fileiras de alicerces de cimento permanecem no local onde ficava o depósito de ordenação e onde tantas sobreviventes trabalharam e lutaram para resistir. Onde as ruínas do Crematório 5 deveriam estar, agora existe terra aplanada. Nas proximidades fica a sauna, onde Ida Eigerman entrou furtivamente para tomar um banho.

Mirando a imensidão plana do Canadá, Tammy e Sharon — filhas de Ida — se perguntam em qual laje de cimento sua mãe dormia e onde ela trabalhava. Na sauna, lembram-se do banho que ela arriscou a vida para tomar. Olham para um memorial de fotografias na parede, e então um grupo de jovens estudantes suecos se aproxima de nós e o local de repente está cheio de vozes e rostos adolescentes.

"A mãe delas foi uma sobrevivente do primeiro transporte para Auschwitz", digo aos professores. "Havia 297 adolescentes, assim como seus alunos."

Imediatamente, os adolescentes cercam as irmãs. Entre os suecos loiros há refugiados africanos, que recebem abraços e choram enquanto as irmãs relatam a experiência de sua mãe, que escapou da opressão, tornou-se refugiada depois da guerra e emigrou para outro país.

Poucas horas depois, encontramos Orna Tuckman e a neta de Ida, Daniela, no Bloco 25, onde, em 1942, Bertha, Elena e Margie descartavam cadáveres. Onde Ella salvou Irena. Onde Edith chorou por Lea. Tradicionalmente, o Kadish — a oração judaica pelos mortos — exige dez homens. Nós somos um *minyan* de mulheres. Tomando as mãos uma das outras, começamos a oração. É uma oração para Lea Friedman, Magda Amster, Adela Gross, Magduska e Nusi Hartmann — para todas as jovens do primeiro transporte e de todos os transportes que pereceram aqui em Auschwitz.

UMA PALAVRA FINAL

CARO LEITOR,

Por favor, por favor, você precisa entender, não há vencedores em uma guerra. Até os vencedores perdem filhos, perdem casas, perdem suas economias e perdem tudo. Isso não é uma vitória! A guerra é a *pior* coisa que pode acontecer à humanidade! Isto eu gostaria de lhe dizer: compreenda *por meio do seu coração* e não por meio dos seus ouvidos, para que você possa entender o que aconteceu naqueles anos.

Milhares de livros poderiam ser escritos sobre o desastre chamado Holocausto, mas ele nunca será totalmente descrito. Nunca. Eu estava lá. E convivo com isso há mais de 78 anos. Vivi aquilo. Vi como cada uma de nós lidava com aquilo de uma maneira diferente. Quem era forte o suficiente para esperar que um dia talvez tudo melhorasse? Quem continuou lutando, não fisicamente, mas mentalmente? E, espiritualmente, como poderíamos sobreviver? Para dizer a verdade, eu não acreditava que sobreviveria. Mas eu disse a mim mesma: farei o que puder.

E ainda estou viva.

— Edith Friedman Grosman (nº 1970)

ARQUIVOS

ARa	Archi Mahn-und Gedenkstatte Ravensbrück
AU	Państwowe Muzeum Auschwitz-Birkenau (Museu Estatal de Auschwitz-Birkenau)
IWM	Imperial War Museum, Londres
ANE	Arquivos Nacionais Eslovacos
USHMM	Memorial do Holocausto dos EUA
USC	Universidade do Sul da Califórnia, Arquivo Visual da Fundação Shoah. (Acesso na Universidade Columbia, NY, e em Royal Holloway, Universidade de Londres, UK)
WL	Wiener Library, Londres
YV	Yad Vashem – Centro Mundial de Memória do Holocausto, Jerusalém

NOTAS SOBRE AS FONTES

Nota da Autora

1 Autor de *Šiestý prápor na stráž*! (*The Sixth Battalion on Guard!*, 1964), *Kóšer rota* (*The Kosher Battalion*, 1966) e *Mušketieri žltej hviezdy* (*Musketeers of the Yellow Star*, 1967). Knieža lutou juntamente com os *partisans* na guerra.

Capítulo Um

A descrição de Humenné foi concebida a partir dos escritos de Ladislav Grosman, discussões com Edith Grosman, fotografias de arquivo da cidade de Humenné, memórias de Lou Gross, entrevistas com Rena Kornreich e minha própria visita a Humenné em 2016, quando o historiador judeu local Juraj Levický me mostrou a cidade.

2 Edith Grosman, entrevista com a autora, 20 de julho de 2018.

3 De Grosman, *The Bride*, p. 30.

4 Documentos pessoais de Ivan Jarny. O sobrenome de Ivan era Rauchwerger, que "em alemão significa curtidor de peles. Não gostava da associação e soa estranho quando pronunciado em inglês. Eu também tive uma experiência ruim causada pelo nome". Depois da guerra, ele quase foi morto pelos russos, que pensavam que, com um nome como Rauchwerger, ele deveria ser um espião alemão, não um judeu *partisan*. Ele foi resgatado por amigos e mudou seu nome para evitar futuros contratempos.

5 Ibid. e ANE.

6 Das entrevistas de Amir, Friedman e Jarny.

7 Jarny.

8 A mãe de Ivan Jarny, Eugenia Rauchwerger.

Capítulo Dois

A recriação do mercado de Humenné foi concebida a partir de uma variedade de fontes, entrevistas históricas e entrevistas pessoais com Rena Kornreich, Edith Grosman e os romances de Ladislav Grosman: *The Shop on Main Street* e *The Bride*. Para apresentar as garotas que terminariam no primeiro transporte — as quais cresceram juntas — e para que o leitor entenda o quão íntima essa comunidade era, uni várias fontes para recriar um dia mais ou menos típico no mercado de Humenné.

9 Gross.

10 Kornreich, Entrevista com a autora; Bleich, documentos de família.

11 Grosman e Šimkulič.

12 Rena Kornreich.

13 Edith Grosman.

14 Nos dias 5 e 6 de março, os rabinos escreveram ao presidente Tiso para implorar por misericórdia, antes mesmo do anúncio exigindo que as meninas se registrassem para "trabalhar." Uma carta de apoio do bispo Pavol Jantausch, de Trnava, também foi enviada em nome da comunidade judaica. "Tiso se recusou a responder". "A resposta do Ministério do Interior foi interrogar alguns dos que assinaram as petições para descobrir como sabiam das deportações iminentes." Bauer, pp. 65 e 267, e YV.-M-5/46(3) e M-5/136, p. 188.

15 Amir (Giora Amir e Giora Shpira são a mesma pessoa; como muitas pessoas, Giora mudou seu nome após a guerra) e Benjamin Greenman, que é o filho da irmã mais velha de Magda Amster, Irena. Irena e Shany (irmão mais velho de Magda) estavam na Palestina em 1942 e escaparam do Holocausto. O nome completo da irmã de Giora Shpira

era Magdalena (Magda) Sara Shpira; em Israel, ela era conhecida como Ilana Zur (Shpira). Ela morreu em 2018. Em um e-mail datado de 13 de fevereiro de 2017, Benjamin escreveu: "Magdalena (Magda) Miriam Zirl nasceu em 8 de dezembro de 1923, em Prešov, filha de Adolf Abraham e Ethel Amster. Magda era uma garota de bom coração, generosa e calma. Ela era uma aluna muito boa. Em 20 de março, a Guarda Hlinka começou a recolher jovens judias maiores de dezesseis anos, seguindo listas enviadas de Bratislava. Magda estava escondida no sótão da casa, mas quando os gendarmes começaram a bater em seu pai, que se recusava a contar onde ela estava, ela desceu e se entregou. As meninas de Prešov e dos arredores foram levadas para o pátio dos bombeiros [e enviadas para Poprad]. Lá elas foram mantidas até 25 de março, quando foram levadas para o trem e enviadas para Auschwitz. Seu pai conseguiu uma permissão para libertá-la do transporte, mas quando chegou à estação de trem, o veículo já havia saído. Ele seguiu o trem de carro até Žilina, mas não conseguiu alcançá-lo... No campo, ela trabalhou na área do Canadá, classificando as roupas daqueles que eram enviados para o crematório. Em agosto, uma epidemia de tifo se espalhou no campo. Ela foi infectada pelo tifo e morreu em 5 de dezembro de 1942".

16 Havia uma comunidade judaica neóloga socialmente mais liberal vivendo em Prešov naquela mesma época. A família de Giora Shpira era mais ativa na sinagoga neóloga, na rua Konštantínova (a sinagoga não foi preservada e hoje é uma loja). No entanto, para ritos de passagem, feriados etc., Giora e muitos outros iam à sinagoga maior.

17 Forstater, enquanto caminha pelas ruas de Prešov.

18 Amir.

Capítulo Três

Este capítulo utiliza várias fontes de informação coletadas dos Arquivos Nacionais Eslovacos, fotografias históricas, visitas a prédios históricos, caminhadas pelas ruas de Bratislava, conversas com o Dr. Pavol Mešťan e o Dr. Stanislava Siklova, o ensaio do Dr. Ivan Kamenec *The Deportation of Jewish Citizens from Slovakia in 1942*", Yehuda Bauer, a Conferência *Uncovering the Shoah* em Žilina, Eslováquia, de 2015, e a experiência pessoal de Ivan Jarny.

19 Dr. Pavol Mešťan, entrevista com a autora; Kamenec; *A Conferência de Wannsee*.

20 "Os 500 *Reichsmark* por judeu deportado atingiram 45 milhões de *Reichsmark* para os 90 mil judeus eslovacos, o que representava cerca de 80% de todos os impostos que os eslovacos extraíam deles anualmente. Do ponto de vista cinicamente econômico, os eslovacos não ganharam nada", Bauer, p. 67.

21 Há uma lata de Zyklon B em exibição com a ordem original assinada no Museu Estatal de Auschwitz-Birkenau.

22 Ibid., p. 65.

23 Ibid., p. 66.

24 *Die Wannseekonference* (*A Conferência de Wannsee*), 1984.

25 Kamenec, p. 120 e Fiamová, p. 66.

26 Ibid.

27 Bauer, p. 66.

28 Bauer, p. 66.

29 "Listas de judeus" YV.

30 Dwork e Engle.

31 ANE.

32 O primeiro transporte não ocorreu conforme o planejado e seu fracasso levou a grandes mudanças de pessoal no início de 1942. Alexander Mach evidentemente demitiu Gejza Konak por sua incapacidade de realizar as deportações porque em Bratislava, por exemplo, o segundo transporte saindo do Centro de Concentração de Patrónka incluiu apenas 770 meninas, não a cota de "mil por trem" exigida pelos alemães. Rajcan e Fiamová.

Capítulo Quatro

33 Benjamin Greenman, correspondência por e-mail, e Giora Amir, *A Simple Life* e entrevista com a autora.

34 Kamenec, p. 120.

35 Ibid. e Bauer, p. 68.

36 Ibid.

37 Helm, p. 181.

38 Fiamová, p. 125

39 Ibid.

40 Ivan Sloboda, entrevista com a autora.

Capítulo Cinco

41 Diário de Goebbels — 23 de novembro de 1939 — citado em Kurlander, pp. 198-217.

42 Kritzinger citado por Kurlander, p. 134.

43 Erkmann citado por Kurlander, p. 137.

44 Kurlander, p. 289.

45 McCord.

46 Helm, p. 181.

47 Ibid., p. 181.

48 Kurlander.

49 McCord.

50 Longerich, pp. 77-80; McCord.

51 McCord.

52 Kurlander, pp. 122-23.

53 Wilkinson. "Marte, no transporte de 25 de março, estava próximo ao Júpiter de Himmler em sua visita anterior a Ravensbrück, em 3 de março, e o Sol *daquela* visita estava no local exato em que transitara Marte (o planeta da guerra) em 10 de julho de 1941, próximo à época."

54 Ibid.

55 Mešťan.

Capítulo Seis

A cena dentro da escola foi reimaginada a partir do romance de Ladislav Grosman, *The Bride*, que foi sem dúvida informado pela experiência pessoal de sua esposa. Há pouco sobre essa experiência; a maioria dos testemunhos pessoais não discute a situação interna. As informações sobre os traços de caráter das meninas foram reunidas a partir de memórias compartilhadas comigo por amigos ou familiares e do exame das fotografias no Arquivo Visual da Fundação USC Shoah.

56 Kamenec, p. 123, e Bauer, p. 65.

57 Testemunho de Margaret Becker Rosenberg, USC Shoah.

58 Conversa com Jurai Gross, sobrinho póstumo de Adela (26 de março de 2017).

59 Grosman, *The Bride*.

60 Ibid.

61 "Certificado Forjado", YV.

62 Margaret Becker Rosenberg, USC Shoah.

63 Em 25 de março de 2017, o primeiro-ministro da Eslováquia cumprimentou Edith Grosman do lado de fora do antigo quartel e inaugurou uma placa na lateral do prédio onde ela e as outras 998 meninas foram mantidas pouco antes de serem deportadas.

Capítulo Sete

64 Giora Amir, entrevista com a autora. A maior parte deste capítulo vem de conversas ou troca de informações com Giora e Benjamin Greenman.

Capítulo Oito

Este capítulo é composto por vários depoimentos reunidos pela USC Shoah: Magda Moskovicová (Bittermanova), Linda Reich (Linda Breder), Kato (Katarina Danzinger), Peggy (Margaret Friedmanova) e Bertha Berkowitz (Lautman), além de Giora Amir e Edith Grosman, entrevistados pela autora.

65 "Listas de Judeus", YV.

66 Isso não era incomum. Há muitas mulheres naturais de vilas isoladas, muitas delas destruídas se seus residentes fossem exclusivamente judeus ou "engolidas" por vilas maiores ao longo dos anos.

67 Amir. A lista de meninas que não foram de Bardejov para Auschwitz foi publicada no jornal *Bardejov* no 75º aniversário, em 2017. Elas estavam escondidas ou fugiram para a Hungria. Infelizmente, não conhecemos seu destino. É claro que algumas foram pegas ou deportadas posteriormente, mas outras também escaparam e sobreviveram ao Holocausto. Hudek, entrevista com a autora.

68 Em junho de 2019, quando eu estava finalizando as provas deste livro, o filho de Ruzena Kleinman (nº 1033) entrou em contato comigo e me enviou uma foto de sua mãe e sua família. Ele também me informou que Anna Judova (nº 1093) havia sobrevivido à guerra. E quem havia nos posto em contato? Ninguém menos que a filha de Mira Gold, que era amiga de Peggy — Margaret Friedman Kulik.

69 Bertha Lautman (nascida Berkowitz), Arquivo Visual USC Shoah.

70 Margaret Rosenberg (nascida Becker), Arquivo Visual USC Shoah.

71 Ibid.

72 Uma cópia do documento alimentar, datada de 11 de março de 1942, foi-me apresentada pelo Dr. Pavol Mešťan e pelo Dr. Stanislava Šikulová, ANE, 14-D4-582/1-1942.

73 Číslo 14-D4-582/1, datado em 11 de março de 1942, o documento alimentar foi fornecido pelo Prof. Pavol Mešťan do Museu de Cultura Judaica de Bratislava, na Eslováquia. Foi traduzido para mim por Ivan Sloboda no estúdio de Sir Martin Gilbert, em Londres.

74 Entrevistas de Eugene e Andrew Hartmann, USC Shoah, com informações adicionais fornecidas por suas filhas. O nome de Dula em eslovaco é na verdade Gyula, mas pronuncia-se Diula; foi americanizado pela família sobrevivente, que o soletra Dula.

75 "Listas de Judeus", YV.

Capítulo Nove

76 ANE.

77 WL.

78 ANE.

79 *"Pod poradovym cislom 1,000 bola deportovana jedina lekarka Izak Kaufmann nar."* Tradução: "Sob a ordem de 1.000, o único médico, dr. Izak Kaufmann, foi deportado". "Certificado Forjado", YV.

80 Linda Breder (Reich), USC Shoah.

81 Edith.

82 Women's International Zionist Organization (WIZO), Yehuda Lahav tornou-se jornalista de renome mundial e autora de *A Scarred Life.*

Capítulo Dez

Benjamin Greenman e Giora Amir contam a história de como Adolf Amster correu até o trem; as crianças Hartmann lembram-se de seus pais contando uma história semelhante sobre seus avós — essa cena é recriada a partir dessas lembranças e da minha própria experiência de dirigir pelo velho caminho entre Proprad e Žilina.

83 Schwalbova, p. 205.

84 Gigliotti.

85 Ibid.

86 Hudak, Breder e Kaufmann, YV. WIZO. Vários testemunhos. No formulário de testemunhos do Yad Vashem Martyrs and Heroes Remembrance, preenchido em 1977, relata-se que o dr. Kaufmann foi morto na câmara de gás porque se recusou a participar de uma seleção de prisioneiros; esse relato é impreciso e foi feito por um parente após a guerra. De fato, em março daquele ano, ainda não havia seleções imediatas após a chegada dos trens a Auschwitz. Isso só passou a acontecer em junho de 1942. Em março de 1942, as câmaras de gás ainda estavam sendo construídas e testadas; elas não eram totalmente funcionais.

87 Do depoimento de Linda no USC, que é o único relato em primeira pessoa que descobri sobre o que aconteceu com o dr. Kaufmann em Auschwitz.

88 YV, certificado forjado com o nome Stefánia Gregusová.

89 E-mail do prof. Pavol Mešťan e do Dr. Stanislava Šikulová, 19 de julho de 2019. Definitivamente, existem sobreviventes na lista de Šebesta: Edith Rose (nº 1371), Elena Zuckermenn (nº 1735), Eta e Fanny Zimmerspitz (nº 1756 e nº 1755), mas a lista também contém as irmãs Zimmerspitz que foram executadas em 1943 (Frieda, Malvina e Rosalia).

90 YV, certificado forjado com o nome Stefánia Gregusová.

Capítulo Onze

91 Höss e Helm.

92 Margaret Friedman Kulik, USC Shoah.

93 Citado em Hanna Elling.

94 Helm, p. 181.

95 Edith Grosman, Linda Breder (Linda Reich), USC Shoah nº 22979 e 53071 e Sarah Helm, p. 180.

96 Linda Breder (Linda Reich).

97 Tsiporah Tehori (Helena Citron), USC Shoah (tradução de Sara Isachari).

98 Ibid.

99 Edith Grosman.

Capítulo Doze

100 Laura Špániková (nascida Ritterova) citada em Cuprik.

101 Ibid.

102 Zilberman, p. 13.

103 Gelissen.

104 Ibid.

105 Annie Binder havia sido presa por trabalhar no Ministério das Relações Exteriores como secretária do presidente Beneš quando os nazistas invadiram Praga e estava cumprindo pena como prisioneira política em Ravensbrück quando foi transferida para Auschwitz para trabalhar como *Kapo*. Ela sobreviveu e após a guerra permaneceu em contato com Ruzena Gräber Knieža, de quem foi amiga íntima.

106 Schwalbova.

Capítulo Treze

107 ANE.

108 Veio de Patrónka, não muito longe de Bratislava, na região oeste da Eslováquia.

109 Malvina Kornhauser, nascida Gold (Mira). USC.

110 Schwalbova, p. 204.

111 Edith.

112 Ibid.

113 Ibid.

114 AU "Livros da Morte", *Sterbebücher*. Analisamos a lista original e criamos nosso banco de dados comparando os registros de óbito em Yad Vashem e Auschwitz, em 2014. É possível que registros adicionais tenham sido descobertos desde então.

115 Apesar das repetidas tentativas de encontrar os registros das mortes no campo feminino de Auschwitz no Arquivo e Museu de Ravensbrück, não parece haver nenhum registro definitivo a respeito, conforme a pesquisa de Danuta Czech.

116 580 eram prisioneiros de guerra russos. Czech, p. 151.

117 1.305 eram prisioneiros de guerra russos. Czech, p. 131.

118 Czech, p. 157.

Capítulo Quatorze

119 Margaret Rosenberg (Becker), USC. Ruzena Gross tinha 26 anos e era de Humenné. Ela morreu em 18 de outubro de 1942. Todos os "Livros da Morte" (*Sterbebücher*) mantidos pelo departamento político no campo foram apenas "parcialmente preservados". Esse registro de 46 volumes consiste em 69 mil "prisioneiros que foram registrados no campo e que morreram entre 29 de julho de 1941 e 31 de dezembro de 1943". Os nomes desses prisioneiros podem ser encontrados na base de dados digital dos prisioneiros de Auschwitz, no site do museu. Em 2014, incluímos os nomes de todas as meninas da lista de Poprad de 25 de março de 1942, encontrada no Yad Vashem, nos bancos de dados de Auschwitz e do Yad Vashem.

120 Margaret Rosenberg (Becker), USC.

121 Salmo 116:1-2.

122 Czech, p. 153.

Capítulo Quinze

123 "Documento forjado", YV.

124 Helm, p. 185.

125 O microquimerismo materno fetal foi descoberto na década de 2000. Várias fontes informativas foram usadas nessa seção: Martone, *Scientific America*; Zimmer, *New York Times*; Yong, *National Geographic*.

126 Zimmer, *National Geographic*; Biswas, *Frontiers in Plant Science*.

127 Linda Breder (Reich), USC.

128 Tsiporah Tehori (Helena Citron), Testemunho nº 33749, USC Shoah.

129 Magda Blau (Hellinger), p. 20.

130 Irena Ferenick (Fein), USC.

Capítulo Dezesseis

131 Pavol Mešťan, entrevistas com a autora.

132 Jarny; e também: quando perguntado em seu julgamento por que ele havia despedido Konka, Alexander Mach respondeu "por motivos de saúde". No entanto, Dieter Wisliceny, tenente de Eichmann, consultor sobre a questão judaica na Eslováquia, testemunhou em 1946 que "até onde eu sei, Konka foi inesperadamente removido. Ele supostamente se envolveu em alguns casos de corrupção, e as investigações ainda estavam em andamento". Rajcan.

133 Baseado na real *výnimka* da família Stein em Žilina, datada de "25.VII.1942" e assinada por Anton Vašek, chefe do Departamento Judaico 14, "Rei dos Judeus", fornecido por um neto de Stein, da família de sobreviventes, Peter Svitak.

134 Šimkulič, p. 117.

135 Não é certeza, mas parece provável que a família Gross tenha pedido ao sr. Baldovsky para resgatar Adela também. As famílias se conheciam bem e eram muito próximas. Edith Grosman, entrevista com a autora, 8 de janeiro de 2018.

136 Edith Grosman, entrevista com a autora, 8 de janeiro de 2018.

137 Edith Valo (Friedman), Testemunho nº 17457, USC Shoah.

138 As prisioneiras confirmam que as mulheres mortas foram contadas. Esses dados não parecem ter sobrevivido à guerra.

139 Testemunho de Mauer e Helm, p. 189.

140 Testemunho de Mauer.

141 Czech, p. 161; Posmysz, Zofia era a nº 7566, uma não judia de Oświęcim que foi presa por distribuir panfletos contra os nazistas. Ela foi internada em Auschwitz em junho de 1942. Suas memórias são um poderoso testemunho entre os de prisioneiros não judeus.

142 Linda Breder (Reich), USC Shoah.

143 Irena Ferenick (Fein), USC Shoah.

Capítulo Dezessete

144 Bauer, citado em IFZ, MA 650/1, T75-517 German Intelligence Report, abril de 1942.

145 Nasceu em 1924 e tinha dezoito anos quando foi deportada em 28 de maio de 1942 para Lublin. Fonte: YV, arquivo de documentos nº 12013.

146 Czech, pp. 148-60 (note-se que Czech cita 999 mulheres jovens no primeiro transporte judeu "oficial"; alterei para o número correto de 997).

147 Mauer.

148 Helm, p. 189. Czech: "No final de abril de 1942, havia 14.624 homens em Auschwitz: 3.479 judeus eslovacos, 1.112 judeus franceses, 287 judeus tchecos e 186 prisioneiros de guerra russos — os outros 9.560 eram não judeus, na maioria presos políticos", p. 161.

149 Gilbert, pp. 45-46.

150 Helm, p. 189.

151 Jarny.

152 Vrba, p. 52.

153 WL e Kamenec, pp. 127-28.

154 Ibid.

155 Dr. Pavol Mešťan, entrevista com a autora, e Kamenec.

156 Todas as mulheres naquele transporte com Vrba foram separadas dos homens no campo de concentração de Majdanek (Lublin, Polônia)

e enviadas para Bełżec, onde foram executadas usando-se fumaça de escapamentos; seus corpos foram incinerados em trincheiras abertas. "Os crematórios ainda estavam na fase de projeto". Vrba, pp. 52-55.

157 Jarny, "Tiso foi enforcado em 1946, apesar dos protestos do Vaticano e dos EUA."

Capítulo Dezoito

158 Irène Némirovsky foi uma autora francesa cujo manuscrito *Suite française* foi descoberto postumamente por sua filha Denise Epstein e publicado 64 anos depois de ela ter sido deportada para Auschwitz. Em 11 de julho de 1942, ela escreveu em seu diário: "Os pinheiros ao meu redor. Estou sentada no meu cardigã azul no meio de um oceano de folhas, molhada e apodrecendo da tempestade da noite passada, como se estivesse em uma balsa, minhas pernas dobradas debaixo de mim! [...] Meus amigos, os zangões, insetos adoráveis, parecem satisfeitos consigo mesmos, e seu zumbido é profundo e grave. [...] Daqui a pouco tentarei encontrar o lago escondido". Ela foi presa momentos depois. Irène Némirovsky morreu em Birkenau em 17 de agosto de 1942.

159 Os nazistas adoravam usar datas importantes para suas ações, e os feriados judaicos eram especialmente perigosos. Aqui, recorri à anotação porque acho irônico que a data em que se celebra a independência dos Estados Unidos tenha coincidido com a primeira seleção feita na plataforma de desembarque. Czech também observa aqui que, "em 15 de agosto de 1942, apenas 69 dos homens ainda estavam vivos; em seis semanas, mais de dois terços dos homens morrem".

160 Schwalbova, p. 207 e Czech, "as mulheres foram tatuadas 8389--8496; os homens, 44727-44990 ", p. 192.

161 Elling, p. 137 e testemunho de Mauer.

162 Höss.

Capítulo Dezenove

Este capítulo deriva suas informações de testemunhos de sobreviventes: Edith, Helena, as *Kapos* Luise Mauer e Bertel Teege, e o excelente trabalho de Sara Helm em seu livro *Ravensbrück*.

163 Edith.

164 Aron Citron chegou a Auschwitz em 30 de junho de 1942, com outros 400 homens que haviam sido transferidos de Lublin. Czech observa no final da página 189 da *Crônica de Auschwitz* que até "15 de agosto de 1942, isto é, 6 semanas e meia depois, apenas 208 deles ainda estão vivos. Cerca de metade dos deportados, 192, está morta". Helena usa o nome Moshe em seu testemunho à USC Shoah, mas nos registros de mortes de Auschwitz é seu irmão Aron Citron (nº 43934) quem foi listado como morto em 25 de julho de 1942. Ele tinha dezoito anos.

165 Reunido de Longerich, Helm e Czech, p. 198.

166 Inúmeros testemunhos foram reunidos: Joan Weintraub (Rosner), Linda Breder (Reich), Edith Grosman e as *Kapos* Bertel Teege e Luise Mauer.

167 Testemunho de Mauer, que não seria libertada até o final de 1943. Czech, p. 199.

168 Czech, p. 199.

169 Helm, p. 238.

170 Ibid.

171 Citado em Czech, APMO / Höss Trial, vol. 6, p. 85 e pp. 237-38; Diário de Höss, p. 199.

Capítulo Vinte

172 Birkenau soma 171 hectares (422 acres) de área; Museu Auschwitz.

173 AU, memórias do Bloco 22B, testemunho de Anna Tytoniak (nº 6866).

174 Czech, p. 211.

175 Linda Breder (Reich), USC Shoah.

176 Edith Grosman, entrevistas com a autora; Bertha Lautman (nascida Berkowitz), USC.

177 Edith Grosman, ibid.

Capítulo Vinte e Um

178 Holíč.

179 Ward.

180 Fialu, 7 de novembro de 1942.

181 ANE.

182 Czech, pp. 217-18.

183 YV, arquivo Czechoslovakian Documents nº 12013.

184 Rena Kornreich relatou a primeira seleção em seu livro de memórias, *Irmãs em Auschwitz*. Em 2017, a sobrinha póstuma de Frida e Helena, Eva Langer, encontrou uma conexão entre a história contida nas memórias de Rena e a história que fora contrabandeada para fora do campo por alguém que conhecia as meninas e também testemunhou sua seleção na primeira delas ocorrida no campo feminino.

Capítulo Vinte e Dois

185 Gelissen.

186 Museum of Jewish Heritage, coleção: 2000.A.368.

187 Edith.

188 Höss.

189 Ibid.

190 As funcionárias que sobreviveram muitas vezes mantinham em segredo sua experiência nos campos e as posições que ocuparam, para que não fossem hostilizadas após a guerra. As sobreviventes que emigra-

ram para Israel e trabalharam como funcionárias foram especialmente cuidadosas.

191 Schwalbova, p. 206.

Capítulo Vinte e Três

192 Czech: "Dos 1.000 homens, mulheres e crianças transportados de Drancy, na França, que chegaram em 2 de setembro de 1942, 12 homens e 27 mulheres estão registrados no campo", p. 232.

193 Isabella Leitner, citado em Shik, p. 5.

194 Gelissen, p. 139.

195 Kremer, Krakow Auschwitz Trial, citado em Czech, p. 233.

196 Raoult Didier, Max Maurin, M.D., Ph.D.

197 Diários de Kremer citados em Czech, pp. 230-37.

198 Esta seção reúne informações de Rudolf Vrba, p. 361, Manci Schwalbova, p. 208 e Joan Weintraub (Rosner), USC Shoah.

199 Manci Schwalbova p. 204.

200 Ibid.

201 Ibid., com Czech. O Bloco 25 era a enfermaria do hospital judeu.

Capítulo Vinte e Quatro

202 Edith.

Capítulo Vinte e Cinco

203 Auschwitz-Birkenau Memorial Museum, Bloco 22b — Memórias.

204 Termo usado por Rudolf Vrba em suas memórias.

205 Vrba.

206 Como em diversos testemunhos, as datas são muitas vezes confusas. Não havia calendário para os prisioneiros e, com o passar dos

anos, as narrativas pessoais às vezes têm erros em sua cronologia — isso não torna o testemunho falso, geralmente significa que o incidente ocorreu em um momento diferente. Ainda assim, aconteceu.

207 Eta Zimmerspitz Neuman (nº 1756), entrevista com a autora.

208 Edith Grosman, entrevistas com a autora.

Capítulo Vinte e Seis

209 Dr. Pavol Mešťan, entrevista com a autora.

210 Kamenec e Bauer.

Capítulo Vinte e Sete

211 Czech. Em 1º de dezembro de 1942, "o nível de ocupação do campo de mulheres em Auschwitz-Birkenau equivale a 8.232", mas no mesmo dia as mulheres foram tatuadas com números entre 26.273 e 26.286 — para onde foram as demais? Mais de 6 mil mulheres e meninas foram selecionadas em três dias de seleção em outubro, mas não há registros confiáveis da população no final do mês, e as seleções continuaram afetando a população, assim como as epidemias de tifo, meningite e os massacres.

212 Rabino David Adler, correspondência por e-mail.

213 A ironia é que os campos foram projetados para os prisioneiros trabalharem até a morte sob o lema "O trabalho liberta", uma mentira para os prisioneiros judeus. Rabino David Wirtschafter.

214 Citado em Rudolf Vrba, pp. 171-72.

215 Ibid.

216 Marta Marek, nascida Mangel, arquivos da família.

217 Linda Breder (Reich), USC.

Capítulo Vinte e Oito

218 Coleções dos arquivos de documentos do The Jewish History Museum: 2000.A.371.

219 YV, imagens nº 17 e 18.

220 Museum of Jewish Heritage, Coleção nº 2000.A.382.

221 Adam, Frankel. Irena Fein não menciona a amputação em seu testemunho pessoal. Após a libertação, ela e Edith estavam no campo de futebol em Humenné. Elas estavam descalças e Edith perguntou o que havia acontecido com os dedos dos seus pés. Essa foi a história que Irena contou.

Capítulo Vinte e Nove

Uma coleção de testemunhos de Edie F. Valo (nº 1949), sua irmã Ella F. Rutman (nº 1950), Joan Rosner (nº 1188), Sara Bleich, Ria Hans, Manci Schwalbova e Edith (nº 1970).

222 Museum of Jewish Heritage, coleção: 2000.A.377.

223 YV, registro O.75, arquivo 770. Imagem: 67; texto: 4.

224 Czech, p. 356.

225 Edith é uma das sobreviventes que se lembra de Helena estar nos lenços brancos em 1942, o que significa que o seu primeiro dia não coincidiu com o aniversário de Franz Wunsch, em 21 de março de 1943. Ela já estava trabalhando lá e já o amava então. Como é provável que ela tenha cantado para ele em mais de uma ocasião, elaborei a cena com base no testemunho de que ela cantou para ele no aniversário dele. As *Kapos* e a SS gostavam que as prisioneiras se apresentassem, então parece provável que Helena tenha cantado para Wunsch mais de uma vez. Deve-se notar que as prisioneiras frequentemente se sentiam envergonhadas e humilhadas por serem forçadas a se apresentar em um lugar onde tantas pessoas estavam morrendo e sofrendo. A experiência de Rena Gelissen, nascida Kornreich, nessas apresentações confirma essa perspectiva.

226 Do documentário *Auschwitz: Os Nazistas* e *A Solução Final*, produzido pela BBC; informações adicionais nesta seção foram compiladas a partir de transcrições e testemunhos pessoais da USC Shoah.

227 Czech, p. 361.

228 Ibid. e Höss.

229 Seguindo uma receita kosher da internet, esperei fermentar por duas semanas. Infelizmente, acabei fazendo vinagre. Tentei outra receita, mas obtive mais vinagre.

230 Testemunho de Margaret Kulik (nascida Friedman), USC Shoah.

231 Czech, p. 366.

232 Ao mesmo tempo, o último Sêder em Varsóvia era celebrado em um *bunker* no gueto. Não era apenas véspera do Pessach; era véspera da dissolução do gueto judeu de Varsóvia.

Capítulo Trinta

233 Como dois cartões cobriam notícias semelhantes, trechos de ambos foram combinados para o leitor. YV, registro O.75, arquivo 770. Números 21 e 33, cartas a Simon Hertzka (irmão de Lenka).

234 YV, registro O.75, arquivo 770. Foto, nº 70; texto, nº 48.

235 Edith Grosman.

236 Reunido de suas primas Eta Neuman, nascida Zimmerspitz, e sua filha Ariela Neuman; e dos testemunhos na USC Shoah de Ruzena Gräber Knieža e Frances Kousel-Tack.

Capítulo Trinta e Um

Este capítulo é uma compilação de vários testemunhos reunidos pela Fundação USC Shoah, entrevistas pessoais com sobreviventes e traduções dos cartões-postais de Hertzka, doados por Eugene Hartmann ao Museum of Jewish Heritage em Nova York.

237 Esta sobrevivente desejava permanecer anônima em relação à experimentação médica.

238 Irena Ferenick (Fein), USC.

239 Não permaneceram de pé depois dos atentados e não estão mais no complexo do museu.

240 Hertzka, YV. O pai de Lenka morreu, mas a família mantém segredo e não conta isso a ela.

241 Hertzka, YV, cartão-postal nº 48: Seri Wachs tinha trinta anos quando foi deportada de Prešov no primeiro transporte; Margit Wahrmann tinha 26 anos; e Ella Rutman (nascida Friedman, nº 1950), Edie Valo (nascida Friedman, nº 1949). Ernest era provavelmente um parente do amigo de Ida Eigerman, Gizzy Glattstein.

242 Testemunho de Eugene Hartmann, USC Shoah.

Capítulo Trinta e Dois

243 YV.

244 Bertha diz tacitamente que foi "uma das médicas eslovacas" para fins de estrutura narrativa; eu sugiro que tenha sido Manci, porque ela era conhecida por ajudar especialmente as jovens eslovacas.

245 Linda Breder (Reich), USC Shoah.

Capítulo Trinta e Três

246 Czech, p. 604.

247 Czech, p. 607.

248 Rudolf Vrba e Frank Wexler, p. 361. Esta é uma citação exata do Relatório da Fuga de Auschwitz em 1944 — informações posteriores revelam uma porcentagem diferente, mas, como vimos, os registros das mulheres são imprecisos, na melhor das hipóteses. Deve-se notar também que essa porcentagem se refere a todas as mulheres jovens presentes

nos primeiros transportes, não apenas no primeiro transporte — ao to-do, mais de 6 mil mulheres.

249 Citado em Gilbert, p. 279.

250 USHMM.

251 Czech, p. 563.

252 Czech, p. 632.

253 Schwalbova.

Capítulo Trinta e Quatro

A cena da remoção de Ruzinka da câmara de gás e do seu proces-samento subsequente foi recriada a partir dos testemunhos de Helena Citron e Margaret Odze na USC Shoah e de conversas com Edith Gros-man e a documentarista Maya Sarfaty, diretora de *The Most Beautiful Woman*. Originalmente, pensava-se que Ruzinka e seus filhos chegaram a Auschwitz em outubro de 1944, em um dos transportes eslovacos; no entanto, documentação enviada para a requisição de reparações e encon-trada no USHMM confirma que Ruzinka (Rosa Citron) Grauberova foi deportada em maio de 1944, em um transporte húngaro. Tentamos contato com os filhos de Helena e Rosa para confirmar isso.

254 USHMM, Ornsteinova Documentation.

255 Helena não se lembra do que aconteceu a seguir. "Eu nem percebi o que estava acontecendo comigo, porque queria estar com minha irmã. Eu estava em outro lugar", ela diz em seu testemunho da USC Shoah. Combinam-se declarações concedidas por Helena Citron para a Fundação USC Shoah, a BBC e o filme *The Most Beautiful Wo-man*, dirigido por Maya Safarty; data de lançamento: 14 de novembro de 2018.

256 Em 1944, uma nova série de numeração usando a letra A foi criada para as prisioneiras judias húngaras; no entanto, em 19 de outu-bro de 1942, 113 judias de Sereď, na Eslováquia, foram registradas com

números de A-25528 a A-25640. Czech, 735. Não temos o número de Ruzinka, portanto, não podemos confirmar a data de sua chegada.

Capítulo Trinta e Cinco

257 YV, arquivo nº 75, registro 770, cartões-postais 55 — tradução parafraseada para maior clareza.

258 Esta seção usa várias fontes, incluindo conversas com o Dr. Pavol Mešťan e o Dr. Stanislava Šikulová, livros ou artigos de Baeur, Gross e Amir, testemunhos de Eugene e Andrew Hartmann da USC Shoah, conversas e e-mails com Edith Grosman e documentos e e-mails pessoais de Ivan Jarny.

259 A mãe e a irmã de Ivan acabaram em Ravensbrück em janeiro de 1945. "Mamãe foi espancada e deixada em um galpão para se recuperar. Minha irmã tentou obter ataduras ou um kit de primeiros socorros. Sem sucesso. Quando ela voltou ao galpão, nossa mãe tinha sumido, e muitas outras também. Foi dito a Erika que o dr. Fritz Klein havia chegado à noite e injetado fenol diretamente no coração de suas vítimas. Quando o fenol acabou, ele usou gasolina." Era 25 de fevereiro de 1945. Enquanto Ivan estava no meio das montanhas lutando ao lado dos *partisans*, sua família estava escondida em uma caverna e "levando uma vida incrivelmente difícil, sem poder acender uma fogueira, impossibilitada de se lavar, tendo que caminhar pela neve profunda para encontrar um lugar para usar como banheiro, dormindo completamente vestida com os casacos de inverno", diz Ivan. "Lá fora, fazia -15 graus Celsius, ou 5 graus Fahrenheit". Ele encontrou um camponês disposto a fornecer abrigo e comida para a sua família durante três ou quatro dias e os instalou em sua cabana antes de retornar às suas funções como contato entre russos e franceses. "Depois do meu turno, peguei uma mochila cheia de roupas sujas, que mamãe prometeu lavar para mim." O portão dos fundos do camponês estava aberto e dois alemães gritaram para Ivan: "Mostre-nos seus papéis!". Ivan fugiu. Sua mãe e irmã foram apanhadas e prontamente deportadas.

260 USHMM.

261 Julia Klein (nascida Birnbaum), USC Shoah. O termo *davening* origina-se do rei Davi e dos Salmos 35:10: "Todos os meus membros proclamarão: Quem é como Você...?", "Quando louvamos a D'us, fazemos isso com todo o nosso ser: a mente, o coração e a boca expressam a oração por meio da fala, e o resto do corpo o faz movendo-se. Cada fibra do nosso eu está envolvida na conexão com o nosso Criador", escreve o rabino Rafe Konikov.

Capítulo Trinta e Seis

Este capítulo é uma compilação de vários depoimentos da Fundação USC Shoah e traduções de cartões-postais de Hertzka, doados ao Yad Vashem.

262 Os testemunhos da USC Shoah incluem: Margaret Rosenberg (Becker), Linda Breder (Reich), Irena Ferenick (Fein).

Capítulo Trinta e Sete

263 Linda Breder (Linda Reich), USC Shoah e Edith Grosman.
264 Czech, p. 743.
265 Linda Breder (Linda Reich), USC Shoah.
266 Ibid.
267 Rena Kornreich Gelissen, entrevistas com a autora.
268 Czech, p. 773.
269 Czech, p. 775 e Gelissen, p. 223.
270 Deve-se notar que nem aqui Roza e as outras três prisioneiras que foram executadas com ela têm seus números de prisioneiras inseridos no registro histórico.
271 Ibid.

272 Ibid., p. 784.

273 Ibid., p. 783.

Capítulo Trinta e Oito

As várias fontes deste capítulo incluem os depoimentos da USC Shoah e os relatórios coletados pela pesquisa de Danuta Czech, que registram dia a dia (às vezes, de hora em hora) os fatos ocorridos no campo. Ademais, foram usados os mapas que Rena Kornreich Gelissen me deu em 1993, retirados do livro de Andrzej Strezlecka, *Marz smeirchi*.

274 "De uma carta de um menino polonês de um gueto que disse isso — exatamente o que me lembro. Ele escreve uma carta para seus pais porque foi pego em outro lugar. 'Estou aqui neste lugar miserável. Eu não tenho sapatos. Eu estou com fome. Minhas roupas — minhas roupas estão rasgadas. Eu estou com fome. A única coisa que quero é estar com vocês, mas não posso escrever muito. Se os oceanos fossem de tinta e o céu de papel, eu ainda não conseguiria descrever o horror que estou passando'". JHM.

275 Czech, p. 784.

276 Czech, pp. 800-1.

277 Czech, p. 805.

278 Número desconhecido, ela tinha dezenove anos quando foi deportada com Irena Fein em 1942; ela era amiga de Lea Friedman também. YV, ID nº 12013, arquivos de documentos.

279 Czech, p. 801.

280 Ibid. Ver lista na p. 784.

281 Czech, p. 801.

282 Longerich, p. 724.

283 Habbo Knoch.

284 IWM.

285 Joan Rosner e Edith Grosman.

Capítulo Trinta e Nove

Esta seção narrativa foi reunida a partir de todos os testemunhos das sobreviventes, suas famílias e fotografias de família.

Retornos

286 Breder, *Recollection of Holocaust Part I*, p. 7.

287 Embora a frase venha de Mateus 10:14, é relatado no Antigo Testamento que os judeus sacudiam a poeira dos pés depois que deixavam cidades ou regiões onde não judeus viviam.

288 Šimkulič e Edith.

289 Lou Gross herdou o xale de orações do seu avô e o usa até hoje.

Epílogo

290 Em seu depoimento da USC Shoah, Margaret Odze diz que ouviu de uma amiga que também foi chamada para testemunhar no julgamento de Wunsch e Graff que: "Eles a trouxeram para depor. Ele estava apenas sentado lá com sua esposa e filho. Ela era uma garota bonita e, quando ele a viu, começou a chorar".

291 No original: *"Vous savez que toute ma famille a été déportée, et les survivants étaient très peu nombreux. Après leur disparition, je me retrouve totalement isolé, immigrant sur Terre. Même le site de Yad Vashem ne m'apporte pas grand-chose. J'ai essayé de retrouver les noms à partir de diverses notes que j'avais prises. C'est vraiment très court. A voir en pièces jointes. Toutefois, je n'ai pas eu le courage d'effectuer dans ma jeunesse, et que je n'ai plus l'énergie de reprendre à 68 ans. Amitiés".* Traduzido para o inglês por Simon Worrall.

BIBLIOGRAFIA

Heather Dune Macadam agradece à Fundação USC Shoah e ao Instituto de História Visual e Educação por permitirem o uso dos seguintes testemunhos: Alice Burianova, 1996; Bertha Lautman, 1996; Edita Valo, 1996; Edith Goldman, 1995; Ella Rutman, 1996; Andrew Hartmann, 1995; Eugene Hartmann, 1996; Ida Newman, 1996; Irena Ferencik, 1996; Joan Weintraub, 1996; Katharina Princz, 1996; Klara Baumöhlová, 1996; Linda Breder, 1990 e 1996; Magda Bittermannova, 1996; Margaret Kulik, 1997; Margaret Rosenberg, 1996; Matilda Hrabovecka, 1996; Perel Fridman, 1997; Piri Skrhova, 1996; Regina Pretter, 1996; Regina Tannenbaum, 1996; Ria Elias, 1997; Ruzena Knieža, 1997; Tsiporah Tehori, 1997; Frances Kousal Mangel, 1996; Samuel Zimmerspitz, 1997; Margaret Odze, 1995; Julia Klein, 1998. Para mais informações, visite o site <sfi.usc.edu>. Acesso em 20 mai. 2020.

ADLER, David. Two Kinds of Light: the Beauty of Shabbat Chanukah. *Chabad-Lubavitch Media Center*. Disponível em: <chabad.org/holidays/chanukah/article_cdo/aid/2406289/jewish/Two-Kinds-of-Light-The-Beauty -of-Shabbat-Chanukah.htm>. Acesso em: 12 de out. 2018.

AMIR, Giora. *A Simple Life*. Amazon Media. 8 de set. 2016.

___. Entrevista pessoal. Israel: 30 de mar. 2017.

AMSEL, Melody. The Jews of Stropkov, 1942-1945: Their Names, Their Fate, *Between Galicia and Hungary*: the Jews of Stropkov.

Bergenfield: Avotaynu, 2018. Disponível em: <jewishgen.org/ yizkor/ stropkov1/ stropkov.html>. Acesso em: 7 mai. 2020.

Auschwitz: the Nazis And "The Final Solution." Dirigido por: Laurence Rees e Catherine Tatge. Reportagem por Linda Ellerbee, Horst--Gunter Marx, Klaus Mikoleit. Reino Unido: BBC-2, 2005. TV. Dez. 2005. Disponível em: <bbc.co.uk/programmes/p00tsl60/episodes/ guide>. Acesso em: 12 ago. 2018. (Nota: Episódio 2: Corrupção.)

AUSCHWITZ-BIRKENAU. *The death marches*. 1998. Disponível em: <www.jewish virtual library.org/the-death-marches>. Acesso em: 27 de set. 2018.

BAUER, Yehuda. *Jews for sale*: Nazi-Jewish negotiations 1933-1945. New Haven, CT: Yale University Press, 1996.

BELT, P.; GRAHAM, R. A.; MARTINI, A.; SCHNEIDER, B. *Actes et documentes du Saint Seige reltifs a la seconde guerre mondiale*. Vol. 8. Vatican: Liberia Editrice Vaticana, 1974.

BISWAS, Prasun et al. Bamboo flowering from the perspective of comparative genomics and transcriptomics. In.: *Frontiers in Plant Science*. Publicado em: 15 de dez. 2016. Disponível em: <https://www.ncbi.nlm.nih.gov/pmc/articles/PMC5156695/>. Acesso em: 18 de mai. 2018.

BLAU, Magda (nascida Hellinger). *From childhood to Auschwitz-Birkenau*. Melbourne, Australia: 1990.

____. Entrevista 19441. Segmentos 39-59. In.: *Visual History Archive* USC Shoah, 1996. Acesso em: 12 de fev. 2018.

BREDER, Linda. *From talk*: recollection of Holocaust part I. 1995 e 2005.

_____. Entrevista 53071. Fita 1-4. In.: *Visual History Archive*, USC Shoah, 1990. Acesso em: 12 de fev. 2018.

_____. Entrevista 22979. Fita 1-9. In.: *Visual History Archive*, USC Shoah, 1996. Acesso em: 12 fevereiro, 2018.

BREITMAN, Richard. Plans for the Final Solution in Early 1941. In.: *German Studies Review*, 17, nº 3 (1994): 483-93. DOI: 10.2307/1431895.

CESARANI, David. *Final Solution*: the fate of the Jews 1933-1949. Londres: Macmillan, 2016.

COLLINGHAM, Lizzie. *The taste of war*: World War Two and the battle for food. New York: Penguin, 2012.

CONFERÊNCIA DE WANNSEE. Munique: Infafilm, 1984.

CONWAY, John S. The Churches, the Slovak State and the Jews 1939-1945. In.: *The Slavonic and East European Review*, 52, no. 126 (1974): 85-112. Disponível em: <jstor.org/stable/4206836>.

CUPRIK, Roman. We were joking before the trip, women from the first transport to Auschwitz recall. In.: *Slovak Spectator*. Disponível em: <spectator.sme.sk/c/20494128/we-were-joking-before-the-trip-women-from-the-first-transport-to-auschwitz-recall.html>. Acesso em: 27 de mar. 2017.

CZECH, Danuta. *Crônica de Auschwitz*: 1939-1945. Nova York: Henry Holt, 1989.

DIMBLEBY, Richard. Liberation of Belsen. In.: *Home Service*. 19 de abr. 1945. BBC News Archive. Publicado em: 15 de abr. 2005. Disponível em: <news.bbc.co.uk/2/hi/in_depth/4445811.stm>. Acesso em: 12 de ago. 2018.

____. Richard Dimbleby describes Belsen. In.: *Home Service*. Produzido por: Ian Dallas. BBC News. BBC News Archive. 19 de abr. 1945. Disponível em: <www.bbc.co.uk/ archive/ holocaust/5115.shtml>. Acesso em: 12 de ago. 2018.

DRALI, Rezak; BROUQUI, Philippe; RAOULT, Didier. Typhus in World War I. In.: *Microbiology Society*. Publicado em: 29 de mai. 2014. Disponível em: <microbiologysociety.org/publication/past-issues/world-war-i/article/typhus-in-world-war-i.html>. Acesso em: 5 de ago. 2018.

DWORK, Deborah; VAN PELT, Robert Jan. *Holocaust*: a history. W.W. Norton, 2002.

EISEN, Yosef. *Miraculous Journey*. Filadélfia: Chabad-Lubavitch Media Center, 1993-2017.

EIZENSTAT, Stuart. *Imperfect justice*: looted assets, slave labor, and the unfinished business of World War II. Nova York: PublicAffairs. Publicado em: 26 de mai. 2004.

ELIAS, Ria. Entrevista 25023. Seções Transcritas: 94, 100-25, 150, 199. In.: *Visual History Archive*, USC Shoah, 1997. Acesso em: 23 de ago. 2019.

ELLING, Hanna. *Frauen in deutschen Widerstand, 1933-1945.* Frankfurt: Roderberg, 1981.

ENGLE SCHAFFT, Gretchen. *From racism to genocide*: anthropology in the Third Reich. University of Illinois Press, 2004.

FERENCIK, Irena. *Entrevista 14682.* Fita 1-4. *Visual History Archive,* USC Shoah, 1996. Acesso em: 12 de fev. 2018.

FIALU, Fritza. *Ako Ziju Zidia v Novom Domove Na Vychode?.* Bratislava: Gardista. Publicado em: 7 de nov. 1942.

FIAMOVÁ, Martina. The President, the Government of the Slovak Republic, and the Deportations of Jews from Slovakia in 1942. In.: *Uncovering the Shoah*: resistance of jews and efforts to inform the world on genocide. Žilina, Eslováquia. Publicado em: 25-26 de ago. 2015.

FORSTATER, Tammy. *Personal interviews regarding her mother, Ida Eigerman.* Prešov, Eslováquia, e Oświęcim, Polônia. Publicado em: 20-27 de mar. 2017.

FRANKEL, Adam. *Toe amputation techniques.* Publicado em: 20 de set. 2018. Medline.

GELISSEN, Rena Kornreich; MACADAM, Heather Dune. *Irmãs em Auschwitz.* São Paulo: Universo dos Livros, 2015.

GIGLIOTTI, Simone. *The Train Journey*: transit, captivity and witnessing the Holocaust. Oxford: Berghahn, 2009.

GILBERT, Martin. *Auschwitz and the Allies*: a devastating account of how the Allies responded to the news of Hitler's mass murder. Nova York: Rosetta, 2015.

___. *Endlosun*: *Die Bertreibung und Vernichtun der Juden – Ein Atlas*. Reinbeck/Hamburg: 1982.

GLANCSZPIGEL, Sara (nascida Bleich). *Family Papers*. Buenos Aires, Argentina. Publicado em: 30 de dez. 1971.

GREENMAN, Benjamin. Correspondência via e-mail com a autora (incluindo correspondência em relação a sua prima, Magda Amsterova). 2012-19.

GROSMAN, Edith (nº1970, nascida Friedman). *Múltiplas entrevistas pessoais*. Eslováquia e Toronto: 25 de mar. 2017-2019.

GROSMAN, Ladislav. *The Bride*. New York: Doubleday, 1970.

___. *The Shop on Main Street*. New York: Doubleday, 1970.

GROSS, Louis. *Flight for Life*: the journey of a child Holocaust survivor. USA: 2002.

HARTMANN, Andrew. Entrevista 4916. Segmentos: 3, 27, 34, 59-63. In.: *Visual History Archive*, USC Shoah, 1996. Acesso em: 23 de ago. 2019.

HARTMANN, Eugene. Entrevista 17721. Segmentos: 8, 59, 60, 79, 120-27. In.: *Visual History Archive*, USC Shoah, 1996. Acesso em: 23 de ago. 2019.

HELM, Sarah. *Ravensbrück*: life and death in Hitler's concentration camp for women. New York: Nan A. Talese, 2015

HÖSS, Rudolf. *Commandant of Auschwitz*. London: Phoenix, 2000.

HOFFMANN, Gabriel; HOFFMANN, Ladislav. *Katolícka Cirkev A Tragédia Slovenských Židov V Dokumentoch*. 16 de mar. 2016.

Holokaust na Slovensku: Obdobie autonómie. Dokumenty. [Zv. 1-6] / [Ed.]: Nižňanský, Eduard. Bratislava: Nadácia Milana Šimečku—Židovská náboženská obec, 2001, 362 [*Holocausto e Eslováquia. Período de Autonomia [1938-45]. Documentos*. Volumes 1-6. Ed. Nižňanský, Eduard. Bratislava, Milan Šimeček Foundation—Jewish religious community, 2001; 362 páginas].

HUDEK, Peter. *Personal Tour of Bardejov*. Eslováquia: 21 de mar. 2017.

ISENBERG, Madeleine. Poprad. In.: *Encyclopaedia of Jewish communities*. Eslováquia, Poprad. Jerusalém: JewishGen, Inc. e Yizkor Book Project, 2003.

JARNY, Ivan. *To explain the unexplainable*. (Trabalhos pessoais não publicados.) Melbourne, Australia.

____. Entrevista pessoal e conversas por e-mail. Mar. 2016-2019.

KAMENEC, Ivan. The deportation of Jewish citizens from Slovakia, 1942. In.: *The tragedy of the Jews of Slovakia, 1938-1945*: Slovakia and the Final Solution of the Jewish Question. Museu Estatal de Auschwitz-Birkenau e Museu da Revolta Nacional da Eslováquia (Oświęcim-Bankà Bystrica, 2002). pp. 111-38.

KAPUSCINKI, Ryszard. *Travels with Herodotus*. Nova York: Vintage Books, 2007.

KLEIN, Julia. Entrevista 37605. Fita 1-6. In.: *Visual History Archive*, USC Shoah, 1998. Acesso em: 23 de ago. 2019.

KNIEŽA, Ruzena. Entrevista 33231. Fita 1-6. In.: *Visual History Archive*, USC Shoah, 1997. Acesso em: 12 de fev., 2018.

KNOCH, Habbo. *Bergen-Belsen*: Campo de prioneiros de guerra da *Wehrmacht* 1940-1945, Campo de concentração 1943-1945, Campo de pessoas deslocadas 1945-1950. Catálogo da exposição permanente. Wallstein: 2010.

KOREN, Akiva; ISCHARI, Avi. Entrevistas pessoais sobre suas mães, Erna e Fela Drangerova. Tylicz, Polônia: 21 de mar. 2017.

KOUSAL MANGEL, Frances. Entrevista 19894. Seções: 36, 37, 43, 55. In.: *Visual History Archive*, USC Shoah, 1996. Acesso em: 23 de ago. 2019.

KULIK, Margaret. Entrevista 36221. Fita 1-4. In.: *Visual History Archive*, USC Shoah, 1997. Acesso em: 12 de fev. 2018.

LANGBEIN, Hermann. *Menschen in Auschwitz*. Ullstein; Auflage: 1 (1980).

LANGER, Eva. Correspondência pessoal por e-mail. 26 de mar. 2017-2018.

LASKER-WALLFISCH, Anita. *Inherit the truth, 1939-1945*: the documented experiences of a survivor of Auschwitz and Belsen. Londres: Giles De La Mare, 1996.

LAUTMAN, Bertha (nascida Berkowitz). *Tomorrow came much later*: a journey of conscience. Produzido por: Alan R. Stephenson. Narrado por: Ed Asner. Lawrence, KS: Centron Films. Estreia em: 28 de abr. 1981. Cleveland, Ohio, EUA. DVD.

_____. Entrevista 22590. Fita 1-5. In.: *Visual History Archive*, USC Shoah, 1997. Acesso em: 12 de fev. 2018.

____. *Oma's Journey*. Publicado em: 17 de abr. 2011. Disponível em: <www.youtube.com/watch?v=blvu2XaXr2g. Michael Naftali Unterberg> Acesso em: 27 de jun. 2018.

Legal documentation from the trials held in the Slovakian State Court of Law in Bratislava against Nazi war criminals of Slovakian origin: 31/10/1946-15/05/1947. M.5/136 Yad Vashem. p. 188.

Letters received and written by Hertzka, Lenka, in Auschwitz regarding the welfare of friends and acquaintances and the receipt of parcels in the camp. O.75/770. Yad Vashem: The World Holocaust Remembrance Center. Jerusalém, Israel.

Lists of Jews from Slovakia transferred via Žilina transit camp to Poland between 03-10/1942. M.5/110; 42-76. Yad Vashem: The World Holocaust Remembrance Center. Jerusalém, Israel.

MANDEL, Louis. *The tragedy of Slovak Jewry in Slovakia*. Panfleto publicado pelo American Committee of Jews from Czechoslovakia. Online: Jewish Virtual Library: A Project of AICE, 1998-2017. American-Israeli Cooperative Ent.

MAREK, Lydia. Entrevista gravada em: 12 de out. 2018.

MARTONE, Robert. Scientists Discover Children's Cells Living in Mothers' Brains. In.: *Scientific American*. Publicado em: 04 de dez. 2012. Disponível em: <www.scientificamerican.com/ article/ scientists-discover -chil drens -cells-living-in-mothers-brain/?redirect=1>. Acesso em: 13 de mar. 2016.

MCCORD, Molly. Entrevista por telefone com a autora. 10 de jul. 2018. Disponível em: <www.consciouscoolchic.com>.

MEMORIAL AND MUSEUM AUSCHWITZ-BIRKENAU. *Auschwitz Death Books* [Sterbebücher]: prisoner records. Memorial and Museum Auschwitz-Birkenau. Disponível em: <auschwitz.org/en/museum/auschwitz-prisoners>. Acesso em: 18 de mai. 2014.

MEŠŤAN, Pavol. Entrevista pessoal com a autora. 28 de mar. 2018.

Ministerstvo vnútra, fond 166.1942, 14. oddelenie, Box 179; ministerstvo vnútra, fond 562.1942, 14. oddelenie, Box 205; ministerstvo vnútra, fond 807.1942, 14. oddelenie, Box 214; ministerstvo vnútra, fond 807.1942, 14. oddelenie, obeznik MV z 23.3.1942, Box 214; ministerstvo vnútra, fond 876.1942, 14. oddelenie, Box 215. Arquivos Nacionais Eslovacos. Bratislava, Eslováquia.

Národný súd, fond 17/46 A. Vasek, Tnlud, Boxes 110 e 111. Arquivos Nacionais Eslovacos. Bratislava, Eslováquia.

NÉMIROVSKY, Irène. *Suite française*. London: Vintage Books, 2007.

NEUMAN, Ariela. Entrevista por telefone com a autora. 28 de out. 2018.

NEWMAN, Edie. Entrevista 23821. Fita 1-5. In.: *Visual History Archive*. USC Shoah, 1997. Acesso em: 02 de out. 2019.

NEWMAN EHRLICH, Sharon. Entrevistas pessoais sobre sua mãe, Ida Eigerman. Prešov, Eslováquia e Oświęcim, Polônia: 20-27 de mar. 2017.

NIŽŇANSKÝ, Eduard. *Holokaust na Slovensku, Obdobie autonómie* (6.10.1938-14.3.1939). Bratislava, Eslováquia: Nadacia Milana Simecku, 2003.

NIŽŇANSKÝ, Eduard; KAMENEC, Ivan. *Holokaust na Slovensku 2. Prezident, vláda, Senát Slovenskej republiky a Štátna rada o židovskej otázke (1939-1945)*. Bratislava, Eslováquia: Nadacia Milana Simecku, 2003.

ODZE, Margaret. Entrevista 2553. Segmentos 49-52. In.: *Visual History Archive*. USC Shoah, 1996. Acesso em: 23 de ago. 2018.

POSMYSZ, Zofia. *Chrystus oświęcimski*. [The Christ from Auschwitz.] Fundacja na rzecz MDSM w Oświęcimiu. (International Youth Meeting Center Foundation.) 2014.

PRETTER, Regina. Entrevista 19099. Fita 1-6. In.: *Visual History Archive*, USC Shoah, 1996. Acesso em: 12 de fev. 2018.

PRINCZ, Katharina. Entrevista 8300. Fita 1-4. In.: *Visual History Archive*, USC Shoah, 1996. Acesso em: 02 de jan. 2019.

RAJCAN, Vanda. Anton Vašek, Head of the Interior Ministry's 14th Department, His Responsibility, and Information about the Deportees. In.: *Uncovering the Shoah*: resistance of Jews and efforts to inform the world on genocide. Žilina, Eslováquia, 25- 26 de ago. 2015.

ROKYTKA, Roman. The Kolbasian Tragedy: the eternal memento of the nonsense of human hate. In.: *Dolný Zemplín Korzár*. Publicado em: 28 de set. 2004. Disponível em: <dolnyzemplin.korzar.sme.sk/ c/ 4560457/kolbasovska-tragedia-vecne-memento-o-nezmyselnosti-lud skej-nenavisti.html#ixzz4z9RF7M3m>. Acesso em: 07 de dez. 2017.

ROSENBERG, Margaret Becker. Entrevista 14650. Fita 1-6. In.: *Visual History Archive* USC Shoah, 1996. Acesso em: 12 de fev. 2018.

ROTKIRCHEN, L. *The destruction of Slovak Jewry*. Jerusalém: Yad Vashem, 1961.

RUTMAN, Ella. Entrevista 17381. Fita 1-4. In.: *Visual History Archive* USC Shoah, 1996. Acesso em: 12 de fev. 2018.

SAFARTY, Maya. Diretor de *HaYaffa BaNashim* (*The Most Beautiful Woman*). 2016. Conversa por Facebook. 10 de jun. 2018.

SCHEIB, Ariel. *Slovakia*: virtual Jewish history tour. Jewish Virtual Library: A Project of AICE 1998-2017, American-Israeli Cooperative Ent.

SHIK, Naama. *In a very silent screams* [sic]: Jewish women in Auschwitz-Birkenau Concentration Camp. SemanticScholar.org: 2011.

ŠIKULOVÁ, Stanislava. Entrevistas pessoais e e-mails. zástupca riaditeľa, kultúrno-propagačný manažér; Múzeum židovskej kultúry v Bratislave [Museum of Jewish Culture, Bratislava], Eslováquia, 2017-18.

ŠIMKULIČ, Marián; ŠIMKULIČOVÁ, Anna; SCHICHMAN, Viliam. *Zvečnené V Slzách a Pote Tváre*: Návrat Rodáka Ladislava Grosmana. Humenné: ADIN, 2016.

SLOBODA, Ivan. Entrevista pessoal sobre sua mãe. Londres: 15 de abr. 2016.

ŠPIESZ, Anton; BOLCHAZY, Ladislaus J.; ČAPLOVIČ, Dušan. *Illustrated Slovak History*: a struggle for sovereignty in Central Europe. Bolchazy Carducci, 2006.

STRZELECKI, Andrzej. *Marsz Śmierci*: przewodnik po trasie Oświęcim-Wodzisław Śląski [Death Marches: guide to the Oświęcim-Wodzisław route].) Katowice, 1989.

SVITAK, Peter. Correspondência pessoal por e-mail. Mar.-Dez. 2018.

TEEGE, Bertel. *Hinter Gitter und Stacheldraht*. ARa 647. Archiv Mahan-und-Gedensstatte, Ravensbrück.

TEHORI, Tsiporah. Entrevista 33749. Fita 1-7. In.: *Visual History Archive*, USC Shoah, 1997. Acesso em: 12 de fev. 2018.

THE WORLD HOLOCAUST REMEMBRANCE CENTER. Cinco cartões-postais enviados de Birkenau por Berta Berkovits para Emmanuel Moskovic, em Hrabovec, e Salamon Einhorn, em Kapišová, e um cartão-postal enviado a Berkovits, em Kosice, por Nathan Weisz, de Bratislava, 1946. In: *O.75/1749*: the document archive. Israel: Yad Vashem, The World Holocaust Remembrance Center.

TUCKMAN, Orna. Entrevista pessoal sobre sua mãe, Marta Friedman. Prešov, Slovakia, e Oświęcim, Polônia, 24 e 27 de mar. 2017.

Twenty Years of Jewish Women Association Ester. Dirigido por L'uba Kol'ova. Eslováquia: Conselho Internacional das Mulheres Judias (ICJW), 2016. DVD.

URAD PROPAGANDY (Departamento de Propaganda) da Guarda Hlinka, incluindo uma coleção de declarações, anúncios e panfletos antissemitas, 1938. M.5/46 Created 1938-1945. YV (Imagens).

VAJDA, Daniel. Entrevista pessoal sobre sua mãe, Dina Drangerova. França: 14 de mai. 2014.

VALO, Edith. Entrevista 17457. Fita 1-5. In.: *Visual History Archive* USC Shoah, 1997.

VAN PELT, Robert Jan; DWORK, Deborah. *Auschwitz*: 1270 to the present. Londres: Yale University Press, 1996.

VIETS, Jack. *S.F. Woman's return to the Holocaust*: testimony at Nazi trial in Germany. San Francisco Chronicle. Publicado em: 11 de jun. 1987.

VIRGINIA HOLOCAUST MUSEUM. *Marta Marek*. Publicado em: 22 de fev. 2016. Disponível em: <youtube.com/watch?v=9WMKJhDHsYQ>. Acesso em: 20 de abr. 2018.

VRBA, Rudolf. *I escaped Auschwitz*: Including the text of the Auschwitz Protocols. Londres: Robson, 2002.

WARD, James Mace. *Priest, politician, collaborator*: Jozef Tiso and the making of fascist Slovakia. Ithaca: Cornell University Press, 2013.

WEINTRAUB, Joan. Entrevista 20213. Fita 1-4. In.: *Visual History Archive* USC Shoah, 1996. Acesso em: 23 de ago. 2019.

WILKINSON, Robert. Astrology class in May 2016: the mutable T-square is about to become the great fracturing of 2016, part 2. In.: *Aquarius Papers*. Publicado em: mai. 2016. Disponível em: <aquariuspapers.com/astrology/2016/05/astrology-class-in-may-2016-the-mutable-t-square-i-about-to-become -the-great-fracturing-of-2016-pt-2.html.>

___. Correspondência pessoal por e-mail. 2018.

WIRTSCHAFTER, David Rabbi. Correspondência pessoal por e-mail. 14 de jun. 2018.

WIZO Anniversary. DVD. Múzeum židovskej kultúry v Bratislave [Museu da Cultura Judaica de Bratislava], Eslováquia, 2012.

YAD VASHEM ARCHIVES. *Forged certificate with the name Stefania Gregusova issued to Vliaka Ernejová, and a list of young Jewish women deported from Poprad to Auschwitz.* Yad Vashem Archives. O.7/132.

YONG, Ed. Foetal cells hide out in mum's body, but what do they do?. In.: *National Geographic*. Publicado em: 07 de set. 2015. Disponível em: <www.nationalgeographic.com/science/phenomena/2015/09/07/foetal-cells-hide-out-in-mums-body-but-what-do-they-do.>. Acesso em: 13 de set. 2015.

ZILBERMAN, Raquel. Edith Goldman. In.: *Hans Kimmel Competition essays*: 1979-2007. Darlington, N.S.W.: Stern, Russell, and Sophie Gelski. Australian Jewish Historical Society, 2011.

ZIMMER, Carl. A pregnancy souvenir: cells that are not your own. In.: *New York Times*. Publicado em: 10 de set. 2015. Disponível em: <www.nytimes.com/2015/ 09/15/science/ a -pregnancy -souvenir-cells-that-are-not-your-own.html>. Acesso em: 13 de set. 2015.

___. Bamboo Mathematicians. In.: *National Geographic*. Publicado em: 15 de mai. 2015. Disponível em: <www.nationalgeographic.com/ science/phenomena/2015/05/15/bamboo-mathematicias>. Acesso em: 18 de mai. 2015.

ZIMMERSPITZ, Samuel. Entrevista 35662. Fita 1-6. In.: *Visual History Archive* USC Shoah, 1997. Acesso em: 02 de out. 2019.

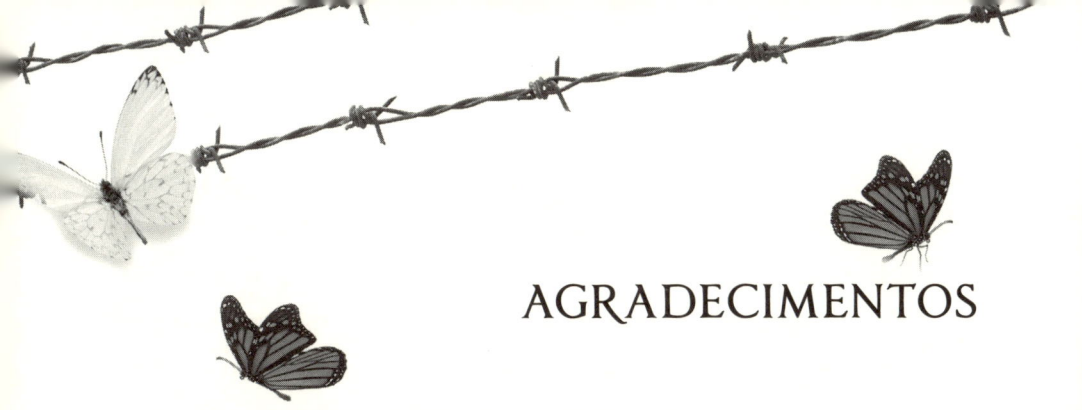

AGRADECIMENTOS

"Gratidão" parece uma palavra pequena para uma emoção tão poderosa, e nem de longe traduz a profundidade da estima que tenho pelas famílias que confiaram as histórias de suas mães, primas e tias a mim. Sou imensamente grata a elas por terem me concedido essa honra. Quando conheci Rena Kornreich Gelissen em 1992, não fazia ideia de que, 25 anos depois, conheceria a família de Adela Gross, descobriria o nome das irmãs Benovicova ou ousaria escrever outro livro sobre o Holocausto.

Este livro nunca teria sido escrito sem Edith Grosman. Sua coragem de voltar ao passado e de deixar registrado em filme seu relato de sobrevivência, além de em inúmeras entrevistas pessoais, é a força por trás desta pesquisa e desta história. Incansável aos 95 anos de idade e com uma mente ainda aguda e astuta, Edith suportou minhas perguntas e conectou os pontos das histórias de muitas das garotas que ela conhecia do campo. Sou eternamente grata a ela por ter compartilhado comigo tantas horas de conversas profundas, cheias de risos, lágrimas e cantoria. Obrigada por me permitir entrar em sua vida e me aceitar em sua casa e de sua família. Embora eu nunca tenha conhecido o marido de Edith, Ladislav Grosman, ou Laco, gostaria de agradecer a ele pelos romances que escreveu sobre sua cidade natal, os quais permeiam o início desta narrativa com sua atmosfera.

Foi a história de Adela Gross e a descoberta de seu primo, Lou, que me iniciou nesta jornada, em 2012. Agradeço à esposa de Lou, Joan, por ler *Irmãs em Auschwitz*, encontrar a história de Adela e entrar em contato comigo. Se a mão de Deus estava nisso, foi nesse momento que nos conectamos, e Lou e a família Gross descobriram o que aconteceu com sua linda prima ruiva, setenta anos depois que ela desapareceu.

Minha sincera gratidão a Ivan Jarny, que se tornou meu assistente pessoal de pesquisa aos 92 anos de idade e continuou me ajudando por três anos. Eu esperava encontrar um jovem estudante, mas, em vez disso, encontrei um senhor que era absolutamente incansável em sua busca tenaz pela verdade no Jewish Holocaust Center (Centro do Holocausto Judeu), em Melbourne, na Austrália, o que nos ajudou a desvendar alguns dos trechos mais confusos dessa história, especialmente em torno do Dr. Gejza Konka. Os documentos pessoais de Ivan e as memórias de Giora Amir são importantes testemunhos e estão entre os recursos mais poderosos que encontrei para este livro.

Em 2016, tive a sorte de conhecer o Dr. Pavol Mešťan e seu assistente, o brilhante e extremamente prestativo Dr. Stanislava Šikulová, do Múzeum židovskej kultúry v Bratislave (Museu da Cultura Judaica de Bratislava). Seu conhecimento e discernimento foram essenciais para que eu desvendasse as redes de engano e traição, de manobras políticas complicadas, leis governamentais, códigos e, é claro, das origens da lista. Obrigada por me convidar para os eventos de aniversário e por tudo que faz todos os anos em Poprad para garantir que as meninas sejam lembradas, respeitadas e honradas.

A serendipidade teve um papel importante em várias etapas da criação deste livro. Escrever nunca teria sido possível se eu não tivesse conhecido meu agente literário, Scott Mendel, no quingentésimo aniversário do gueto judeu de Veneza, Itália, e ele não demonstrasse interesse na história. Alguns anos depois, minha maravilhosa editora, Michaela Hamilton, embarcou no projeto com toda a família editorial da Citadel Press, de Kensington, para apoiar essa história e as garotas. Agradeço à minha equipe de direitos estrangeiros e ao departamento de publicidade por ajudarem a levar essa história para o mundo. A Arthur Maisel, obrigada por sua cuidadosa atenção aos detalhes e pela ajuda durante toda a fase de produção deste livro.

Em memória de Irena Strzelecka e seu trabalho no campo feminino de Auschwitz. Sou grata por tudo que ela fez ao compilar os ensaios de *The Tragedy of the Jews of Slovakia* e por Rena e eu termos podido contribuir. O Dr. Ivan Kamenec pode ter me encaminhado aos historiadores Jan Hlavinka e Michala Lônčiková, mas sou profundamente grata por sua pesquisa inicial sobre os primeiros transportes, que me forneceu um roteiro para os documentos que eu precisava encontrar nos Arquivos Nacionais Eslovacos. Também sou grata pelos catálogos abrangentes de vários volumes do Ministério do Interior e pelos documentos judiciais do governo de Tiso, compilados pelo professor Eduard Nižňanský, do Departamento de História Geral da Universidade Comenius em Bratislava, e seus alunos — os quais acessei na Biblioteca Weiner e me levaram para os documentos históricos que eu precisava encontrar nos Arquivos Nacionais Eslovacos. Ao Dr. Marek Púčik, que me entregou uma caixa após outra nos Arquivos, agradeço sua paciência e assistência ocasional na tradução. Raramente me sinto mais feliz do que quando estou em meio a pilhas de caixas e papéis velhos. Foi nessas pilhas que eu encontrei a presença fugidia de Gejza Konka várias vezes.

Meus mais profundos agradecimentos aos pesquisadores e arquivistas do Museu Estatal de Auschwitz-Birkenau: Dr. Piotr Setkiewicz, que me recebeu em seu escritório em 2012 e pessoalmente me mostrou lugares que não constam nas visitas públicas a Auschwitz e que mais tarde serviriam para este livro; Doreta Nycz, que primeiro me levou ao Bloco 10; Wanda Hutny, que em 2017 trouxe os filhos dos sobreviventes com quem eu estava viajando para o Bloco 10, onde suas mães foram mantidas em Auschwitz; e Magdalena Gabryś e Katarzyna Kolonko, por nos ajudar a filmar no museu.

À Fundação USC Shoah, gostaria de agradecer a Crispin Brooks, meu primeiro contato em 2012, que pesquisou no banco de dados os testemunhos gravados de sobreviventes do primeiro transporte e me deu uma lista inicial de nomes, com 22 mulheres, e fotografias delas ainda meninas. Essa lista foi a semente que, germinada, culminou neste livro. Também sou grata por toda a assistência que os arquivistas do Yad Vashem me prestaram ao longo dos anos: Reut Golani, Marisa Fine e Alla Kucherenko, por mostrar a Orna e seu filho Gideon a lista original. Agradeço também a Liliya Meyerovich, do Museu Memorial do Holocausto dos EUA, por responder às minhas muitas perguntas e sempre rapidamente. Também sou extremamente grata a Simon Bentley, diretor do Yad Vashem UK, por sua infinita boa vontade, apoio e equipe maravilhosa.

Nenhuma das pessoas envolvidas neste projeto foi mais importante do que as sobreviventes, seus filhos, suas testemunhas e os familiares das não sobreviventes. Foi por meio deles que eu descobri muitas histórias não contadas e provavelmente ainda as descobrirei após a publicação do livro. Vocês fazem parte da minha família e do meu coração de maneira tão profunda que não posso expressar adequadamente meu respeito e amor por todos vocês.

Sentar-me na biblioteca de Sir Martin Gilbert com sua viúva, Lady Esther Gilbert, e o filho de sobrevivente Ivan Sloboda, enquanto Ivan traduzia o histórico documento alimentar sobre a dieta das meninas, ainda é uma das memórias mais poderosas que tenho do período de pesquisa para este livro. Cercada pelos livros de Sir Martin, ouvindo nomes como Rudi Vrba sendo trocados com a familiaridade de amigos queridos, tive um momento "belisque-me para ver se é verdade". Quem poderia pensar que uma criança de Birmingham, Michigan, que pensava que a aula de história era uma boa ocasião para tirar uma soneca, estaria entre esses gigantes da história do Holocausto? Fiquei muito emocionada com o apoio que Sir Martin Gilbert me deu quando estava trabalhando na nova edição de *Irmãs em Auschwitz* e com Lady Esther Gilbert, que foi uma apoiadora deste projeto e me incentivou a narrar as histórias das jovens mulheres e meninas do primeiro transporte. Espero que o trabalho que fiz faça com que Rudi e Martin se orgulhem.

Gostaria de agradecer a Orna Tuckman, Tammy Forestater, Sharon Newman Ehrilchman, Avi Koren, Akiva Ischari e Daniella e Jonathan Forestater por se juntarem a mim em nossa jornada pela Eslováquia e Polônia, culminando em nossa visita a Auschwitz-Birkenau. Ao diretor, cineasta e querido amigo Stephen Hopkins — também conhecido como Hobbit —, que filmou toda a jornada para a posteridade, criando um documentário para as meninas; agradecimentos são uma pequena compensação por esse trabalho árduo e pesquisa incansável. A próxima cerveja é por minha conta. Também sou grata à querida Isabel Moros por me apresentar à minha tradutora, Martina Mrazova, de Levoča, que, em meio às pressões acadêmicas de seu trabalho de pós-graduação, doou seu tempo traduzindo enormes quantidades de materiais em eslovaco para mim. Entre meus outros tradutores e transcritores, obrigada a Kathleen Furey, Gabriel Barrow, Esther Mathieu, Johnny Baeur, Pedro Oliveira, Shekar Gahlot e, claro, a maravilhosa esposa de Avi, Sara Isachari, por sua ampla doação de traduções de testemunhos em hebraico. Também sou grata a Sara Gordon por ler o rascunho inicial e a Oliver Payne, da National Geographic, e sua maravilhosa esposa, Cindy Leitner, por todo o seu apoio e por me apresentar a Kitry Krause, meu excelente redator, que trabalhou sem parar comigo corrigindo erros de última hora.

Preciso agradecer aos muitos parentes de meninas do primeiro transporte que me confiaram suas histórias para que pudéssemos conhecer essas jovens como elas realmente eram em 1942: jovens e inocentes. Obrigada, Beni Greenman (primo de Magda Amster); Peter Chudý (filho de Klara Lustbader); Andrea Glancszpigel (neta de Sara Bleich); Dasha Grafil (filha de Linda — Libusha — Reich); Ilanna Lefovitz (filha de Serena Lefkovitz); Donna Steinhorn (filha de Marta Friedman); Celia Pretter e Belle Liss (filhas de Regina Schwartz); Judith Gold (filha de Perel Fridman); Jeffrey Lautman (filho de Bertha Berkowitz); Naomi Ickovitz (sobrinha de Bertha Berkowitz, filha de Fany); Ruth Wyse (filha de Elena Zuckermenn); Vera Power (filha de Regina

Wald); Rosette Rutman (filha de Ella Friedman e sobrinha de Edie e Lila); Pavol Hell (sobrinho de Gertrude Kleinberger); Eva Langer (sobrinha de Frida e Helena Benovicova); Ivan Sloboda (filho de Judita); Sylvia Lanier e Joseph e Robert Gelissen (filhos de Rena Kornreich); Susan Hartmann Schwartz (sobrinha de Nusi Hartmann, filha de Eugene Hartmann); Diane Young (sobrinha de Magduska Hartmann, filha de Andrew Hartmann); Alena Giesche (amiga de Ruzena Gräber Knieža); Cheryl Metcalf (em nome das famílias Koplowitz e Zeigler); Maya Lee (filha de Magda Hellinger); Sara Cohen e Norman Brandel (filha de Danka Kornreich Brandel) e Zuzana Kovacikova (sobrinha da dra. Manci Schwalbova). Obrigada por compartilhar a vida das meninas conosco. Peço desculpas por não poder incluir mais de suas histórias e das histórias delas neste livro.

A PARTE MAIS DIFÍCIL deste livro foi escrever sobre as meninas que não sobreviveram. Quando o peso de seus fantasmas aparecia, Anita Thorn me enviava estímulos espirituais sempre no momento certo. Eu realmente gostaria de ter descoberto o que aconteceu com Magduska e Nusi Hartmann, mas elas são representantes de centenas de milhares — não, de milhões — de mistérios que nunca serão resolvidos.

Aos astrólogos Molly McCord e Robert Wilkinson, obrigada por me ajudarem a entender os problemas em torno da obsessão oculta de Himmler e por levarem meu palpite a sério. Robert Wilkinson foi além das datas que questionei, procurando e voltando mais no tempo para encontrar o anúncio da Solução Final de Goebbels e revelar uma conexão astrológica nefasta mais profunda do que eu imaginava. Obrigada por sua dedicação e pelo serviço às meninas.

Escrever este livro foi emocionalmente difícil às vezes, e sou muito grata pelo apoio fornecido pelo meu grupo de redatoras — Suki, Felicia e Connie — e por minhas amigas Lauren, Nicolette e Tamara. Ao meu irmão, que foi o primeiro escritor da família e aguentou meu desaparecimento de dez meses, enquanto eu estava sentada à minha mesa ignorando a todos — obrigada por seu constante incentivo e fé em mim. E para meu pai, que nem sempre entendeu o que eu estava fazendo, mas, mesmo assim, sempre me apoiou.

Foi o meu parceiro de escrita, amigo e marido, Simon Worrall, quem primeiro insistiu que eu escrevesse este livro. Houve momentos em que ele se arrependeu. Obrigada por traduzir as transcrições em alemão, falar com arquivistas em Ravensbrück em meu nome, ser meu primeiro leitor, editor e campeão, preparar o jantar, lavar a louça, aguentar minhas mudanças de humor enquanto eu escrevia a tristeza que às vezes desabava sobre a minha mesa e, mais importante, por "dançar comigo até o fim dos tempos".

Finalmente, uma mensagem para minhas adolescentes favoritas da próxima geração: Josie Perl, que aos 14 anos acabou de escrever seu primeiro romance, e *ma petite* Donna Snyder, que constantemente me surpreende com seu talento, engenhosidade e notas 10. Vocês dão à minha vida mais significado do que imaginam, e serei para sempre orgulhosa de quem vocês são hoje e de quem vocês vão se tornar.

TIPOGRAFIA ADOBE GARAMOND E BULMER